2025학년도 수능연계교재의

VOCA 1800

수능특강 · 수능완성에서 직접 뽑은 1800단어 수록!

표제어 및 예문 MP3 파일 바로듣기 & 다운로드

영단어 랜덤 테스트기 & 핵심 600단어 PDF 다운로드

본 교재의 다운로드 부록은 EBS*i* 사이트(www.ebs*i*.co.kr)에서 다운로드 받으실 수 있습니다.

교재 내용 문의
교재 및 강의 내용 문의는
EBS*i* 사이트(www.ebs*i*.co.kr)의 학습 Q&A 서비스를
활용하시기 바랍니다.

교재 정오표 공지
발행 이후 발견된 정오 사항을
EBS*i* 사이트 정오표 코너에서 알려 드립니다.
교재 → 교재 자료실 → 교재 정오표

교재 정정 신청
공지된 정오 내용 외에 발견된 정오 사항이 있다면
EBS*i* 사이트를 통해 알려 주세요.
교재 → 교재 정정 신청

2025학년도 수능연계교재의

VOCA 1800

수능특강 · 수능완성에서 직접 뽑은 1800단어 수록!

교재 소개 및 활용법

본 교재는 2025학년도 EBS 수능 영어 연계교재의 주요 어휘를 총정리하여
2025학년도 수능을 준비하는 학생들이 EBS 연계교재를 효율적으로 학습할 수 있도록 구성되었습니다.
2025학년도 수능 연계교재와 함께 활용하시기 바랍니다.

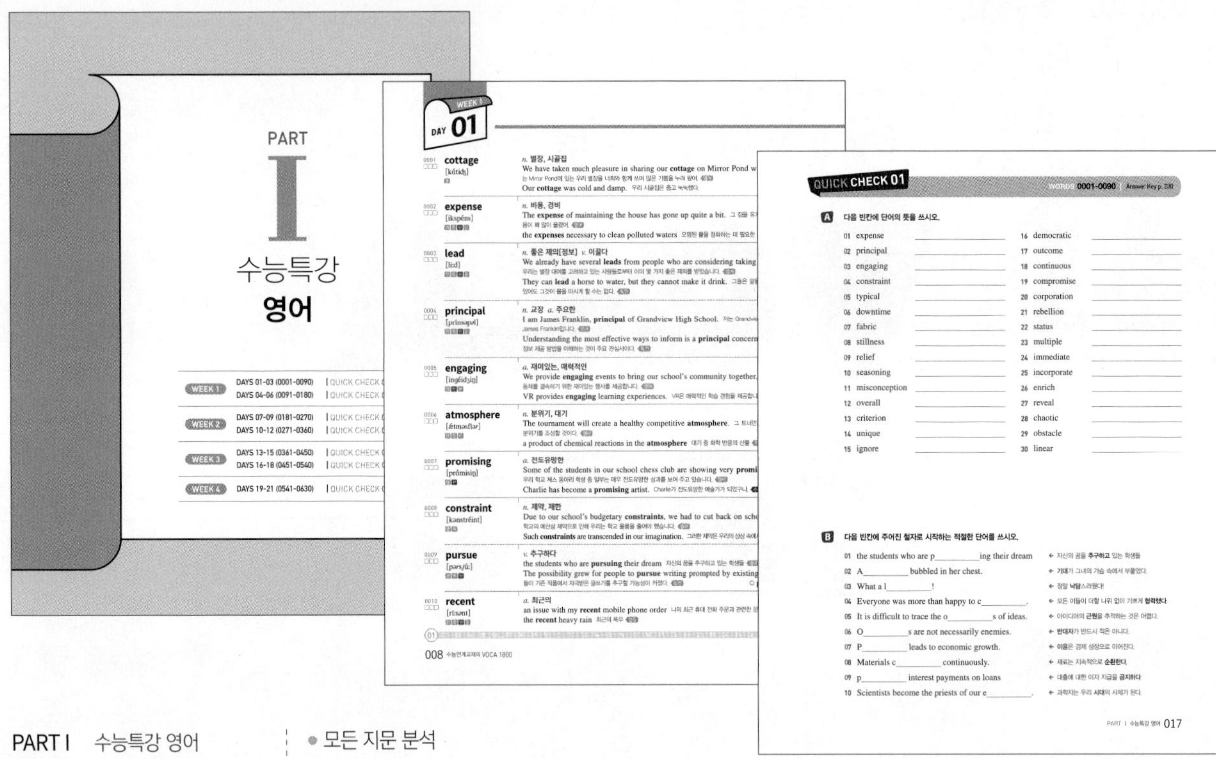

PART I 수능특강 영어
PART II 수능특강 영어독해연습
PART III 수능완성 영어
PART IV 수능특강 영어듣기
수능완성 영어듣기

- 모든 지문 분석
- 수능 대비를 위해 꼭 필요한 어휘 **1,800**개 선별
- 연계교재별 내용 순서에 맞춘 어휘 정리
- 표제어가 사용된 연계교재의 예문 수록 → 출처 표기
- 3일 학습 후 복습 (QUICK CHECK)
- 1주일 학습 후 **연계 VOCA 실전** Test
- 하루30개×60일 = **1,800**개
- **10주 완성 어휘 학습**

★ 본 교재는 학생들의 학습 편의를 위해 수능 연계교재의 발간 시기에 맞추어 함께 제작되므로 연계교재의 내용과 다소 차이가 있을 수 있습니다.

- 1,800단어 중 600단어를 엄선하여 수록했습니다.
- 하루 10분 암기 → 한 달에 600단어를 암기하세요.

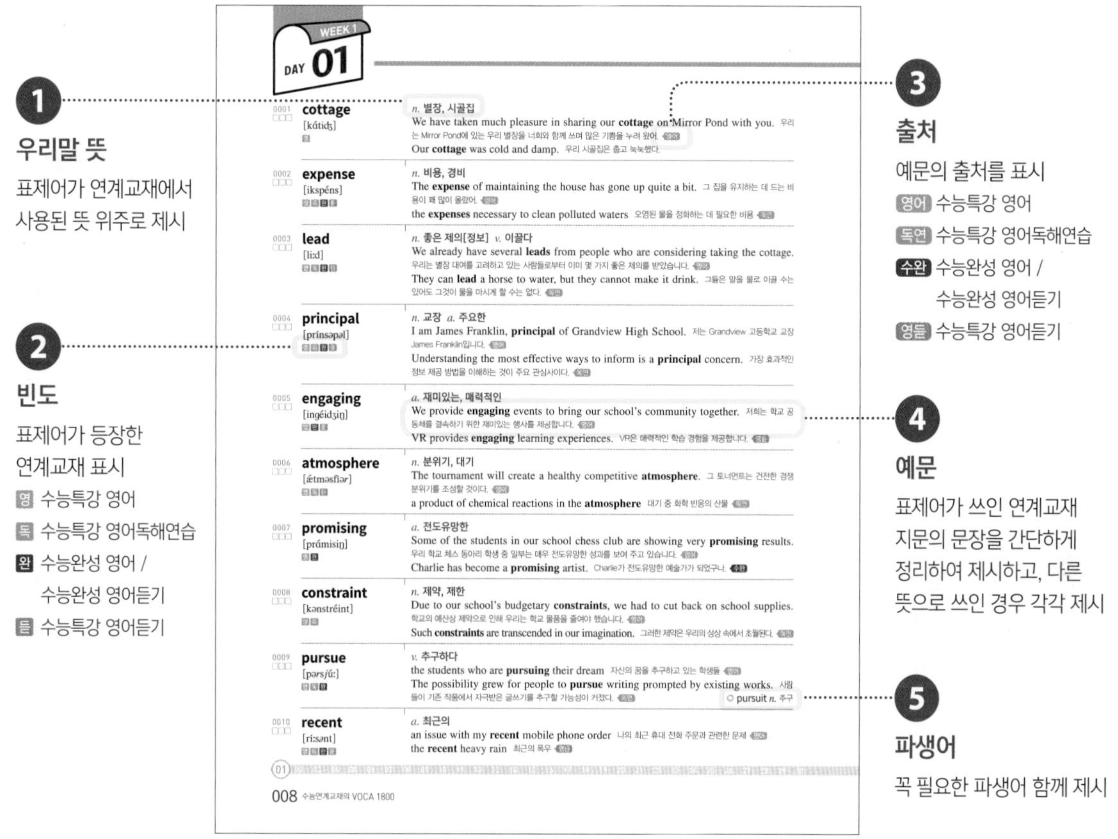

1 우리말 뜻

표제어가 연계교재에서 사용된 뜻 위주로 제시

2 빈도

표제어가 등장한 연계교재 표시

영 수능특강 영어

독 수능특강 영어독해연습

완 수능완성 영어 / 수능완성 영어듣기

듣 수능특강 영어듣기

3 출처

예문의 출처를 표시

영어 수능특강 영어

독연 수능특강 영어독해연습

수완 수능완성 영어 / 수능완성 영어듣기

영듣 수능특강 영어듣기

4 예문

표제어가 쓰인 연계교재 지문의 문장을 간단하게 정리하여 제시하고, 다른 뜻으로 쓰인 경우 각각 제시

5 파생어

꼭 필요한 파생어 함께 제시

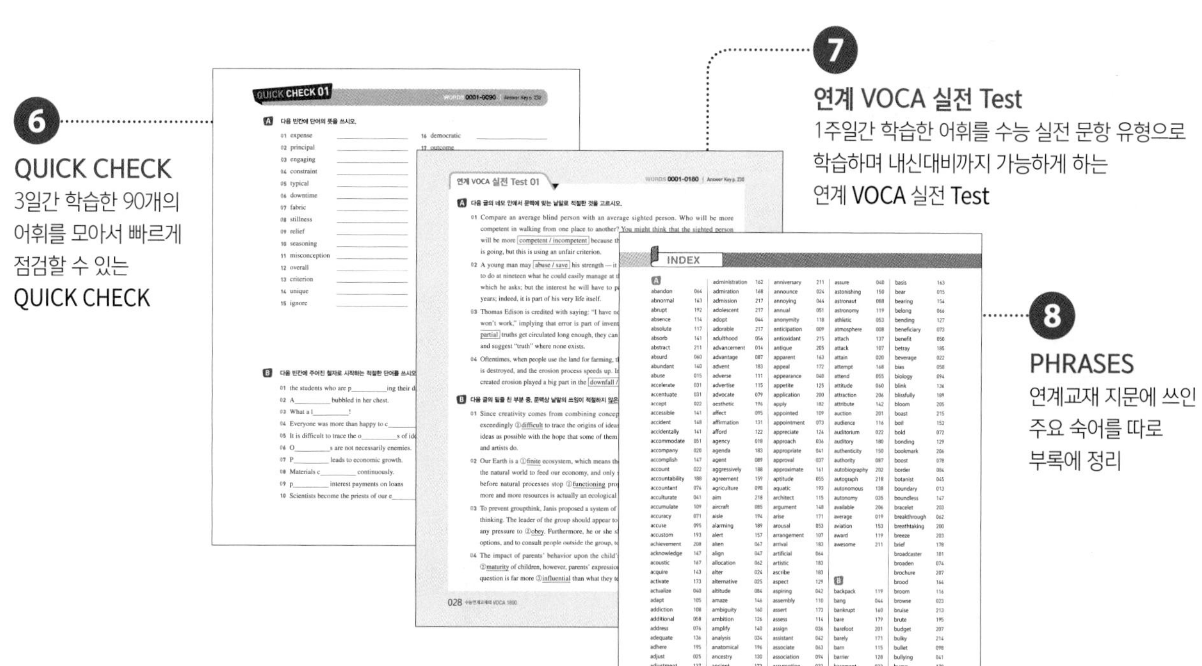

6 QUICK CHECK

3일간 학습한 90개의 어휘를 모아서 빠르게 점검할 수 있는 QUICK CHECK

7 연계 VOCA 실전 Test

1주일간 학습한 어휘를 수능 실전 문항 유형으로 학습하며 내신대비까지 가능하게 하는 연계 VOCA 실전 Test

8 PHRASES

연계교재 지문에 쓰인 주요 숙어를 따로 부록에 정리

차례

PART I 수능특강 **영어**

PART II 수능특강 **영어독해연습**

PART

III 수능완성 **영어**

PART
IV 수능특강 **영어듣기** 수능완성 **영어듣기**

부록 APPENDIX

수능연계교재의
VOCA 1800

PART I

수능특강 **영어**

0001 **cottage** [kátidʒ] 영

n. **별장, 시골집**
We have taken much pleasure in sharing our **cottage** on Mirror Pond with you. 우리는 Mirror Pond에 있는 우리 별장을 너희와 함께 쓰며 많은 기쁨을 누려 왔어. 영어
Our **cottage** was cold and damp. 우리 시골집은 춥고 눅눅했다.

0002 **expense** [ikspéns] 영 독 완 듣

n. **비용, 경비**
The **expense** of maintaining the house has gone up quite a bit. 그 집을 유지하는 데 드는 비용이 꽤 많이 올랐어. 영어
the **expenses** necessary to clean polluted waters 오염된 물을 정화하는 데 필요한 비용 독연

0003 **lead** [li:d] 영 독 완 듣

n. **좋은 제의[정보]** *v.* **이끌다**
We already have several **leads** from people who are considering taking the cottage. 우리는 별장 대여를 고려하고 있는 사람들로부터 이미 몇 가지 좋은 제의를 받았습니다. 영어
They can **lead** a horse to water, but they cannot make it drink. 그들은 말을 물로 이끌 수는 있어도 그것이 물을 마시게 할 수는 없다. 독연

0004 **principal** [prínsəpəl] 영 독 완 듣

n. **교장** *a.* **주요한**
I am James Franklin, **principal** of Grandview High School. 저는 Grandview 고등학교 교장 James Franklin입니다. 영어
Understanding the most effective ways to inform is a **principal** concern. 가장 효과적인 정보 제공 방법을 이해하는 것이 주요 관심사이다. 독연

0005 **engaging** [ingéidʒiŋ] 영 완 듣

a. **재미있는, 매력적인**
We provide **engaging** events to bring our school's community together. 저희는 학교 공동체를 결속하기 위한 재미있는 행사를 제공합니다. 영어
VR provides **engaging** learning experiences. VR은 매력적인 학습 경험을 제공합니다. 영듣

0006 **atmosphere** [ǽtməsfìər] 영 독 듣

n. **분위기, 대기**
The tournament will create a healthy competitive **atmosphere**. 그 토너먼트는 건전한 경쟁 분위기를 조성할 것이다. 영어
a product of chemical reactions in the **atmosphere** 대기 중 화학 반응의 산물 독연

0007 **promising** [prámisiŋ] 영 완

a. **전도유망한**
Some of the students in our school chess club are showing very **promising** results. 우리 학교 체스 동아리 학생 중 일부는 매우 전도유망한 성과를 보여 주고 있습니다. 영어
Charlie has become a **promising** artist. Charlie가 전도유망한 예술가가 되었구나. 수완

0008 **constraint** [kənstréint] 영 독

n. **제약, 제한**
Due to our school's budgetary **constraints**, we had to cut back on school supplies. 학교의 예산상 제약으로 인해 우리는 학교 물품을 줄여야 했습니다. 영어
Such **constraints** are transcended in our imagination. 그러한 제약은 우리의 상상 속에서 초월된다. 독연

0009 **pursue** [pərsjú:] 영 독 완

v. **추구하다**
the students who are **pursuing** their dream 자신의 꿈을 추구하고 있는 학생들 영어
The possibility grew for people to **pursue** writing prompted by existing works. 사람들이 기존 작품에서 자극받은 글쓰기를 추구할 가능성이 커졌다. 독연
◎ pursuit *n.* 추구

0010 **recent** [rí:sənt] 영 독 완 듣

a. **최근의**
an issue with my **recent** mobile phone order 나의 최근 휴대 전화 주문과 관련한 문제 영어
the **recent** heavy rain 최근의 폭우 영듣

0011 **order**
[ɔ́ːrdər]
영 독 완 듣

v. 주문하다, 명령하다 *n.* 주문, 질서, 명령, 순서, 정리, 정돈
I **ordered** a silver model, but I was sent a black one. 저는 은색 모델을 주문했지만, 검은색 모델을 받았습니다. 영어
a significant cause of change in the social **order** 사회 질서 변화의 중요한 원인 독연

0012 **charge**
[tʃɑːrdʒ]
영 독 완 듣

n. 충전, 요금 *v.* 충전되다, 충전하다, (요금을) 부과하다, 비난하다, 돌진하다
The battery would not even last a day on a full **charge**. 배터리는 완전 충전 상태에서 하루도 가지 않을 것입니다. 영어
take about 20 more minutes to fully **charge** 완전히 충전되는 데 약 20분이 더 걸리다 영듣

0013 **representative**
[rèprizéntətiv]
영 독 완

n. 담당자, 대표자 *a.* 대표하는, 전형적인, 묘사하는
The **representative** promised to send a replacement. 담당자는 교체 상품을 보내 주겠다고 약속했습니다. 영어
They cannot know how **representative** those responses are of the rest of their audience. 그들은 그러한 응답이 나머지 독자를 얼마나 대표할 수 있는지 알 수 없다. 독연

0014 **typical**
[típikəl]
영 독 완

a. 일반적인, 전형적인
The **typical** business will use copy equipment about six months before repairing or replacing it. 일반 기업은 복사 장비를 수리하거나 교체하기 전에 약 6개월 사용할 것이다. 영어
someone who possesses **typical** cognitive abilities 일반적인 인지능력을 가진 사람 독연

0015 **downtime**
[dáuntàim]
영

n. (고장으로 인한) 작업 중단 시간
We can significantly reduce your maintenance costs and your **downtime**. 저희는 귀하의 유지 관리 비용과 작업 중단 시간을 크게 줄일 수 있습니다. 영어
We need to minimize network **downtime**. 우리는 네트워크 작업 중단 시간을 최소화해야 한다.

0016 **outline**
[áutlàin]
영

v. 개요를 기술하다, 개요를 작성하다 *n.* 개요, 윤곽
The enclosed brochure **outlines** our services. 동봉된 소책자에 저희 서비스의 개요가 기술되어 있습니다. 영어
outline your thoughts on how to proceed 어떻게 계속해 나갈지에 대한 생각의 개요를 작성하다 영어

0017 **anticipation**
[æntìsəpéiʃən]
영 독

n. 기대(감)
Anticipation bubbled in her chest. 기대가 그녀의 가슴 속에서 부풀었다. 영어
We lined up at the box office to buy our tickets, giggling in **anticipation**. 우리는 기대감에 키득거리며 티켓을 사기 위해 매표소에 줄을 섰다. 독연
○ anticipate *v.* 기대하다, 예상하다

0018 **letdown**
[létdàun]
영

n. 낙담, 실망
What a **letdown**! 정말 낙담스러웠다! 영어
The news was a **letdown**. 그 소식은 실망스러웠다.

0019 **fabric**
[fǽbrik]
영 독 완

n. 직물, 천, 조직
No other **fabric** would make her as beautiful as the yellow silk. 다른 어떤 직물도 그 노란 비단만큼 그녀를 아름답게 만들지 않을 것이다. 영어
Flaxseed provided its harvesters with fiber to make **fabric**. 아마 씨는 그것의 수확자에게 직물을 만들기 위한 섬유를 제공했다. 독연

0020 **closet**
[klázit]
영 듣

n. 벽장, (옷)장
Mr. Garcia walked to his **closet** and pulled a trumpet out of its case. Garcia 씨는 자신의 벽장으로 걸어가 케이스에서 트럼펫을 꺼냈다. 영어
put coffee grounds in a shoe **closet** 커피 찌꺼기를 신발장에 넣다 영듣

0021 **whisper** [*h*wíspə*r*] 영독완

v. 속삭이듯 소리 내다, 속삭이다 *n.* 속삭이는 듯한 소리, 속삭임

I never knew a trumpet could **whisper**. 나는 트럼펫이 속삭이듯 소리 낼 수 있다는 것을 전혀 몰랐었다. 영어

when we hear **whispers** behind us in the night 밤에 뒤에서 속삭이는 듯한 소리를 들을 때 독연

0022 **gentle** [dʒéntl] 영독완

a. 감미로운, 부드러운

this one sweet and **gentle** and brilliant song that was as soft as a breeze 산들바람처럼 부드러운 이 달콤하고 감미로우며 아주 멋진 노래 한 곡 영어

Gentle sounds of insects soothe us. 부드러운 벌레 소리가 우리를 달랜다. 독연

0023 **stillness** [stílnis] 영완

n. 고요함

I wanted to live in that **stillness** forever. 나는 그 고요함 속에서 영원히 살고 싶었다. 영어

a cultivation of **stillness** 고요함의 함양 수완

0024 **warrior** [wɔ́(:)riə*r*] 영

n. 전사

A very large **warrior** approached and stood in front of Benny. 덩치가 매우 큰 한 전사가 다가와 Benny 앞에 섰다. 영어

The **warrior** brought Benny to an open area. 전사는 Benny를 공터로 데려갔다. 영어

0025 **shiver** [ʃívə*r*] 영

v. (몸을) 떨다 *n.* 전율

Benny **shivered** with fear while being dragged. Benny는 끌려가는 동안 두려움에 떨었다. 영어

A **shiver** ran down her spine. 전율이 그녀의 등줄기를 타고 흘러내렸다.

0026 **respect** [rispékt] 영독완

v. 존경[존중]하다 *n.* 존경, 존중, (측)면, 점

The old man seemed to be incredibly **respected** by all of the warriors. 그 노인은 모든 전사들에게 엄청난 존경을 받는 듯 보였다. 영어

People like to be close to those who are similar to themselves in certain **respects**. 사람들은 특정한 면에서 자신과 비슷한 사람들과 가까이하기를 좋아한다. 독연

0027 **relief** [rilí:f] 영독완

n. 안도, 안심

tears of **relief** 안도의 눈물 영어

You relax a little and experience a spreading feeling of **relief**. 여러분은 약간 긴장이 풀리고 안도감이 퍼지는 것을 경험하게 된다. 독연

○ relieve *v.* 안도하게 하다, 완화하다

0028 **cooperate** [kouápərèit] 영완

v. 협력하다, 협조하다

Everyone was more than happy to **cooperate**. 모든 이들이 더할 나위 없이 기쁘게 협력했다. 영어

The whale seemed to **cooperate** with James. 고래는 James에게 협조하는 듯했다. 수완

○ cooperation *n.* 협력, 협조

0029 **buzz** [bʌz] 영

v. 바삐 돌아다니다, 윙윙거리다

Conversation **buzzed** around the table between bites. 음식을 먹는 사이에 식탁 주위에서 대화가 바삐 오갔다. 영어

Bees **buzzed** lazily among the flowers. 벌들이 꽃들 사이로 한가로이 윙윙거렸다.

0030 **seasoning** [sí:zəniŋ] 영완

n. 양념, 조미료

The **seasonings** all blended together beautifully. 양념이 모두 기막히게 어우러졌다. 영어

In Caribbean cooking, ackee is added to stew, curry, soup or rice with **seasonings**. 카리브해 요리에서, ackee는 조미료와 함께 스튜, 카레, 수프 또는 밥에 더해진다. 수완

0031 **sample**
[sǽmpl]
영 독 완

v. 맛보다, 시식하다 *n.* 표본, 샘플
Charlotte **sampled** the dishes on her plate. Charlotte은 자신의 접시에 담긴 요리를 맛봤다. 영어
A news organization surveys a **sample** of its subscribers about their motivations for subscribing. 뉴스 보도 기관은 구독자 표본을 대상으로 구독 동기에 대해 설문 조사를 한다. 독연

0032 **indicate**
[índikèit]
영 독 완

v. 가리키다, 보여 주다, 나타내다
Charlotte **indicated** her already half-eaten plate. Charlotte은 이미 반쯤 먹은 접시를 가리켰다. 영어
This distinctive visual signal accurately **indicates** the frog's toxicity. 이 뚜렷이 구별되는 시각적 신호는 그 개구리의 독성을 정확하게 나타낸다. 독연
○ indication *n.* 지시, 표시, 암시

0033 **misconception**
[mìskənsépʃən]
영

n. 오해
one of the biggest **misconceptions** about creativity 창의력에 대한 가장 큰 오해 중 하나 영어
views based on **misconception** and prejudice 오해와 편견에 근거한 견해

0034 **count**
[kaunt]
영 완

v. 중요하다, 인정되다, 세다
It is a series of seemingly simple ideas that **counts**. 중요한 것은 바로 단순해 보이는 일련의 아이디어이다. 영어
I did only thirty minutes of exercise, so it doesn't **count**. 나는 30분만 운동했으니까, 그것은 인정되지 않아. 수완

0035 **overall**
[òuvərɔ́:l]
영 독 완 듣

a. 전체의, 전부의, 전반적인 *ad.* 전반적으로
solve specific parts of the **overall** problem 전체 문제의 특정 부분을 해결하다 영어
Overall, there are various types of low-impact exercises. 전반적으로, 다양한 유형의 충격이 적은 운동이 있습니다. 영듣

0036 **unusual**
[ʌnjú:ʒuəl]
영 독 듣

a. 독특한, 이상한
Creativity comes from combining concepts in an **unusual** fashion. 창의성은 개념을 독특한 방식으로 결합하는 것에서 나온다. 영어
The laptop sometimes makes an **unusual** noise. 그 노트북은 가끔 이상한 소리를 냅니다. 영듣

0037 **origin**
[ɔ́(:)ridʒin]
영 독 완

n. 근원, 기원
It is difficult to trace the **origins** of ideas. 아이디어의 근원을 추적하는 것은 어렵다. 영어
The **origins** of agriculture appear indebted to population growth. 농업의 기원은 인구 증가 덕분인 것으로 보인다. 독연
○ original *a.* 원래의, 독창적인

0038 **personal**
[pə́rsənəl]
영 독 완 듣

a. 개인적인, 개인의, 개인용의
The best solutions for the environment are **personal**. 환경을 위한 최선의 해결책은 개인에 달려 있다. 영어
the development of the modern **personal** computer 현대식 개인용 컴퓨터의 발전 독연

0039 **criterion**
[kraití(:)əriən]
영 독 완

n. 기준 (*pl.* criteria)
use **criteria** of competence that are *biased* in favor of nondisabled people 비장애인에게 유리하게 '편향된' 능력 기준을 사용하다 영어
Career success was measured by objective **criteria**. 경력의 성공은 객관적 기준에 의해 측정되었다. 독연

0040 **competent**
[kάmpitənt]
영 독 완

a. 유능한, 능력이 있는
Who will be more **competent** in walking from one place to another? 한 장소에서 다른 장소로 걸어갈 때 누가 더 유능할까? 영어
act as **competent** communication partners 유능한 의사소통 동반자의 역할을 하다 독연

0041 **unique**
[ju:ní:k]
영 독 완 듣

a. 고유한, 독특한
We can celebrate their **unique** abilities as they really are. 우리는 있는 그대로 그들의 고유한 능력을 기릴 수 있다. 영어
some ideas to convey its **unique** design 그것의 독특한 디자인을 전달할 몇 가지 아이디어 영듣

0042 **prejudiced**
[prédʒədist]
영

a. 편견에 찬, 편견이 있는
a figment of our **prejudiced** imaginations 우리의 편견에 찬 상상이 꾸며 낸 것 영어
No one will admit to being racially **prejudiced**. 어떤 사람도 인종 편견이 있다고 인정하지 않을 것이다.
○ prejudice *n.* 편견

0043 **review**
[rivjú:]
영 독 완 듣

v. 복기하다, 복습하다 *n.* (비)평, 후기
You are driving home, **reviewing** the game in your mind. 여러분은 차를 몰고 집에 돌아오는 길에 마음속으로 경기를 복기하고 있다. 영어
The **reviews** have been great. 평이 매우 좋았습니다. 영듣

0044 **equate**
[ikwéit]
영 독

v. 동일시하다, 일치하다
equate silence with appreciation 침묵과 인정을 동일시하다 영어
Creativity typically **equates** with being able to recreate a piece of music. 창의성이란 보통 음악 작품을 재창조하는 능력이 있다는 것과 일치한다. 독연

0045 **specific**
[spisífik]
영 독 완 듣

a. 구체적인, 특정한
Make your appreciation **specific**. 여러분의 인정 표현이 구체적이 되도록 하라. 영어
We can't predict a **specific** outcome. 우리는 특정 결과를 예측할 수 없다. 수완

0046 **ignore**
[ignɔ́:*r*]
영 독 완

v. 무시하다
When you **ignore** success, people think it doesn't matter and stop trying. 여러분이 성공을 무시할 때, 사람들은 그것이 중요하지 않다고 생각하고 노력을 멈춘다. 영어
People sometimes **ignore** potentially dangerous 'warning signals'. 사람들은 때때로 잠재적으로 위험한 '경고 신호'를 무시한다. 독연
○ ignorance *n.* 무지, 모름

0047 **satisfy**
[sǽtisfài]
영 독 듣

v. 충족시키다, 만족시키다
There are no agreed-upon standards that **satisfy** everyone's definition of high quality. 고품질에 관한 모든 사람의 정의를 충족시키는 합의된 기준이 없다. 영어
A company can **satisfy** that demand by developing new capabilities. 회사는 새로운 능력 개발을 통해 그 수요를 충족시킬 수 있다. 독연

0048 **democratic**
[dèməkrǽtik]
영 완

a. 민주주의의, 민주적인
High-quality journalism promotes **democratic** ideals by playing the role of a watchdog. 고품질 저널리즘은 감시자 역할을 함으로써 민주주의의 이상을 증진한다. 영어
democratic and open societies 민주적이고 개방적인 사회 수완

0049 **overemphasize**
[ouvə*r*émfəsàiz]
영

v. 지나치게 강조하다
When discussing news quality, normative aspects cannot be **overemphasized**. 뉴스의 질을 논할 때 규범적인 측면은 아무리 강조해도 지나치지 않다. 영어
We cannot **overemphasize** safety training. 안전 교육은 아무리 강조해도 지나치지 않다.

0050 **opponent**
[əpóunənt]
영 독

n. 반대자, 반대편, 상대(방)
Opponents are not necessarily enemies. 반대자가 반드시 적은 아니다. 영어
Superior athletes coordinate their behavior with teammates and **opponents**' behavior. 우수한 선수는 팀원과 상대방의 행동에 맞게 자기 행동을 조정한다. 독연

0051 **outcome** [áutkʌ̀m] 영 독 완

n. 결과, 성과

You can often work with opponents and strategize toward mutually successful **outcomes**. 여러분은 흔히 반대자와 함께 일하면서 서로에게 성공적인 결과를 향해 전략을 세울 수 있다. 영어

Both parties have a say in the **outcome**. 양쪽 모두 그 결과에 발언권을 가지고 있다. 독연

0052 **profit** [prɑ́fit] 영 독 완

n. 이윤, 수익, 이익

Profit leads to economic growth. 이윤은 경제 성장으로 이어진다. 영어

The main purpose of commercial businesses is to maximise **profits**. 상업적 사업체의 주요 목적은 수익을 극대화하는 것이다. 수완

0053 **politician** [pɑ̀litíʃən] 영 독 완

n. 정치인

the goal of many **politicians** and business leaders 많은 정치인과 기업 리더의 목표 영어

speeches made by **politicians** and policymakers 정치인들과 정책 입안자들이 쓴 연설문 독연

0054 **continuous** [kəntínjuəs] 영 완

a. 지속적인, 계속되는

the problem with seeking **continuous** economic growth 지속적인 경제 성장 추구와 관련된 문제 영어

think about **continuous** improvement 지속적인 개선에 관해 생각하다 수완

◎ continuity *n.* 지속(성), 연속(성)

0055 **extract** [ikstrǽkt] 영 완

v. 채취하다, 추출하다

We **extract** resources from the world around us. 우리는 주변 세계에서 자원을 채취한다. 영어

the compound **extracted** from a natural source 천연자원에서 추출된 화합물 수완

◎ extraction *n.* 채취, 추출

0056 **dump** [dʌmp] 영

v. (특히 적절치 않은 곳에 쓰레기 같은 것을) 버리다

dump the waste back into the Earth 그 폐기물을 다시 지구에 버리다 영어

Too much toxic waste is being **dumped** at sea. 너무 많은 유독성 폐기물이 바다에 버려지고 있다.

0057 **finite** [fáinait] 영 완

a. 유한한, 한정된

Our Earth is a **finite** ecosystem. 우리 지구는 유한한 생태계이다. 영어

an enzyme that works only in a **finite** temperature range 한정된 온도 범위에서만 작동하는 효소 수완

◎ 반 infinite *a.* 무한한

0058 **compromise** [kɑ́mprəmàiz] 영

n. 타협, 절충 *v.* 굽히다, 양보하다, 타협하다

Everything is a subject for endless debate and **compromise**. 모든 것이 끊임없는 토의와 타협의 문제이다. 영어

Tom refused to **compromise** his principles. Tom은 자신의 원칙을 굽히길 거부했다.

0059 **boundary** [báundəri] 영 독 완

n. 경계, 한계

There are planetary and societal **boundaries** that must not be crossed. 넘어서는 안 되는 지구적이고 사회적인 경계가 있다. 영어

Pushing the **boundaries** may entail risks. 경계를 허무는 것은 모험을 수반할 수도 있다. 독연

0060 **corporation** [kɔ̀ːrpəréiʃən] 영 독

n. 기업

the modern **corporation** as a child of laissez-faire economics 자유방임 경제의 산물인 현대 기업 영어

Their potential is easily captured by inhuman **corporations**. 그것들의 잠재력은 비인간적인 기업에 의해 쉽게 점유된다. 독연

◎ corporate *a.* 기업의, 회사의, 공동의

0061 **advancement** [ədvǽnsmənt] 영 독

n. (경제적) 성공, 진보, 향상, 발전
Social status and function should be exclusively the result of economic **advancement**. 사회적 신분과 기능은 전적으로 경제적 성공의 결과이어야 한다. 영어
Such **advancement** can occur even if the theories and models involved are false! 관련된 이론과 모델이 거짓일지라도 그러한 진보는 일어날 수 있다! 독연

0062 **rebellion** [ribéljən] 영

n. 반란, 반항
The **rebellion** went too far. 그 반란은 너무 멀리 나갔다. 영어
resentment, **rebellion** and repression 분노, 반란, 그리고 억압 영어
◎ rebel *v.* 반란을 일으키다 *n.* 반역자

0063 **deny** [dinái] 영 독 완

v. 부정하다, 부인하다
deny equality of opportunity 기회의 평등을 부정하다 영어
Nobody will **deny** that the dinosaurs really existed. 누구도 공룡이 실제로 존재했다는 것을 부인하지 않을 것이다. 독연
◎ denial *n.* 부정, 부인

0064 **fulfillment** [fulfílmənt] 영

n. 성취
The rebellion denied meaning and **fulfillment** to those who cannot advance. 그 반란은 성공하지 못하는 사람들에게 의미와 성취감을 부여하지 못했다. 영어
expanded opportunities for personal **fulfillment** 개인적 성취를 위해 확대된 기회 영어

0065 **status** [stéitəs] 영 독 완

n. 신분, 지위, 상태
The good society must give both justice and **status**. 좋은 사회는 정의와 신분을 모두 부여해야 한다. 영어
Solo **status** commands others' attention. 단독 상태는 다른 사람의 관심을 받는다. 독연

0066 **circulate** [sə́ːrkjulèit] 영 완

v. 순환하다, 순회하다
Materials **circulate** continuously. 재료는 지속적으로 순환한다. 영어
Consultants **circulate** the globe advising local governments as to strategies. 컨설턴트들은 세계를 순회하며 현지 정부에게 그 전략에 대해 조언한다. 수완
◎ circulation *n.* 순환

0067 **textile** [tékstail] 영 완

n. 직물, 옷감, 섬유
Most **textiles** are entirely recyclable. 직물 대부분은 완전히 재활용할 수 있다. 영어
I intended to make a quilt but ended up with a work of **textile** art instead. 나는 퀼트를 만들려고 했는데 대신 결국 섬유 예술 작품을 갖게 되었다. 수완

0068 **multiple** [mʌ́ltəpl] 영 독 완 듣

a. 많은, 다수의, 복합적인
There are **multiple** opportunities for materials to "leak" from the reuse cycle. 재사용 순환에서 재료가 '누출'될 기회가 많다. 영어
True literacy in systems might be understood and practised in **multiple** ways. 시스템의 진정한 사용 능력은 복합적인 방식으로 이해되고 실행될 수도 있을 것이다. 독연

0069 **fiber** [fáibər] 영 독 완 듣

n. 섬유, 섬유질
Fiber recycling is not without its own environmental footprint. 섬유 재활용은 그 자체의 환경 발자국이 없는 것은 아니다. 영어
These nuts are rich in healthy **fiber**. 이 견과류는 건강에 좋은 섬유질이 풍부하다. 수완

0070 **forecast** [fɔ́ːrkæ̀st] 영 완 듣

v. 예측하다, 전망하다 *n.* 예보, 예측
When anticipating the effects of time, we should mentally **forecast** what they are likely to be. 시간의 영향을 예견할 때, 우리는 그것이 무엇일지를 마음속에서 예측해야 한다. 영어
The weather **forecast** says there will be snow. 기상 예보에 따르면 눈이 올 것이다. 수완

0071 **immediate**
[imíːdiət]
영 독 완

a. 즉각적인, 당장의, 당면한
the **immediate** performance of promises which time alone can fulfill 시간만이 이행할 수 있는 약속의 즉각적인 성과 영어
the **immediate** goals and overall game strategy 당장의 목표와 전체적인 경기 전략 독연

0072 **bear**
[bɛər]
영 독 완 듣

v. (열매를) 맺다, (책임이나 부담을) 지다, 참다, 견디다 *n.* 곰
It is possible to make a tree burst forth into leaf, blossom, or even **bear** fruit within a few days. 며칠 만에 갑자기 나무에 잎이 돋고 꽃이 피고 심지어 열매를 맺게 할 수 있다. 영어
bear the burden of your own choices 여러분 자신의 선택에 대한 책임을 지다 수완

0073 **abuse**
v. [əbjúːz]
n. [əbjúːs]
영 독 완 듣

v. 남용하다 *n.* 괴롭힘, 오용, 악용, 남용
A young man may **abuse** his strength by trying to do at nineteen what he could easily manage at thirty. 젊은이는 자신이 서른 살에 쉽게 할 수 있는 일을 열아홉 살에 하려고 시도함으로써 자신의 힘을 남용할 수도 있다. 영어
those who have not suffered online **abuse** 온라인 괴롭힘을 당하지 않았던 사람들 독연

0074 **underway**
[ʌ̀ndərwéi]
영 듣

a. 진행 중인
There are disturbing changes **underway** in today's school systems. 오늘날의 학교 체제에 불안한 변화가 진행 중이다. 영어
The dance hall setup is currently **underway**. 무도회장 설치가 현재 진행 중입니다. 영듣

0075 **evaluate**
[ivǽljuèit]
영 독 완

v. 평가하다
Standardized tests primarily **evaluate** rote memory. 표준화 시험은 주로 기계적 암기를 평가한다. 영어
Participants **evaluated** the contributions of a given group member. 참가자들은 주어진 집단 구성원의 기여도를 평가했다. 독연
evaluation *n.* 평가

0076 **curriculum**
[kəríkjuləm]
영 독 완

n. 교육 과정 (*pl.* curricula)
focus resources and **curriculum** on the lower-scoring students 자원과 교육 과정을 점수가 더 낮은 학생에게 집중하다 영어
Introductions to the sounds have no place in most school **curricula**. 그 소리에 대한 소개는 대부분의 학교 교육 과정에서 찾아볼 수 없다. 독연

0077 **incorporate**
[inkɔ́ːrpərèit]
영 독 완

v. 포함하다, 통합하다
opportunity to encourage creative thinking and **incorporate** hands-on activities 창의적 사고를 장려하고 체험 활동을 포함할 기회 영어
Virtual worlds may **incorporate** games. 가상 세계는 게임을 포함할 수도 있다. 수완

0078 **enrich**
[inrítʃ]
영 완

v. 풍성하게 하다, 풍요롭게 하다
when education is not **enriched** by exploration, discovery, problem solving, and creative thinking 교육이 탐구, 발견, 문제 해결, 그리고 창의적 사고로 풍성해지지 않을 때 영어
find material that will **enrich** reading 독서를 풍요롭게 해 줄 자료를 찾다 수완

0079 **drill**
[dril]
영 완

n. 반복 학습, 훈련
emphasize uninspiring **drills** 흥미롭지 못한 반복 학습을 강조하다 영어
provide an overall plan for the fire **drill** 소방 훈련에 대한 전반적인 계획을 제시하다 수완

0080 **neuron**
[njú(ː)ərɑn]
영 독

n. 뉴런, 신경 세포
all the **neurons** and major connections 모든 뉴런과 주요 연결부 영어
The **neurons** that fire together get wired together in our brains. 함께 활성화하는 뉴런은 우리 뇌에서 서로 연결되어 있다. 독연

0081 **govern** [gʌ́vərn] 영 독 완

v. **관장하다, 지배하다, 통치하다, 결정하다**
networks **governing** learning and memory 학습과 기억을 관장하는 네트워크 영어
It becomes possible to see that life is **governed** in this way. 인생이 이런 식으로 지배된다는 것을 알 수 있게 된다. 독연

0082 **reveal** [rivíːl] 영 독 완

v. **보여 주다, 드러내다, 밝히다**
evidence **revealing** that the adult brain can change and adapt 성인의 뇌는 변화하고 적응할 수 있다는 것을 보여 주는 증거 영어
reveal useful information about the close-at-hand environment 근거리의 환경에 대한 유용한 정보를 드러내다 독연
○ revelation *n.* 드러냄, 폭로, 계시

0083 **chaotic** [keiάtik] 영

a. **혼잡한, 혼란스러운**
Constant driving and navigation of **chaotic** London streets leads to increased hippocampus size. 혼잡한 런던 거리를 계속 운전하고 주행하는 것은 해마 크기의 증가를 가져온다. 영어
The world has gone **chaotic**. 세상은 혼란스러워졌다.
○ chaos *n.* 혼란, 혼돈

0084 **resource** [ríːsɔ̀ːrs] 영 독 완 듣

n. **자원**
Nationalism requires that all **resources** belong to the state. 내셔널리즘은 모든 자원이 국가에 속하도록 요구한다. 영어
once all **resources** have been exhausted 일단 모든 자원이 소진되면 수완

0085 **prohibit** [prouhíbit] 영 독

v. **금지하다**
prohibit interest payments on loans 대출에 대한 이자 지급을 금지하다 영어
create legal barriers to competition by **prohibiting** copying 복제를 금지함으로써 경쟁에 대한 법적 장벽을 만들다 독연
○ prohibition *n.* 금지

0086 **enterprise** [éntərprὰiz] 영 독 완

n. **기업, 대규모 사업**
the management and the profits of an **enterprise** 기업의 경영과 이익 영어
Government-owned **enterprises** are less likely to be responsive to consumer demand. 정부 소유의 기업은 소비자 요구에 즉각 반응할 가능성이 더 낮다. 독연

0087 **obstacle** [άbstəkl] 영 독 완

n. **걸림돌, 장애(물)**
an **obstacle** to deal making 거래 성사의 걸림돌 영어
a major **obstacle** to scientific exploration 과학 탐사에 대한 중대한 장애물 독연

0088 **objective** [əbdʒéktiv] 영 독 완

a. **객관적인** *n.* **목표**
the importance of **objective** knowledge 객관적 지식의 중요성 영어
the tactics you may need to use to achieve your negotiation **objectives** 협상 목표를 달성하기 위해 여러분이 사용해야 할 수도 있는 전략 독연
○ 반 subjective *a.* 주관적인

0089 **era** [í(ː)rə] 영 독 완 듣

n. **시대**
Scientists become the priests of our **era**. 과학자는 우리 시대의 사제가 된다. 영어
classics across various cultures and **eras** 다양한 문화와 시대에 걸친 고전 영듣

0090 **linear** [líniər] 영

a. **선형의, 직선의**
The **linear** view of the relation between science and social outcomes is flawed. 과학과 사회적 결과 사이의 관계에 대한 선형적 관점에 결함이 있다. 영어
progress in a **linear** fashion 직선형으로 발달해 나가다

QUICK CHECK 01

WORDS 0001-0090 | Answer Key p. 230

A 다음 빈칸에 단어의 뜻을 쓰시오.

01 expense	________	16 democratic	________
02 principal	________	17 outcome	________
03 engaging	________	18 continuous	________
04 constraint	________	19 compromise	________
05 typical	________	20 corporation	________
06 downtime	________	21 rebellion	________
07 fabric	________	22 status	________
08 stillness	________	23 multiple	________
09 relief	________	24 immediate	________
10 seasoning	________	25 incorporate	________
11 misconception	________	26 enrich	________
12 overall	________	27 reveal	________
13 criterion	________	28 chaotic	________
14 unique	________	29 obstacle	________
15 ignore	________	30 linear	________

B 다음 빈칸에 주어진 철자로 시작하는 적절한 단어를 쓰시오.

01 the students who are p___________ing their dream ← 자신의 꿈을 **추구하고** 있는 학생들

02 A___________ bubbled in her chest. ← **기대**가 그녀의 가슴 속에서 부풀었다.

03 What a l___________! ← 정말 **낙담**스러웠다!

04 Everyone was more than happy to c___________. ← 모든 이들이 더할 나위 없이 기쁘게 **협력했다**.

05 It is difficult to trace the o___________s of ideas. ← 아이디어의 **근원**을 추적하는 것은 어렵다.

06 O___________s are not necessarily enemies. ← **반대자**가 반드시 적은 아니다.

07 P___________ leads to economic growth. ← **이윤**은 경제 성장으로 이어진다.

08 Materials c___________ continuously. ← 재료는 지속적으로 **순환한다**.

09 p___________ interest payments on loans ← 대출에 대한 이자 지급을 **금지하다**

10 Scientists become the priests of our e___________. ← 과학자는 우리 **시대**의 사제가 된다.

0091 **household** [háushòuld] 영 독 완

n. 가정 *a.* 가사의, 가정의

The average **household** ends up wasting an average of 14 percent of its grocery spending. 일반 가정에서는 식료품 지출의 평균 14퍼센트를 결국 낭비하게 된다. 영어

Most **household** work has remained predominantly in the domain of women. 대부분의 가사 노동은 주로 여자의 영역에 남아 있었다. 독연

0092 **expiration** [èkspəréiʃən] 영

n. (기간의) 만료, 만기

products that were never opened and were still within their **expiration** date 개봉하지 않았고 아직 유통 기한 내에 있던 제품 영어

Check the **expiration** date on your passport. 여러분의 여권 만료 기한을 확인하세요.

0093 **perishable** [périʃəbl] 영

a. 상하기 쉬운, (말라) 죽기 쉬운

avoid overbuying **perishable** foods 상하기 쉬운 식품을 과도하게 사는 것을 피하다 영어

The egg is a **perishable** product. 달걀은 상하기 쉬운 제품이다.

◎ perish *v.* 썩다, 죽다, 소멸하다

0094 **leftover** [léftòuvər] 영 듣

n. (주로 복수로) 남은 음식 *a.* (먹다) 남은

This is a good time to throw away outdated **leftovers**. 이때는 오래된 남은 음식을 버릴 수 있는 좋은 시간이다. 영어

There should be some **leftover** pizza. 먹다 남은 피자가 좀 있을 거야. 영듣

0095 **hypothesis** [haipáθisis] 영 완

n. 가설 (*pl.* hypotheses)

There are often multiple incorrect **hypotheses**. 흔히 다수의 부정확한 가설이 있다. 영어

Nathaniel Ward tested his **hypothesis**. Nathaniel Ward는 자신의 가설을 검증했다. 수완

0096 **partial** [pá:rʃəl] 영 독 완

a. 부분적인, 불완전한, 편파적인

if **partial** truths get circulated long enough 부분적인 진실이 상당히 오래 유통되면 영어

Every subset of the truth is only a **partial** truth. 진실의 모든 부분 집합은 불완전한 진실일 뿐이다. 독연

◎ 반 impartial *a.* 공정한

0097 **solitary** [sálitèri] 영

a. 혼자 하는, 단 하나의

Solitary activities like coloring helped in meditative and reflective ways. 색칠하기와 같은 혼자 하는 활동은 명상적, 성찰적 방식으로 도움이 되었다. 영어

There is not a **solitary** shred of evidence. 증거라고는 단 하나도 없다.

0098 **resolve** [rizálv] 영 독 완

v. 해결하다 *n.* 결심, 결의

resolve our problems 우리의 문제를 해결하다 영어

no matter how strong your **resolve** is 여러분의 결심이 아무리 강하더라도 독연

◎ resolution *n.* 해결, 결단력

0099 **agency** [éidʒənsi] 영 독 완

n. 주체성, 힘, 기능, 행위자, 대행사

feel a sense of mastery, control, and **agency** over our lives 우리 삶에 대한 숙달감, 통제감, 주체성을 느끼다 영어

We see young children's wonder as filled with supernatural **agency**. 우리는 아이들의 경이감이 초자연적인 힘으로 채워져 있다고 간주한다. 독연

0100 **validate** [vǽlidèit] 영

v. 검증하다, 입증하다, 승인하다

reflective, **validating**, contemplative, or meditative practices 성찰적, 검증적, 사색적 또는 명상적 수행 영어

The scientist **validated** his theory in a variety of ways. 그 과학자는 다양한 방식으로 자신의 이론을 입증했다.

◎ valid *a.* 유효한, 타당한

0101 **inclined**
[inkláind]
영 독 완

a. **경사진, 기운, 경향이 있는**
Galileo rolled the balls down the **inclined** plane. 갈릴레오는 경사면 아래로 공을 굴렸다. 영어
More and more individuals became **inclined** to learn Latin. 점점 더 많은 사람이 라틴어를 배우는 경향이 있게 되었다. 독연

0102 **calculate**
[kǽlkjulèit]
영 독 완

v. **계산하다, 추정하다**
Galileo **calculated** the speed of travel. 갈릴레오는 이동 속도를 계산했다. 영어
calculate the aggregate time spent in different activities 여러 가지 활동에 들인 합계 시간을 계산하다 독연
◎ calculation *n.* 계산, 추정

0103 **numerical**
[nju:mérikəl]
영

a. **숫자로 나타낸, 수의**
a mathematical equation relating **numerical** quantities 수량과 관련한 수학 방정식 영어
All of them sat in **numerical** order. 그들 모두는 번호 순서대로 앉았다.

0104 **compute**
[kəmpjú:t]
영 독

v. **산출하다, 계산하다**
Galileo **computed** what path the spots were traveling. 갈릴레오는 그 점들이 어떤 경로로 이동하고 있는지 산출했다. 영어
the result of human input shaped by **computed** output 계산된 출력에 의해 형성된 인간 입력의 결과 독연
◎ computation *n.* 산출, 계산

0105 **retail**
[rí:tèil]
영 완 듣

n. **소매** *a.* **소매의**
the total annual food waste at the **retail** and household stages 소매 및 가정 단계에서의 연간 음식물 쓰레기 총량 영어
They are fierce **retail** competitors. 그들은 치열한 소매 경쟁자이다. 수완

0106 **average**
[ǽvəridʒ]
영 독 완

a. **평균의**
the **average** number of skier visits per season 시즌별 평균 스키어 방문 수 영어
with **average** life expectancy close to 80 years of age 평균 기대 수명이 80세에 가까워지는 상황에서 독연

0107 **domestic**
[dəméstik]
영 완

a. **국내의, 가사[가정]의**
the average number of **domestic** skier visits 평균 내국인 스키어 방문 수 영어
traditional female jobs in **domestic** and personal service 가사 및 개인 서비스 분야의 전통적인 여성의 직업 수완
◎ 반 international *a.* 국제적인

0108 **survey**
n. [sə́:rvei]
v. [sərvéi]
영 독 완

n. **설문 조사** *v.* **설문 조사하다**
the **survey** results on how often U.S. students read for fun 미국 학생들이 재미로 책을 읽는 빈도에 대한 설문 조사 결과 영어
survey a sample of the subscribers about their motivations for subscribing 구독자 표본을 대상으로 구독 동기에 대해 설문 조사하다 독연

0109 **device**
[diváis]
영 독 완 듣

n. **기기, 장치, 장비**
the **devices** that U.S. adults used for their online shopping 미국 성인이 온라인 쇼핑에 사용한 기기들 영어
The portable typewriter was still a manual **device**. 휴대용 타자기는 여전히 수동 기기였다. 독연

0110 **distribution**
[dìstrəbjú:ʃən]
영 독 완

n. **분포, 분배, 배급**
the **distribution** for each device by age and income 연령 및 소득에 따른 기기별 분포 영어
The collection and **distribution** of fresh water is monitored globally. 담수의 수집과 분배는 전 세계적으로 추적 관찰된다. 독연
◎ distribute *v.* 분포시키다, 분배하다, 배급하다

0111 **rural**
[rú(:)ərəl]
영 독 듣

a. **시골의, 농촌의**
Gladys West was born in **rural** Virginia in 1930. Gladys West는 1930년에 버지니아주의 시골에서 태어났다. 영어
Changes are slow and late to arrive in **rural** areas. 변화는 농촌 지역에서 서서히 그리고 늦게 도달한다. 독연
반 urban *a.* 도시의

0112 **scholarship**
[skɑ́lərʃip]
영 완 듣

n. **장학금**
West received a **scholarship** to Virginia State College. West는 Virginia State College에 갈 장학금을 받았다. 영어
The top five teams will receive **scholarships** and prizes. 상위 다섯 팀은 장학금과 상을 받을 것입니다. 영듣

0113 **gravitational**
[grævitéiʃənl]
영

a. **중력의**
the measurement of the Earth's size, shape, and **gravitational** field 지구의 크기, 모양, 중력장의 측정 영어
the earth's **gravitational** pull 지구의 중력

0114 **fate**
[feit]
영 완

n. **운명, 숙명**
Fado means "**fate**" in Portuguese. fado는 포르투갈어로 '운명'이라는 뜻이다. 영어
Team activities provide similar bonds of shared **fate**. 팀 활동은 공유된 운명과 비슷한 유대감을 제공한다. 수완
fatal *a.* 치명적인

0115 **accompany**
[əkʌ́mpəni]
영 독 완 듣

v. **반주[연주]하다, 동행하다, 동반하다**
Fado is **accompanied** by dual *guitarras* and a *viola*. fado는 두 대의 *guitarras*와 한 대의 *viola*로 반주된다. 영어
Our skilled guide will **accompany** you. 숙련된 가이드가 여러분과 동행합니다. 독연

0116 **attain**
[ətéin]
영 독 완

v. **이루다, 얻다, 도달하다**
a longing for something impossible to **attain** 이룰 수 없는 것에 대한 갈망 영어
attain career outcomes that others can observe 다른 사람들이 관찰할 수 있는 직업적 성과를 얻다 독연
attainment *n.* 성취, 달성

0117 **upbeat**
[ʌ́pbìːt]
영

a. **경쾌한, 낙관적인**
Songs can be **upbeat**. 노래는 경쾌할 수 있다. 영어
The tone of his speech was **upbeat**. 그의 연설의 어조는 낙관적이었다.

0118 **district**
[dístrikt]
영 독 완

n. **구역, 지역, 지구**
bars and clubs in working-class **districts** of Lisbon 리스본의 노동자 계층 구역에 있는 바와 클럽 영어
white-only residential areas or school **districts** 백인 전용 거주 지역이나 학군 독연

0119 **flourish**
[flə́ːriʃ]
영 완

v. **번성하다, 번영하다**
Fado **flourished** during the Salazar years. fado는 Salazar 시대에 번성했다. 영어
the richer notion of human **flourishing** 인간의 번영이라는 더 풍요로운 개념 수완

0120 **revive**
[riváiv]
영 완

v. **부활시키다, 되살아나게 하다**
In recent times, the genre has been **revived**. 최근에 이 장르는 부활했다. 영어
an instinct to try to **revive** something from the past 과거로부터 무언가를 되살아나게 하려는 본능 수완
revival *n.* 부활, 회복

WEEK 1 DAY 05

0121 **culture** [kʌ́ltʃər] 영 독 완 듣

n. **문화, 교양, 재배, 양식**

The Mayan ball game was a very important part of Mayan **culture**. 마야의 구기 경기는 마야 문화의 매우 중요한 부분이었다. 영어

Populations create constant pressure for **culture** change. 인구는 문화 변동에 대한 지속적인 압력을 발생시킨다. 독연

0122 **solid** [sálid] 영 독 완

a. **단단한, 고체의** *n.* **고체**

The ball was made of **solid** rubber. 그 공은 단단한 고무로 만들어졌다. 영어

various sources such as plant residues and organic **solids** 식물 잔류물, 유기 고체와 같은 다양한 원천 독연

0123 **leather** [léðər] 영 완 듣

n. **가죽**

Players wore hard **leather** gloves. 선수들은 단단한 가죽 장갑을 착용했다. 영어

a beginners' class to introduce **leather** craft 가죽 공예를 소개하는 초급 수업 영듣

0124 **elbow** [élbou] 영 완 듣

n. **팔꿈치**

Players used only their **elbows**, hips, and knees to hit the ball. 선수들은 오로지 자신의 팔꿈치, 골반 부위, 무릎만 사용하여 공을 쳤다. 영어

How is your **elbow** today? 오늘 팔꿈치는 어떠세요? 영듣

0125 **spectator** [spékteitər] 영

n. **관중, 관객**

Spectators liked to watch and bet on the games. 관중들은 경기를 보며 내기하기를 좋아했다. 영어

Spectators are seen as a source of drive arousal. 관중은 추동 각성의 원천으로 여겨진다. 영어

0126 **prominent** [prámənənt] 영 완

a. **유명한, 저명한, 중요한**

Lysippus was the most **prominent** of the great 4th-century BC sculptors. Lysippus는 기원전 4세기의 위대한 조각가 중 가장 유명했다. 영어

the **prominent** politicians campaigning in parliamentary elections 의회 선거에서 캠페인을 벌이는 저명한 정치인들 수완

◎ prominence *n.* 유명함, 중요성

0127 **sculptor** [skʌ́lptər] 영

n. **조각가**

Lysippus became Alexander the Great's court-**sculptor**. Lysippus는 알렉산더 대왕의 궁정 조각가가 되었다. 영어

The talented **sculptor** crafted a masterpiece. 그 재능 있는 조각가는 걸작을 만들었다.

0128 **industrial** [indʌ́striəl] 영 독 완 듣

a. **산업의, 공업의**

Lysippus ran a workshop of almost **industrial** size. Lysippus는 거의 산업적인 규모의 작업장을 운영했다. 영어

other sectors such as consumer electronics, food and **industrial** products 가전제품, 식품 및 공산품과 같은 다른 부문 독연

0129 **displace** [displéis] 영

v. **대체하다, (살던 곳·직장·직위에서) 쫓아내다**

Lysippus **displaced** the canon of Polyclitus. Lysippus는 Polyclitus의 규범을 대체했다. 영어

Machines destroyed lots of jobs, often with devastating effects on **displaced** workers. 기계는 많은 일자리를 파괴했으며, 흔히 실직 노동자에게 치명적인 영향을 미쳤다. 영어

0130 **renovation** [rènəvéiʃən] 영 완 듣

n. **보수 공사**

Renovation period: March 1–31, 2024 보수 공사 기간: 2024년 3월 1일~31일 영어

the stairways that are not under **renovation** 보수 공사를 진행하지 않는 계단들 영듣

WEEK 1 DAY 05

0131 **gallery** [gǽləri] 영

n. 미술관, 화랑, (골프 경기의) 관중

The **gallery** will be closed during the renovation period. 미술관은 보수 공사 기간 동안 휴관할 것입니다. 영어

Gallery exhibitions are 'hired' by other **galleries**. 미술관 전시는 다른 미술관에 의해 '임대'된다. 영어

0132 **discount** [diskáunt] 영 독 완 듣

n. 할인 *v.* 고려하지 않다, 무시하다, 할인하다

March birthdays can receive birthday **discount** in April. 3월 생일은 4월에 생일 할인을 받을 수 있습니다. 영어

Will algorithms **discount** online abuse? 알고리즘은 온라인 괴롭힘을 고려하지 않을 것인가? 독연

0133 **valid** [vǽlid] 영 독 완

a. 유효한, 타당한

All vouchers will be **valid** for a month. 모든 상품권은 한 달 동안 유효할 것입니다. 영어

the very **valid** reason justifying starting a diet of organic food 유기농 식품의 식단을 시작하는 것을 정당화하는 매우 타당한 이유 독연

반 invalid *a.* 무효한

0134 **registration** [rèʤistréiʃən] 영 완 듣

n. 등록

Registration is required by 5 p.m. 등록은 오후 5시까지 해야 합니다. 영어

Here's a link for **registration**. 여기 등록을 위한 링크가 있어. 수완

register *v.* 등록하다

0135 **account** [əkáunt] 영 독 완

n. 계정, 계좌, 설명

create a guest **account** 손님 계정을 만들다 영어

Few **accounts** of early human evolution describe males being fathers or sons. 초기 인류의 진화에 대한 설명 가운데 남성이 아버지나 아들이라고 서술하는 것은 거의 없다. 독연

0136 **beverage** [bévəriʤ] 영 듣

n. 마실 것, 음료

bring a sack lunch and **beverage** 점심 도시락과 마실 것을 지참하다 영어

Light snacks and **beverages** are included in the price of admission! 입장료 가격에는 가벼운 간식과 음료가 포함되어 있습니다! 영듣

0137 **accept** [əksépt] 영 독 완 듣

v. 받아 주다, 받아들이다, 인정하다

No phone registrations will be **accepted**. 전화 등록은 받지 않을 것입니다. 영어

Everyone is obliged to **accept** these decisions. 모든 사람은 이러한 결정을 어쩔 수 없이 받아들여야 한다. 독연

0138 **contact** [kántækt] 영 독 완 듣

v. 연락하다 *n.* 접촉, 연락

Please **contact** us by e-mail. 저희에게 이메일로 연락하십시오. 영어

spend a year in space without any human **contact** 어떤 인간 접촉도 없이 우주에서 1년을 보내다 독연

0139 **auditorium** [ɔ̀:ditɔ́:riəm] 영 완 듣

n. 강당

The Homer Elementary School **auditorium** Homer 초등학교 강당 영어

I'm planning on helping with the **auditorium** setup. 저는 강당 배치를 도울 예정입니다. 영듣

0140 **metaphor** [métəfɔ̀:r] 영 독

n. 은유, 비유

A good way to make human-machine interaction more natural is to develop a better **metaphor**. 인간과 기계의 상호 작용을 더 자연스럽게 만드는 좋은 방법은 더 나은 은유를 개발하는 것이다. 영어

Some **metaphors** can be essential aids to innovation. 일부 은유는 혁신에 필수적인 도움이 될 수 있다. 독연

metaphorical *a.* 은유의, 은유적인

0141 **imitate**
[ímitèit]
영 독 완 듣

v. **모방하다, 따라 하다**
a familiar object or activity that your computer **imitates** with its commands 컴퓨터가 자신의 명령어를 통해 모방하는 친숙한 사물이나 행동 영어
imitate the speech patterns of the characters 등장인물의 대화 패턴을 모방하다 영듣

0142 **mimic**
[mímik]
영

v. **모방하다, 흉내를 내다**
In the desktop metaphor, the display screen **mimics** a typical desk. 데스크톱 은유에서 디스플레이 화면은 일반적인 책상을 모방한다. 영어
Tom's always **mimicking** the teachers. Tom은 항상 선생님들의 흉내를 낸다.
◎ mimicry *n.* 모방, 흉내

0143 **gaze**
[geiz]
영 완

v. **응시하다, 바라보다** *n.* **시선, 응시**
You **gaze** at various "storefronts," see one you like, and (click) you enter. 여러분은 다양한 '상점'을 응시하다가 마음에 드는 한 곳을 보고 (클릭하여) 들어간다. 영어
He met my **gaze** with a proud expression. 그는 자랑스러운 표정으로 내 시선을 마주했다. 수완

0144 **browse**
[brauz]
영 완

v. **탐색하다, 둘러보다**
There are more options to **browse**. 탐색할 수 있는 더 많은 선택 사항이 있다. 영어
You can **browse** our entire collection online. 여러분은 우리의 모든 컬렉션을 온라인으로 둘러볼 수 있다. 수완

0145 **command**
[kəmǽnd]
영 독

n. **명령, 명령어** *v.* **명령하다, 얻다**
struggle learning new concepts and **commands** 새로운 개념과 명령어를 배우느라 애쓰다 영어
Solo status **commands** others' attention. 단독 상태가 다른 사람의 관심을 얻는다. 독연

0146 **vegetation**
[vèdʒitéiʃən]
영 독 완 듣

n. **(특정 지역·환경의) 초목[식물]**
Vegetation serves as natural protection against erosion. 초목은 침식에 대한 자연적인 보호 역할을 한다. 영어
Small mammals and insects live in dense **vegetation**. 작은 포유동물과 곤충은 무성한 초목 속에서 산다. 독연

0147 **impact**
n. [ímpækt]
v. [impǽkt]
영 독 완 듣

n. **영향** *v.* **영향을 미치다**
70% of erosion is due to human **impact**. 침식의 70%는 인간의 영향에 의한 것이다. 영어
Overconfidence may **impact** executive decision making. 과도한 자신감이 경영진의 의사 결정에 영향을 미칠 수 있다. 독연

0148 **downfall**
[dáunfɔ̀ːl]
영

n. **몰락**
play a big part in the **downfall** of many early civilizations 많은 초기 문명의 몰락에 큰 역할을 하다 영어
The scandal finally led to his **downfall**. 그 추문은 결국 그의 몰락을 가져왔다.

0149 **degrade**
[digréid]
영 독 완

v. **악화시키다, 저하시키다**
Poor land management practices **degraded** the soil. 잘못된 토지 관리 관행은 토양을 악화시켰다. 영어
the city's **degraded** living conditions 그 도시의 저하된 생활 환경 독연
◎ degradation *n.* 악화, 강등, 하락

0150 **reputation**
[rèpjutéiʃən]
영 독 완

n. **평판, 명성**
This **reputation** is based on just one fossil. 이러한 평판은 단 하나의 화석에 근거한 것이다. 영어
build a **reputation** in the art world 미술계에서 명성을 쌓다 수완

0151 **erect** [irékt] 영
a. 직립한, 곤두선 *v.* 건립하다, 세우다
Healthy Neanderthals probably walked **erect**. 건강한 네안데르탈인은 아마도 직립 보행을 했을 것이다. 영어
The church was **erected** in 1884. 그 교회는 1884년에 건립되었다.

0152 **skull** [skʌl] 영 독
n. 두개골
The characteristics of their **skulls** suggest that they could speak. 그들의 두개골 특징은 그들이 말을 할 수 있었음을 시사한다. 영어
however close they get their eyes and ears to your **skull** 그들이 여러분의 두개골에 자신들의 눈과 귀를 아무리 가까이 가져가도 독연

0153 **alter** [ɔ́:ltər] 영 독 완
v. 개조하다, 바꾸다
alter the caves to make them more livable 동굴을 더 살기 좋게 만들기 위해 개조하다 영어
This change in the gene **altered** the enzyme's structure. 유전자에서 이런 변화는 그 효소의 구조를 바꾸었다. 독연
◎ alteration *n.* 개조, 변화, 수선

0154 **shelter** [ʃéltər] 영 완
n. 주거지 *v.* 거처를 마련하다, 보호하다
They built **shelters** rather than settled in caves. 그들은 동굴에 자리를 잡기보다는 주거지를 만들었다. 영어
shelter and feed the population 사람들에게 거처를 마련해 주고 그들을 먹여 살리다 수완

0155 **announce** [ənáuns] 영 독 완 듣
v. 발표하다, 알리다, 고지하다
Scientists **announced** they had found what appeared to be a musical instrument. 과학자들은 자신들이 악기로 보이는 것을 발견했다고 발표했다. 영어
The government has just **announced** it will upgrade its air quality monitoring network. 정부는 방금 대기질 감시망을 개선하겠다고 발표했다. 독연
◎ announcement *n.* 발표

0156 **institutional** [ìnstitjú:ʃənəl] 영 완
a. 제도적인
Discrimination occurs on two levels: **institutional** and individual. 차별은 제도적 차원과 개인적 차원의 두 가지 차원에서 발생한다. 영어
the influence of **institutional** contexts 제도적 맥락의 영향 수완

0157 **intentional** [inténʃənəl] 영 완
a. 의도적인
Individual discrimination tends to be **intentional**. 개인적 차별은 의도적인 경향이 있다. 영어
any **intentional** and successful influence of a person 개인의 어떤 의도적이고 성공적인 영향력 수완

0158 **detect** [ditékt] 영 독 완
v. 찾아내다, 감지하다
This invisibility makes it much harder to **detect**. 이러한 보이지 않는 특성 때문에 그것을 찾아내기가 훨씬 더 어렵다. 영어
detect error and insufficiency 오류와 불충분함을 감지하다 수완

0159 **cyclical** [sáiklikəl] 영
a. 주기적인
have a **cyclical** impact on certain ethnic minority groups 특정 소수 민족 집단에 주기적으로 영향을 미치다 영어
The activity often follows a **cyclical** pattern. 그 활동은 흔히 주기적인 패턴을 따른다.

0160 **stimulus** [stímjuləs] 영 독 완
n. 자극 (*pl.* stimuli)
prefer familiar **stimuli** 익숙한 자극을 선호하다 영어
your brain's response to your anxiety-provoking **stimulus** 불안을 유발하는 여러분의 자극에 대한 여러분의 뇌의 반응 독연

0161 **survive**
[sərváiv]
영 독 완 듣

v. **살아남다, 생존하다**
How would friendships, alliances, or other partnerships **survive**? 우정, 동맹 또는 다른 동반자 관계는 어떻게 살아남을 것인가? 영어
It's not easy to **survive** in the wild. 야생에서 살아남는 것은 쉽지 않다. 영듣
survival *n.* 생존

0162 **constant**
[kánstənt]
영 독 완 듣

a. **끊임없는, 지속적인, 꾸준한**
Social life would be in **constant** turmoil and turnover. 사회생활은 끊임없는 혼란과 전복에 놓일 것이다. 영어
require **constant** practice 꾸준한 연습을 필요로 하다 영듣

0163 **given**
[gívən]
영 독 완

prep. **~을 고려할 때** *a.* **특정한**
given the advantages of stable groups 안정된 집단의 장점을 고려할 때 영어
make the best decisions for yourself at any **given** moment 어떤 특정한 순간에도 혼자서 최고의 결정을 내리다 독연

0164 **adjust**
[ədʒʌ́st]
영 독 완 듣

v. **적응하다, 조정하다**
know how to **adjust** to each other 서로에게 적응하는 방법을 알다 영어
We have **adjusted** the parameters of the censor. 우리는 검열 장치의 제한 범위를 조정했다. 독연

0165 **opinion**
[əpínjən]
영 독 완 듣

n. **의견**
Team spirit becomes more important than the **opinions** of individual members. 개별 구성원의 의견보다 팀 정신이 더 중요해진다. 영어
without any reference to a set of beliefs or **opinions** 일련의 신념이나 의견에 대한 어떠한 언급도 없이 독연

0166 **independent**
[ìndipéndənt]
영 독 완 듣

a. **독립적인, 독자적인, 별개의**
a system of organization that encourages **independent** thinking 독립적인 사고를 장려하는 조직 체계 영어
Authenticity and objective success are **independent** of each other. 진정성과 객관적인 성공은 서로 관련이 없다. 독연
independence *n.* 독립

0167 **impartial**
[impá:rʃəl]
영

a. **공정한**
The leader of the group should appear to be **impartial**. 집단의 지도자는 공정한 모습을 보여야 한다. 영어
As chairman, you must remain **impartial**. 당신은 의장으로서 공정성을 유지해야 한다.
반 partial *a.* 편파적인

0168 **obey**
[oubéi]
영 독 완

v. **복종하다, 따르다**
Members do not feel any pressure to **obey**. 구성원들은 복종해야 한다는 어떤 압박감도 느끼지 않는다. 영어
Trains **obey** the direction of the tracks. 기차는 선로의 방향을 따른다. 독연
obedience *n.* 복종

0169 **consult**
[kənsʌ́lt]
영

v. **상의하다, 상담하다, 진찰을 받다**
consult people outside the group 그 집단 외부의 사람들과 상의하다 영어
If the pain continues, **consult** your doctor. 통증이 계속되면 의사의 진찰을 받아라.

0170 **alternative**
[ɔ:ltə́:rnətiv]
영 독 완 듣

a. **대안의** *n.* **대체재, 대안**
introduce an **alternative** point of view 대안의 관점을 소개하다 영어
Sugar was replaced by other **alternatives**. 설탕은 다른 대체재에 의해 대체되었다. 수완

0171 **rational** [rǽʃənəl] 영 독 완
a. 합리적인, 이성적인
come to more **rational** and fair decisions 더 합리적이고 공정한 결정을 내리다 영어
the **rational** part of our mind 우리 마음의 이성적인 부분 독연

0172 **conformity** [kənfɔ́ːrməti] 영 독
n. 순응
the state of groupthink which results from **conformity** and obedience 순응과 복종에서 비롯되는 집단 순응 사고의 상태 영어
Others will go along with it because of the power of **conformity**. 다른 사람들은 순응의 힘 때문에 그것에 동의할 것이다. 독연
◎ conform *v.* 순응하다, 따르다

0173 **circumstance** [sə́ːrkəmstæ̀ns] 영 독 완
n. 상황, 환경
These **circumstances** do not lead the participants to remain completely mysterious. 이러한 상황이 참가자들을 완전히 비밀스러운 존재로 남도록 이끄는 것은 아니다. 영어
create stressful **circumstances** for others 다른 사람들에게 스트레스를 주는 상황을 만들다 독연

0174 **openness** [óupənis] 영 완
n. 개방성
the common conflict between **openness** and privacy 개방성과 프라이버시 사이의 흔한 갈등 영어
the disposition of *receptive* **openness** '수용적인' 개방성을 갖는 성향 수완

0175 **fluid** [flúː(ː)id] 영 독 듣
a. 유동적인 *n.* 수분, 액체
The nature of education is somewhat **fluid**. 교육의 본질은 다소 유동적이다. 영어
Our bodies need water to maintain our **fluid** levels. 우리의 몸은 수분 수준을 유지하기 위해 물이 필요하다. 영듣

0176 **occur** [əkə́ːr] 영 독 완
v. 일어나다, 발생하다
The printing press changed the way much of education **occurred**. 인쇄기는 교육의 많은 부분이 일어나는 방식을 변화시켰다. 영어
The advent of reading **occurred** relatively recently in human history. 읽기의 출현은 인간의 역사에서 비교적 최근에 일어났다. 독연
◎ occurrence *n.* 발생

0177 **receptacle** [riséptəkl] 영
n. (내용물을 담는) 용기, 그릇
from being a critical and independent thinker to being a **receptacle** for facts 비판적이고 독립적으로 사고하는 사람이 되는 것에서 사실을 담는 용기가 되는 것으로 영어
The jam is kept in a **receptacle**. 잼은 용기 안에 보관되어 있다.

0178 **undeniable** [ʌ̀ndináiəbl] 영 완
a. 부인하기 어려운, 명백한
The impact of parents' behavior upon the child's self-esteem is **undeniable**. 부모의 행동이 자녀의 자존감에 미치는 영향은 부인할 수 없다. 영어
one **undeniable** sign of an expensive shop 비싼 상점의 한 가지 명백한 징후 수완

0179 **resolution** [rèzəljúːʃən] 영 완
n. 해답, 해결, 결의
parents' expression of their own **resolution** of the self-esteem question 자존감 문제에 대한 부모 자신의 해답을 표현하는 것 영어
narrative moments of crisis and **resolution** 이야기 속 위기와 해결의 순간 수완

0180 **strategy** [strǽtidʒi] 영 독 완
n. 전략
Several different **strategies** will be used to get us to buy. 우리가 구매하도록 하기 위해 여러 다양한 전략이 사용될 것이다. 영어
design disease control **strategies** 질병 통제 전략을 설계하다 독연

QUICK CHECK 02

A 다음 빈칸에 단어의 뜻을 쓰시오.

01	expiration	________	16	metaphor	________
02	leftover	________	17	imitate	________
03	solitary	________	18	vegetation	________
04	validate	________	19	degrade	________
05	numerical	________	20	reputation	________
06	domestic	________	21	erect	________
07	distribution	________	22	alter	________
08	gravitational	________	23	institutional	________
09	accompany	________	24	constant	________
10	district	________	25	impartial	________
11	elbow	________	26	obey	________
12	spectator	________	27	conformity	________
13	prominent	________	28	circumstance	________
14	renovation	________	29	occur	________
15	discount	________	30	resolution	________

B 다음 빈칸에 주어진 철자로 시작하는 적절한 단어를 쓰시오.

01 There are often multiple incorrect h__________. ← 흔히 다수의 부정확한 **가설**이 있다.

02 Galileo c__________d the speed of travel. ← 갈릴레오는 이동 속도를 **계산했다**.

03 a longing for something impossible to a__________ ← **이룰** 수 없는 것에 대한 갈망

04 The ball was made of s__________ rubber. ← 그 공은 **단단한** 고무로 만들어졌다.

05 All vouchers will be v__________ for a month. ← 모든 상품권은 한 달 동안 **유효할** 것입니다.

06 There are more options to b__________. ← **탐색할** 수 있는 더 많은 선택 사항이 있다.

07 Individual discrimination tends to be i__________. ← 개인적 차별은 **의도적인** 경향이 있다.

08 prefer familiar s__________ ← 익숙한 **자극**을 선호하다

09 know how to a__________ to each other ← 서로에게 **적응하는** 방법을 알다

10 introduce an a__________ point of view ← **대안의** 관점을 소개하다

연계 VOCA 실전 Test 01

A 다음 글의 네모 안에서 문맥에 맞는 낱말로 적절한 것을 고르시오.

01 Compare an average blind person with an average sighted person. Who will be more competent in walking from one place to another? You might think that the sighted person will be more [competent / incompetent] because the sighted person can see where he or she is going, but this is using an unfair criterion.

02 A young man may [abuse / save] his strength — it may be only for a few weeks — by trying to do at nineteen what he could easily manage at thirty, and Time may give him the loan for which he asks; but the interest he will have to pay comes out of the strength of his later years; indeed, it is part of his very life itself.

03 Thomas Edison is credited with saying: "I have not failed. I've just found 10,000 ways that won't work," implying that error is part of invention. Unfortunately, if errors or [general / partial] truths get circulated long enough, they can lead to a false echo chamber of repetition and suggest "truth" where none exists.

04 Oftentimes, when people use the land for farming, the protective covering of natural vegetation is destroyed, and the erosion process speeds up. In fact, studies have shown that artificially created erosion played a big part in the [downfall / growth] of many early civilizations.

B 다음 글의 밑줄 친 부분 중, 문맥상 낱말의 쓰임이 적절하지 않은 것은?

01 Since creativity comes from combining concepts in a ①usual fashion, and since it is exceedingly ②difficult to trace the origins of ideas, you are better off ③generating as many ideas as possible with the hope that some of them would click. That is what great scientists and artists do.

02 Our Earth is a ①finite ecosystem, which means there is only so much that we can take from the natural world to feed our economy, and only so much waste that the Earth can absorb, before natural processes stop ②functioning properly. The constant effort to ③conserve more and more resources is actually an ecological impossibility over the long term.

03 To prevent groupthink, Janis proposed a system of organization that encourages ①dependent thinking. The leader of the group should appear to be impartial, so that members do not feel any pressure to ②obey. Furthermore, he or she should get the group to ③examine all the options, and to consult people outside the group, too.

04 The impact of parents' behavior upon the child's self-esteem is ①undeniable; given the ②maturity of children, however, parents' expression of their own resolution of the self-esteem question is far more ③influential than what they teach verbally.

0181 **consume**
[kənsjúːm]
영 독 완

v. 소비하다, 섭취하다
Marketers try to get us to **consume** more of their product. 마케터는 우리가 자기 제품을 더 많이 소비하게 하려고 애쓴다. 영어
a result of **consuming** contaminated food 오염된 음식을 섭취한 결과 독연
◎ consumption *n.* 소비

0182 **claim**
[kleim]
영 독 완

v. 주장하다, 요구하다 *n.* 주장, 요구
claim that the left hand is for "we" and the right is for "me" 왼손은 '우리'를 위한 것이고 오른손은 '나'를 위한 것이라고 주장하다 영어
evidence that counters their **claim** 그들의 주장을 논박하는 증거 독연

0183 **regulate**
[régjulèit]
영 독 완

v. 통제[규제]하다, 조절하다
when kids are too tightly **regulated** in the *way* they do things 아이들이 어떤 일을 하는 '방식'이 너무 엄격하게 통제되면 영어
nutrients that help **regulate** your body's fluids 여러분의 체액을 조절하는 데 도움이 되는 영양소 수완
◎ regulation *n.* 통제, 규제, 조절

0184 **content**
a. [kəntént]
n. [kántent]
영 독 완 듣

a. 만족한 *n.* 내용(물), 함유량, 콘텐츠
Other parents were **content** to let their kids explore. 다른 부모들은 아이가 탐색하도록 그냥 놔두는 데 만족했다. 영어
Do you mean the **content** is difficult to understand? 내용이 이해하기 어렵다는 말이니? 영듣

0185 **present**
a. n. [prézənt]
v. [prizént]
영 독 완 듣

a. 있는, 존재하는, 참석한, 현재의 *v.* 발표하다, 주다, 제시하다 *n.* 선물
The babies were given something else to play with without their parents **present**. 아기들은 부모가 함께 있지 않는 상태에서 가지고 놀 수 있는 다른 것을 받았다. 영어
present it in front of the whole staff 전체 직원들 앞에서 그것을 발표하다 영듣

0186 **mutual**
[mjúːtʃuəl]
영 완

a. 상호의, 서로의
We recreate **mutual** provision in a sustainable form. 우리가 지속 가능한 형태로 상호 공급을 재창조한다. 영어
mutual influence among team members 팀원들 간의 상호 영향력 수완

0187 **permanent**
[pə́ːrmənənt]
영

a. 영구적인, 영속적인
a **permanent** place for people on Earth 지구상에서 사람들을 위한 영구적인 장소 영어
The accident has not done any **permanent** damage. 그 사고는 어떠한 영구적인 손상도 가하지 않았다.

0188 **durable**
[djú(ː)ərəbl]
영 독

a. 영속성 있는, 오래가는, 내구력이 있는
be part of a **durable** order 영속성 있는 질서의 일부가 되다 영어
build relationships that are flexible but **durable** 가변적이지만 오래가는 관계를 구축하다 독연

0189 **oppress**
[əprés]
영

v. 억압하다, 우울하게 만들다
a society that **oppresses** other people to bloat itself 자신의 배를 불리려고 다른 사람을 억압하는 사회 영어
The gloomy atmosphere **oppressed** Tom. 침울한 분위기가 Tom을 우울하게 했다.

0190 **ingenuity**
[ìndʒənjúːəti]
영

n. 창의력, 재간, 기발한 재주
ingenuity and hard work 창의력과 노력 영어
Susan showed amazing **ingenuity** in finding the solution. Susan은 해결책을 찾는 데서 놀라운 재간을 보여 주었다.
◎ ingenious *a.* 독창적인, 기발한

0191 **repression**
[ripréʃən]
영 완

n. 억압
Much goodwill, effort and resources will be lost to resentment, rebellion and **repression**. 많은 선의와 노력, 자원이 분노와 반란, 억압으로 사라지게 될 것이다. 영어
top-down **repression** of individuality 개성에 대한 위에서 아래로 누르는 억압 수완

0192 **secure**
[sikjúər]
영 독 완 듣

v. 확보하다, 얻어 내다 *a.* 안전한, 안심하는
secure and improve the quality of life for all 모두의 삶의 질을 확보하고 개선하다 영어
use a **secure** Internet connection 안전한 인터넷 연결을 사용하다 영듣
○ security *n.* 안전, 보안

0193 **medium**
[mí:diəm]
영 독 완

n. 매체, 매질 *a.* 중간의
The **medium** itself has an impact by its very nature and unique characteristics. 매체 자체는 그 본질과 고유한 특성으로 영향을 끼친다. 영어
travel from one **medium** to another of a different density 한 매질에서 다른 밀도의 또 하나의 매질로 이동하다 독연

0194 **neglect**
[niglékt]
영 독 완

v. 게을리하다, 소홀히 다루다, 무시하다 *n.* 태만, 무시
We **neglect** to notice the influence of the technology itself on people. 우리는 기술 자체가 사람들에게 미치는 영향에 대한 주목을 게을리한다. 영어
Housing adjustments have been **neglected**. 주택 조정은 소홀히 다루어져 왔다. 독연

0195 **evolve**
[iválv]
영 독 완

v. (서서히) 발전하다, 진화하다
Cities have **evolved** to remain at the heart of politics, economics, and culture. 도시는 서서히 발전하여 정치, 경제, 문화의 중심지로 남아 있다. 영어
The capacity to use language **evolved** in humans. 언어를 사용하는 능력은 인간에게서 진화했다. 독연
○ evolution *n.* 발전, 진화

0196 **predisposition**
[prì:dispəzíʃən]
영 독

n. 성향, 소인, 기질
a uniquely human capacity and **predisposition** for learning languages 언어 학습을 위한 인간의 고유한 능력과 성향 영어
a genetic **predisposition** toward alcohol abuse 알코올 남용의 유전적 소인 독연

0197 **intricate**
[íntrəkit]
영 독 완

a. 복잡한
the **intricate** relationship between the culturally specific and the universal 문화적으로 특수한 것과 보편적인 것 사이의 복잡한 관계 영어
intricate structures that have only a small opening 작은 입구만 가진 복잡한 구조물 독연

0198 **disgust**
[disgʌ́st]
영

n. 혐오(감), 역겨움 *v.* 혐오감을 유발하다, 역겹게 만들다
whether they feel delight or **disgust** 그들이 기쁨을 느끼는지 아니면 혐오감을 느끼는지 영어
The level of violence in this film **disgusted** me. 이 영화의 폭력 수위에 나는 역겨움을 느꼈다.

0199 **universal**
[jù:nəvə́:rsəl]
영 독 완

a. 보편적인, 일반적인
basic and **universal** human reactions to food 음식에 대한 인간의 기본적이고 보편적인 반응 영어
acknowledge the existence of **universal** moral obligations 보편적인 도덕적 책무의 존재를 인정하다 독연
○ universality *n.* 보편성

0200 **determine**
[ditə́:rmin]
영 독 완 듣

v. 결정하다, 결심하게 하다
determine whether the laundry detergent bleaches 세탁 세제의 표백성 여부를 결정하다 영어
Science often **determines** what becomes an environmental issue. 과학은 흔히 무엇이 환경 문제가 될지를 결정한다. 독연

0201 **paradoxical** [pæ̀rədɑ́ksikl] 영

a. 역설적인, 모순적인
AI's effects on human knowledge are **paradoxical**. AI가 인간 지식에 미치는 영향은 역설적이다. 영어
The statement is not coherent but **paradoxical**. 그 진술은 일관된 것이 아니라 모순적이다.
○ paradox *n.* 역설, 모순

0202 **accentuate** [ækséntʃuèit] 영

v. 두드러지게 하다, 강조하다
This power may **accentuate** forms of manipulation and error. 이 힘은 조작과 오류의 형태를 두드러지게 할 수도 있다. 영어
The sounds seemed to **accentuate** the stillness. 그 소리는 고요함을 두드러지게 하는 듯했다.

0203 **exploit** [iksplɔ́it] 영

v. 이용하다, 착취하다, 개발하다
exploit human passions effectively 인간의 열정을 효과적으로 이용하다 영어
stop employers from **exploiting** young people 고용주가 젊은이들을 착취하지 못하게 하다
○ exploitation *n.* 이용, 착취, 개발

0204 **tailor** [téilər] 영

v. (특정한 목적·사람 등에) 맞추다[조정하다] *n.* 재단사
Having **tailored** itself to individual preferences and instincts, Al draws out responses. 개인의 선호도와 본능에 맞추고 나서 AI는 반응을 끌어낸다. 영어
The **tailor** carefully handled his needle. 그 재단사는 바늘을 주의 깊게 다루었다.

0205 **distort** [distɔ́ːrt] 영 독

v. 왜곡하다
distort a representative picture of reality 현실의 전형적인 모습을 왜곡하다 영어
Our personal perception of reality is **distorted** in many ways. 현실에 대한 우리의 개인적인 인식은 여러 가지 방식으로 왜곡된다. 독연
○ distortion *n.* 왜곡

0206 **accelerate** [əksélərèit] 영 독

v. 가속하다
Technology **accelerated** the speed of information production and dissemination. 기술은 정보 생산과 전파 속도를 가속했다. 영어
accelerate the process with conscious attention 의식적인 주의 집중으로 그 과정을 가속하다 독연

0207 **coincidence** [kouínsidəns] 영

n. 우연(의 일치)
It is not a **coincidence** that children turn out like their parents. 자녀가 부모처럼 된다는 것은 우연이 아니다. 영어
a remarkable **coincidence** 놀라운 우연의 일치

0208 **pretend** [priténd] 영 독 완

v. ~인 척하다, ~인 체하다
Little girls **pretend** to be their mother. 여아들은 자신의 엄마인 척한다. 영어
The little boy **pretended** to turn the other way and sleep. 그 어린 소년은 반대쪽으로 돌아누워 잠자는 척했다. 독연

0209 **praise** [preiz] 영

v. 칭찬하다 *n.* 칭찬
Children **praise** their parents and hold them in high regard. 아이들은 부모를 칭찬하고 깊이 존경한다. 영어
The decision won **praise** from local people. 그 결정은 지역민들로부터 칭찬을 받았다.
○ 반 blame *v.* 비난하다

0210 **reflection** [riflékʃən] 영 독 완

n. (비친) 상, 성찰, 반사, 반영
You may see one of them in the **reflection**. 여러분은 (비친) 상에서 그들 중 하나를 볼 수도 있다. 영어
an encouragement to ethical **reflection** 윤리적 성찰에 대한 자극제 독연
○ reflect *v.* 비추다, 반사하다, 반영하다, 성찰하다

0211 **desire**
[dizáiər]
영 독 완 듣

n. 욕망, 욕구 *v.* 바라다
battles between reason and **desire** 이성과 욕망 사이의 싸움 영어
People **desire** to be with you. 사람들은 여러분과 함께 있기를 바란다. 수완
desirable *a.* 바람직한

0212 **manage**
[mǽnidʒ]
영 독 완 듣

v. 감당하다, (어떻게든) 해내다
We **manage** this by being more than one. 우리는 하나보다 더 많은 존재가 되는 것으로 이것을 감당한다. 영어
These individuals **manage** to conserve resources. 이 사람들은 어떻게 해서든 자원을 아껴 쓴다. 독연

0213 **executive**
[igzékjutiv]
영 독 완

n. (기업 등의) 경영 간부, 이사
Media **executives** understand that they must think of their audiences as consumers. 미디어 경영진은 고객을 소비자로 생각해야 한다는 것을 알고 있다. 영어
Her actual self became an **executive**. 그녀의 실제 자아는 경영 간부가 되었다. 독연

0214 **portion**
[pɔ́ːrʃən]
영 독 완

n. 부분, 일부, 비율
Media executives might lose a substantial **portion** of their target market. 미디어 경영진은 자신의 목표 시장의 상당 부분을 잃을 수도 있다. 영어
disregard a **portion** of available information 이용할 수 있는 정보 일부를 무시하다 독연

0215 **portrayal**
[pɔːrtréiəl]
영

n. 묘사
demeaning **portrayals** of women 여성을 비하하는 묘사 영어
The show gives a negative **portrayal** of politics. 그 프로그램은 정치를 부정적으로 묘사한다.
portray *v.* 묘사하다, 그리다

0216 **upscale**
[ʌ́pskèil]
영

a. 고소득의, 고급의
the **upscale** single women 고소득 미혼 여성들 영어
The building has an **upscale** restaurant. 그 건물은 고급 레스토랑을 갖추고 있다.

0217 **sincere**
[sinsíər]
영

a. 진실한, 진심 어린
Their art was more **sincere** than any academic art. 그들의 예술은 그 어떤 아카데미 예술보다 더 진실했다. 영어
Please accept our **sincere** apologies. 부디 저희의 진심 어린 사과를 받아 주세요.
sincerity *n.* 진실성

0218 **regard**
[rigɑ́ːrd]
영 독 완

v. 응시하다, 여기다 *n.* 점, 면, 관계, 존경
the flickering effects of light that our eyes capture as we **regard** things 우리가 사물을 응시할 때 눈이 포착하는 빛의 깜빡거리는 효과 영어
We **regard** human language and music as outside nature. 우리는 인간의 언어와 음악을 자연의 밖에 있다고 여긴다. 독연

0219 **ordinary**
[ɔ́ːrdənèri]
영 독 완

a. 일상적인, 평범한
The Impressionists painted **ordinary**, modern people in everyday settings. 인상파 화가들은 일상적인 배경의 평범한 현대인을 그렸다. 영어
an illustration of **ordinary** thinking at work 평범한 사고가 작동하는 실례 독연

0220 **persistence**
[pərsístəns]
영 독

n. 지속(성)
the benefit for improved growth and **persistence** 성장 및 지속성 향상에 따른 이익 영어
Such systems promote **persistence** by increasing pro-social motivation. 그러한 체계는 친사회적 동기를 높임으로써 (관계의) 지속됨을 도모한다. 독연
persist *v.* 지속하다

0221 **likelihood** [láiklihùd] 영 완

n. 가능성

Plants compete only when competition has some **likelihood** of success. 식물은 경쟁이 성공 가능성이 어느 정도 있을 경우에만 경쟁한다. 영어

the **likelihood** of becoming a manager in the sector 그 분야에서 관리자가 될 가능성 수완

0222 **yield** [ji:ld] 영 독 완

v. 산출[생산]하다, 가져오다, 양보하다 *n.* 수확량, 산출물

once competition **yields** the needed results 일단 경쟁이 필요한 결과를 산출하면 영어

Farmers use fertilizers to increase their **yields**. 농부들은 자신의 수확량을 늘리기 위해 비료를 사용한다. 독연

0223 **thrill** [θril] 영 완 듣

n. 짜릿함, 전율

For plants, competition is about survival, not the **thrill** of victory. 식물에게 경쟁은 승리의 짜릿함이 아니라 생존에 관한 것이다. 영어

enjoy the **thrill** of outdoor winter adventures 겨울 야외 모험의 짜릿함을 즐기다 영듣

0224 **vertical** [və́:rtikəl] 영

a. 수직의, 세로의

Mechanisation speeded up **vertical** movement. 기계화는 수직 이동의 속도를 높였다. 영어

the **vertical** axis of the graph 그래프의 세로축

반 horizontal *a.* 수평의

0225 **basement** [béismənt] 영 완

n. 지하층, 기반, 지하실

spread underground, with deep **basements**, subways and tunnels 깊은 지하층, 지하철, 터널과 함께 지하로 뻗어나가다 영어

The old man would sleep in a **basement**. 그 노인은 지하실에서 잠을 자곤 했다. 수완

0226 **vocal** [vóukəl] 영 독 완

a. 말이 많은, 목소리의, 소리를 내는

The audience were often extremely **vocal** and active. 관객은 흔히 매우 말이 많고 활동적이었다. 영어

These animals have rich **vocal** repertoires. 이 동물들은 풍부한 소리 목록을 가지고 있다. 독연

0227 **pioneer** [pàiəníər] 영 완

v. 주창하다, 개척하다 *n.* 개척자

The actor **pioneered** the idea that an audience should shut up and listen. 그 배우는 관객이 입을 다물고 경청해야 한다는 개념을 주창했다. 영어

truth-seeking courage of the scientific **pioneers** 과학 개척자들의 진리를 추구하는 용기 수완

0228 **phenomenon** [finámənàn] 영 독 완

n. 현상 (*pl.* phenomena)

Globalization has often been studied as a macro **phenomenon**. 세계화는 흔히 거시적인 현상으로 연구되었다. 영어

compare lesser known **phenomena** with already established experiences 덜 알려진 현상을 이미 확립된 경험과 비교하다 독연

0229 **emerge** [imə́:rdʒ] 영 독 완

v. 대두하다, 드러나다, 출현하다

A need for alternative concepts has **emerged**. 대안적인 개념의 필요성이 대두했다. 영어

The self **emerges** most clearly when our passions clash with social protocol. 자아는 우리의 격렬한 감정이 사회의 행동 규칙과 충돌할 때 가장 분명하게 드러난다. 독연

emergence *n.* 출현

0230 **assumption** [əsʌ́mpʃən] 영 독 완

n. 가정, 추정

the ability to question one's own **assumptions** and prejudices 자기 자신의 가정과 편견에 의문을 제기할 수 있는 능력 영어

sophisticated **assumptions** about the nature of knowledge itself 지식 그 자체의 본질에 대한 정교한 가정 독연

assume *v.* 가정하다, 추정하다

0231 **construct** [kənstrʌ́kt] 영 독 완

v. 구성하다, 만들다, 건축하다

Identity is fragmented and **constructed** and reconstructed. 정체성은 분해되고 구성되며 재구성된다. 영어

Studios were **constructed** of materials that inhibited sound transfer. 스튜디오는 소리의 전달을 억제하는 재료로 만들어졌다. 독연

◎ construction *n.* 구성, 건축

0232 **analysis** [ənǽləsis] 영 독 완 듣

n. 분석

with individuals as the object of **analysis** 개인을 분석 대상으로 삼아 영어

the collection and **analysis** of massive databases of information 대규모 정보 데이터베이스의 수집 및 분석 독연

◎ analyze *v.* 분석하다

0233 **interpret** [intə́ːrprit] 영 독 완

v. 해석하다, 통역하다, 이해하다

Cosmopolitanism is **interpreted** as having many similarities to global citizenship. 세계주의는 세계 시민권과 많은 유사성을 갖는 것으로 해석된다. 영어

interpret the behavior of other athletes 다른 선수의 행동을 해석하다 독연

0234 **urge** [əːrdʒ] 영 독

v. 촉구하다 *n.* 충동, 욕구

urge Americans to do more to help 도움을 주기 위해 더 많은 것을 하도록 미국인들에게 촉구하다 영어

Dana resisted the **urge** to swim. Dana는 수영하고 싶은 충동을 참았다. 독연

0235 **official** [əfíʃəl] 영 독 완

a. 공식의, 공식적인 *n.* 공무원, 관리

After her **official** meetings, some girls were waiting to see her. 공식 모임이 끝난 후, 몇 명의 소녀가 그녀를 만나기 위해 기다리고 있었다. 영어

City **officials** see this activity as a misuse of the space. 시 공무원들은 이 활동을 공간의 오용으로 간주한다. 독연

0236 **tragic** [trǽdʒik] 영

a. 비극적인

She called it a "**tragic** moment." 그녀는 그것을 '비극적인 순간'이라고 불렀다. 영어

The play is **tragic**. 그 연극은 비극적이다.

◎ tragedy *n.* 비극

0237 **instance** [ínstəns] 영 독 완 듣

n. 사례, 경우

Gettier came up with several **instances**. Gettier는 몇 가지 사례를 제시했다. 영어

address many well-known **instances** of this phenomenon 이 현상에 대해 잘 알려진 많은 사례들을 다루다 독연

0238 **identify** [aidéntəfài] 영 독 완

v. 파악하다, 발견하다, 확인하다, 식별하다

It is helpful for individuals to **identify** which kind of ethical system they have. 자신이 어떤 종류의 윤리 체계를 가졌는지를 파악하는 것이 개인에게 도움이 된다. 영어

detect and **identify** food-borne illnesses 식품 매개성 질병을 탐지하고 발견하다 독연

0239 **soundness** [sáundnis] 영

n. 건전성, 견실성

You should test your decisions for moral and ethical **soundness**. 여러분은 도덕적 및 윤리적 건전성을 위해 자신의 결정을 검증해야 한다. 영어

the **soundness** of the building's foundations 그 건물 기초의 견실성

0240 **position** [pəzíʃən] 영 독 완 듣

n. 입장, 위치, 직책 *v.* 배치하다

Would I want everyone else, if placed in my **position**, to do the same thing? 다른 모든 사람이 내 입장에 놓인다면 같은 행동을 하기를 내가 바라겠는가? 영어

when designers **position** doors symmetrically 설계자들이 문을 대칭적으로 배치할 때 독연

0241 **organism**
[ɔ́ːrgənìzəm]
영 독 완

n. **유기체, 생물체**
Consciousness says much about the **organism** that happens to possess it. 의식은 그것을 우연히 가지게 된 유기체에 대해 많은 것을 말해 준다. 영어
a fundamental problem for all **organisms** 모든 유기체에게 근본적인 문제 독연

0242 **inevitable**
[inévitəbl]
영 독 완

a. **불가피한, 필연적인**
It is **inevitable** that computer survival strategies owe virtually everything to human involvement. 컴퓨터의 생존 전략이 거의 모든 것을 인간의 개입에 의존한다는 것은 불가피한 것이다. 영어
face **inevitable** threats to relationships 관계에 대한 불가피한 위협에 직면하다 독연

0243 **mechanism**
[mékənìzəm]
영 독 완

n. **기제, 방법, 기계 장치**
Most biological species have evolved **mechanisms** for survival. 대부분의 생물 종은 생존을 위한 기제를 진화시켰다. 영어
use heat as a defense **mechanism** 방어 기제로 열을 사용하다 수완

0244 **speculate**
[spékjulèit]
영

v. **짐작하다, 추측하다**
We can **speculate** on how computers might ponder on their own survival. 우리는 컴퓨터가 자신의 생존에 대해 어떻게 숙고할지 짐작해 볼 수 있다. 영어
It is useless to **speculate** why Tom did it. Tom이 왜 그랬는지 추측하는 것은 쓸모없다.
speculation *n.* 짐작, 추측

0245 **autonomy**
[ɔːtánəmi]
영 독

n. **자율성**
as machine **autonomy** develops 기계의 자율성이 발전함에 따라 영어
through the introduction of greater levels of **autonomy** 더 높은 수준의 자율성의 도입을 통해 독연
autonomous *a.* 자율적인

0246 **enhance**
[inhǽns]
영 독 완 듣

v. **강화하다, 향상하다**
Computers will take steps to **enhance** their own security. 컴퓨터는 자신의 안전을 강화하는 조치를 취하게 될 것이다. 영어
Positive illusion may serve to **enhance** the health of relationships. 긍정적 착각은 관계의 건강을 향상하는 역할을 할 수도 있다. 독연
enhancement *n.* 강화, 향상

0247 **fuel**
[fjú(ː)əl]
영 독 완 듣

v. **자극하다, (연료를) 공급하다** *n.* **연료**
They are both **fueled** by and **fueling** that problem/solution framework. 그것들은 그러한 문제/해결 구조에 의해 자극받기도 하고 그것을 자극하기도 한다. 영어
fuel your body with the right nutrients 여러분의 몸에 적절한 영양소를 공급하다 수완

0248 **expert**
[ékspəːrt]
영 독 완 듣

n. **전문가**
rely heavily on trained and trusted **experts** 훈련되고 신뢰받는 전문가에게 크게 의존하다 영어
use a range of apps built by AI **experts** AI 전문가들이 만든 다양한 앱을 사용하다 영듣

0249 **discipline**
[dísəplin]
영 독 완

n. **분야, 학문, 규율** *v.* **단련[훈련]시키다**
Those experts were often educated in newly formed occupational **disciplines**. 그러한 전문가는 새로 형성된 직업 분야에서 교육받은 경우가 많았다. 영어
Discipline is an indispensable part of group activities. 규율은 집단 활동의 필수적인 부분이다. 독연

0250 **coverage**
[kʌ́vəridʒ]
영 완

n. **취재, 보도, (적용) 범위**
City directories in a reporter's area of **coverage** are valuable tools. 기자의 취재 구역 내 도시 명부는 귀중한 도구이다. 영어
editorial ethics as a beacon for **coverage** 취재를 위한 지침으로서의 편집 윤리 수완

0251 **assign** [əsáin] 영 독 완

v. 배정하다, 부여하다, 할당하다

as soon as a reporter is **assigned** to a specialized beat 기자가 전문 분야에 배정되자마자 영어

assign specific functions to anatomically recognisable parts of the brain 해부학적으로 식별할 수 있는 뇌 부위에 특정 기능을 부여하다 독연

assignment *n.* 배정, 과제, 임무

0252 **court** [kɔːrt] 영 완 듣

n. 법원, 법정, (테니스 등을 하는) 코트

a state legislature or a **court** system 주의회나 법원 시스템 영어

play tennis on an indoor **court** 실내 코트에서 테니스를 하다 영듣

0253 **variation** [vɛ̀əriéiʃən] 영 독 완

n. 차이, 변화, 변형

intergroup **variation** and intragroup commonality 집단 간 차이와 집단 내 공통성 영어

variations in present-day attitudes towards the role of women in the workforce 노동력에서 여성의 역할에 대한 오늘날의 태도 차이 독연

0254 **innate** [inéit] 영

a. 타고난

humans' **innate** ability to flexibly respond to their environments 환경에 유연하게 대응할 수 있는 인간의 타고난 능력 영어

the **innate** talent account of musical performance ability 음악 연주 능력을 타고난 재능으로 설명하는 것 영어

0255 **fanciful** [fǽnsifəl] 영

a. 기발한, 상상의, 공상의

John Tooby provides a **fanciful** illustration of this idea. John Tooby는 이 생각에 대한 기발한 예를 제공한다. 영어

a **fanciful** tale of a monster in the woods 숲속 괴물에 관한 상상 속 이야기

0256 **repertoire** [répərtwàːr] 영 독 완

n. 레퍼토리, 연주[노래] 목록

Each of the jukeboxes has a **repertoire** of thousands of songs. 각각의 주크박스가 수천 곡의 레퍼토리를 가지고 있다. 영어

These animals have rich vocal **repertoires**. 이 동물들은 풍부한 소리 목록을 가지고 있다. 독연

0257 **inborn** [ínbɔ́ːrn] 영

a. 선천적인, 타고난

Humans might have an **inborn** ability to respond flexibly to their environment. 인간은 환경에 유연하게 반응할 수 있는 선천적인 능력을 지니고 있을 수 있다. 영어

With a natural **inborn** talent, Goodman made rapid progress. 타고난 재능을 가지고 Goodman은 빠르게 발전했다. 영어

반 acquired *a.* 후천적인

0258 **handicap** [hǽndikæ̀p] 영 독

n. 불리한 조건, (신체적·정신적) 장애

Experience can be a **handicap**. 경험은 불리한 조건이 될 수 있다. 영어

This expensive **handicap** serves no other purpose. 이 값비싼 불리한 조건은 어떤 다른 쓸모도 없다. 독연

0259 **approach** [əpróutʃ] 영 독 완 듣

n. 접근 방식, 접근(법) *v.* 접근하다

People want to repeat an **approach** that worked in a similar situation. 사람들은 비슷한 상황에서 효과적이었던 접근 방식을 반복하기를 원한다. 영어

the surf and waves **approaching** the coast 해안에 접근하는 파도와 물결 독연

0260 **scent** [sent] 영 완

n. 향기, 향내

Some stores spread **scents** of freshly baked bread. 일부 매장에서는 갓 구운 빵의 향을 퍼뜨린다. 영어

Our foam is **scent**-free and dye-free. 우리 거품은 향기가 없고, 염료도 없다. 수완

0261 **edible** [édəbl] 영

a. **먹을 수 있는, 식용의**

Smells are important for distinguishing between **edible** and inedible foods. 냄새는 먹을 수 있는 음식과 먹기에 적합하지 않은 음식을 구분하는 데 중요하다. 영어

Some flowers are **edible**. 어떤 꽃들은 먹을 수 있다.

0262 **odor** [óudər] 영 듣

n. **냄새, 향기**

Herbal medicine stores have a wide variety of pungent **odors**. 한약재 매장에서는 매우 다양한 자극적인 냄새가 난다. 영어

Some animals like skunks emit a strong **odor**. 스컹크와 같은 일부 동물은 강한 냄새를 방출한다. 영듣

0263 **distance** [dístəns] 영 독 완 듣

v. **멀리 놓다** *n.* **거리**

The absence of smells **distances** medicine from food. 냄새가 없으면 약과 음식의 거리는 멀어진다. 영어

worry about driving long **distances** 장거리 운전에 대해 걱정하다 영듣

0264 **peer** [piər] 영 독 완 듣

n. **또래, 동료**

Most youngsters are just as friendly with parents as with **peers**. 대부분의 청소년은 또래만큼이나 부모와도 친근하게 지낸다. 영어

solidarity with **peers** 동료와의 연대 수완

0265 **approval** [əprúːvəl] 영 독 완 듣

n. **승인**

look to others for **approval** and support 승인과 지지를 타인에게 기대하다 영어

Rearranging or removing furniture without prior **approval** is prohibited. 사전 승인 없이 가구를 재배치하거나 치우는 것을 금지합니다. 독연

approve *v.* 승인하다

0266 **deliver** [dilívər] 영 독 완 듣

v. **전달하다, 배출하다, 배달하다**

the ability to **deliver** painful stimulation 고통스러운 자극을 전달하는 능력 영어

technologies that **deliver** poisons 독을 배출하는 기술 독연

delivery *n.* 전달, 배달

0267 **virtual** [vəːrtʃuəl] 영 독 완 듣

a. **가상의, 사실상의**

reproduce believable tactile sensations in **virtual** or machine-mediated environments 가상이나 기계로 매개되는 환경에서 믿을 만한 촉감을 재현하다 영어

Virtual worlds may incorporate games. 가상 세계는 게임을 포함할 수 있다. 수완

0268 **painful** [péinfəl] 영 완

a. **고통스러운**

without the presence of **painful** stimulation 고통스러운 자극이 없다면 영어

Low-intensity stimuli were experienced as less **painful**. 낮은 강도의 자극은 덜 고통스러운 것으로 경험되었다. 수완

0269 **embody** [imbádi] 영 완

v. **담다, 실현하다, 구현하다**

Even soap can **embody** a rich set of symbols. 비누조차도 일련의 다양한 상징을 담을 수 있다. 영어

the exemplary figure who **embodies** the virtues to which everyone can aspire 모든 사람이 동경할 수 있는 덕목을 실현하는 모범적인 인물 수완

0270 **empowerment** [impáuərmənt] 영

n. **자율권, 권한 부여**

a complex set of messages about personal **empowerment** 개인의 자율권에 관한 일련의 복합적인 메시지 영어

ensure women's **empowerment** 여성의 자율권을 보장하다

empower *v.* 권한을 주다, 자율권을 주다

QUICK CHECK 03

WORDS **0181-0270** | Answer Key p. 231

A 다음 빈칸에 단어의 뜻을 쓰시오.

01 consume ______________________

02 regulate ______________________

03 mutual ______________________

04 oppress ______________________

05 ingenuity ______________________

06 medium ______________________

07 predisposition ______________________

08 intricate ______________________

09 accentuate ______________________

10 coincidence ______________________

11 executive ______________________

12 portion ______________________

13 ordinary ______________________

14 likelihood ______________________

15 pioneer ______________________

16 emerge ______________________

17 construct ______________________

18 interpret ______________________

19 tragic ______________________

20 identify ______________________

21 organism ______________________

22 inevitable ______________________

23 speculate ______________________

24 discipline ______________________

25 assign ______________________

26 scent ______________________

27 edible ______________________

28 deliver ______________________

29 virtual ______________________

30 embody ______________________

B 다음 빈칸에 주어진 철자로 시작하는 적절한 단어를 쓰시오.

01 basic and u__________ human reactions to food ← 음식에 대한 인간의 기본적이고 **보편적인** 반응

02 e__________ human passions effectively ← 인간의 열정을 효과적으로 **이용하다**

03 d__________ a representative picture of reality ← 현실의 전형적인 모습을 **왜곡하다**

04 demeaning p__________s of women ← 여성을 비하하는 **묘사**

05 the u__________ single women ← **고소득** 미혼 여성들

06 Mechanisation speeded up v__________ movement. ← 기계화는 **수직** 이동의 속도를 높였다.

07 Gettier came up with several i__________s. ← Gettier는 몇 가지 **사례**를 제시했다.

08 intergroup v__________ and intragroup commonality ← 집단 간 **차이**와 집단 내 공통성

09 Experience can be a h__________. ← 경험은 **불리한 조건**이 될 수 있다.

10 look to others for a__________ and support ← **승인**과 지지를 타인에게 기대하다

0271 **protection**
[prətékʃən]
영 독

n. **보호**
We are committed to animal **protection**. 우리는 동물 보호를 위해 헌신하고 있다. 영어
a source of **protection** for young children 어린이들을 위한 보호의 원천 독연

0272 **spontaneously**
[spɑntéiniəsli]
영 독

ad. **자발적으로**
evidence of pointing occurring **spontaneously** 가리키기가 자발적으로 발생한다는 증거 영어
Simple balls do not **spontaneously** move. 평범한 공은 자발적으로 움직이지 않는다. 독연
⊕ spontaneous *a.* 자발적인

0273 **prosocial**
[prousóuʃəl]
영

a. **친사회적인**
support the kind of cooperative and **prosocial** motivations 협동적이고 친사회적인 종류의 동기를 지원하다 영어
the effects of media on **prosocial** behavior 미디어가 친사회적 행동에 미치는 영향

0274 **logical**
[lɑ́dʒikəl]
영 독

a. **논리적인**
Research on language has long focused on its **logical** structure. 언어에 관한 연구는 오랫동안 그것의 논리적 구조에 초점을 맞춰 왔다. 영어
highlight **logical** contradictions 논리적 모순을 강조하다 독연

0275 **keen**
[kiːn]
영 완

a. **열망하는, 열성적인, 열심인**
We're **keen** to take part in games that involve working with others. 우리는 다른 사람과의 협력이 수반되는 게임에 참여하기를 열망한다. 영어
a **keen** amateur botanist 한 열성적인 아마추어 식물학자 수완

0276 **experiment**
n. [ikspérəmənt]
v. [ekspérəmènt]
영 독 완

n. **실험** *v.* **실험하다**
Experiments have shown chimps can understand collaborative tasks perfectly well. 여러 실험에서 침팬지가 협력 과제를 완벽하게 잘 이해할 수 있다는 것을 보여 주었다. 영어
Galileo did a series of **experiments** on balls rolling down inclined planes. 갈릴레오는 경사면을 굴러 내려오는 공에 대한 일련의 실험을 했다. 독연

0277 **generous**
[dʒénərəs]
영 완 듣

a. **관대한, 후한**
They're more **generous** in sharing any treats the experimenters give them. 그들은 실험자가 자기들에게 주는 모든 간식을 나눠 주는 것에 더 관대하다. 영어
I want to express my gratitude for your **generous** offer. 저는 당신의 후한 제안에 대해서 감사를 표하고 싶습니다. 영듣
⊕ generosity *n.* 관대함

0278 **willingness**
[wíliŋnis]
영 독

n. **의지, 자발성, 기꺼이 하는 마음**
children's greater **willingness** to share 아이들의 나눔에 대한 더 큰 의지 영어
facilitate a **willingness** to invest oneself in a relationship 관계에 기꺼이 자신을 쏟는 마음을 촉진하다 독연

0279 **shape**
[ʃeip]
영 독 완 듣

v. **영향을 주다, 형성하다** *n.* **모양**
the experiences that **shaped** the development of our brain 우리의 뇌 발달에 영향을 준 경험 영어
features such as colours and the **shape** of the sails 색상, 돛의 모양과 같은 특징들 독연

0280 **purposeful**
[pə́ːrpəsfəl]
영 독

a. **목적이 있는, 목적을 가진**
the decision to engage in a **purposeful** activity 목적 있는 활동에 참여하겠다는 결정 영어
believe in the possibility of many types of **purposeful** beings 여러 유형의 목적을 가진 존재의 가능성을 믿다 독연

WEEK 2

DAY 10

0281 **disposition** [dìspəzíʃən] 영 완

n. 성향, 기질

Some are mediated by personal **dispositions**. 일부는 개인적 성향에 의해 영향받는다. 영어

the **disposition** of receptive openness 수용적 개방성을 갖는 성향 수완

0282 **actualize** [ǽktʃuəlàiz] 영

v. 실현하다

People have reasons for their decision to **actualize** their intentions. 사람들에게는 자신의 의도를 실현하기로 한 결정에 대한 이유가 있다. 영어

Peter finally **actualized** his dream. Peter는 마침내 자신의 꿈을 실현했다.

0283 **characterize** [kǽriktəràiz] 영 독 완

v. 특징짓다

Much of our behavior can be **characterized** as "reasoned action." 우리의 행동 대부분은 '합리적 행위'로 특징지어질 수 있다. 영어

Imagination is **characterized** by independent, outside-the-box thinking. 상상력은 독립적이고 틀을 벗어난 사고로 특징지어진다. 독연

0284 **component** [kəmpóunənt] 영 독 완

n. (구성) 요소, 성분, 부품

attitude toward an act and the normative **component** 행위에 대한 태도와 규범적 요소 영어

Is the brain an assembly of distinct **components**? 뇌는 별개의 구성 요소들의 집합체인가? 독연

0285 **guidance** [gáidəns] 영 독 듣

n. 지침, 안내, 유도

guidance on how to behave 어떻게 행동해야 할지에 대한 지침 영어

Guidance to rovers needs to be planned in advance. 탐사 차에 대한 유도는 사전에 계획되어야 한다. 독연

◎ guide *v.* 지도하다, 안내하다

0286 **appearance** [əpí(:)ərəns] 영 독 완

n. 겉모습, 외모

Appearances can sometimes be deceptive. 겉모습은 때때로 판단을 그르치게 할 수 있다. 영어

its typically wrinkled or folded **appearance** 그것 특유의 주름지고 접힌 (겉)모습 독연

0287 **revolve** [riválv] 영

v. 돌다, 회전하다

The sun seems to **revolve** around the Earth. 태양은 지구 주위를 도는 것처럼 보인다. 영어

The planets **revolve** around the sun. 행성은 태양 주위를 돈다.

◎ revolution *n.* 회전, 혁명

0288 **obvious** [ábviəs] 영 독 완 듣

a. 명백한, 뚜렷한

What appears to be **obvious** can mislead us. 명백해 보이는 것이 우리를 오도할 수 있다. 영어

The genetic connection can be close and **obvious**. 유전적 연관성은 가깝고 명백할 수 있다. 독연

◎ 반 obscure *a.* 모호한

0289 **assure** [əʃúər] 영 독 완

v. 확신시키다, 안심시키다, 장담하다

Our common sense **assures** us that we are objective. 우리의 상식은 우리는 객관적이라고 확신시킨다. 영어

Mrs. Annabel **assured** Mabel. Mrs. Annabel은 Mabel을 안심시켰다. 독연

◎ assurance *n.* 확신, 장담

0290 **fashion** [fǽʃən] 영 독 완 듣

n. 방식, 유행 *v.* 만들다

We are all susceptible to evaluating political issues in a biased **fashion**. 우리는 모두 편향된 방식으로 정치적 문제를 평가하기 쉽다. 영어

display the same emotion in a repetitive **fashion** 반복적인 방식으로 동일한 감정을 보여 주다 독연

0291 **credit**
[krédit]
영 독 완 듣

n. 공로, 학점, 공적, 신용
give **credit** to others besides yourself 여러분 자신 외에 다른 사람에게 공로를 돌리다 영어
college students who participate for course **credit** 강좌 학점을 따기 위해 참가하는 대학생 독연

0292 **humble**
[hʌ́mbl]
영

v. 자신을 낮추다, 겸손하게 만들다 *a.* 겸손한
You have to **humble** yourself. 여러분은 자신을 낮춰야 한다. 영어
Be **humble** enough to learn from your mistakes. 자신의 실수에서 배울 정도로 겸손해라.

0293 **appropriate**
[əpróupriət]
영 독 완 듣

a. 적절한, 알맞은
reciprocate at some **appropriate** time in the future 미래에 적절한 어떤 시점에 보답하다 영어
narrow the search for an **appropriate** solution 적절한 해결책을 위한 검색 범위를 좁히다 독연

0294 **magnify**
[mǽgnəfài]
영 완

v. 크게 하다, 확대하다
Practicing gratitude **magnifies** positive feelings. 감사를 실천하면 긍정적인 감정이 커진다. 영어
magnified electronic images 확대된 전자 이미지 수완

0295 **conflict**
[kɑ́nflikt]
영 독 완

n. 갈등, 충돌
Conflict was still there, of course. 물론 갈등은 여전히 그곳에 있었다. 영어
Most relationships are threatened by **conflicts** of interest. 대부분의 관계는 이해관계의 충돌에 의해 위협을 받는다. 독연

0296 **bullying**
[búliiŋ]
영

n. 괴롭힘
a social structure characterized by widespread **bullying** and fighting 만연한 괴롭힘과 싸움이 특징인 사회 구조 영어
Stop **bullying**, spread kindness. 괴롭힘을 멈추고 친절을 전파하라.

0297 **acculturate**
[əkʌ́ltʃərèit]
영

v. (다른 문화에) 동화시키다, 동화되다
The new males were **acculturated** to the group norms. 새로운 수컷들은 그 집단 규범에 동화되었다. 영어
those who have **acculturated** to the United States 미국 문화에 동화된 사람들
○ acculturation *n.* 동화

0298 **peasant**
[pézənt]
영 독

n. 농민, 소작농
medieval **peasants** who accepted the divine right of kings 왕의 신성한 권리를 인정했던 중세 농민 영어
a small individual **peasant** society 소규모의 개별 소작농 사회 독연

0299 **installation**
[ìnstəléiʃən]
영 완

n. 설치
installation and administration of system and application software 시스템 및 응용 소프트웨어의 설치 및 관리 영어
the **installation** of a small solar panel system 소형 태양광 패널 시스템의 설치 수완
○ install *v.* 설치하다

0300 **proper**
[prɑ́pər]
영 독 완

a. 올바른, 적절한
adversely affect performance and **proper** functioning of such software 그런 소프트웨어의 성능과 올바른 작동에 악영향을 미치다 영어
A world where things perform their **proper** function is a hospitable place. 사물이 적절한 제 기능을 하는 세상은 살기에 좋은 곳이다. 독연

0301 **hardly** [hɑ́ːrdli] 영 독 완

ad. 거의 ~ 않는

Users **hardly** understand effects of their attempts. 사용자는 자신의 노력이 미치는 영향을 거의 이해하지 못한다. 영어

Such individualization and particularization **hardly** constitute indeterminacy. 그러한 개별화와 특수화는 (도덕적) 미결정성이 되는 것으로 거의 여겨지지 않는다. 독연

0302 **precaution** [prikɔ́ːʃən] 영 독

n. 예방 조치, 주의 사항

understand which **precautions** should be taken to avoid side-effects 부작용을 피하기 위해 어떤 예방 조치를 취해야 하는지를 이해하다 영어

Precaution – Don't pour warm/hot water into the tank. 주의 사항 – 물통에 따뜻한 물이나 뜨거운 물을 붓지 마세요. 독연

0303 **due** [djuː] 영 독 완 듣

a. 적절한, 마땅한, 때문인, 예정인, 마감인

click on unknown attachments without **due** care 알지 못하는 첨부 파일을 적절한 주의 없이 클릭하다 영어

Maybe it's **due** to the recent cold weather. 아마도 그건 최근의 추운 날씨 때문일 거야. 영듣

0304 **bypass** [báipæ̀s] 영 완

v. 건너뛰다, 우회하다

Users often tend to **bypass** security measures. 사용자는 흔히 보안 조치를 건너뛰는 경향이 있다. 영어

stick to the aisle and **bypass** the rest 그 통로만 고수하고 나머지는 우회하다 수완

0305 **degree** [digríː] 영 독 완 듣

n. 학위, 정도

Monica Padman left college in 2009 with two **degrees** in hand. Monica Padman은 2009년 두 분야의 학위를 받으며 대학을 졸업했다. 영어

It depends on the **degree** of the problem. 그것은 문제의 정도에 따라 다릅니다. 영듣

0306 **score** [skɔːr] 영 독 완 듣

v. (성공 등을) 얻다[거두다], 점수를 매기다 *n.* 점수, 득점

Padman **scored** a small part on Showtime's *House of Lies*. Padman은 Showtime의 *House of Lies*에서 작은 배역을 얻었다. 영어

Olivia received a lower **score** than she expected. Olivia는 자신이 기대했던 것보다 더 낮은 점수를 받았습니다. 영듣

0307 **assistant** [əsístənt] 영

n. 보조자, 조수 *a.* 보조의

She played the on-screen **assistant** to the actress Kristen Bell. 그녀는 배우 Kristen Bell의 배역상의 보조자 역을 맡았다. 영어

smart watches and AI **assistant** devices 스마트 워치와 AI 보조 장치 영어

0308 **essential** [əsénʃəl] 영 독 완 듣

a. 없어서는 안 될, 본질적인, 필수적인

Padman became **essential**. Padman은 없어서는 안 될 존재가 되었다. 영어

emphasise our common **essential** humanity 우리 공통의 본질적인 인간성을 강조하다 독연

○ essence *n.* 본질, 정수

0309 **aspiring** [əspáiəriŋ] 영

a. 장차 ~이 되려는

the **aspiring** actress 그 배우 지망생 영어

Aspiring musicians need to have patience. 장차 음악가가 되려는 사람들은 인내심을 가져야 한다.

○ aspire *v.* 열망하다

0310 **reluctant** [rilʌ́ktənt] 영 완

a. 주저하는, 꺼리는, 마지못한

Padman was understandably **reluctant**. Padman이 주저한 것은 이해할 만했다. 영어

Busy people are **reluctant** to take off the time. 바쁜 사람들은 시간을 내기 꺼린다. 수완

0311 **fierce**
[fiərs]
영 완

a. 치열한, 사나운, 맹렬한
Their arguments were as fun as they were **fierce**. 그들의 토론은 치열한 만큼 재미도 있었다. 영어
Japanese giant hornets are **fierce** predators of honey bees. 일본 왕말벌은 꿀벌의 사나운 포식자이다. 수완

0312 **passion**
[pǽʃən]
영 독 완

n. 열정, 격렬한 감정
Padman could have pursued a direct path to her **passion**. Padman은 자신의 열정으로 가는 직통 경로를 추구할 수도 있었을 것이다. 영어
when our **passions** clash with social protocol 우리의 격렬한 감정이 사회의 행동 규칙과 충돌할 때 독연
○ passionate *a.* 열정적인

0313 **faithful**
[féiθfəl]
영 완

a. 충실한
His **faithful** dog was holding his hat. 그의 충실한 개가 그의 모자를 물고 있었다. 영어
a **faithful** vehicle for thought 생각을 위한 충실한 도구 수완
○ faith *n.* 신념, 믿음, 신앙

0314 **marvelous**
[mɑ́:rvələs]
영 독

a. 놀라운
All the passers-by were fascinated by his **marvelous** genius. 모든 행인이 그의 놀라운 천재성에 매혹되었다. 영어
some equally **marvelous** mental occurrence 똑같이 놀라운 어떤 정신적인 발생 독연
○ marvel *n.* 경이 *v.* 놀라다

0315 **empty**
[émpti]
영 완 듣

v. (안에 있던 것을) 쏟다, 비우다 *a.* 비어 있는, 공허한
The old soldier **emptied** the contents into his bag. 노병은 그 내용물을 자기 가방에 쏟아 넣었다. 영어
walk around with an **empty** suitcase 빈 여행 가방을 들고 걸어 돌아다니다 영듣

0316 **proceeds**
[próusi:dz]
영 완

n. 수익금
The speaker gave the **proceeds** to the old soldier. 말한 사람은 수익금을 노병에게 주었다. 영어
All **proceeds** go towards funding library programs. 모든 수익금은 도서관 프로그램 기금으로 사용됩니다. 수완

0317 **grasp**
[græsp]
영 완

v. (꽉) 잡다, (완전히) 이해하다 *n.* 이해, 파악, 꽉 쥐기
The old soldier's tired hand had no longer strength to **grasp** his bow. 노병의 피곤한 손은 더 이상 활을 잡을 힘이 없었다. 영어
obtain a very good **grasp** of the processes 그 과정을 매우 잘 이해하다 수완

0318 **limb**
[lim]
영

n. 팔다리
His **limbs** refused to carry him farther. 그는 그의 팔다리로 더 이상 갈 수 없었다. 영어
I eased my stiff **limbs** into the hot bath. 나는 경직된 팔다리를 뜨거운 욕조에서 풀었다.

0319 **crush**
[krʌʃ]
영 완

v. 탄압하다, 뭉개다, 눌러 부수다
the 'Four Cuts' designed to **crush** the Karen Karen 족을 탄압하기 위해 고안된 'Four Cuts' 영어
salamanders that are **crushed** by traffic 차량에 뭉개진 도롱뇽 수완

0320 **resistance**
[rizístəns]
영 완

n. 저항 운동, 저항, 반항, 저항력
cut off all supplies to the Karen **resistance** Karen 족 저항 운동에 대한 모든 보급품을 차단하다 영어
excellent waterproofing and wind **resistance** 뛰어난 방수 처리와 방풍성 수완
○ resist *v.* 저항하다

WEEK 2

DAY 11

0321 **sympathy** [símpəθi] 영 독

n. 연민, 동정심

My father felt a deep **sympathy** for his friend. 나의 아버지는 자신의 친구에게 깊은 연민을 느꼈다. 영어

display emotion such as smiling or showing **sympathy** 미소를 짓거나 동정심을 보이는 것과 같은 감정을 보이다 독연

◎ sympathetic *a.* 연민하는, 동정적인

0322 **adopt** [ədɑ́pt] 영 독 완

v. 양자[양녀]로 삼다, 채택하다

Say Say became my parents' **adopted** son. Say Say는 내 부모님의 양자가 되었다. 영어

if we **adopt** a global, multidimensional perspective on inequalities 우리가 불평등에 대한 세계적이고 다차원적인 관점을 채택한다면 독연

◎ adoption *n.* 입양, 채택

0323 **desperate** [déspərət] 영 완

a. 절망적인, 필사적인

The Four Cuts policy drove families to ever more **desperate** measures. Four Cuts 정책은 가족들을 더욱더 절망적인 한계로 몰았다. 영어

a **desperate** attempt to fill the void 허무함을 채우기 위한 필사적인 노력 수완

0324 **annoying** [ənɔ́iiŋ] 영

a. 짜증스러운

Raymond found this very **annoying**. Raymond는 이것이 매우 짜증스럽다고 생각했다. 영어

Max has several **annoying** habits. Max는 몇 가지 짜증스러운 습관을 지니고 있다.

◎ annoy *v.* 짜증 나게 하다, 괴롭히다

0325 **intrinsic** [intrínsik] 영 독 완

a. 내재적인, 내재된

the concepts of **intrinsic** motivation and reinforcement theory 내재적 동기 부여와 강화 이론의 개념 영어

intrinsic criteria such as satisfaction, engagement, meaning, learning and growth 만족도, 참여도, 의미, 학습, 성장과 같은 내재적 기준 독연

0326 **bang** [bæŋ] 영 완

v. (세게) 두드리다

The kid **banged** on cans and Raymond paid him a dollar. 아이는 쓰레기통을 두드렸고, Raymond는 그에게 1달러를 주었다. 영어

bang on their front door 그들의 현관문을 세게 두드리다 수완

0327 **primary** [práimeri] 영 독 완

a. 초등학교의, 주요한

the son of a **primary** school teacher 한 초등학교 교사의 아들 영어

The **primary** focus is on creating reusable products. 주요 초점은 재사용이 가능한 제품을 만드는 것에 있다. 수완

0328 **extraordinary** [ikstrɔ́ːrdənèri] 영 독 듣

a. 놀라운, 비범한

the **extraordinary** success of Topaze and Marius Topaze와 Marius의 놀라운 성공 영어

the **extraordinary** experience that brings you closer to the marvels of the ocean 여러분을 바다의 경이로움에 더 가깝게 데려가 주는 놀라운 경험 영듣

0329 **playwright** [pléiràit] 영

n. 극작가

establish him as a **playwright** 극작가로서 그의 입지를 다지다 영어

Tom is such a talented **playwright**. Tom은 대단한 재능을 지닌 극작가이다.

0330 **vigor** [vígər] 영 독

n. 활력, 활기

use his full **vigor** as a dialogue writer 대화체 작품 작가로서 그의 넘치는 활력을 사용하다 영어

At older ages, many experience losses in health, **vigor**, and income. 노년기에는 많은 이가 건강, 활력, 그리고 수입의 상실을 경험한다. 독연

◎ vigorous *a.* 활력이 넘치는, 활기찬

0331 **enormous** [inɔ́ːrməs] 영 독 완

a. **어마어마한, 엄청난**
The public success was **enormous** at an international level. 대중적인 성공은 국제적인 수준에서 어마어마했다. 영어
make an **enormous** difference in the quality of our lives 우리 삶의 질에 엄청난 차이를 만들다 독연

0332 **entitle** [intáitl] 영 완

v. **제목을 붙이다, 권리[자격]를 주다**
a short-lived critical review **entitled** *Les cahiers du film* *Les cahiers du film*이라는 제목의 단명한 비평지 영어
We are **entitled** to our own opinions. 우리에게는 자신만의 의견을 가질 권리가 있다. 수완

0333 **obtain** [əbtéin] 영 독 완

v. **구하다, 얻다**
those who were unable to **obtain** tickets 표를 구할 수 없었던 사람들 영어
obtain food every day in the same place in a predictable manner 매일 같은 장소에서 예측할 수 있는 방식으로 음식을 얻다 독연

0334 **botanist** [bátənist] 영 완

n. **식물학자**
a thirty-year-old Dutch **botanist** named Hugo de Vries Hugo de Vries라는 이름의 서른 살의 네덜란드 식물학자 영어
Nathaniel Ward, a keen amateur **botanist** 열성적인 아마추어 식물학자인 Nathaniel Ward 수완

0335 **spiritual** [spíritʃuəl] 영 완

a. **영적인, 정신적인, 종교의**
It was more of a **spiritual** journey than a scientific visit. 그것은 과학과 관련된 방문이라기보다는 영적인 여행이었다. 영어
art required by **spiritual** life 정신적 삶이 요구하는 예술 수완

0336 **heredity** [hərédəti] 영

n. **유전, 유전적 특징**
solve the mystery of **heredity** 유전의 수수께끼를 풀다 영어
the debate over the effects of environment and **heredity** 환경과 유전의 영향에 대한 논쟁
○ hereditary *a.* 유전에 의한, 유전성의

0337 **exhausting** [igzɔ́ːstiŋ] 영

a. **진을 빼는, 고단한, 지치게 하는**
The meeting must have been **exhausting**. 그 만남은 틀림없이 진을 빼는 일이었을 것이다. 영어
I've had an **exhausting** day. 나는 고단한 하루를 보냈다.
○ exhaustion *n.* 고갈, 탈진

0338 **vacation** [veikéiʃən] 영 완 듣

v. **휴가를 보내다, 휴가를 얻다** *n.* **방학, 휴가**
Darwin was **vacationing** at his sister's estate in Dorking. Darwin은 Dorking에 있는 누나의 저택에서 휴가를 보내고 있었다. 영어
Nari, do you have any plans for summer **vacation**? Nari, 여름방학에 무슨 계획 있니? 영듣

0339 **idol** [áidəl] 영

n. **우상, 숭배물, 모범**
Hugo de Vries already looked like a younger version of his **idol**. Hugo de Vries는 이미 자신의 우상의 더 젊은 시절 모습처럼 보였다. 영어
an actor who is the **idol** of millions 수백만 명의 우상인 한 배우

0340 **consensus** [kənsénsəs] 영 독 완

n. **합의**
There is no world **consensus** on which actions are right and wrong. 어떤 행동이 옳고 그른지에 관한 전 세계적인 합의는 없다. 영어
create a need for **consensus** 합의의 필요성을 만들다 독연

0341 **considerable** [kənsídərəbl] 영 독 완

a. 상당한

a **considerable** overlap between views 견해 간의 상당 부분의 겹침 영어

the **considerable** constraints placed on realizing the possible 가능한 것을 실현하는 데 놓인 상당한 제약 독연

0342 **morality** [mərǽləti] 영 독 완

n. 도덕(성)

Morality is always relative. 도덕성은 항상 상대적이다. 영어

a subjectiveness to the acceptability or **morality** of laughter 웃음의 용인 가능성 또는 도덕성에 대한 주관성 수완

0343 **slavery** [sléivəri] 영

n. 노예 제도, 노예 (상태·신분)

Slavery was morally acceptable to most Ancient Greeks. 노예 제도는 대부분의 고대 그리스인에게 도덕적으로 용인되었다. 영어

Slavery was right for the Ancient Greeks. 노예 제도는 고대 그리스인에게는 옳았다. 영어

○ slave *n.* 노예

0344 **relativism** [rélətivìzəm] 영

n. 상대주의

the view known as moral **relativism** 도덕적 상대주의로 알려진 관점 영어

the harmful effects of moral **relativism** 도덕적 상대주의의 해로운 영향

○ relative *a.* 상대적인, 관련되어 있는 *n.* 친척, 관련 사항

0345 **description** [diskrípʃən] 영 독

n. 설명, 기록, 기술, 묘사

make morality simply a **description** of the values held by a particular society 도덕성을 특정 사회가 지닌 가치관에 대한 설명에 불과하게 만들다 영어

the earliest written **description** of the methods 그 방법에 대한 최초의 문자 기록 독연

0346 **judgment** [dʒʌ́dʒmənt] 영 듣

n. 판단

the nature of moral **judgments** 도덕적 판단의 본질 영어

use highly complex AI video analysis tools to make the right **judgment** 올바른 판단을 내리기 위해 고도로 복잡한 AI 비디오 분석 도구를 사용하다 영듣

0347 **geography** [dʒiágrəfi] 영 듣

n. 지형, 지리(학)

The United States has one of the easiest **geographies** to develop. 미국은 개발하기 가장 쉬운 지형 중 한 곳을 가지고 있다. 영어

edit some pictures for the **geography** report 지리학 보고서를 위해 몇몇 사진을 편집하다 영듣

0348 **extension** [iksténʃən] 영

n. 연장, 확장, 구내전화

the southern **extension** of the Rocky Mountains 로키산맥의 남쪽 연장 부분 영어

The singing voice might be thought of as an **extension** to the speaking voice. 노래하는 목소리는 말하는 목소리의 확장으로 생각될 수도 있다.

○ extend *v.* 연장하다, 확장하다

0349 **similar** [símələr] 영 독 완 듣

a. 유사한, 비슷한

America's worst lands are strikingly **similar** to Mexico's best lands. 미국의 최악의 땅이 멕시코의 최상의 땅과 눈에 띄게 유사하다. 영어

I remember seeing a **similar** printout in the bedroom. 침실에서 비슷한 출력물을 본 기억이 나요. 영듣

0350 **territory** [téritɔ̀ːri] 영 독 완

n. 지역, 영역, 영토

a **territory** that is mountain-dominated 산악 지대가 많은 지역 영어

Neighbors fight over the borders to their **territory**. 이웃들은 자기 영역의 경계를 놓고 싸운다. 독연

0351 **fertile**
[fə́ːrtəl]
영 독

a. **비옥한, 새끼를 가질 수 있는**
large cohesive pieces of **fertile** land 넓고 응집된 비옥한 땅 영어
produce **fertile** hybrids known as 'pizzlies' '피즐리'로 알려진 새끼를 가질 수 있는 교배종을 낳다 독연
반 barren *a.* 불모의, 척박한, 불임의

0352 **political**
[pəlítikəl]
영 독 완

a. **정치의, 정치적인**
control local economic and **political** life 지역의 경제생활과 정치 생활을 통제하다 영어
Political choices are collective and binding. 정치적 선택은 집단적이고 구속력이 있다. 독연
politics *n.* 정치(학), 정치적 견해

0353 **align**
[əláin]
영 독

v. **손을 잡다, 동조하다, 동일선에 있다, 나란히 만들다, 결합하다**
dozens of little Mexicos where local power brokers constantly **align** with and against each other 지역의 실세들이 끊임없이 서로 손을 잡고, 서로 맞서는 수십 개의 작은 멕시코 영어
when actual and expected demands **align** 실제 요구와 기대 요구가 동일선에 있을 때 독연

0354 **generate**
[dʒénərèit]
영 독 완 듣

v. **창출하다, 만들어 내다, 발생시키다**
the countries with the lowest ability to **generate** the capital 자본을 창출하는 능력이 가장 낮은 국가들 영어
use solar panels to **generate** electricity 전기를 만들어 내기 위해 태양 전지판을 사용하다 영듣
generation *n.* 발생, 생성, 세대

0355 **glacier**
[gléiʃər]
영

n. **빙하**
Two-thirds of Earth's fresh water is frozen in **glaciers** and polar ice. 지구 담수의 3분의 2가 빙하와 극지방의 얼음으로 얼어 있다. 영어
One form of mountain **glacier** is an ice field. 산악 빙하의 한 가지 형태는 빙원이다.

0356 **realization**
[rì(ː)əlizéiʃən]
영 완

n. **깨달음, 실현**
the earliest **realization** that seawater was unsafe to drink 바닷물이 마시기에 안전하지 않다는 가장 이른 시기의 깨달음 영어
the full **realization** of the capabilities inside the skin 피부 안에 있는 능력들의 완전한 실현 수완

0357 **surface**
[sə́ːrfis]
영 독 완

n. **표면, 지면** *a.* **표면적인** *v.* **표면화되다**
the **surface** of the Earth 지표면 영어
surface features such as grammar, punctuation, and citations 문법, 구두점, 그리고 인용문과 같은 표면적인 특징 수완

0358 **planet**
[plǽnit]
영 독 완 듣

n. **지구, 행성, 세상**
a mere 1% of all the water on the **planet** 지구상의 모든 물 중 단 1퍼센트 영어
the challenging conditions our **planet** faces 우리 지구가 직면한 어려운 상황 영듣

0359 **structure**
[strʌ́ktʃər]
영 독 완

n. **구조, 구성**
shifting demographics and household **structures** 변화하는 인구 통계와 가구 구조 영어
All sites of interaction inform us of the **structure** of social life. 모든 상호 작용의 현장은 우리에게 사회생활의 구조를 알려 준다. 독연

0360 **dependent**
[dipéndənt]
영 독

a. **의존하는, 의지하는**
settings where people are less **dependent** on their cars 사람들이 자동차에 덜 의존하는 환경 영어
Two psychologically **dependent** people form a relationship with each other. 심리적으로 의존하는 두 사람은 서로 관계를 형성한다. 독연

QUICK CHECK 04

WORDS **0271-0360** | Answer Key p. 231

A 다음 빈칸에 단어의 뜻을 쓰시오.

01 prosocial	____________	16 marvelous	____________
02 keen	____________	17 adopt	____________
03 disposition	____________	18 desperate	____________
04 actualize	____________	19 intrinsic	____________
05 component	____________	20 extraordinary	____________
06 assure	____________	21 enormous	____________
07 appropriate	____________	22 botanist	____________
08 acculturate	____________	23 spiritual	____________
09 installation	____________	24 consensus	____________
10 proper	____________	25 relativism	____________
11 precaution	____________	26 similar	____________
12 bypass	____________	27 territory	____________
13 reluctant	____________	28 generate	____________
14 fierce	____________	29 realization	____________
15 passion	____________	30 planet	____________

B 다음 빈칸에 주어진 철자로 시작하는 적절한 단어를 쓰시오.

01 the decision to engage in a p__________ activity ← **목적 있는** 활동에 참여하겠다는 결정

02 A__________s can sometimes be deceptive. ← **겉모습**은 때때로 판단을 그르치게 할 수 있다.

03 You have to h__________ yourself. ← 여러분은 **자신을 낮춰야** 한다.

04 Padman became e__________. ← Padman은 **없어서는 안 될** 존재가 되었다.

05 His f__________ dog was holding his hat. ← 그의 **충실한** 개가 그의 모자를 물고 있었다.

06 My father felt a deep s__________ for his friend. ← 나의 아버지는 자신의 친구에게 깊은 **연민**을 느꼈다.

07 Raymond found this very a__________. ← Raymond는 이것이 매우 **짜증스럽다고** 생각했다.

08 solve the mystery of h__________ ← **유전**의 수수께끼를 풀다

09 The meeting must have been e__________. ← 그 만남은 틀림없이 **진을 빼는** 일이었을 것이다.

10 the southern e__________ of the Rocky Mountains ← 로키산맥의 남쪽 **연장** 부분

A 다음 글의 네모 안에서 문맥에 맞는 낱말로 적절한 것을 고르시오.

01 While a permanent place for people on Earth requires that our needs be met, people gathering about themselves quantities of unnecessary goods, while others lack food and shelter, cannot be part of a [competitive / durable] order.

02 McLuhan asserts that we are so focused on the content of the technology that we [desire / neglect] to notice the influence of the technology itself on people. This observation is certainly true today: we focus on what the technology provides, but we fail to consider how the very act of using these advances shapes us.

03 As machine autonomy develops there will be a progressive reduction in the extent of human influence on computer evolution. Computers will come to think about their own position in the world, and take steps to [delay / enhance] their own security.

04 Yo-Yo Ma became very popular, and one day when one of his concerts was sold out, he gave a free concert for those who were unable to [cancel / obtain] tickets — he sat in the theater lobby and played Bach cello suites.

B 다음 글의 밑줄 친 부분 중, 문맥상 낱말의 쓰임이 적절하지 않은 것은?

01 Plants compete only when competition is needed to improve their ability to support their own growth and reproduction and has some ①likelihood of success. Once competition ②lacks the needed results, they cease competing and shift their energy to living. For plants, competition is about ③survival, not the thrill of victory.

02 Humans often work together just for the joy of it. Experiments have shown that working with others ①affects children's behavior. Afterward, they're more ②hesitant in sharing any treats the experimenters give them — as if working with others has put them in a ③better mood.

03 Much of the time, we *should* ①trust our perceptions. Yet appearances can sometimes be ②deceptive. The Earth seems flat. The sun seems to revolve around the Earth. Yet in both cases, our intuitions are wrong. Sometimes, what appears to be ③ambiguous can mislead us when it comes to evaluating ourselves and others.

04 It is uncontroversially ①true that people in different societies have different customs and different ideas about right and wrong. There is no world ②disagreement on which actions are right and wrong, even though there is a ③considerable overlap between views on this.

WEEK 3
DAY 13

0361 **pollution**
[pəljúːʃən]
영 독

n. 오염
reduce air **pollution** and energy use 대기 오염과 에너지 사용을 줄이다 영어
the costs of industry operation such as **pollution** and public health issues 오염 및 공중 보건 문제와 같은 산업 운영의 비용 독연

0362 **respondent**
[rispándənt]
영 완

n. 응답자 *a.* 반응하는, 응하는
the most appealing neighborhood feature for many **respondents** 많은 응답자들에게 가장 매력적인 동네의 특징 영어
payment methods used by **respondents** in six countries 6개국 응답자들이 사용한 결제 방법 수완

0363 **footprint**
[fútprìnt]
영 듣

n. (환경) 발자국
a downsized environmental **footprint** 감소된 환경 발자국 영어
the **footprint** logo symbolizing efforts to reduce carbon dioxide emissions 이산화탄소 배출을 줄이려는 노력을 상징하는 발자국 로고 수완

0364 **benefit**
[bénəfit]
영 독 완

n. 이점, 이익, 혜택 *v.* 이익을 얻다, 혜택을 받다
the added **benefit** of burning calories during everyday activities 일상 활동 중에 칼로리를 소모할 수 있다는 추가적인 이점 영어
benefit from the preservation of our cultural heritage 우리 문화유산의 보존으로부터 이익을 얻다 독연

0365 **landscape**
[lǽndskèip]
영 독 듣

n. 경관, 풍경(화) *v.* 조경을 하다
Green buildings and solar panels dot the **landscape** and rooftops. 친환경 건물과 태양 전지판이 경관과 옥상을 덮고 있다. 영어
I like the **landscape** painting on the left wall. 저는 왼쪽 벽에 있는 풍경화가 마음에 들어요. 영듣

0366 **underlying**
[ʌ́ndərlàiiŋ]
영 독 완

a. 근본적인, 기저에 깔린
the important **underlying** driver of biodiversity loss 생물 다양성 손실의 중요한 근본 원인 영어
underlying symptoms of anxiety and depression 불안과 우울증의 기저 증상 독연
○ underlie *v.* 기저를 이루다

0367 **emphasis**
[émfəsis]
영 독 완

n. 초점, 강조
The **emphasis** on consumption avoids politically charged topics. 소비에 맞춰진 초점은 정치적으로 격론을 불러일으킬 수 있는 주제를 피한다. 영어
the **emphasis** on teachers' responsibility for students' performance 학생들의 수행에 대한 교사의 책임에 대한 강조 수완

0368 **oppose**
[əpóuz]
영 독

v. 반대하다, 대비[대조]시키다, 맞서다
politically charged topics which most people **oppose** on ethical or moral grounds 대부분의 사람이 윤리적 또는 도덕적 이유로 반대하는 정치적으로 격론을 불러일으킬 수 있는 주제 영어
Wives were not to **oppose** their husbands at all. 아내는 남편에게 절대 맞서면 안 되었다. 독연

0369 **racism**
[réisizəm]
영

n. 인종 차별, 인종 차별주의, 인종 차별 행위
divisive topics such as xenophobia, **racism**, and eugenics 외국인 혐오, 인종 차별, 그리고 우생학과 같은 분열을 초래하는 주제 영어
a victim of **racism** 인종 차별의 희생자

0370 **decline**
[dikláin]
영 완

n. 쇠퇴, 감소, 하락 *v.* 감소하다, 거절하다
the main cause of environmental **decline** 환경 쇠퇴의 주요 원인 영어
Academic aspects of students' self-concepts **decline** during the first year. 학생들의 자아 개념에 대한 학업적 측면은 1학년 동안 감소한다. 수완

0371 □□□ **disproportionate** [dìsprəpɔ́:rʃənit] 영

a. **불균형적인**

Rich countries have a **disproportionate** impact on the natural environment. 부유한 국가들은 자연환경에 불균형적인 영향을 미친다. 영어

a **disproportionate** number of young middle-class families 젊은 중산층 가족 수의 불균형

0372 □□□ **accommodate** [əkɑ́mədèit] 영 독

v. **수용하다, 공간을 제공하다, 부응하다**

The USA **accommodates** only 5% of the world's population. 미국은 전 세계 인구의 5퍼센트만 수용한다. 영어

accommodate the needs of the community 지역 사회의 요구를 수용하다 독연

◎ accommodation *n.* 수용, 숙박 시설, 부응

0373 □□□ **harvest** [hɑ́:rvist] 영

v. **채취하다, 수확하다**

25% of the world's **harvested** natural resources 전 세계에서 채취되는 천연자원의 25퍼센트 영어

political decisions about how much of any given species can be **harvested** 어떤 정해진 종이라도 그것을 얼마나 많이 수확할 수 있는지에 대한 정치적 결정 영어

0374 □□□ **annual** [ǽnjuəl] 영 독 완 듣

a. **연간의, 연례의, 한 해의** *n.* **연보, 연감**

the **annual** energy usage of the entirety of Ethiopia 에티오피아 전체의 연간 에너지 사용량 영어

Our **annual** Earth Day event will be held on April 22. 우리의 연례 지구의 날 행사가 4월 22일에 열릴 예정이다. 독연

0375 □□□ **wildlife** [wáildlàif] 영 완

n. **야생 동물** *a.* **야생 동물의**

movies featuring wonderful natural landscapes and charismatic **wildlife** 멋진 자연 경관과 카리스마 넘치는 야생 동물이 등장하는 영화 영어

take pictures of **wildlife** 야생 동물의 사진을 찍다 수완

0376 □□□ **raise** [reiz] 영 독 완 듣

v. **높이다, 키우다, 기르다** *n.* **인상, 올리기**

raise awareness of environmental issues in new audiences 새로운 관람객들에게 환경 문제에 대한 인식을 높이다 영어

Parrots can be expensive to **raise**. 앵무새는 키우기에 돈이 많이 들 수 있다. 영듣

0377 □□□ **conscious** [kɑ́nʃəs] 영 독 완

a. **의식하는, 의식적인**

environmentally **conscious** behavioural changes 환경을 의식하는 행동 변화 영어

A single goal can be present to our **conscious** minds. 하나의 목표가 우리의 의식적인 마음에 존재할 수 있다. 독연

◎ consciousness *n.* 의식, 자각

0378 □□□ **donate** [dóuneit] 영 독 완 듣

v. **기부하다, 기증하다**

donate 50% more money to climate mitigation 기후 완화에 50퍼센트 더 많은 돈을 기부하다 영어

donate artwork to the charity 자선 단체에 예술품을 기증하다 영듣

0379 □□□ **orientate** [ɔ́:rientèit] 영

v. **지향하게 하다, 자기 위치를 알다, 적응시키다**

the influence of environmentally-**orientated** movies 환경 (보호를) 지향하는 영화의 영향 영어

If you get lost while you are out walking, try to use the sun to **orientate** yourself. 밖에서 걷다가 길을 잃으면 태양을 이용해 자기 위치를 알아내세요.

0380 □□□ **conservation** [kɑ̀nsərvéiʃən] 영 완 듣

n. **보존, 보호, 보호지구**

promote biodiversity **conservation** efforts in Africa 아프리카의 생물 다양성 보존 노력을 홍보하다 영어

environmental issues including marine life **conservation** 해양 생물 보존을 포함한 환경 문제 영듣

◎ conserve *v.* 보존하다

0381 **predator**
[prédətər]
영 독 완 듣

n. 포식자, 약탈자
avoid **predators** in open ground 탁 트인 지면에서 포식자를 피하다 영어
I'd like to talk about how animals defend themselves from their **predators**. 나는 동물들이 포식자로부터 스스로를 방어하는 방법에 관해 이야기를 하고 싶다. 영듣

0382 **nest**
[nest]
영 독 듣

v. 집을 짓다, 둥지를 틀다 *n.* 둥지, 집, 보금자리
ants that forage and **nest** in leaf litter 낙엽 속에서 먹이를 찾고 집을 짓는 개미 영어
Males alone build the **nest**. 수컷 혼자 둥지를 짓는다. 독연

0383 **compact**
a. v. [kəmpǽkt]
n. [kάmpækt]
영 완

a. 작은, 소형의 *v.* 빽빽이 채우다, 압축하다 *n.* 소형 자동차
Moving through small spaces is easier with a **compact** body plan. 작은 몸 구조로 좁은 공간을 더 쉽게 이동할 수 있다. 영어
I need a **compact** keyboard. 저는 소형 키보드가 필요해요. 수완

0384 **diverse**
[daivə́ːrs]
영 독 완

a. 다양한
eat a **diverse** range of foods 다양한 범위의 먹이를 먹다 영어
Animal species exhibit a **diverse** range of strategies to produce offspring. 동물 종은 새끼를 낳기 위한 다양한 범위의 전략을 보인다. 독연
○ diversity *n.* 다양성

0385 **crawl**
[krɔːl]
영

v. 기어가다 *n.* 기어가기, 서행
crawl about on the bottom 바닥을 기어다니다 영어
The traffic slowed to a **crawl**. 차량의 속도가 느려져서 기어가다시피 했다.

0386 **dig**
[dig]
영 듣

v. (땅을) 파다 *n.* 파기, 발굴
dig holes under rocks in sand 모래 지대의 바위 밑에 굴을 파다 영어
digging, planting and weeding 땅을 파고, 심고, 잡초를 뽑는 것 영듣

0387 **refuge**
[réfjuːdʒ]
영

n. 피신(처), 보호 시설, 쉼터
The octopus can take **refuge** from predators under rocks in sand. 문어는 모래 지대의 바위 밑에서 포식자로부터 피신할 수 있다. 영어
residents of women's **refuge** 여성 보호 시설의 입주자

0388 **deposit**
[dipάzit]
영 완

v. 쌓아 두다, 놓다 *n.* 계약금, 보증금, 착수금
deposit empty shells and other inedible fragments of prey in piles at the entrance 빈 조개껍데기와 다른 먹을 수 없는 먹이 조각을 무더기로 입구에 쌓아 두다 영어
We are requesting that you return the **deposit** money to us. 귀하가 저희에게 계약금을 환불해 줄 것을 요청합니다. 수완

0389 **minute**
a. [mainjúːt]
n. [mínit]
영 독 완 듣

a. 미세한 *n.* (시간 단위의) 분, 잠깐, 순간
minute changes in the angle 각도에 있어서의 미세한 변화 영어
Wait a **minute**, please. 잠시만 기다려 주세요. 영듣

0390 **direction**
[dirékʃən]
영 독 완

n. 방향, 지도, 감독
The ball is deflected slightly in the other **direction**. 그 공은 다른 쪽으로 약간 방향이 바뀐다. 영어
the **direction** of a seasoned expert selected by the organizer 주최자에 의해 선정된 경험 많은 전문가의 지도 수완

0391 **arousal** [əráuzəl] 영

n. 각성, 환기

Spectators are seen as a source of drive **arousal**. 관중은 추동 각성의 원천으로 여겨진다. 영어

If a skill is complex, the increase in **arousal** will interfere with its performance. 기술이 복잡하면, 각성의 증가가 그것(기술)의 수행을 방해할 것이다. 영어

○ arouse *v.* (느낌 · 태도를) 불러일으키다

0392 **facilitate** [fəsílitèit] 영 독 완

v. 용이하게 하다, 촉진하다

facilitate the performance of simple skills 간단한 기술의 수행을 용이하게 하다 영어

facilitate a willingness to invest oneself in a relationship 관계에 기꺼이 자신을 쏟는 마음을 촉진하다 독연

0393 **favor** [féivər] 영 독 완

v. 돕다, 호의를 보이다, 편애하다 *n.* 호의, 친절, 편애

An increase in drive arousal **favors** the emission of the performer's dominant responses. 추동 각성의 증가는 행위자의 지배적인 반응의 방출을 돕는다. 영어

someone who has done or is doing you a **favor** 여러분에게 호의를 베풀었거나 베풀고 있는 어떤 사람 독연

0394 **struggle** [strʌ́gl] 영 독 완 듣

v. 크게 노력하다, 몸부림치다, 힘겹게 나아가다 *n.* 싸움, 투쟁, 몸부림

struggle to master a skill 기술을 숙달하려고 크게 노력하다 영어

the **struggle** of humans against dinosaurs 공룡에 맞선 인간의 싸움 독연

0395 **onlooker** [ɑ́nlùkər] 영

n. 구경꾼, 방관자

Onlookers can only worsen the performance of a beginner. 구경꾼은 단지 초보자의 수행을 악화시키기만 할 수 있다. 영어

Don't just stand there like an **onlooker**. 방관자처럼 그냥 거기에 서 있지 마세요.

0396 **complexity** [kəmpléksəti] 영 독 완

n. 복잡성

the performer's level of skill and the **complexity** of the skill itself 행위자의 기술 수준과 기술 자체의 복잡성 영어

the **complexity** of the topic 주제의 복잡성 수완

0397 **nutrient** [njú:triənt] 영 듣

n. 영양소, 영양분 *a.* 영양분을 주는, 자양이 되는

consume **nutrients** of all types 모든 유형의 영양소를 섭취하다 영어

Coffee grounds have some good oils and **nutrients** for plants. 커피 찌꺼기는 식물에 좋은 몇몇 기름과 영양분을 가지고 있다. 영듣

○ nutrition *n.* 영양

0398 **sufficient** [səfíʃənt] 영 완

a. 충분한

A diet with 10 percent protein is **sufficient** for most people. 대부분의 사람에게 10퍼센트의 단백질이 포함된 식단이면 충분하다. 영어

a level **sufficient** to be observed or measured 관찰되거나 측정되기에 충분한 수준 수완

0399 **concentration** [kɑ̀nsəntréiʃən] 영 독 완

n. 농도, 집중

foods with higher **concentrations** of protein 단백질 농도가 더 높은 음식들 영어

foods that have a lower calorie **concentration** 더 낮은 열량 농도를 가진 음식들 독연

○ concentrate *v.* 집중하다, 농축시키다 *n.* 농축물

0400 **athletic** [æθlétik] 영 독

a. 운동 (경기)의, 체육의, 선수의

The increased **athletic** activity will work up your hunger drive. 운동 활동의 증가는 배고픔에 대한 욕구를 북돋울 것이다. 영어

the dramatic arc of **athletic** careers 선수 경력의 극적 궤적 독연

○ athlete *n.* (운동)선수

WEEK 3

DAY 14

0401 **material** [mətí(ː)əriəl] 영 독 완 듣

n. 재료, 자료, 소재, 직물 *a.* 물질적인

Tools and **materials** are designed for comfort. 도구와 재료는 편안함을 위해 설계된다. 영어

I'll be sure to grab you a copy of the discussion **materials**. 제가 토론 자료를 당신께 꼭 챙겨 드릴게요. 영듣

0402 **process** [prɑ́ses] 영 독 완 듣

n. 과정, 공정, 진행 *v.* 처리하다

enjoy the **process** of forming words 단어를 형성하는 과정을 즐기다 영어

a way to **process** data (and to manage information) 데이터를 처리하는 (그리고 정보를 관리하는) 방식 독연

0403 **premium** [príːmiəm] 영

n. 웃돈, 할증료, 보험료 *a.* 고급의, 아주 높은

pay a **premium** for the pleasure 그 즐거움에 웃돈을 지불하다 영어

Our **premium** grapes are crunchy and sweet! 우리 고급 포도는 아삭하고 달콤하다!

0404 **manual** [mǽnjuəl] 영 독 완 듣

a. 수동의, 손으로 하는 *n.* 설명서

the **manual** typewriter and the fountain pen 수동 타자기와 만년필 영어

I'll check the car owner's **manual**. 제가 차 사용자 설명서를 확인해 볼게요. 영듣

반 automatic *a.* 자동의

0405 **sorrow** [sɑ́rou] 영

n. 슬픔, 비애 *v.* 슬퍼하다, 한탄하다

respond to life with joy and **sorrow** 기쁨과 슬픔으로 삶에 대응하다 영어

The joy of the crowd added to the **sorrow** in the old soldier's heart. 군중의 즐거움은 노병의 마음에 슬픔을 더했다. 영어

0406 **inescapable** [ìniskéipəbl] 영

a. 피할[무시할] 수 없는

times when pain and suffering are **inescapable** 고통과 괴로움을 피할 수 없는 시기 영어

Drug abuse is an **inescapable** problem that must be solved. 마약 남용은 반드시 해결되어야 하는 피할 수 없는 문제이다.

0407 **discomfort** [diskʌ́mfərt] 영 완

n. 고통, 불편 *v.* 불편하게 하다

One must be in **discomfort** to make art. 예술 작품을 만들려면 고통의 상태에 있어야 한다. 영어

Respecting respondents' right to withdraw minimizes any potential **discomfort**. 응답자의 철회권을 존중하는 것은 모든 잠재적인 불편을 최소화한다. 수완

0408 **channel** [tʃǽnəl] 영 독 듣

v. 전환하다, 다른 데로 돌리다, 수로를 내다 *n.* 채널, 경로, 해협

Stress can be **channeled** into a creative force. 스트레스는 창의력으로 전환될 수 있다. 영어

Welcome to Sarah's online video **channel**, *Wonderful Animals*. Sarah의 온라인 동영상 채널, *Wonderful Animals*에 오신 것을 환영합니다. 영듣

0409 **distress** [distrés] 영 완

n. 고통, 고민, 곤경 *v.* 괴롭히다, 고통스럽게 하다

place our **distress** in context 우리의 고통을 맥락 안에 두다 영어

Morgan notices Benjamin's **distress** and sits down with him to provide reassurance. Morgan은 Benjamin의 고민을 알아차리고 안심시키기 위해 그와 함께 앉는다. 수완

0410 **private** [práivit] 영 독 완

a. 개인적인, 사유의, 사적인 *n.* 이등병

make our own **private** journeys 우리 자신의 개인적인 여정을 만들다 영어

private property concerning land in a primitive hunting society 원시 수렵 사회에서 토지에 관한 사유 재산 독연

0411 **imaginative**
[imǽdʒənətiv]
영 독

a. **상상력이 풍부한**
intelligent and **imaginative** inquiries and solutions 지적이고 상상력이 풍부한 탐구와 해결책 영어
generate **imaginative** associations 상상력이 풍부한 연관성을 만들어 내다 독연

0412 **overlook**
[òuvərlúk]
영 독 완

v. **간과하다, 바라보다, 감독하다**
solutions that otherwise might have been ignored or **overlooked** 다른 경우라면 무시되었거나 간과되었을 수도 있는 해결책 영어
Employees' achievements go **overlooked**. 직원들의 성과가 간과된다. 독연

0413 **exhibition**
[èksəbíʃən]
영 듣

n. **전시(회), 전람(회), 진열**
museum and gallery **exhibitions** 박물관 및 미술관 전시 영어
Would you like to go to the Chagall **Exhibition**? 샤갈 전시회 보러 갈래요? 영듣
○ exhibit *v.* 전시하다, 진열하다, 나타내다

0414 **uncommon**
[ʌnkámən]
영

a. **드문, 흔하지 않은**
It is not **uncommon** for shows to be 'on the road' for two years or longer. 전시회가 2년 이상 '이리저리 옮겨 다니는' 경우가 드물지 않다. 영어
Side effects from the medicine are **uncommon**. 그 약으로 인한 부작용은 흔하지 않다.

0415 **initiative**
[iníʃiətiv]
영 완

n. **주도권, 계획** *a.* **발단의, 선도적인**
Curators take **initiatives** which contribute to the exposure of work. 큐레이터는 작품 전시에 기여하는 주도권을 행사한다. 영어
Your feedback helps shape our **initiatives**. 너의 의견은 우리 계획을 구체화하는 것을 돕는다. 수완

0416 **priority**
[praiɔ́(:)rəti]
영 완 듣

n. **우선 (사항), 우선권**
priorities and terms of reference of particular organisations 특정 기관의 우선 사항 및 위임 사항 영어
I think **priority** mail express would be suitable. 우선 취급 속달 우편이 적절할 것 같아요. 영듣

0417 **terrific**
[tərífik]
영 듣

a. **잘하는, 매우 좋은**
Many people are **terrific** at calculus. 많은 사람이 미적분을 잘한다. 영어
Sounds **terrific**. 매우 좋습니다. 영듣

0418 **attend**
[əténd]
영 독 완 듣

v. **참석하다, 간호하다**
a hundred students **attending** a lecture 강의에 참석한 100명의 학생 영어
Around 600,000 people are expected to **attend** this year. 약 60만 명이 올해 참석할 것으로 예상된다. 영듣

0419 **lecture**
[léktʃər]
영 독 완 듣

n. **강의, 강연** *v.* **강의하다, 강연하다**
The **lecture** was on a different topic. 그 강의는 다른 주제에 관한 것이었다. 영어
I hope my **lecture** can inspire the students today. 오늘 제 강연이 학생들에게 영감을 줄 수 있기를 바랍니다. 영듣

0420 **aptitude**
[ǽptitjù:d]
영 완 듣

n. **적성, 소질**
Individuals vary in their **aptitude** for learning any specific type of knowledge. 특정 유형의 지식을 배우는 데 대한 적성이 개인마다 다르다. 영어
I don't have the **aptitude** to become an artist. 나에겐 예술가가 될 소질이 없다. 영듣

0421 **implication** [ìmpləkéiʃən] 영 독 완
n. 함의, 함축, 영향
one **implication** of expectancy theory 기대 이론의 한 가지 함의 영어
assumptions about the meaning and **implications** of some symptoms 일부 증상의 의미와 영향에 대한 추정 독연

0422 **reward** [riwɔ́:rd] 영 독 완
v. 보상하다 *n.* 보상
a chance to be **rewarded** 보상받을 기회 영어
Dopamine is a neurotransmitter that runs the brain's **reward** and pleasure center. 도파민은 뇌의 보상과 쾌감 중추를 작동시키는 신경 전달 물질이다. 독연

0423 **maximum** [mǽksəməm] 영 독 완 듣
a. 최대의 *n.* 최대, 최대치
achieve the **maximum** reward 최대의 보상을 얻다 영어
I can only afford a **maximum** of $1,000 per month. 저는 한 달에 최대 1,000달러까지만 지불할 수 있어요. 영듣

0424 **exert** [igzə́:rt] 영 완
v. (노력 등을) 다하다, 행사하다
Neither high achievers nor low achievers are likely to **exert** their best efforts. 높은 성취도를 보이는 사람이나 낮은 성취도를 보이는 사람 모두 최선의 노력을 다하지 않을 가능성이 있다. 영어
exert a powerful influence on our sensations 우리의 감각에 강력한 영향을 행사하다 수완

0425 **progress** *n.* [prágres] *v.* [prəgrés] 영 독 완 듣
n. 진전, 진행, 나아감 *v.* 진전하다, 나아가다
reward students for making **progress** 진전을 이룬 것에 대해 학생들을 보상하다 영어
significant **progress** in enhancing the status of women 여성의 지위를 향상하는 데 있어서의 상당한 진전 독연
○ progressive *a.* 진보적인, 진행하는

0426 **capable** [kéipəbl] 영 완
a. 할 수 있는, ~할 능력이 있는
Not all students are equally **capable** of achieving high scores. 모든 학생이 똑같이 높은 점수를 획득할 수 있는 것은 아니다. 영어
Encourage kids to handle the tasks they are **capable** of. 아이들이 할 수 있는 일들을 스스로 처리할 수 있도록 격려하세요. 수완

0427 **exceed** [iksí:d] 영 독 완 듣
v. 뛰어넘다, 넘어서다, 초과하다
Students **exceeded** their own past performance. 학생들은 자신의 과거 성과를 뛰어넘었다. 영어
In India and South Korea, familiarity with the MV **exceeded** that with AR. 인도와 한국에서는 MV에 대한 친숙도가 AR에 대한 그것을 넘어섰다. 독연

0428 **identity** [aidéntəti] 영 독 완
n. 정체성, 일치, 동일성
Identity refers to the organization of an individual's drives. 정체성이란 개인의 욕구가 조직된 것을 말한다. 영어
obtain an **identity** that is positively evaluated 긍정적으로 평가받는 정체성을 얻다 수완

0429 **confusion** [kənfjú:ʒən] 영 듣 완
n. 혼란, 혼동
If adolescents feel unable to choose at all, role **confusion** threatens. 청소년이 전혀 선택할 수 없다고 느끼면, 역할 혼란이 발생할 우려가 있다. 영어
Aiming too high risks **confusion**. 너무 높게 목표를 설정하면 혼란의 위험이 있다. 수완

0430 **adulthood** [ədʌ́lthùd] 영 완
n. 성인(기), 성체
an identity that will provide a firm basis for **adulthood** 성인기를 위한 확고한 기반을 제공할 정체성 영어
inadequate stages on the path to **adulthood** 성체가 되는 과정에 있는 불충분한 단계 수완

0431 **deliberate**
a. [dilíbərət]
v. [dilíbərèit]
영 독 완

a. 신중한, 의도적인 *v.* 숙고하다, 신중히 생각하다
Identity involves **deliberate** choices and decisions. 정체성은 신중한 선택과 결정을 수반한다. 영어
deliberate over an idea 어떤 아이디어에 대해 숙고하다 독연
deliberation *n.* 숙고, 숙의, 신중함

0432 **spatial**
[spéiʃəl]
영 독 완

a. 공간의, 공간적인, 공간에 존재하는
systems of **spatial** reckoning and description 공간 추정과 설명의 체계 영어
some sense of major causal and **spatial** patterns 주요한 인과 관계의 그리고 공간의 패턴에 관한 약간의 감각 독연

0433 **cognitive**
[kάgnitiv]
영 독 완

a. 인지적인, 인지의
linguistic differences correlating with distinct **cognitive** tendencies 뚜렷이 다른 인지적 성향과 서로 연관되어 있는 언어적 차이 영어
someone who possesses typical **cognitive** abilities 일반적인 인지 능력을 가진 사람 독연

0434 **concept**
[kάnsept]
영 독 완

n. 개념, 생각
the cognitive categories relating to space **concepts** 공간 개념과 관련된 인지 범주 영어
understand words, **concepts**, ideas, and feelings from our own standpoint 단어, 개념, 아이디어, 그리고 감정을 우리 자신의 관점에서 이해하다 독연

0435 **correspond**
[kɔ̀(:)rispάnd]
영

v. 해당하다, 편지를 주고받다, 일치하다
spatial terms **corresponding** to the bodily coordinates of left-right and front-back 좌-우 및 앞-뒤의 신체 좌표에 해당하는 공간 용어 영어
We **correspond** by e-mail. 우리는 이메일로 편지를 주고받는다.

0436 **external**
[ikstə́ːrnəl]
영 독 완

a. 외부의, 외부적인
extend to other parts of the body or to areas **external** to it 신체의 다른 부분이나 그것(신체)의 외부 영역으로 확장되다 영어
external criteria such as income and organizational level 소득과 조직에서의 지위와 같은 외부적 기준 독연

0437 **sequence**
[síːkwəns]
영 독 완

n. 순서, 연속, 차례 *v.* 차례로 배열하다
the **sequence** of words in a sentence 문장 내 단어의 순서 영어
the product of an inner causal **sequence** of responses 연속적인 내적 인과 관계 반응의 산물 독연
sequential *a.* 잇따라 일어나는, 순차적인

0438 **identical**
[aidéntikəl]
영 독 완

a. 동일한, 똑같은, 바로 그
Most languages seem to have an almost **identical** list of concepts. 대부분의 언어는 거의 동일한 개념 목록을 가지고 있는 것으로 보인다. 영어
the marketing of similar or **identical** products 비슷하거나 똑같은 제품에 대한 마케팅 독연

0439 **translate**
[trænsléit]
영 완

v. 번역하다, 해석하다
Nearly all words and sentences can be **translated** effectively from one language into another. 거의 모든 단어와 문장은 한 언어에서 다른 언어로 효과적으로 번역될 수 있다. 영어
church writings **translated** from Latin 라틴어에서 번역된 교회 문서 수완

0440 **contradictory**
[kὰntrədíktəri]
영

a. 모순된, 상반된
the puzzling and perhaps even **contradictory** nature of the writings 모호하고 어쩌면 심지어 모순된 그 글의 본질 영어
The two witnesses gave **contradictory** accounts. 두 명의 증인은 상반된 설명을 했다.

0441 **implicit** [implísit] 영 독

a. **암묵적인, 암시적인**

implicit invitations to serve as coauthors of a broader piece of work 더 폭이 넓은 작품의 공동 저자의 역할을 해 달라는 암묵적인 초청 영어

The limitations placed on exploring the possible can be **implicit**. 가능한 것들을 탐구하는 데 놓인 한계는 암시적일 수 있다. 독연

반 explicit *a.* 뚜렷한, 분명한, 노골적인

0442 **challenge** [tʃǽlindʒ] 영 독 완 듣

n. **어려움, 도전** *v.* **도전하다, 이의를 제기하다**

The proliferation of data brings with it many **challenges**. 데이터의 급증은 많은 어려움을 함께 수반한다. 영어

Your brain needs to be constantly **challenged** in new ways. 여러분의 뇌는 새로운 방식으로 끊임없이 도전받을 필요가 있다. 수완

0443 **mirror** [mírər] 영 독 완 듣

v. **반영하다, 잘 보여 주다, 비추다** *n.* **거울**

exactly **mirror** the population at large 전체 인구 집단을 정확히 반영하다 영어

The old **mirrors** started getting cracks in them. 예전 거울들에 금이 가기 시작했어요. 영듣

0444 **impression** [impréʃən] 영 독 완

n. **인상, 느낌, 기분**

Algorithms leave the **impression** of being neutral. 알고리즘은 중립적이라는 인상을 준다. 영어

convey the strong **impression** that something inside the mover is causing the movement 움직이는 사람 내부의 어떤 것이 그 움직임을 일으키고 있다는 강한 인상을 전달하다 독연

0445 **encode** [inkóud] 영 완

v. **부호화하다, 암호화하다**

Algorithms **encode** political choices of their designers. 알고리즘은 설계자의 정치적 선택을 부호화한다. 영어

encode an enzyme that works only in a finite temperature range 한정된 온도 범위에서만 작동하는 하나의 효소를 암호화하다 수완

0446 **bias** [báiəs] 영 독 완

n. **편견, 편향** *v.* **편견[편향]을 가지다**

understand the **biases** at play 편견이 작동하고 있음을 알다 영어

Confirmation **bias** influences which sources of information people utilize. 확증 편향은 사람들이 어느 정보원을 이용하느냐에 영향을 미친다. 독연

0447 **optimize** [ɑ́ptəmàiz] 영

v. **최적화하다, 최대한 활용하다**

optimize the wanted outcome 원하는 결과를 최적화하다 영어

optimize our use of the existing technology 기존 기술의 활용을 최적화하다

0448 **additional** [ədíʃənəl] 영 독 완 듣

a. **추가적인, 추가의, 부가적인, 부가의**

human wearables with **additional** sensors 추가적인 센서를 갖춘 인간 웨어러블 기기 영어

Additional T-shirts will be available for purchase on the day of the event. 행사 당일 추가 티셔츠 구매가 가능할 것이다. 수완

0449 **fantasy** [fǽntəsi] 영 완

n. **환상, 공상** *v.* **공상[상상]하다**

our memories, **fantasies**, and consciousness 우리의 기억, 환상, 그리고 의식 영어

ignore reality and substitute our own **fantasies** instead 현실을 무시하고 그 대신 우리 자신의 환상으로 대체하다 수완

0450 **transition** [trænzíʃən] 영 완

n. **전환** *v.* **전환하다**

transition from the internet to the internet of things 인터넷에서 사물 인터넷으로의 전환 영어

make the **transition** from one-word utterances to two-word utterances 한 단어의 발화에서 두 단어의 발화로 전환하다 수완

QUICK CHECK 05

A 다음 빈칸에 단어의 뜻을 쓰시오.

01 underlying ____________
02 emphasis ____________
03 racism ____________
04 accommodate ____________
05 donate ____________
06 conservation ____________
07 predator ____________
08 crawl ____________
09 refuge ____________
10 deposit ____________
11 direction ____________
12 arousal ____________
13 onlooker ____________
14 complexity ____________
15 sufficient ____________
16 concentration ____________
17 material ____________
18 inescapable ____________
19 discomfort ____________
20 imaginative ____________
21 overlook ____________
22 uncommon ____________
23 priority ____________
24 exceed ____________
25 confusion ____________
26 deliberate ____________
27 correspond ____________
28 contradictory ____________
29 impression ____________
30 transition ____________

B 다음 빈칸에 주어진 철자로 시작하는 적절한 단어를 쓰시오.

01 a downsized environmental f____________ ← 감소된 **환경 발자국**
02 the main cause of environmental d____________ ← 환경 **쇠퇴**의 주요 원인
03 ants that forage and n____________ in leaf litter ← 낙엽 속에서 먹이를 찾고 **집을 짓는** 개미
04 eat a d____________ range of foods ← **다양한** 범위의 먹이를 먹다
05 m____________ changes in the angle ← 각도에 있어서의 **미세한** 변화
06 s____________ to master a skill ← 기술을 숙달하려고 **크게 노력하다**
07 pay a p____________ for the pleasure ← 그 즐거움에 **웃돈**을 지불하다
08 respond to life with joy and s____________ ← 기쁨과 **슬픔**으로 삶에 대응하다
09 Many people are t____________ at calculus. ← 많은 사람이 미적분을 **잘한**다.
10 the s____________ of words in a sentence ← 문장 내 단어의 **순서**

0451 **existence** [igzístəns] 영 독 완

n. 존재, 생존

see our entire **existence** downgraded to the status of our smart TVs and refrigerator 우리 존재 전체를 우리의 스마트 TV와 냉장고의 지위로 격하된 것으로 보다 영어

the tools and knowledge in **existence** 존재하는 도구와 지식 독연

0452 **statement** [stéitmənt] 영 독 완

n. 진술, 성명, 명세서

The Internet allows every **statement** to be fact-checked. 인터넷은 모든 진술에 대해 사실 확인을 할 수 있게 한다. 영어

the disconnect between a **statement** and the reality 진술과 현실 사이의 단절 독연

0453 **perform** [pərfɔ́ːrm] 영 독

v. 수행하다, 행하다, 공연하다, 연주하다

Over 100,000 web searches are **performed** each second. 매초 10만 건이 넘는 웹 검색이 수행된다. 영어

the gestures we **perform** and the clothes we wear 우리가 행하는 몸짓과 우리가 입는 옷 독연

0454 **reunion** [riːjúːnjən] 영 듣

n. 재회, 동창회

have the experience of a **reunion** 재회의 경험을 갖다 영어

Roger and Chloe meet again at their high school **reunion** after ten years. Roger와 Chloe는 10년 후에 고등학교 동창회에서 다시 만난다. 영듣

0455 **discard** *v.* [diskɑ́ːrd] *n.* [dískɑːrd] 영 독

v. 버리다, 처분하다 *n.* 버리기, 처분

some old beliefs that we **discarded** long ago 우리가 오래전에 버렸던 몇몇 오래된 신념 영어

Machine intelligence can create a million copies of itself and then **discard** inferior changes. 기계 지능은 자체에 대한 수많은 복사본을 만든 다음, 열등한 변화들은 버릴 수 있다. 독연

0456 **attitude** [ǽtitjùːd] 영 독

n. 태도

try out new behaviors, **attitudes**, and beliefs 새로운 행동, 태도, 그리고 믿음을 시도해 보다 영어

Attitude polarization is currently increasing. 태도 양극화는 현재 증가하고 있다. 독연

0457 **ridicule** [rídikjùːl] 영

n. 조롱, 조소 *v.* 비웃다, 조롱하다

vulnerable to failure and **ridicule** 실패와 조롱에 취약한 영어

We all should be careful not to **ridicule** others unconsciously. 우리 모두는 무의식적으로 다른 사람들을 비웃지 않도록 조심해야 한다.

0458 **absurd** [əbsə́ːrd] 영 독

a. 터무니없는, 우스꽝스러운 *n.* 불합리, 부조리

When learning, we make mistakes, we look foolish — even **absurd**. 학습할 때, 우리는 실수를 저지르고 멍청하고, 심지어는 터무니없어 보이기도 한다. 영어

become less **absurd** merely for being shared by half the population 인구의 절반이 공유한다는 이유만으로 덜 터무니없어지다 독연

0459 **expectation** [èkspektéiʃən] 영 완

n. 기대(치), 예상

Expectations influence children's behavior. 기대는 아이들의 행동에 영향을 미친다. 영어

The subjects had reliable **expectations** of strong pain. 피험자들은 강렬한 통증에 대해 신뢰할 수 있는 기대치를 가졌다. 수완

0460 **tidy** [táidi] 영 완

a. 깔끔한, 잘 정돈된 *v.* 정리[정돈]하다

When children think of themselves as **tidy** and helpful, they become **tidy** and helpful. 자신이 깔끔하고 도움이 된다고 생각할 때, 아이들은 깔끔해지고 도움이 된다. 영어

I'll make sure to **tidy** up after I'm finished. 다 끝나면 제가 확실히 정리할게요. 수완

0461 **withdraw** [wiðdrɔ́ː] 영 완

v. **인출하다, 빠지다, 철수하다, 철회하다, 기권하다**

One person only deposits and the other person only **withdraws**. 한 사람은 예치하기만 하고 다른 사람은 인출하기만 한다. 영어

respondents' right to **withdraw** from the study 연구에서 빠질 수 있는 응답자의 권리 수완

0462 **potential** [pəténʃəl] 영 독 완

n. **잠재력, 가능성** *a.* **잠재력이 있는, 가능성이 있는, 잠재적인**

Members realize their **potential** as individuals. 구성원들은 개인으로서 잠재력을 실현한다. 영어

potential future locations for hydroelectric power plants 미래에 수력 발전소가 들어설 수 있는 잠재적 장소 독연

0463 **drain** [drein] 영

n. **소모, 고갈, 유출, 하수 시설** *v.* **(물기를) 제거하다, 고갈시키다, 배출하다**

the tremendous energy **drain** of an irreparably damaged relationship 회복할 수 없을 정도로 손상된 관계로 인한 엄청난 에너지 소모 영어

Drain the pasta thoroughly. 파스타의 물기를 완전히 제거해 주세요.

0464 **striking** [stráikiŋ] 영 독 완 듣

a. **놀라운, 두드러진, 인상적인**

a **striking** resemblance between colours and humans 색깔과 인간 간의 놀라운 유사성 영어

Gogh's vivid colors and bold brushstrokes are truly **striking** and unforgettable. 고흐의 선명한 색과 과감한 붓놀림은 정말 놀랍고 잊을 수 없다. 영듣

0465 **promote** [prəmóut] 영 독 완 듣

v. **장려하다, 증진하다, 홍보하다, 승진시키다**

promote the social benefits of mass surveillance 대중 감시의 사회적 이점을 장려하다 영어

tourism slogans to **promote** a town 마을을 홍보하는 관광 슬로건 독연

◎ promotion *n.* 장려, 증진, 홍보, 승진

0466 **prisoner** [prízənər] 영

n. **죄수, 수감자**

Prisoners were placed in cells. 죄수들은 감방에 배치되었다. 영어

make **prisoners** behave and keep workers and students on task 수감자가 바르게 행동하고 노동자와 학생이 과업에 집중할 수 있도록 만들다 영어

0467 **subtle** [sʌ́tl] 영

a. **영리한, 미묘한, 감지하기 힘든**

the modern, **subtle**, and more practical version 2.0 현대적이고, 영리하며, 더 실용적인 버전 2.0 영어

the **subtle** interplay of a variety of factors 다양한 요인들의 미묘한 상호 작용

◎ subtlety *n.* 교묘, 미묘

0468 **ownership** [óunərʃip] 영 독 완

n. **소유(권)**

Access to resources is associated with fewer risks than **ownership**. 자원의 이용은 소유보다 위험과 관련이 더 적다. 영어

state **ownership** of the media 미디어의 국가 소유 독연

0469 **collaborative** [kəlǽbərèitiv] 영 독 완

a. **협력적인, 협업의**

promote the culture of **collaborative** consumption 협력적 소비문화를 촉진하다 영어

Proteins work in an instinctively **collaborative** way. 단백질은 본능적으로 협업 방식으로 작용한다. 독연

0470 **disrupt** [dìsrʌ́pt] 영 완 듣

v. **와해하다, 방해하다**

Sharing economy practices started to **disrupt** traditional businesses. 공유 경제 관행이 전통적인 기업들을 와해하기 시작했다. 영어

disrupted sleep patterns and a lack of exercise 방해받는 수면 패턴과 운동 부족 영듣

WEEK 3

DAY 16

0471 **disease** [dizí:z] 영 독 완
n. 질환, 질병, (정신·도덕·사회제도 따위의) 퇴폐[병폐]
the knowledge of **diseases** and treatments 질환과 치료법에 대한 지식 영어
focus only on the biological features of a **disease** 질병의 생물학적 특징에만 초점을 맞추다 독연

0472 **breakthrough** [bréikθrù:] 영 완
n. (과학·기술 등의) 획기적[비약적] 발전, (문제 해결의) 돌파구
the latest evidence-based **breakthroughs** 증거에 기반한 최신의 획기적 발전들 영어
the brief side conversation that is likely to lead to creative **breakthroughs** 창의적인 돌파구로 이어질 가능성이 있는 간단한 사이드 대화 수완

0473 **disorder** [disɔ́:rdər] 영 독 완
n. 장애, 이상, 난동, 무질서
Many mental **disorders** would not be considered diseases. 많은 정신적 장애가 질환으로 간주되지 않을 것이다. 영어
The **disorder** causes sudden, violent seizures. 그 질환은 갑작스럽고 극심한 발작을 일으킨다. 독연

0474 **improvement** [imprú:vmənt] 영 독 완 듣
n. 개선, 향상
improvements in nutrition and other health factors 영양 및 다른 건강 요인에 있어서의 개선 영어
The more we reduce our plastic consumption, the greater the **improvement** in our environment. 플라스틱 소비를 줄일수록 환경이 더 개선될 수 있다. 영듣

0475 **competitive** [kəmpétətiv] 영 독 완 듣
a. 경쟁의, 경쟁을 좋아하는
our **competitive** edge in the market environment 시장 환경에서의 우리의 경쟁 우위 영어
a very **competitive** profession's most demanding and important position 매우 경쟁적인 직업의 가장 부담이 크고 중요한 위치 독연
◎ competitiveness *n.* 경쟁력

0476 **productivity** [pròudəktívəti] 영 독 완
n. 생산성
a 25% increase in maintenance **productivity** 관리 생산성의 25퍼센트 증가 영어
Technology has been associated with feelings of lost **productivity** and poor job performance. 기술은 허비된 생산성과 형편없는 업무 성과와 관련이 있어 왔다. 독연

0477 **invaluable** [invǽljuəbl] 영 완
a. 매우 귀중한, 소중한, 값을 매길 수 없을 정도의
Your contributions are **invaluable** to our success. 귀하의 공헌은 우리의 성공에 매우 귀중합니다. 영어
create an **invaluable** experience for the kids in our community 지역 사회 아이들에게 소중한 경험을 만들어 주다 수완

0478 **sink** [siŋk] 영 독 듣
v. 의기소침하다, 가라앉다, 하락하다 *n.* 싱크대, 세면대, 물 버리는 곳
Kira's heart **sank** at the thought of not being able to buy bangles. Kira는 팔찌를 살 수 없다는 생각에 의기소침했다. 영어
eat on the table next to the **sink** 싱크대 옆의 탁자에서 식사하다 영듣

0479 **commodify** [kəmɑ́dəfài] 영
v. 상품화하다
an effort to **commodify** ecosystem services 생태계 서비스를 상품화하려는 노력 영어
Many ecosystem services cannot and should not be **commodified**. 많은 생태계 서비스는 상품화할 수도 없고, 상품화해서도 안 된다. 영어

0480 **allocation** [æ̀ləkéiʃən] 영
n. 배분, 할당(량)
The services are ill-suited to commodification and market **allocation**. 그 서비스는 상품화 및 시장을 통한 배분에 적합하지 않다. 영어
the **allocation** of food to those who need it most 식량이 가장 필요한 사람들에 대한 식량 할당

0481 **community**
[kəmjú:nəti]
영 독 완 듣

n. 군집, 지역 사회, 공동체
fund-services that benefit all members of the biotic **community** 생물 군집의 모든 구성원에게 혜택을 주는 기금 서비스 영어
complete 100 hours of **community** service 100시간의 지역 사회 봉사를 마치다 영듣

0482 **damage**
[dǽmidʒ]
영 독 완 듣

v. 해치다, 손해를 입히다 *n.* 피해, 손해
Your feelings can't **damage** you. 여러분의 감정이 여러분을 해칠 수는 없다. 영어
Several classrooms have experienced flood **damage** from the recent heavy rain. 최근의 폭우로 인해 몇 개의 교실이 수해를 입었다. 영듣

0483 **storm**
[stɔ:*r*m]
영 독

n. 폭풍(우) *v.* 기습[급습]하다, 쿵쾅대며 가다
Sometimes we just have to wait out the **storm**. 때때로 우리는 그저 폭풍이 끝나기를 기다려야 한다. 영어
intense **storms**, flooding, and record-breaking temperatures 극심한 폭풍, 홍수, 그리고 기록적인 기온 독연

0484 **associate**
v. [əsóuʃièit]
a. n. [əsóuʃiət]
영 독 완 듣

v. 연관시키다, 관련시키다, 연상시키다 *a.* 부-, 준- *n.* 동료, 동업자
words that have been **associated** with sleep 잠과 연관되어 온 단어들 영어
a position as an **associate** professor of chemistry 화학과 부교수의 자리 수완
association *n.* 연관, 관련, 연상

0485 **simplify**
[símpləfài]
영 독 듣

v. 단순화하다, 간단하게 하다
Simplifying a problem is what opens it up to mathematical analysis. 문제를 단순화하는 것은 그것을 수학적인 분석이 가능하도록 하는 것이다. 영어
paintings using bright colors and **simplified** forms 밝은 색상과 단순화된 형태를 이용한 그림 영듣

0486 **elegance**
[éləgəns]
영

n. 우아함, 고상함, 정밀함, 정확함
mathematicians driven by simplicity and **elegance** 단순성과 우아함에 이끌리는 수학자들 영어
The fashion brand pursues sustainable **elegance**. 그 패션 브랜드는 지속 가능한 고상함을 추구한다.

0487 **injure**
[índʒə*r*]
영 완

v. 다치게 하다, 해치다
worry about the risk of getting **injured** 다칠 위험에 대해 걱정하다 영어
Animals may attempt to cross a dangerous physical barrier and be killed or **injured**. 동물들은 위험한 물리적 장벽을 넘으려다 죽거나 다칠 수도 있다. 수완

0488 **norm**
[nɔ:*r*m]
영 독 완

n. 규범, 규칙
some abstract "**norm** against violence" 어떤 추상적인 '폭력에 반대하는 규범' 영어
societal **norms** that we feel no tension 우리가 긴장을 전혀 느끼지 못하는 사회 규범 독연

0489 **collective**
[kəléktiv]
영 독 완

a. 집단[단체]의, 축적된
Collective *enforcement* is the essence of norms. '집단 강제'는 규범의 본질이다. 영어
Politics is **collective** choice that is binding on a community. 정치는 공동체에게 구속력이 있는 집단적 선택이다. 독연

0490 **psychology**
[saikálədʒi]
영 독 완

n. 심리학, 심리(상태)
study **psychology** as an undergraduate at Cambridge Cambridge 대학교에서 학부생으로 심리학을 공부하다 영어
fields like consulting, **psychology**, and business 컨설팅, 심리학, 그리고 사업 같은 분야 독연

0491 **neural** [njú(:)ərəl] 영 독 완

a. 신경(계통)의

a growing interest in **neural** networks 신경망에 대한 커지는 관심 영어

create a new **neural** pathway that is unafraid of what you currently fear 여러분이 현재 두려워하는 것을 두려워하지 않는 새로운 신경 경로를 만들다 독연

0492 **compelling** [kəmpéliŋ] 영 완

a. 설득력 있는, 강제적인

a **compelling** explanation for the emergence of intelligence 지능의 출현에 대한 설득력 있는 설명 영어

exhibit a strong and **compelling** tone of argument 강하고 설득력 있는 논조를 보여 주다 수완

0493 **artificial** [àːrtəfíʃəl] 영 독 완

a. 인공[인조]의, 가짜[거짓]의

the growing field of **artificial** neural networks 성장하는 인공 신경망 분야 영어

Sugar was being replaced by other alternatives, such as **artificial** sweeteners. 설탕은 인공 감미료와 같은 다른 대체재로 대체되고 있었다. 수완

0494 **various** [vέ(ː)əriəs] 영 독 완 듣

a. 다양한, 서로 다른

Throughout his career, Hinton has held positions at **various** institutions. 경력 내내 Hinton은 다양한 기관에서 근무해 왔다. 영어

expose students to classics across **various** eras 학생들을 다양한 시대에 걸친 고전에 노출시키다 영듣

0495 **global** [glóubəl] 영 독 완 듣

a. 전 세계의, 범위가 넓은

global sales of plug-in vehicles 전 세계 플러그인 차량의 판매량 영어

The topic of this year's debates is **global** health challenges. 올해 토론 주제는 전 세계의 건강 문제이다. 영듣

0496 **sponsor** [spánsər] 영

v. 후원하다, 주관하다 *n.* 후원자, 스폰서

The Forest Park Walking Tour is **sponsored** by the Albanios Historical Society. Forest Park 도보 투어는 Albanios Historical Society가 후원한다. 영어

collect **sponsors** for next week's charity run 다음 주 자선 달리기 대회의 후원자들을 모집하다

0497 **reservation** [rèzərvéiʃən] 영 듣

n. 예약, 의구심, (미국의) 인디언 보호 구역

A **reservation** is required. 예약이 필요하다. 영어

I asked for a booth when I made the initial **reservation**. 저는 처음 예약할 때 칸막이가 있는 자리를 요청드렸어요. 영듣

0498 **preserve** [prizə́ːrv] 영 듣 완

v. 보존하다, 보호하다, 저장하다 *n.* 전유물, 저장 식품, 자연 자원 보호 구역

Preserving our genome is worth any cost. 우리의 게놈을 보존하는 것은 어떤 대가라도 치를 가치가 있다. 영어

energy-efficient products to **preserve** resources 자원을 보존하는 에너지 효율 제품 수완

0499 **decision** [disíʒən] 영 독 완 듣

n. 결정, 결심

make **decisions** based on morality 도덕성에 기반해 결정을 내리다 영어

make the **decision** to showcase the exhibition in a different way this year 올해는 다른 방식으로 전람회를 전시하기로 결정하다 수완

0500 **abandon** [əbǽndən] 영 독 완

v. 버리다, 포기하다

eliminate or **abandon** all other life on Earth 지구상의 다른 모든 생명체를 말살하거나 버리다 영어

We should certainly **abandon** the idea that the self is a "real me." 우리는 자아가 '진짜 나'라는 생각을 확실히 버려야 한다. 독연

0501 **deprivation** [dèprəvéiʃən] 영

n. 궁핍, 박탈, 부족
exist only in a state of misery and **deprivation** 비참하고 궁핍한 상태로만 존재하다 영어
a study of the effects of sleep **deprivation** 수면 부족의 영향에 대한 연구
deprive *v.* 빼앗다, 박탈하다

0502 **customer** [kʌ́stəmər] 영 독 완 듣

n. 고객
Fewer competitors mean more available **customers.** 경쟁자가 더 적다는 것은 얻을 수 있는 고객이 더 많다는 것을 의미한다. 영어
We can always rely on **customer** reviews. 우리는 항상 고객 후기에 의존할 수 있다. 영듣

0503 **predict** [pridíkt] 영 독 완

v. 예측하다, 예견하다
It is difficult to **predict** who will win a match. 누가 경기에서 이길지 예측하기는 어렵다. 영어
The spread of the Coronavirus was **predicted** by epidemiologists. 코로나바이러스의 확산은 유행병 학자들에 의해 예견되었다. 독연
prediction *n.* 예측, 예견

0504 **uncertainty** [ʌnsə́ːrtənti] 영 독 완

n. 불확실성, 확신이 없음
uncertainty about who will win a contest 누가 경쟁에서 이길지에 대한 불확실성 영어
uncertainty about how best to incorporate the data into editorial decisions 데이터를 편집상의 결정에 가장 잘 포함하는 방법에 관해 확신이 없음 독연

0505 **prevent** [privént] 영 독 완 듣

v. 막다, 예방하다
prevent certain types of companies from marketing directly to children 특정 유형의 기업이 어린이에게 직접 광고하지 못하게 막다 영어
Let's do our best to **prevent** any troubles. 어떤 문제라도 막아 내기 위해서 최선을 다합시다. 영듣

0506 **security** [sikjú(ː)ərəti] 영 독 완

n. 안전(감), (미래를 위한) 보장, 보안
provide a false sense of **security** 잘못된 안전감을 제공하다 영어
an average social **security** pension of $12,500 a year 연간 평균 12,500달러의 사회 보장 연금 독연
secure *a.* 안전한, 안심하는 *v.* 안전하게 지키다, 고정시키다

0507 **direct** [dirékt] 영 독 완

v. 겨냥하다, 지휘하다, 감독하다 *a.* 직접적인, 직행의 *ad.* 직접, 직행으로
ads explicitly **directed** at children 명확하게 어린이를 겨냥한 광고 영어
Females undergo more **direct** costs of reproduction. 암컷은 더 직접적인 번식의 희생을 치른다. 독연

0508 **shower** [ʃáuər] 영 독

v. 세례를 퍼붓다, 쏟아져 내리다, 샤워를 하다 *n.* 샤워(하기), 샤워기, 소나기
Children are **showered** with repeated exposure to thousands of ads. 아이들은 수천 개 광고에의 반복된 노출 세례를 받고 있다. 영어
drinking water and the occasional **shower** 마실 물과 이따금의 샤워 독연

0509 **trait** [treit] 영 독 완

n. 특성, 특징
personality **traits** such as kindness 친절함과 같은 성격 특성 영어
Intelligence is such a beneficial **trait** allowing a species to compete more effectively. 지능은 종이 더 효과적으로 경쟁할 수 있게 해 주는 대단히 유익한 특성이다. 독연

0510 **indifferent** [indífərənt] 영 독 듣

a. 무관심한
make people really mean or **indifferent** to one another 사람들을 서로에게 매우 비열하거나 무관심하게 만들다 영어
indifferent to the potential abuses of the metalanguage 메타언어의 잠재적인 남용에 무관심한 독연

0511 **belong** [bilɔ́(:)ŋ] 영
v. 속하다, 부류에 들다
the structure of the network which people **belong** to 사람들이 속한 관계망의 구조 영어
an active experience of "**belonging** to the wider world" '더 넓은 세계에 속해 있다'는 능동적인 경험 영어

0512 **crucial** [krúːʃəl] 영 독 완 듣
a. 중요한, 중대한, 결정적인
The number of social connections is **crucial**. 사회적 관계의 수는 중요하다. 영어
It's **crucial** to drink lots of water even in the cold. 추운 날씨에도 물을 많이 마시는 게 중요하다. 영듣

0513 **instinct** [ínstiŋkt] 영 독 완
n. 본능, 직감
our natural survival **instinct** 우리의 타고난 생존 본능 영어
The concept of **instinct** or instinctive behaviour is a familiar one. 본능 또는 본능적 행동이라는 개념은 친숙한 개념이다. 수완

0514 **stress** [stres] 영 독 완 듣
v. 긴장을 주다, 강조하다 *n.* 스트레스, 긴장, 중점, 강조
stress the cellular functioning of the body 신체의 세포 기능에 긴장을 주다 영어
Self-referent social cognitions matter in coping with parental **stress**. 자기 참조적 사회 인지는 부모의 스트레스를 다루는 데 있어 중요하다. 독연

0515 **strengthen** [stréŋkθən] 영 독 듣 완
v. 강화하다, 튼튼하게 하다
strengthen our physiological systems 우리의 생리적 체계를 강화하다 영어
reduce mental stress, **strengthen** the legs, and promote weight loss 정신적인 스트레스를 줄이고, 다리를 튼튼하게 하며, 체중 감량을 촉진하다 영듣

0516 **lack** [læk] 영 독 완
n. 결핍, 부족 *v.* 없다, 부족하다
the **lack** of temperature change caused by indoor lifestyles 실내 생활 방식으로 야기된 온도 변화의 결핍 영어
lack secure bonding in early childhood 어린 시절에 안정적인 유대감이 없다 독연

0517 **physical** [fízikəl] 영 독 완
a. 육체[신체]의, 물리적인
describe the **physical** layout of a human body 인간 신체의 육체적 구조를 기술하다 영어
Ecole's works regarding integral calculus, mechanics and **physical** astronomy 적분학, 역학, 그리고 물리 천문학에 관한 Ecole의 연구 수완

0518 **superficial** [sjùːpərfíʃəl] 영 독
a. 피상[표면]적인, 깊이 없는
The claim "I'm a puppy" is a **superficial** proposition. "나는 강아지다."라는 주장은 피상적인 명제이다. 영어
a **superficial** signifier of acceptance and affirmation 수용과 긍정에 대한 피상적인 기호 독연

0519 **establish** [istǽbliʃ] 영 독 듣
v. 확립하다, 형성하다, 설립하다
Your children **establish** their social comfort and skills early in their lives. 아이들은 사회적 편안함과 기술을 삶에서 일찍 확립한다. 영어
the importance of **establishing** a consistent bedtime routine 일관된 잠자리 준비 습관을 형성하는 것의 중요성 영듣

0520 **quantity** [kwɑ́ntəti] 영 독
n. 양, 다량
shape the quality and **quantity** of the relationships 관계의 질과 양을 형성하다 영어
manage an overwhelming **quantity** of content 압도적인 양의 콘텐츠를 관리하다 독연

0521 **destiny** [déstəni] 영
n. 운명
Genetics are not **destiny**. 유전적 특징은 운명이 아니다. 영어
There's not much you can do but accept your **destiny**. 운명을 받아들이는 것 외에 여러분이 할 수 있는 일이 많지 않다.

0522 **trigger** [trígər] 영 독 완
v. 유발하다, 촉발하다, 작동시키다 *n.* 방아쇠, 계기, 도화선
social defaults that **trigger** social ease 사회적 편안함을 유발하는 사회적 기본값 영어
trigger a critical awareness of the power of mediated communication 매개 커뮤니케이션의 힘에 대한 비판적 인식을 촉발하다 독연

0523 **express** [iksprés] 영 독 완 듣
v. 표현하다, 나타내다 *n.* 급행(열차), 속달 *a.* 급행의, 신속한
ask everyone to **express** an opinion in turn 모든 사람에게 차례대로 의견을 표현하도록 요청하다 영어
express how unhappy you are 여러분이 얼마나 불행한지 표현하다 영듣
expression *n.* 표현, 표시, 말투

0524 **alien** [éiljən] 영 독 완
a. 외계의, 이질적인 *n.* 외계인, 외계 생명체, 이질적인 것
some strange **alien** creature extending tentacles 촉수를 뻗는 어떤 기이한 외계 생명체 영어
try to bring the foreign and **alien** within our purview 외래의 이질적인 것들을 우리의 시야 안으로 끌어들이고자 애쓰다 독연

0525 **connection** [kənékʃən] 영 독 듣 완
n. 연결, 연관성
the **connections** between the neurons 뉴런 간의 연결 영어
bridge the gap and develop a deeper **connection** with your child 간극을 해소하고 여러분 자녀와 더 깊은 관계를 발전시키다 영듣

0526 **discharge** [distʃáːrdʒ] 영
v. (에너지를) 방출하다, (기체·액체를) 방출하다, 해고하다 *n.* 배출, 방출, 퇴원, 제대
discharge a small chemical electrical signal 작은 화학적 전기 신호를 방출하다 영어
a **discharge** of poisonous chemicals from a nearby factory 인근 공장에서의 유독한 화학 물질의 배출

0527 **spread** [spred] 영 독 완 듣
v. 퍼뜨리다, 펼치다, 벌리다 *n.* 확산, 확대, 보급, 만연
spread a rumor in a neighborhood 동네에서 소문을 퍼뜨리다 영어
Undesirable impacts and **spread** go hand in glove. 바람직하지 않은 영향과 확산은 밀접한 관련이 있다. 수완

0528 **factor** [fǽktər] 영 독 완 듣
n. 요소, 요인
Conventional economics uses the phrase "**factors** of production." 전통적인 경제학은 '생산 요소'라는 말을 사용한다. 영어
one **factor** that contributed to the decline 그 쇠퇴의 원인이 된 요인 한 가지 수완

0529 **ingredient** [ingríːdiənt] 영 완 듣
n. (요리의) 재료[성분], 구성 요소
need a cook, a kitchen with an oven, and the raw **ingredients** 요리사, 오븐이 있는 주방, 원재료가 필요하다 영어
Can you measure out the **ingredients**? 재료를 좀 계량해 줄래요? 영듣

0530 **causation** [kɔːzéiʃən] 영 완
n. 원인, 인과 관계
divide **causation** (factors) into *material cause* and *efficient cause* 원인(요인)을 '질료인(質料因)'과 '동력인(動力因)'으로 나누다 영어
tighten the focus pull of **causation** on a single event 인과 관계의 초점을 팽팽하게 당겨 단일 사건에 맞추다 수완

WEEK 3
DAY 18

0531 **positive** [pάzətiv] 영 독 완 듣
a. 긍정적인, 적극적인, 양성의 *n.* 긍정적인 것, 양성 (반응)
think of the production of children as a **positive** externality 자녀 생산을 긍정적인 외부 효과로 생각하다 영어
distinguish between negative and **positive** liberty 소극적 자유와 적극적 자유를 구분하다 수완

0532 **labor** [léibər] 영 독 완
n. 노동(력), 산고, 분만 *a.* 노동의, 노동에 관한 *v.* 노동하다
a **labor** force of younger people 더 젊은 사람들의 노동력 영어
Unpaid caring **labor** is real **labor** with real economic consequences. 무급 돌봄 노동은 실질적인 경제적 결과를 수반하는 실질 노동이다. 수완

0533 **grant** [grænt] 영 완
n. 보조금 *v.* 부여하다, 승인하다, 인정하다
give direct **grants** to families with children 자녀를 둔 가정에 직접 보조금을 지급하다 영어
Emotions can be reasonable, if they are **granted** the time to be spoken and heard. 감정은 말하고 들을 수 있는 시간이 부여된다면 합리적일 수 있다. 수완

0534 **median** [míːdiən] 영
a. 중위의, 중간의, 중앙의 *n.* 중간값, 중앙값
the **median** income of workers in the country 그 나라 근로자의 중위 소득 영어
The **median** salary for our employees in 2023 was $30,000. 우리 직원들의 중간 급여는 2023년에 30,000달러였다.

0535 **reasoning** [ríːzəniŋ] 영 완 듣
n. 추론, 추리
Primates are capable of sophisticated forms of **reasoning** in naturalistic settings. 영장류는 자연적인 환경에서 정교한 형태의 추론을 할 수 있다. 영어
People share their **reasoning** with one another. 사람들은 자신의 추론을 서로 공유한다. 수완

0536 **novel** [nάvəl] 영 독 완 듣
a. 새로운, 참신한 *n.* 소설
The task was restarted with two entirely **novel** objects. 완전히 새로운 물체 두 개로 그 과제가 다시 시작되었다. 영어
the drama of a play or **novel** 연극이나 소설의 드라마 독연

0537 **coherent** [kouhí(:)ərənt] 영
a. 일관된, 조리 있게 말하는
make the story more **coherent** and comprehensible to English ears 그 이야기를 영국인의 귀에 더 일관되고 이해하기 쉽도록 만들다 영어
a **coherent** account of the incident 그 사고에 대한 일관된 설명

0538 **detail** [ditéil] 영 독 완 듣
n. 세부 사항 *v.* 상세히 알리다, 상술하다
the supernatural **details** in the original 원작의 초자연적인 세부 사항 영어
For more **details**, check the school website. 더 많은 세부 사항은 학교 웹사이트를 확인하세요. 영듣
◯ detailed *a.* 상세한, 정밀한

0539 **constructive** [kənstrʌ́ktiv] 영
a. 구성[구조]적인, 건설적인
illustrate the **constructive** nature of remembering 기억의 구성적 본질을 보여 주다 영어
play a **constructive** role in the reform process 개혁 과정에서 건설적인 역할을 하다
◯ construction *n.* 구조, 구성, 건축

0540 **precise** [prisáis] 영 독 완
a. 정확한
The piece requires a warm tone and **precise** pitch. 그 곡은 따뜻한 음색과 정확한 음높이를 필요로 한다. 영어
describe nature in **precise** mathematical terms 자연을 정확한 수학적 용어로 설명하다 수완

QUICK CHECK 06

A 다음 빈칸에 단어의 뜻을 쓰시오.

01 existence ____________
02 attitude ____________
03 expectation ____________
04 withdraw ____________
05 prisoner ____________
06 subtle ____________
07 disrupt ____________
08 disorder ____________
09 improvement ____________
10 productivity ____________
11 commodify ____________
12 allocation ____________
13 community ____________
14 simplify ____________
15 collective ____________
16 compelling ____________
17 various ____________
18 abandon ____________
19 customer ____________
20 predict ____________
21 prevent ____________
22 trait ____________
23 indifferent ____________
24 crucial ____________
25 superficial ____________
26 destiny ____________
27 connection ____________
28 reasoning ____________
29 coherent ____________
30 precise ____________

B 다음 빈칸에 주어진 철자로 시작하는 적절한 단어를 쓰시오.

01 have the experience of a r__________ ← **재회**의 경험을 갖다
02 vulnerable to failure and r__________ ← 실패와 **조롱**에 취약한
03 a s__________ resemblance between colours and humans ← 색깔과 인간 간의 **놀라운** 유사성
04 promote the culture of c__________ consumption ← **협력적** 소비문화를 촉진하다
05 our c__________ edge in the market environment ← 시장 환경에서의 우리의 **경쟁** 우위
06 Your feelings can't d__________ you. ← 여러분의 감정이 여러분을 **해칠** 수는 없다.
07 g__________ sales of plug-in vehicles ← **전 세계** 플러그인 차량의 판매량
08 exist only in a state of misery and d__________ ← 비참하고 **궁핍**한 상태로만 존재하다
09 s__________ our physiological systems ← 우리의 생리적 체계를 **강화하다**
10 s__________ a rumor in a neighborhood ← 동네에서 소문을 **퍼뜨리다**

연계 VOCA 실전 Test 03

A 다음 글의 네모 안에서 문맥에 맞는 낱말로 적절한 것을 고르시오.

01 To many 20- and 30-somethings, walkable communities are equated with a downsized environmental footprint and energy efficiency, with the added [benefit / drawback] of burning calories during everyday activities.

02 Deep and ambiguous writers are offering critics [explicit / implicit] invitations to serve as coauthors of a broader piece of work. Critics respond by examining these works more closely and spreading their fame more widely.

03 Regulations are in place to prevent certain types of companies from marketing directly to children. These are good measures, but they also provide a false sense of [anxiety / security].

04 Your children [discredit / establish] their social comfort and skills early in their lives by observing you in your own social life and through the social experiences they have. These first social experiences become the defaults that will guide and shape the quality and quantity of their relationships throughout their lives.

B 다음 글의 밑줄 친 부분 중, 문맥상 낱말의 쓰임이 적절하지 않은 것은?

01 For many, the ①emphasis on consumption avoids politically charged topics, such as population control, which most people ②support on ethical or moral grounds, and because it is associated with ③divisive topics such as xenophobia, racism, and eugenics.

02 Movies featuring wonderful natural landscapes and ①charismatic wildlife can ②lower awareness of environmental issues in new audiences. While many documentaries are created with this purpose in mind, such benefits can also ③extend to blockbuster movies meant for broader audiences.

03 Spectators are seen as a source of drive ①arousal. This heightened state of arousal is presumed to ②hinder the performance of well-learned or simple skills. However, if a skill is not well-learned or ③complex, the increase in arousal will interfere with its performance.

04 We've all had the experience of a ①reunion with an old friend, when listening to them saying how they've been, ②noticing how he or she has held onto some old beliefs that we discarded long ago. Probably the friend has not put himself or herself into a state of ③favorable openness for a long time.

0541 **confident** [kάnfidənt] 영 독 완

a. 자신감 있는, 확신하는

look **confident**, relaxed, and dignified 자신 있고, 편안하고, 위엄 있어 보이다 영어

Highly **confident** individuals are found to overestimate the precision of their answers. 매우 자신감 있는 사람들은 자기 대답의 정확성을 과대평가한다고 밝혀져 있다. 독연

0542 **accuracy** [ǽkjurəsi] 영 독 듣

n. 정확(도)

Mary played with bow control, **accuracy**, and fine phrasing. Mary는 활을 제어하고, 정확하게, 악구를 잘 구분해서 연주했다. 영어

automated analyses of shot speed and **accuracy** 샷 속도와 정확도의 자동화된 분석 영듣

0543 **fasten** [fǽsən] 영 독

v. 단단히 고정시키다, 잠그다

The boat was **fastened** to a piece of rock on the shore. 배는 해안의 바위에 단단히 고정되어 있었다. 영어

fasten the seat belt 안전띠를 매다 독연

0544 **float** [flout] 영 완 듣

v. (액체 위에) 뜨게 하다

The tide had risen and **floated** the boat. 조수가 차올라 배를 뜨게 했다. 영어

The boat **floating** in the sea makes the scenery look romantic. 바다에 떠 있는 배는 경치를 낭만적으로 보이게 한다. 영듣

0545 **extreme** [ikstríːm] 영

a. 극도의, 극단적인, 지나친 *n.* 극도, 극단

Captain Hall felt the **extreme** danger. Captain Hall은 극도의 위험을 느꼈다. 영어

stress the cellular functioning of the body focusing on one temperature **extreme** 한쪽의 극한 온도에 집중하여 신체의 세포 기능에 긴장을 주다 영어

0546 **starvation** [stɑːrvéiʃən] 영

n. 굶주림, 기아

Captain Hall felt he was saved from inevitable **starvation**. Captain Hall은 피할 수 없는 굶주림에서 구원되었다고 느꼈다. 영어

Thirty million people die of **starvation** each year. 매년 3천만 명의 사람들이 기아로 죽는다.

0547 **spectacular** [spektǽkjulər] 영 독

a. 눈부신, 멋진, 장관인

the **spectacular** scientific and technological achievements of the past century 지난 세기의 눈부신 과학적, 기술적 업적 영어

fixed roads, **spectacular** buildings, and agriculture 고정된 도로, 멋진 건물, 그리고 농업 독연

0548 **conduct** *n.* [kάndʌkt] *v.* [kəndʌ́kt] 영 독 완

n. 행동, 품행 *v.* 실행하다, 실시하다

the **conduct** of drivers on the road 도로에서의 운전자 행동 영어

No animal testing was **conducted** during the development of the cosmetic. 화장품을 개발하는 동안 어떤 동물 실험도 실행되지 않았다. 수완

0549 **insurance** [inʃú(ː)ərəns] 영 완 듣

n. 보험

the areas of the law of **insurance** 보험에 관한 법 분야 영어

the difference in spending between dog and cat owners on pet **insurance** 개를 기르는 사람과 고양이를 기르는 사람 간의 반려동물 보험에 대한 지출 차이 수완

0550 **prove** [pruːv] 영 독 완

v. ~임이 판명되다[알려지다], 증명[입증]하다

The answer itself may **prove** dangerous. 답 자체가 위험한 것으로 판명될 수 있을 것이다. 영어

Mistaking a crocodile for a log could **prove** fatal. 악어를 통나무로 착각하는 것은 치명적으로 판명될 수 있다. 독연

WEEK 4

DAY 19

0551 **dramatic** [drəmǽtik] 영 독 완

a. 극적인

We need not resort to **dramatic** cases. 우리는 극적인 사례에 의존할 필요가 없다. 영어

the **dramatic** arc of sporting contests 스포츠 경기의 극적 궤적 독연

0552 **contemporary** [kəntémpərèri] 영 독 완

a. 현대[당대]의, 동시대[동시기]의

contemporary scientific research that involves any sort of experiment involving human subjects 인간 피실험자를 포함하는 모든 종류의 실험을 수반하는 현대 과학 연구 영어

the flood of facts and data in our **contemporary** world 우리 현대 세계에서의 사실과 데이터의 홍수 독연

0553 **inquiry** [inkwáiəri] 영 독 완

n. 탐구, 연구, 조사, 질문

pursue a particular line of **inquiry** 특정 탐구 노선을 추구하다 영어

For further **inquiries**, please reach out to our event team at 789–456–3210. 추가 문의 사항은 이벤트 팀에 789–456–3210으로 연락해 주세요. 수완

0554 **debate** [dibéit] 영 독 완 듣

v. 논의[토의]하다 *n.* 토론, 논쟁

spend countless hours **debating** on the freedoms we should allow our children 자녀에게 허용해야 할 자유에 대해 토론하는 데 수없이 많은 시간을 쓰다 영어

the subject of substantial **debate** 상당한 논쟁의 대상 독연

0555 **restraint** [ristréint] 영

n. 구속, 규제

Are you a victim of your own **restraints**? 여러분은 스스로가 만든 구속의 희생자인가요? 영어

The government has imposed import **restraints** on some products. 정부가 일부 상품에 대해 수입 규제를 시행했다.

◎ restrain *v.* 제지하다, 억누르다, 규제하다

0556 **bold** [bould] 영 독 완 듣

a. (사람·행동이) 과감한[대담한], (모양·색깔·선 등이) 선명한

Be **bold** and step outside your circle. 과감해지고, 여러분의 범위 밖으로 나가 보세요. 영어

The painting features loose, **bold** and impressionistic brushstrokes. 그 그림은 느슨하고 대담하며 인상주의적인 붓놀림을 특징으로 합니다. 영듣

0557 **ethnic** [éθnik] 영 완

a. 인종의, 민족의, 종족의

people from different **ethnic** backgrounds 다양한 인종적 배경을 가진 사람들 영어

a focus on **ethnic** identity among members of a minority group 소수 민족 집단 구성원들 사이의 민족 정체성에 중점을 두는 것 수완

0558 **myth** [miθ] 영 완

n. 근거 없는 믿음, 신화

the **myth** of black natural physical talent 흑인의 타고난 신체적 재능에 대한 근거 없는 믿음 영어

The pure eternal culture is a **myth**. 순수하고 영원한 문화는 근거 없는 믿음이다. 수완

0559 **enlarge** [inlɑ́ːrdʒ] 영 독

v. 더 크게 만들다, 확대하다, 확장하다

make the carrot more attractive rather than **enlarging** the stick 채찍을 더 크게 만들기보다는 당근을 더 매력적으로 만들다 영어

develop new and **enlarged** indoor marketplaces 새롭고 확대된 실내 시장을 개발하다 독연

0560 **disadvantage** [dìsədvǽntidʒ] 영 독

n. 불이익, 불리, 단점

reduce the **disadvantages** of accepting the offer 제안 수락에 따른 불이익을 줄이다 영어

Each of the systems had its own advantages and **disadvantages**. 그 시스템 각각은 그것만의 장단점을 가지고 있었다. 독연

0561 **credible** [krédəbl] 영

a. **신뢰할 수 있는, 믿을 수 있는**
make offers more **credible** by providing third-party references 제삼자의 추천을 제공하여 제안을 더 신뢰할 수 있게 만들다 영어
find no **credible** evidence of a crime 범죄에 대한 믿을 수 있는 증거를 발견하지 못하다

0562 **rapid** [rǽpid] 영 독

a. **빠른**
Benny Goodman made **rapid** progress and was soon playing professionally. Benny Goodman은 빠르게 발전하여 곧 전문적으로 연주하게 되었다. 영어
a **rapid**, automatic response system 신속하고 자동화된 대응 시스템 독연

0563 **mainstream** [méinstrì:m] 영 완

a. **주류의, 정통파의** *n.* **주류, 대세**
Jazz had finally broken through and was being accepted by **mainstream** audiences. 재즈가 마침내 성공하여 주류 관객에게 받아들여지고 있었다. 영어
define the **mainstream** novels of the time 당시의 주류 소설을 정의하다 수완

0564 **entry** [éntri] 영 완

n. **참가, 가입, 출입, 출품작**
submit a contest **entry** form 대회 참가 신청서를 제출하다 영어
Entries will not be accepted after the closing date of December 11. 12월 11일 마감일 이후에는 출품작을 접수하지 않습니다. 수완

0565 **diameter** [daiǽmitə*r*] 영

n. **지름, 배율**
Quilts must be no larger than 45" in **diameter**. 퀼트는 지름이 45인치보다 더 크면 안 된다. 영어
a lens magnifying 500 **diameters** 500배율 확대 렌즈

0566 **organization** [ɔ̀:*r*gənizéiʃən] 영 독 완 듣

n. **단체, 조직**
a nonprofit **organization** that focuses on promoting healthy lifestyles 건강한 생활 방식을 장려하는 데 중점을 두는 비영리 단체 영어
create an **organization** that was very successful 큰 성공을 거둔 조직체를 만들다 독연

0567 **subsequent** [sʌ́bsikwənt] 영 독 완

a. **그 이후의, (바로) 다음의**
$8 for the first visit and $5 for each **subsequent** visit 첫 방문 때 8달러, 그리고 그 이후의 방문마다 5달러 영어
the whole direction of **subsequent** history 그 이후 역사의 전체 방향 수완

0568 **appointment** [əpɔ́intmənt] 영 완 듣

n. **예약, 약속**
The clinic is run by **appointment** only. 클리닉은 예약으로만 운영됩니다. 영어
Mr. Singh realized that he had missed his **appointment** with his children. Mr. Singh은 자녀들과의 약속을 놓쳤다는 사실을 깨달았다. 수완

0569 **remote** [rimóut] 영 독 완

a. **원격의, 먼, 외진**
the rise of **remote** work 원격 근무의 증가 영어
At twenty-two, thirty feels absurdly **remote**. 스물두 살이 되면 서른 살이 터무니없이 멀게 느껴진다. 독연

0570 **beneficiary** [bènəfíʃièri] 영

n. **수혜 대상, 수혜자**
the appropriate **beneficiaries** of affirmative action 사회적 약자 우대 정책의 적절한 수혜 대상들 영어
beneficiaries of the cuts in corporate tax 법인세 삭감의 수혜자들

0571 □□□ **broaden** [brɔ́ːdən] 영 듣

v. **넓히다**
broaden the political base favoring affirmative action 사회적 약자 우대 정책을 지지하는 정치적 기반을 넓히다 영어
It's important for students to read classics to **broaden** their knowledge of the world. 학생들이 세상에 대한 지식을 넓히기 위해 고전을 읽는 것은 중요하다. 영듣

0572 □□□ **discrimination** [diskrìmənéiʃən] 영 독

n. **차별, 판별, 분간**
the most obvious victims of governmental **discrimination** 정부 차별의 가장 명백한 피해자 영어
Certain kinds of **discrimination** are sources of conflict and hostility. 특정한 종류의 차별은 갈등과 적대감의 원천이다. 독연

0573 □□□ **devastating** [dévəstèitiŋ] 영

a. **치명적인, 파괴적인, 엄청나게 충격적인**
devastating effects on displaced workers 실직 노동자에게 미치는 치명적인 영향 영어
The drought has had **devastating** consequences. 가뭄은 파괴적인 결과를 가져왔다.
○ devastate *v.* 완전히 파괴하다, 엄청난 충격을 주다

0574 □□□ **substitution** [sʌ̀bstitjúːʃən] 영

n. **대체, 교체, 대리인, 교체 선수**
the extent of machine **substitution** for human labor 기계가 인간 노동을 대체하는 정도 영어
Coach Ross made two **substitutions** in the second half. Ross 코치는 후반전에 두 번의 교체를 했다.
○ substitute *v.* 대체하다, 교체하다

0575 □□□ **equipment** [ikwípmənt] 영 독 듣

n. **장비, 용품**
the most common situation in which musical **equipment** becomes an instrument 음악용 장비가 악기가 되는 가장 일반적인 상황 영어
We provide the necessary clothing and **equipment**. 저희는 필요한 복장과 장비를 제공해요. 독연

0576 □□□ **vegetarian** [vèdʒitɛ́(ː)əriən] 영

n. **채식주의자, 초식 동물** *a.* **채식주의(자)의**
meat eaters, **vegetarians**, or vegans 고기를 먹는 사람, 채식주의자, 혹은 엄격한 채식주의자 영어
All our cheeses are suitable for **vegetarians**. 우리 치즈는 모두 채식주의자에게 적합하다.

0577 □□□ **momentary** [móumənteri] 영

a. **잠시의, 잠깐의, 찰나의**
It is sometimes advisable to take a **momentary** break. 잠시 휴식을 취하는 것이 때로는 바람직하다. 영어
There was a **momentary** pause between songs. 노래 사이에 잠깐의 휴지가 있었다.

0578 □□□ **distraction** [distrǽkʃən] 영 독 완

n. **주의 산만, 기분 전환**
constant **distraction** and online advertisements 끊임없는 주의 산만과 온라인 광고 영어
People can actively think during **distraction**. 사람들은 주의 산만한 동안 능동적으로 사고할 수 있다. 수완

0579 □□□ **reflect** [riflékt] 영 독 완 듣

v. **고찰하다, 반영하다, 비추다**
reflect critically on how life in the Communication Age differs from older modes of living 커뮤니케이션 시대의 삶이 이전의 생활 방식과 어떻게 다른지 비판적으로 고찰하다 영어
a slogan that **reflects** the vision of our school 우리 학교의 비전을 반영하는 슬로건 영듣

0580 □□□ **esteem** [istíːm] 영

n. **존경** *v.* **여기다, 존경하다**
distinguish self-esteem from public **esteem** 자존감과 대중의 존경을 구분하다 영어
James Joyce was **esteemed** as the perfect novelist. James Joyce는 완벽한 소설가로 여겨졌다.

0581 **tackle**
[tǽkl]
영

v. **다루다, 씨름하다, 태클하다** *n.* **도구, 연장, 태클**
a chance to **tackle** a difficult task 어려운 과제를 다룰 기회 영어
a box for fishing **tackle** 낚시 도구를 넣는 상자

0582 **intersect**
[ìntərsékt]
영 독 완

v. **교차하다, 서로 만나다**
one obvious area where climbing and philosophy **intersect** 등반과 철학이 교차하는 한 가지 명백한 영역 영어
the way in which neoliberalism **intersects** with governance 신자유주의가 통치 방식과 교차하는 방식 수완

0583 **dimension**
[dimén∫ən]
영 독 완

n. **차원, 관점, 영역, 규모**
the normative **dimension** of climbing 등반의 규범적인 차원 영어
We seek out new environments and **dimensions** for our understanding. 우리는 우리의 이해를 위한 새로운 환경과 영역을 찾아내려고 애쓴다. 독연

0584 **straightforward**
[strèitfɔ́:rwərd]
영

a. **직접적인, 간단한, 솔직한**
a **straightforward** extension of more general moral principles 더 일반적인 도덕 원칙의 직접적인 연장 영어
The task was not **straightforward**. 그 과제는 간단하지 않았다.

0585 **endanger**
[indéindʒər]
영

v. **위험에 빠뜨리다**
It is wrong to needlessly **endanger** others at the cliff. 절벽에서 불필요하게 다른 사람을 위험에 빠뜨리는 것은 잘못이다. 영어
Development of the area would **endanger** wildlife. 그 지역 개발은 야생 동물들을 위험에 빠뜨릴 것이다.

0586 **sensation**
[senséi∫ən]
영 독 완

n. **감각, 느낌**
Sensation and perception almost always happen together. 감각과 지각은 거의 항상 함께 일어난다. 영어
predictions of the flow of bodily **sensations** 신체 감각의 흐름에 대한 예측 수완

0587 **convert**
v. [kənvə́:rt]
n. [kɑ́nvə:rt]
영 완

v. **변환하다, 바꾸다, 개조하다, 개종하다** *n.* **전향자, 개종자**
convert light energy into neural impulses 빛 에너지를 신경 자극으로 변환하다 영어
Jacques bought an old war ship and **converted** it into a floating science laboratory. Jacques는 오래된 군함을 구매하여 그것을 수상 과학 실험실로 개조했다. 수완

0588 **region**
[rí:dʒən]
영 독 완 듣

n. **영역, 지역, 부분**
brain **regions** that store information 정보를 저장하는 뇌 영역 영어
We will visit a **region** down south and examine its soil and rocks. 우리는 남쪽의 한 지역을 방문해서 그 지역의 토양과 바위를 조사할 거예요. 영듣
○ regional *a.* 국부의, 지역적인

0589 **integration**
[ìntəgréi∫ən]
영 완

n. **통합(하는 것)**
the **integration** of the gender perspective into every stage of the policy process 정책 과정의 모든 단계에 성 인지 관점을 통합하는 것 영어
There is also the question of **integration**. 또한 통합의 문제도 있다. 수완

0590 **occupation**
[ɑ̀kjupéi∫ən]
영 독

n. **직업, 점유**
labor policies for men in female-dominated **occupations** 여성이 주로 종사하는 직업에서의 남성을 위한 노동 정책 영어
association with others of the same **occupation** 같은 직업을 가진 다른 사람들과의 교제 독연

WEEK 4 DAY 20

0591 **defend** [difénd] 영 독 완 듣

v. 방어하다
Neurons stake out their territories and persistently **defend** them. 뉴런은 자기 영역을 차지하고 끈질기게 방어한다. 영어
talk about how animals **defend** themselves 동물들이 스스로를 방어하는 방법에 관해 이야기하다 영듣

0592 **accountant** [əkáuntənt] 영 독 완 듣

n. 회계사
An **accountant** dropped her career to become a pianist. 한 회계사가 피아니스트가 되기 위해 자기 직업을 그만두었다. 영어
Poets will become **accountants**. 시인은 회계사가 될 것이다. 독연

0593 **commute** [kəmjúːt] 영

v. 통근하다 *n.* 통근 (거리)
the full cost of **commuting** 통근에 드는 전체 비용 영어
A **commute** took thirty minutes rather than fifteen minutes because of traffic congestion. 교통 정체로 인해 통근에 15분이 아니라 30분이 걸렸다. 영어

0594 **expenditure** [ikspénditʃər] 영 완

n. 경비, 지출, 비용
the out-of-pocket **expenditure** on gasoline 휘발유에 들이는 자기 부담 경비 영어
the average annual **expenditure** on dogs and cats 개와 고양이에 들이는 연평균 지출 수완
○ expend *v.* (돈 · 시간 · 에너지를) 들이다[쏟다]

0595 **congested** [kəndʒéstid] 영

a. 정체된, 코가 막힌, 혼잡한
Congested roads cost us valuable time. 정체된 도로로 인해 우리는 귀중한 시간을 잃는다. 영어
A **congested** nose can be uncomfortable. 코가 막히면 불편할 수 있다.

0596 **deserted** [dizə́ːrtid] 영

a. 황량한, 사람이 살지 않는, 버림받은
The whole village road looked lonely and **deserted**. 마을 길 전체가 쓸쓸하고 황량해 보였다. 영어
Thirty years later, the steel mill town stands completely **deserted**. 30년 후, 제철소 마을은 완전히 황량한 모습으로 서 있다.
○ desert *v.* 버리다 *n.* 사막, 황무지

0597 **embrace** [imbréis] 영 독 완

v. 맞다, 포용하다, 포옹하다
embrace the cool breeze in the air 공기 중에 있는 시원한 바람을 맞다 영어
embrace all the members of the species in a particular area 특정 지역에 있는 그 종의 모든 구성원을 포용하다 독연

0598 **huge** [hjuːdʒ] 영 독 완 듣

a. 커다란, 엄청난
a **huge** coconut tree far off in the distance 저 멀리 떨어진 데 있는 커다란 코코넛 나무 영어
store a **huge** amount of information in a database 데이터베이스에 엄청난 양의 정보를 저장하다 독연

0599 **vital** [váitəl] 영 독 완

a. 활력이 넘치는, 매우 중요한
create **vital** urban communities 활력이 넘치는 도시 공동체를 만들다 영어
Tiny publics that hope to be adversarial are **vital** in bettering society. 대립 관계에 있기를 바라는 소모임들은 사회를 개선하는 데 있어서 매우 중요하다. 독연
○ vitality *n.* 활력

0600 **address** [ədrés] 영 독 완 듣

v. 해결하다, 다루다, 주소를 쓰다, 연설하다 *n.* 주소, 연설
issues that cities need to **address** 도시가 해결해야 할 문제들 영어
I'll text you the website **address** of the program right now. 바로 지금 네게 프로그램의 웹사이트 주소를 문자로 보내 줄게. 영듣

0601 **procedure** [prəsíːdʒər] 영 독 완

n. **절차, 진행**

a sustainable methodology or **procedure** 지속 가능한 방법론이나 절차 영어

educate students on proper evacuation **procedures** 학생들에게 적절한 대피 절차를 교육하다 수완

0602 **recognition** [rèkəgníʃən] 영 독 완

n. **인식, 인지, 인정**

the **recognition** of natural resource decline 천연자원 감소에 대한 인식 영어

the **recognition** that many older Americans have serious health and financial problems 많은 미국 노인이 심각한 건강 및 재정 문제를 가지고 있다는 인식 독연

0603 **tendency** [téndənsi] 영 독 완

n. **경향, 성향**

a **tendency** to treat small children as if they are much older 어린아이를 마치 그들이 나이가 훨씬 더 많은 것처럼 대하는 경향 영어

tendencies formed during childhood 어린 시절에 형성된 성향 독연

0604 **instruction** [instrʌ́kʃən] 영 독 완 듣

n. **지시, 설명**

make the decision and then give **instructions** to the child 결정을 내린 다음 아이에게 지시를 내리다 영어

detailed **instructions** for capturing bees at a spring 샘에서 벌을 잡는 것에 대한 상세한 설명 독연

0605 **nap** [næp] 영

n. **낮잠, 잠깐 잠** *v.* **낮잠을 자다, 잠깐 자다**

The child should take a **nap**. 아이는 낮잠을 자야 한다. 영어

Whenever I **nap** at the library, I don't feel refreshed. 도서관에서 낮잠을 잘 때마다, 나는 개운하지가 않다.

0606 **immense** [iméns] 영 독 완 듣

a. **거대한, 엄청난, 어마어마한**

tunnel in from opposite sides of an **immense** Alp 거대한 Alp의 양쪽 반대편에서 터널을 뚫다 영어

There is **immense** scope for more collaboration. 더 많은 협업을 위한 엄청난 여지가 있다. 독연

0607 **plentiful** [pléntifəl] 영 독

a. **풍성한, 풍부한**

an unusually **plentiful** combination of environmental, educational, and economic factors 환경적, 교육적, 그리고 경제적 요인의 흔치 않은 풍성한 결합 영어

The proposals of the second group are more **plentiful** than the proposals of the first group. 두 번째 집단의 제안이 첫 번째 집단의 제안보다 더 풍부하다. 독연

0608 **nurture** [nə́ːrtʃər] 영 독 완 듣

v. **(재능 따위를) 기르다** *n.* **교육, 양육**

Many "talented" musicians feel an obligation to **nurture** their gift. 많은 '재능 있는' 연주자는 자신의 재능을 길러야 한다는 의무를 느낀다. 영어

early **nurture** for the elite 엘리트들을 위한 조기 교육 독연

0609 **immerse** [imə́ːrs] 영 완

v. **몰두하게 만들다, 담그다**

People may be **immersed** in the interaction with others on a mobile phone. 사람들은 휴대 전화에서 다른 사람과의 상호 작용에 몰두해 있을지도 모른다. 영어

Immerse children in a world of creativity today! 오늘 아이들이 창의력의 세계에 몰두하게 하세요! 수완

0610 **doctorate** [dáktərit] 영 완

n. **박사 학위**

receive a **doctorate** from Harvard University Harvard 대학교에서 박사 학위를 받다 영어

After receiving her **doctorate**, Maria Goeppert Mayer married Joseph Edward Mayer. 박사 학위를 받은 후 Maria Goeppert Mayer는 Joseph Edward Mayer와 결혼했다. 수완

0611 **intellectual**
[ìntəléktʃuəl]
영 독 완

n. **지식인** *a.* **지식의, 지적인, 교육을 많이 받은**
an organization of African American **intellectuals** 아프리카계 미국인 지식인 단체 영어
an effort to overcome the inherent characteristics of **intellectual** resources 지적 자원의 고유한 특성을 극복하려는 노력 독연

0612 **share**
[ʃεər]
영 독 완 듣

n. **비율, 몫, 주식** *v.* **공유하다, 나누다**
the **share** of female directors and writers 여성 감독과 작가의 비율 영어
Use messaging apps to **share** funny photos and inspiring quotes. 메시지 앱을 사용하여 재미있는 사진과 영감을 주는 인용문을 공유하세요. 영듣

0613 **cinematographer**
[sìnəmətágrəfər]
영

n. **영화 촬영 기사, 카메라맨**
Among the major behind-the-scenes roles, **cinematographers** had the lowest percentage of women. 무대 뒤 주요 역할 중에서, 영화 촬영 기사는 가장 낮은 여성 비율을 가졌다. 영어
the best **cinematographers** in the movie industry 영화계에서의 최고 영화 촬영 기사

0614 **host**
[houst]
영 듣 완

v. **개최하다, 진행하다** *n.* **진행자, 개최자, 주인**
Limber College is excited to **host** its annual summer softball camp June 14–16. Limber 대학은 6월 14일부터 16일까지 연례 하계 소프트볼 캠프를 개최하게 되어 매우 기쁩니다. 영어
I'm Kevin Brown, the **host** of One-Minute Environment. 저는 One-Minute Environment의 진행자 Kevin Brown입니다. 영듣

0615 **boost**
[buːst]
영 독 완 듣

n. **증진, 부양책, 증가** *v.* **높이다, 신장시키다, 북돋우다**
provide a psychological **boost** to confidence 자신감에 대한 심리적 증진을 제공하다 영어
It's surprising how much exercise can **boost** people's confidence. 운동이 사람들의 자신감을 얼마나 많이 높일 수 있는지는 놀랍다. 영듣

0616 **valuation**
[væ̀ljuéiʃən]
영

n. **(가치) 평가, (평가된) 가치, 가치액**
the brain's **valuation** system associated with the experience of pleasure 쾌락 경험과 관련된 뇌의 가치 평가 시스템 영어
put a high **valuation** on trust between colleagues 동료들 간의 신뢰에 높은 가치를 두다

0617 **excessive**
[iksésiv]
영 완 듣

a. **과도한, 지나친, 심한**
a consequence of **excessive** effort and capacity 과도한 노력과 능력의 결과 영어
Excessive packaging can harm the environment. 과도한 포장은 환경에 해를 끼칠 수 있다. 영듣
○ excess *n.* 과도, 과잉, 지나침

0618 **proponent**
[prəpóunənt]
영 독

n. **지지자, 옹호자**
a **proponent** of (mindless) homework (무의미한) 숙제의 지지자 영어
proponents of public ownership of the media 미디어의 공공 소유에 대한 옹호자들 독연

0619 **minority**
[minɔ́(ː)rəti]
영 독 완

n. **소수 집단, 소수 민족, 소수**
Higher income **minorities** are leaving center cities. 고소득 소수 집단이 도시 중심부를 떠나고 있다. 영어
a negative attitude toward the language of the **minority** group 소수 집단 언어에 대한 부정적인 태도 독연

0620 **underestimate**
[ʌ̀ndəréstəmèit]
영 독

v. **과소평가하다**
underestimate the economic benefits of education 교육의 경제적 이점을 과소평가하다 영어
underestimate the potential consequences of our decisions 우리가 내린 결정의 잠재적인 결과를 과소평가하다 독연

0621 **introduction**
[ìntrədʌ́kʃən]
영 독 완

n. 도입, 소개
the **introduction** of new metaphorical concepts 새로운 은유적 개념의 도입 영어
the **introduction** of new fashion trends 새로운 패션 트렌드의 도입 수완

0622 **advocate**
n. [ǽdvəkit]
v. [ǽdvəkèit]
영 완

n. 옹호자, 지지자 *v.* 옹호하다, 지지하다
Animal damage control **advocates** often characterize *game animals* as *pest species*. 동물 피해 통제 옹호자들은 흔히 '사냥감 동물'의 특징을 '유해 동물 종'이라고 묘사한다. 영어
advocate systematic exposure to good music as early as possible 가능한 조기에 좋은 음악을 체계적으로 접하는 것을 지지하다 수완

0623 **standpoint**
[stǽndpɔ̀int]
영 독 완

n. 관점, 입장
the **standpoint** of evolutionary biology 진화 생물학의 관점 영어
understand ideas from our own **standpoint** 우리 자신의 입장에서 아이디어를 이해하다 독연

0624 **superior**
[sju(ː)pí(ː)əriər]
영 독 완

a. 우월한, 우수한, 상관의, 상급의 *n.* 선배, 상관, 상급자
the gene for the **superior** display 그 우월한 표현을 위한 유전자 영어
The anticipation of success causes **superior** athletes to overestimate their abilities. 성공에 대한 기대감은 우수한 선수가 자기 능력을 과대평가하게 한다. 독연

0625 **mobility**
[moubíləti]
영 독 완

n. 이동(성)
A mark of postmodernity is the increasing **mobility** of human populations. 포스트모더니티의 한 특징은 인구의 이동성 증가이다. 영어
the status of women in the workforce and geographic **mobility** 노동 인구 내 여성의 지위 및 지리적 이동성 독연

0626 **migration**
[maigréiʃən]
영 독 완

n. 이주, 이동, 이주자 무리
the **migration** of whole societies 사회 전체의 이주 영어
understand the role of **migration** in older people's lives 고령자의 삶에 미치는 이주의 역할을 이해하다 독연
◎ migrate *v.* 이주[이동]하다, 옮기다

0627 **homogeneous**
[hòumədʒíːniəs]
영 완

a. 동질적인, 동종의
a reasonably **homogeneous** cultural identity 합리적으로 동질적인 문화적 정체성 영어
eras frequently characterized as static, ahistorical, and **homogeneous** 자주 정적이고, 역사와 관련이 없고, 동질적인 것으로 특징지어지는 시대 수완

0628 **marginalize**
[mάːrdʒənəlàiz]
영

v. 주변적 지위로 내쫓다, (사회에서) 소외하다
populations that were silent and **marginalized** in the past 과거에 침묵하고 주변적 지위로 내쫓겼던 인구 집단 영어
exclude certain historically **marginalized** groups from succeeding 역사적으로 소외된 특정 집단을 성공에서 배제하다 영어

0629 **expedition**
[èkspədíʃən]
영 완

n. 원정, 탐험
Hawaii islands only very rarely have experienced fishing **expeditions**. 하와이의 섬들은 단지 매우 드물게 어로 원정을 경험한 적이 있다. 영어
an incredible **expedition** through the fjords 피오르드를 관통하는 놀라운 탐험 수완

0630 **fallacy**
[fǽləsi]
영

n. 오류, 틀린 생각
the common belief **fallacy** 일반적인 믿음에 기대는 오류 영어
It is a **fallacy** to say that no knowledge is wasted. 지식이 낭비되지 않는다고 말하는 것은 틀린 생각이다.

QUICK CHECK 07

A 다음 빈칸에 단어의 뜻을 쓰시오.

01 confident ____________
02 accuracy ____________
03 starvation ____________
04 contemporary ____________
05 inquiry ____________
06 restraint ____________
07 ethnic ____________
08 disadvantage ____________
09 credible ____________
10 diameter ____________
11 organization ____________
12 appointment ____________
13 discrimination ____________
14 momentary ____________
15 intersect ____________
16 straightforward ____________
17 sensation ____________
18 region ____________
19 occupation ____________
20 defend ____________
21 expenditure ____________
22 huge ____________
23 procedure ____________
24 tendency ____________
25 immense ____________
26 boost ____________
27 proponent ____________
28 underestimate ____________
29 standpoint ____________
30 expedition ____________

B 다음 빈칸에 주어진 철자로 시작하는 적절한 단어를 쓰시오.

01 the c__________ of drivers on the road ← 도로에서의 운전자 **행동**
02 the areas of the law of i__________ ← **보험**에 관한 법 분야
03 We need not resort to d__________ cases. ← 우리는 **극적인** 사례에 의존할 필요가 없다.
04 submit a contest e__________ form ← 대회 **참가** 신청서를 제출하다
05 constant d__________ and online advertisements ← 끊임없는 **주의 산만**과 온라인 광고
06 the normative d__________ of climbing ← 등반의 규범적인 **차원**
07 e__________ the cool breeze in the air ← 공기 중에 있는 시원한 바람을 **맞다**
08 The child should take a n__________. ← 아이는 **낮잠**을 자야 한다.
09 a consequence of e__________ effort and capacity ← **과도한** 노력과 능력의 결과
10 the gene for the s__________ display ← 그 **우월한** 표현을 위한 유전자

PART II

수능특강 영어독해연습

WEEK 4	DAYS 22-24 (0631-0720)	QUICK CHECK 08
WEEK 5	DAYS 25-27 (0721-0810)	QUICK CHECK 09
	DAYS 28-30 (0811-0900)	QUICK CHECK 10
WEEK 6	DAYS 31-33 (0901-0990)	QUICK CHECK 11
	DAYS 34-36 (0991-1080)	QUICK CHECK 12
WEEK 7	DAYS 37-39 (1081-1170)	QUICK CHECK 13

0631 □□□ **chronic** [kránik] 독 완 듣

a. **고질적인, 만성적인**

The World Wide Web was a space with a **chronic** problem. 월드 와이드 웹은 한 가지 고질적인 문제를 가진 공간이었다. 독연

Shelly's mother has **chronic** lower back pain. Shelly의 어머니는 만성 요통을 앓고 있다. 영듣

0632 □□□ **dictate** [díkteit] 독 완

v. **영향을 미치다, 지시하다, 좌우하다**

Discoverability came to **dictate** why a lot of content was being produced. 검색 용이성이 많은 콘텐츠가 생산되고 있는 이유에 영향을 미치게 되었다. 독연

Medical science **dictates** that proper treatment should be done. 의학은 적절한 치료가 이루어져야 함을 지시한다. 수완

0633 □□□ **document** [dákjumənt] 영 독 완

n. **문서**

a particularly revealing excerpt illustrating the importance of written **documents** 기록된 문서의 중요성을 보여 주는 특히 흥미로운 사실을 드러내는 발췌 독연

the Old English **documents** 고대 영어 문서 수완

⊙ documentary *n.* 다큐멘터리

0634 □□□ **merit** [mérit] 독

n. **장점, 공적**

The god and the king discussed the **merits** and drawbacks of the various gifts. 신과 왕은 다양한 선물의 장점과 문제점에 대해서 논의했다. 독연

They will be evaluated on their **merits**. 그들은 자신들의 공적에 따라 평가받을 것이다. 독연

0635 □□□ **implant** [implǽnt] 독

v. **심다, 이식하다**

If men learn writing, it will **implant** forgetfulness in their souls. 만약 인간이 글쓰기를 배우면, 그것이 그들의 영혼에 건망증을 심을 것이다. 독연

The dentist **implanted** a tooth in the gum. 그 치과 의사는 잇몸에 치아를 이식했다.

0636 □□□ **obligation** [àbləgéiʃən] 영 독

n. **책무, 의무**

The most important question is whether a person is carrying out a moral **obligation**. 가장 중요한 질문은 어떤 사람이 도덕적 책무를 수행하고 있는지의 여부이다. 독연

He feels an **obligation** to nurture his gift. 그는 자기 재능을 길러야 한다는 의무를 느낀다. 영어

0637 □□□ **dignity** [dígnəti] 독

n. **존엄성, 품위, 위엄**

By its nature, a lie is an assault on our human **dignity**. 본질적으로 거짓말은 우리 인간의 존엄성에 대한 공격이다. 독연

Don't let others take your **dignity**. 다른 이가 여러분의 품위를 빼앗아 가게 하지 말라. 독연

0638 □□□ **relevance** [réləvəns] 독

n. **적절성, 관련성**

the communicative **relevance** of algorithms 알고리즘의 의사소통적 적절성 독연

Your question lacks **relevance**. 당신의 질문은 관련성이 부족하다.

⊙ relevant *a.* 관련 있는

0639 □□□ **stable** [stéibl] 영 독 완 듣

a. **안정적인, 안정된**

A **stable** population deprives human culture of its source of dynamism. 안정적인 인구는 인간의 문화로부터 그것의 활력의 원천을 박탈한다. 독연

the preference for a **stable** environment 안정된 환경에 대한 선호 영어

0640 □□□ **transformation** [trænsfərméiʃən] 영 독 완

n. **변혁, 변화**

Population growth plays an important role in cultural **transformations**. 인구 증가는 문화 변혁에서 중요한 역할을 한다. 독연

the sites of trade, creativity, and **transformation** 교역, 창의성, 변혁의 장소들 영어

0641 **pressure** [préʃər] 영 독 완 듣

n. 압(력), 압박(감)

The absence of population growth does not mean the absence of population **pressure**. 인구 증가의 부재가 인구압(人口壓)의 부재를 의미하지 않는다. 독연

Members don't feel any **pressure** to comply. 구성원들은 준수해야 한다는 압박감을 느끼지 않는다. 영어

0642 **restoration** [rèstəréiʃən] 영 독

n. 복원

River **restoration** is about more than just "fixing" a broken stream. 강의 복원은 단순히 망가진 하천을 '고치는' 것 이상의 의미를 지닌다. 독연

Forest Park **Restoration** Project Forest Park 복원 프로젝트 영어

○ restore *v.* 복원하다

0643 **habitat** [hǽbitæ̀t] 독 완

n. 서식지, 거주 환경

the riverside and streamside **habitat** 강가와 개울가의 서식지 독연

Roads can fragment aquatic **habitat**. 도로가 수생 서식지를 분열시킬 수 있다. 수완

0644 **geology** [dʒiάlədʒi] 독

n. 지질학(적 특징)

Restoration covers the **geology** of the river. 복원은 강의 지질학적 특징을 포함한다. 독연

They studied the **geology** of Hawaii. 그들은 하와이의 지질학적 특징을 공부했다.

0645 **capitalize** [kǽpətəlàiz] 독 완

v. 활용하다, 이용하다

Firms **capitalize** on low wage rates in other countries. 기업은 타국의 낮은 임금률을 활용한다. 독연

capitalize on the taste for travel literature 여행 문학에 대한 취향을 활용하다 수완

0646 **firm** [fəːrm] 영 독 완

n. 회사, 기업 *a.* 단단한, 확고한

Shoe manufacturing **firms** have been producing in China for many years. 신발 제조 회사들은 여러 해 동안 중국에서 생산해 왔다. 독연

We serve legal **firms** throughout the United States. 우리는 미국 전역의 법률 회사에 서비스를 제공한다. 영어

0647 **prompt** [prαmpt] 영 독 완

v. 자극하다, 유도하다 *a.* 신속한, 기민한

Rising wages have **prompted** some companies to seek out lower wage jurisdictions. 임금 상승은 일부 회사들이 임금이 더 낮은 관할 구역을 찾도록 자극해 왔다. 독연

These activities **prompt** students to create. 이 활동들이 학생들을 창작하도록 유도한다. 영어

0648 **prospect** [prάspèkt] 독 완

n. 유력 후보자, 가망(성), 전망

Today human resources rely on Big Data to identify job **prospects**. 오늘날 인사부는 일자리의 유력 후보자를 파악하기 위해 빅 데이터에 의존한다. 독연

the **prospect** of examining a complex question 복잡한 질문을 검토할 가망성 수완

0649 **contribution** [kὰntrəbjúːʃən] 영 독

n. 기고문, 기여, 공헌

Remarkable Hire looks at how others rate a candidate's online **contributions**. Remarkable Hire에서는 다른 사람들이 지원자의 온라인 기고문을 어떻게 평가하는지 본다. 독연

West made **contributions** to applied mathematics. West는 응용 수학에 기여했다. 영어

0650 **recruit** [rikrúːt] 영 독 듣

v. 모집하다 *n.* 신병, 신입 회원

Amazon uses online data to find and **recruit** job candidates. Amazon은 온라인 데이터를 사용하여 입사 지원자를 찾고 모집한다. 독연

We are **recruiting** members for our film club. 우리는 영화 동아리 신입 회원을 모집하고 있다. 영듣

0651 **obedience** [oubí:diəns] 영 독

n. **순종, 복종**

The system required women's **obedience**. 그 체제는 여성의 순종을 요구했다. 독연

The state of groupthink results from **obedience**. 집단 순응 사고의 상태는 복종에서 비롯된다. 영어

◐ obedient *a.* 순종하는, 고분고분한

0652 **harmonious** [hɑːrmóuniəs] 독 완

a. **조화로운**

A **harmonious** asymmetry is how the Pythagoreans liked to think of it. 조화로운 비대칭성이 피타고라스학파 사람들이 그것을 즐겨 생각했던 방식이었다. 독연

harmonious coexistence with nature 자연과의 조화로운 공존 수완

◐ harmony *n.* 조화

0653 **define** [difáin] 영 독 완

v. **정의하다, 한정하다**

Historically, a career was **defined** by upward mobility. 역사적으로, 경력은 상향적 사회 이동에 의해 정의되었다. 독연

It is possible to **define** what knowledge is. 지식이 무엇인지 정의하는 것은 가능하다. 영어

◐ definition *n.* 정의, 한정

0654 **efficient** [ifíʃənt] 영 독 완 듣

a. **효율적인**

One of the goals of a company is to produce in the most **efficient** way. 기업의 목표 중 하나는 가장 효율적인 방법으로 생산하는 것이다. 독연

energy-**efficient** lighting systems 에너지 효율적인 조명 시스템 영듣

0655 **height** [hait] 독 완 듣

n. **높은 곳, 높이, 높음**

People look like ants when seen from a great **height**. 대단히 높은 곳에서 볼 때 사람들은 개미처럼 보인다. 독연

It's possible to adjust the **height** for the desks. 책상의 높이를 조절하는 것이 가능하다. 영듣

0656 **altitude** [ǽltitjùːd] 독

n. **고도**

Our flight to Peru has yet to reach cruising **altitude**. 우리의 페루행 비행기는 아직 순항 고도에 이르지 않았다. 독연

The **altitude** gave him a headache. 고도로 인해 그는 두통을 느꼈다.

0657 **border** [bɔ́ːrdər] 영 독 완

n. **경계, 국경**

Neighbors fight over the **borders** to their territory. 이웃들은 자기 구역의 경계를 놓고 싸운다. 독연

a **border** between poetry and music 시와 음악 사이의 경계 수완

0658 **embed** [imbéd] 영 독 완

v. **끼워 넣다, 박다, 깊이 새겨 두다**

Infants identified artificial spoken words **embedded** in larger strings of spoken syllables. 유아는 더 큰 연속된 음성 음절에 끼워 넣어진 인위적 음성 단어를 확인했다. 독연

Discriminatory practices are **embedded** in the society. 차별적 관행이 사회 내에 박혀 있다. 영어

0659 **infant** [ínfənt] 독 완

n. **유아**

Infants under six months can learn new artificial words in under two minutes. 6개월 미만의 유아는 2분도 채 안 되어 새로운 인위적 단어를 배울 수 있다. 독연

infants' enthusiasm for music 유아의 음악에 대한 열정 수완

0660 **random** [rǽndəm] 독 완

a. **임의의, 우연의**

Certain artificial words repeatedly occur amid other **random** strings of syllables. 특정한 인위적 단어가 다른 임의의 연속된 음절 가운데에서 반복적으로 발생한다. 독연

It is helpful when the encounters are **random**. 마주침이 우연일 때 도움이 된다. 수완

0661 **observation** [àbzə:rvéiʃən] 영 독 완

n. 관측 (정보), 소견, 관찰
NASA satellites have provided orbital **observations**. 미국 항공 우주국 인공위성은 (지구) 궤도 관측 정보를 제공해 왔다. 독연
McLuhan's **observation** is certainly true today. McLuhan의 소견은 오늘날 분명 사실이다. 영어

0662 **monitor** [mánitər] 영 독 완 듣

v. 추적 관찰하다 *n.* 화면, 모니터
The collection and distribution of fresh water is **monitored** globally. 담수의 수집과 분배가 전 세계적으로 추적 관찰된다. 독연
Please keep watching the **monitor**. 계속 화면을 봐 주세요. 영듣

0663 **aircraft** [έərkræ̀ft] 영 독 완

n. 항공기
Satellites are a part of the global traffic control system for **aircraft**. 인공위성은 항공기를 위한 전 세계적인 교통 제어 체계의 일부이다. 독연
An **aircraft** is a spectacular technological achievement. 항공기는 눈부신 기술적 업적이다. 영어

0664 **marvel** [má:rvəl] 독 듣

v. 경탄하다 *n.* 경이로움
To **marvel** at something is linked to wondering. 어떤 것에 경탄하는 것은 궁금해하는 것과 연관되어 있다. 독연
the **marvels** of the ocean 바다의 경이로움 영듣
○ marvelous *a.* 놀라운

0665 **drift** [drift] 독

v. 떠내려가다, 표류하다 *n.* 떠내려감, 표류
Children were asked to explain why a canoe tied to a tree **drifted** away overnight. 아이들은 나무에 묶어 둔 카누가 밤사이에 떠내려간 이유를 설명하라는 요청을 받았다. 독연
The boat **drifted** on the lake. 그 배는 호수 위에서 표류했다.

0666 **knot** [nɑt] 독

n. 매듭
The rocking boat loosened up the **knot**. 흔들리는 배가 매듭을 느슨하게 했다. 독연
She made several attempts to untie the **knot**. 그녀는 그 매듭을 풀려고 몇 번 시도했다.

0667 **charm** [tʃɑ:rm] 독 완

n. 장식물, 매력, 부적, 주문
Toni's husband gave her a new **charm** for her **charm** bracelet. Toni의 남편은 그녀에게 그녀의 장식물 팔찌를 위한 새로운 장식물을 주었다. 독연
Second-hand books carry the **charm** of having previous readers. 중고책은 이전의 독자를 갖는 매력을 지닌다. 수완
○ charming *a.* 매력적인

0668 **celebrate** [séləbrèit] 영 독 완 듣

v. 축하하다, 기념하다
The space-themed tokens **celebrated** the end of significant professional projects. 우주를 주제로 한 그 기념물은 중요한 전문 프로젝트가 끝난 것을 축하하는 것이었다. 독연
The festival **celebrates** the arrival of whales. 그 축제는 고래들의 도착을 기념한다. 영듣

0669 **inclination** [ìnklənéiʃən] 독

n. 성향, 의향, 기울기, 경사
The **inclination** for developing an anxiety issue doesn't suggest that it's a foregone conclusion. 불안 문제가 생기는 성향은 그것이 이미 정해진 결론이라는 것을 암시하지 않는다. 독연
She had a strong **inclination** for painting. 그녀는 그림 그리는 것에 대한 강한 의향을 지녔다.

0670 **demonstrate** [démənstrèit] 영 독 완 듣

v. 증명하다, 보여 주다
It is easy to **demonstrate** that speech doesn't consist of separate phonemes. 말이 별개의 음소로 구성되어 있지 않다는 것을 증명하기는 쉽다. 독연
Research **demonstrates** that children are born with a temperament. 연구는 아이들이 어떤 기질을 갖고 태어난다는 것을 보여 준다. 영어

0671 **display** [displéi] 영 독 완 듣

v. 표시하다, 전시하다

The letters are **displayed** far apart on the screen. 글자들은 화면에서 서로 멀리 떨어져 표시된다. 독연

Quilts will be **displayed** at the show. 퀼트가 그 쇼에서 전시될 것이다. 영어

0672 **segment** [ségmənt] 독

n. 분절음, 층, 부분

The word does not consist of three separate **segments**. 그 단어는 세 개의 별개의 분절음으로 구성되어 있지 않다. 독연

The younger **segment** of the population was their target. 인구의 더 젊은 층이 그들의 목표였다.

0673 **wheat** [*h*wiːt] 독

n. 밀

Flour is worth more than **wheat**. 밀가루는 밀보다 더 큰 가치가 있다. 독연

Flour is easier to transport than **wheat**. 밀가루는 밀보다 운송하기가 더 쉽다. 독연

0674 **commodity** [kəmάdəti] 독

n. 상품

Humans used energy to upgrade their natural resources into higher-value **commodities**. 인간들은 자신들의 천연자원을 가치가 더 높은 상품으로 향상하기 위해 에너지를 사용했다. 독연

Oil is a widely traded and valuable **commodity**. 석유는 널리 거래되는 귀중한 상품이다.

0675 **density** [dénsəti] 독

n. 밀도

The finished products have higher value **density**. 완제품은 더 높은 가치 밀도를 지닌다. 독연

when a light ray travels from one medium to another of a different **density** 광선이 한 매질에서 다른 밀도의 또 하나의 매질로 이동할 때 독연

◎ dense *a.* 밀집한, 빽빽한

0676 **subjective** [səbdʒéktiv] 독 완

a. 주관적인

Subjective success could potentially be high even with low authenticity. 주관적인 성공은 심지어 진정성이 낮아도 잠재적으로 높을 수도 있을 것이다. 독연

Evidence was provided by **subjective** rating scales. 증거가 주관적 평가 척도에 의해 제공되었다. 수완

◎ 반 objective *a.* 객관적인

0677 **influence** [ínfluəns] 영 독 완

n. 영향(력)

We perceive hyperobjects through their **influence** on other things. 우리는 다른 것들에 대한 초객체들의 영향력을 통해서 그것들(초객체들)을 인지한다. 독연

the **influence** of technology on people 기술이 사람들에게 미치는 영향 영어

0678 **measurement** [méʒərmənt] 영 독 듣

n. 측정, 치수

Hyperobjects stand outside both our perception and our **measurement**. 초객체는 우리의 인식과 측정 둘 다의 밖에 있다. 독연

the **measurement** of the Earth's size 지구의 크기 측정 영어

0679 **overcome** [òuvərkʌ́m] 독 완 듣

v. 극복하다

Hyperobjects challenge our ability to **overcome** them in any traditional sense. 초객체는 전통적인 어떤 의미에서든지 그것을 극복하는 우리의 능력을 시험한다. 독연

Vitamins help you **overcome** fatigue. 비타민은 여러분이 피로를 극복하는 데 도움을 준다. 영듣

0680 **emergence** [imə́ːrdʒəns] 영 독 완

n. 출현

The **emergence** of television likely contributed to changing notions of childhood. 텔레비전의 출현이 아마도 아동기에 대한 개념 변화의 원인이 되었을 것이다. 독연

an explanation for the **emergence** of intelligence 지능의 출현에 대한 설명 영어

0681 **authority**
[əθɔ́:rəti]
영 독 완

n. 권위, 권한
Parents want to be more their children's friends than **authority** figures. 부모는 권위 있는 사람보다는 오히려 자녀의 친구가 되기를 원한다. 독연
an attempt of parents to show their **authority** 권위를 보여 주려는 부모의 시도 영어

0682 **entertainment**
[èntərtéinmənt]
독

n. 예능, 즐거움, 연예, 오락
A shudder ran through the **entertainment** industries. 예능 산업들 전반에 전율이 흘렀다. 독연
The carnival provided several hours of **entertainment** for families. 그 축제는 가족들에게 몇 시간의 즐거움을 제공했다.

0683 **evaporate**
[ivǽpərèit]
독

v. 사라지다, 증발하다
Entertainment industries watched their lock hold on distribution suddenly **evaporate**. 예능 산업들은 배포에 걸어 놓은 자신들의 잠금 유지 장치가 순식간에 사라지는 것을 지켜보았다. 독연
The morning sun caused the dew to **evaporate**. 아침 햇살로 인해 이슬이 증발했다.

0684 **talent**
[tǽlənt]
영 독 완 듣

n. 재능
Nature allows people to escape their disadvantages through their own **talents**. 천성은 사람들이 자기 자신의 재능을 통해 자신들의 불리한 상황에서 벗어날 수 있게 한다. 독연
the myth of black natural physical **talent** 흑인의 타고난 신체적 재능에 대한 근거 없는 믿음 영어

0685 **advantage**
[ədvǽntidʒ]
영 독 완

n. 이점, 장점, 유리한 점
Early nurture for the elite produces unfair **advantages**. 엘리트들을 위한 조기 교육이 불공평한 이점을 낳는다. 독연
the **advantages** and disadvantages of your media practices 여러분의 미디어 사용 습관의 장단점 영어
○ advantageous *a.* 유리한

0686 **slum**
[slʌm]
독 완

n. 빈민가, 슬럼
Despite getting little opportunity, brilliant kids from the **slums** can make it big. 기회를 거의 얻지 못함에도 불구하고, 빈민가 출신의 똑똑한 아이들은 크게 성공할 수 있다. 독연
An indicator of poverty is the presence of **slums**. 빈곤의 한 가지 지표는 빈민가의 존재이다. 수완

0687 **diversify**
[divə́:rsəfài]
독

v. 다양해지다, 다양화하다
New forms of digital technology are constantly surfacing and rapidly **diversifying**. 새로운 형식의 디지털 기술이 끊임없이 수면으로 올라오고 빠르게 다양해지고 있다. 독연
The company plans to **diversify** its product line. 그 회사는 자사의 제품 라인을 다양화할 계획이다.

0688 **unfold**
[ʌnfóuld]
영 독 완

v. 펼치다
No technology has ever **unfolded** its potential as swiftly as computers. 어떤 기술도 컴퓨터만큼 신속하게 그 잠재력을 펼친 적은 없었다. 독연
Actors on the screen **unfold** their stories. 스크린 속 배우들이 자신들의 이야기를 펼친다. 영어

0689 **retain**
[ritéin]
영 독 완

v. 유지하다, 보유하다
Traditional tools **retained** their form and function for hundreds of years. 전통적인 도구들은 수백 년 동안 형식과 기능을 유지했다. 독연
Allow members to **retain** their individuality. 구성원들이 각자의 개성을 유지할 수 있게 하라. 영어

0690 **predispose**
[prì:dispóuz]
독

v. (생각에 영향을 주어) ~하게 만들다, ~을 갖게 하다
A language **predisposes** us to think certain things. 언어가 우리에게 특정한 것을 생각하게 만든다. 독연
Language **predisposes** you to certain ways of thinking. 언어는 여러분이 특정한 사고방식을 갖게 한다.

0691 **minimize** [mínəmàiz] 영 독 완

v. 최소화하다

Part of the logic of decision making is to **minimize** the costs involved. 의사 결정 논리의 일부는 수반되는 비용을 최소화하는 것이다. 독연

Minimize the negative qualities. 부정적인 특성을 최소화하라. 영어

0692 **depict** [dipíkt] 독

v. 서술하다, 묘사하다

Few accounts of early human evolution **depict** males being fathers or sons. 초기 인류의 진화에 대한 설명 가운데 남성이 아버지나 아들이라고 서술하는 것은 거의 없다. 독연

the society **depicted** in Aldous Huxley's *Brave New World* Aldous Huxley의 *Brave New World*에서 묘사된 사회 독연

◦ depiction *n.* 묘사

0693 **expand** [ikspǽnd] 영 독 완

v. 커지다, 넓히다, 확장하다

The size of our ancestors' brains began to **expand**. 우리 조상들의 뇌의 크기가 커지기 시작했다. 독연

Spend time with people who offer a chance to **expand** your horizons. 여러분의 시야를 넓힐 기회를 제공하는 사람들과 시간을 보내라. 영어

0694 **nourishment** [nə́:riʃmənt] 독

n. 영양(분) 공급, 영양(분)

Males were the only possible source of the extra **nourishment**. 남성이 추가의 영양분 공급을 가능하게 하는 유일한 원천이었다. 독연

nourishment of the young through lactation 수유를 통한 새끼의 영양 공급 독연

0695 **interact** [ìntərǽkt] 영 독 완

v. 상호 작용을 하다

People move around the world and **interact**. 사람들은 세계를 돌아다니며 상호 작용을 한다. 독연

the messages about how they should **interact** with others 그들이 다른 사람과 어떻게 상호 작용을 해야 하는지에 관한 메시지 영어

0696 **infection** [infékʃən] 독

n. 감염

A person's history of **infection** can influence their future risk of disease. 개인의 감염 이력이 그 사람의 미래의 질병 위험에 영향을 미칠 수 있다. 독연

make the second **infection** more severe 두 번째 감염을 더 심각하게 만들다 독연

0697 **astronaut** [ǽstrənɔ̀:t] 독 듣

n. 우주 비행사

The spacecraft was equipped with enough necessities for the **astronauts** to survive. 그 우주선은 우주 비행사들이 생존하기에 충분한 필수품들을 갖추고 있었다. 독연

She wants her boy to become an **astronaut**. 그녀는 자기 아들이 우주 비행사가 되기를 원한다. 영듣

0698 **realm** [relm] 독

n. 영역

The prospect of carrying enough food to eat is out of the **realm** of possibility. 먹을 충분한 음식을 운반한다는 예상은 가능성의 영역 밖에 있다. 독연

distinguish between the natural and supernatural **realms** 자연적 영역과 초자연적 영역을 구별하다 독연

0699 **switch** [switʃ] 독 완 듣

v. 전환되다, 바꾸다

Clockwork **switches** over to complexity. 시계의 태엽 장치가 복잡성으로 전환된다. 독연

While traveling, **switch** drivers occasionally. 여행하는 동안, 운전자를 가끔 바꾸라. 영듣

0700 **suffer** [sʌ́fər] 영 독 완 듣

v. (부상·패배·상실 등을) 겪다, 고통스러워하다

The victim always **suffers** the same loss. 피해자는 항상 같은 손실을 겪는다. 독연

I could see that my father was **suffering**. 나는 아버지가 고통스러워하는 것을 알 수 있었다. 영어

0701 **cooperation** [kouὰpəréiʃən] 영 독 완 듣

n. **협력, 협조**

If punishment were about promoting **cooperation**, we should simply punish unfair people. 처벌이 협력을 촉진하는 것에 관련된 것이라면, 우리는 불공정한 사람들을 처벌하기만 하면 된다. 독연

We genuinely appreciate your **cooperation**. 여러분의 협조에 진심으로 감사드립니다. 영듣

0702 **loyalty** [lɔ́iəlti] 독 완

n. **충성(심), 충실**

Loyalty to some people may be shown by being unfriendly towards others. 어떤 사람들에 대한 충성은 다른 이들에게 비우호적인 것으로 나타날 수도 있다. 독연

binding moral values such as respect to authority, ingroup **loyalty**, and purity 권위 존중, 내집단 충성, 순수성과 같은 구속력 있는 도덕적 가치 수완

○ loyal *a.* 충성스러운, 충실한

0703 **humanity** [hju(:)mǽnəti] 독 완

n. **인간성, 인류**

Cosmopolitanism emphasises our common essential **humanity**. 세계시민주의는 우리의 공통의 본질적인 인간성을 강조한다. 독연

the conditions under which **humanity** may thrive 인류가 번영할 수 있는 환경 수완

0704 **mammal** [mǽməl] 독 완

n. **포유동물, 포유류**

Small **mammals** live near one another. 작은 포유동물은 서로 가까이 산다. 독연

Fishermen accidentally capture vaquitas, and these **mammals** end up dying. 어부들이 실수로 바키타를 포획하고, 이 포유류는 결국 죽게 된다. 수완

0705 **location** [loukéiʃən] 영 독 완 듣

n. **위치, 장소**

These sounds offer rodents communication without revealing their **locations**. 이러한 소리는 설치류들에게 자신들의 위치를 드러내지 않는 의사소통을 제공한다. 독연

calculations of a **location** on Earth 지구상의 어떤 장소에 대한 계산 영어

0706 **frequency** [frí:kwənsi] 영 독 완 듣

n. **주파수, 빈도**

Their ears are tuned to lower **frequencies**. 그들의 귀는 더 낮은 주파수에 맞춰진다. 독연

The cost depends on the delivery **frequency** and the size of the box. 배송 빈도와 상자 크기에 따라 비용이 달라집니다. 영듣

○ frequent *a.* 빈번한

0707 **distinguish** [distíŋgwiʃ] 영 독 완

v. **구별[구분]하다**

Human infants learn to **distinguish** between the living and the nonliving. 유아들은 생물과 무생물을 구별하는 법을 배운다. 독연

distinguish between edible and inedible foods 먹을 수 있는 음식과 먹기에 적합하지 않은 음식을 구분하다 영어

0708 **agent** [éidʒənt] 독

n. **행위자, 요원**

Our brains are always on the lookout for **agents**. 우리 뇌는 항상 행위자를 세심히 살핀다. 독연

Security **agents** suspected a terrorist attack. 보안 요원들은 테러 공격을 의심했다. 독연

0709 **fatal** [féitəl] 독

a. **치명적인**

Mistaking a crocodile for a log could prove **fatal**. 악어를 통나무로 착각하는 것은 치명적인 것으로 판명될 수 있을 것이다. 독연

The doctor warned that the injury could be **fatal**. 의사는 부상이 치명적일 수 있다고 경고했다.

0710 **veterinarian** [vètərənέ(:)əriən] 독

n. **수의사**

Veterinarians are involved in the animal trade. 수의사는 동물 거래에 관여한다. 독연

Veterinarians call for consistent animal welfare regulations. 수의사들은 일관된 동물 복지 규정을 요구한다. 독연

WEEK 4 DAY 24

0711 **impart** [impɑ́ːrt] 독

v. 전달하다, 주다

Storytelling has been associated with **imparting** wisdom and worldly knowledge. 스토리텔링은 지혜와 세상 지식을 전달하는 것과 관련되어 왔다. 독연

Teachers aim to **impart** knowledge. 교사는 지식을 전달하는 것을 목표로 한다.

0712 **lap** [læp] 독

n. 무릎

We heard the stories in the **laps** of our mothers and grandmothers. 우리는 그 이야기들을 우리의 어머니와 할머니의 무릎에서 들었다. 독연

The cat curled up on her warm **lap**. 고양이는 그녀의 따뜻한 무릎 위에 웅크리고 있었다.

0713 **burden** [bə́ːrdən] 독 완

n. 부담, 책임

We learned without feeling the **burden** of formal learning. 우리는 정규 학습의 부담을 느끼지 않으면서 배웠다. 독연

You should bear the **burden** of your own choices. 여러분은 여러분 자신의 선택에 대한 책임을 져야 한다. 수완

◎ burdensome *a.* 부담스러운

0714 **intuition** [ìntjuːíʃən] 영 독

n. 직관

Some ethical theories appeal to experience instead of to **intuition**. 몇몇 윤리 이론은 직관 대신 경험에 호소한다. 독연

In both cases, our **intuitions** are wrong. 두 경우 모두 우리의 직관이 틀렸다. 영어

0715 **relative** [rélətiv] 영 독 완 듣

a. 상대적인 *n.* 동종, 친척

Morality is **relative**. 도덕은 상대적이다. 독연

Like its **relatives**, this octopus mostly lives alone. 그것의 동종과 마찬가지로, 이 문어도 대부분 혼자 산다. 영어

0716 **distinction** [distíŋkʃən] 영 독

n. 구분, 차이

An action is done by someone who lacks the ability to make fine **distinctions**. 어떤 행동이 세밀하게 구분하는 능력이 부족한 사람에 의해 행해진다. 독연

Aristotle discussed the important **distinction**. 아리스토텔레스는 그 중요한 차이를 논의했다. 영어

0717 **recollection** [rèkəlékʃən] 영 독

n. 기억, 회상

Filters appropriate to our situation ensure appropriate **recollection**. 우리가 처한 상황에 맞는 여과 장치는 적절한 기억을 보장한다. 독연

effects of beliefs and attitudes on **recollection** 신념과 태도가 기억에 미치는 영향 영어

0718 **certainty** [sə́ːrtənti] 영 독 완

n. 확실성, 확신

The goal of science is deeper understanding of nature instead of **certainty**. 과학의 목표는 확실성이라기보다는 자연에 대한 더 깊은 이해이다. 독연

remember a time when they were full of **certainty** 그들이 확신에 차 있던 때를 기억하다 영어

0719 **explanation** [èksplənéiʃən] 영 독 완

n. 설명

The **explanations** produced are uncertain. 그 도출된 설명은 불확실하다. 독연

Plato's definition didn't provide a satisfactory **explanation**. 플라톤의 정의는 만족스러운 설명을 제공하지 않았다. 영어

0720 **constitute** [kɑ́nstitjùːt] 영 독 완

v. 이루다, 구성하다

Each of the theories **constituted** a scientific advance from their predecessors. 그 이론들 각각은 이전 이론으로부터 과학적인 진보를 이루었다. 독연

Saltwater **constitutes** 97% of Earth's water. 바닷물은 지구 물의 97퍼센트를 구성한다. 영어

QUICK CHECK 08

A 다음 빈칸에 단어의 뜻을 쓰시오.

01 chronic	______________	16 segment	______________
02 merit	______________	17 commodity	______________
03 obligation	______________	18 density	______________
04 dignity	______________	19 authority	______________
05 restoration	______________	20 diversify	______________
06 habitat	______________	21 unfold	______________
07 capitalize	______________	22 depict	______________
08 contribution	______________	23 infection	______________
09 obedience	______________	24 realm	______________
10 define	______________	25 cooperation	______________
11 altitude	______________	26 humanity	______________
12 border	______________	27 frequency	______________
13 celebrate	______________	28 impart	______________
14 inclination	______________	29 intuition	______________
15 demonstrate	______________	30 recollection	______________

B 다음 빈칸에 주어진 철자로 시작하는 적절한 단어를 쓰시오.

01 the Old English d__________s ← 고대 영어 **문서**

02 Your question lacks r__________. ← 당신의 질문은 **관련성**이 부족하다.

03 They studied the g__________ of Hawaii. ← 그들은 하와이의 **지질학적 특징**을 공부했다.

04 h__________ coexistence with nature ← 자연과의 **조화로운** 공존

05 The rocking boat loosened up the k__________. ← 흔들리는 배가 **매듭**을 느슨하게 했다.

06 Flour is worth more than w__________. ← 밀가루는 **밀**보다 더 큰 가치가 있다.

07 Allow members to r__________ their individuality. ← 구성원들이 각자의 개성을 **유지할** 수 있게 하라.

08 n__________ of the young through lactation ← 수유를 통한 새끼의 **영양 공급**

09 Small m__________s live near one another. ← 작은 **포유동물**은 서로 가까이 산다.

10 Morality is r__________. ← 도덕은 **상대적**이다.

연계 VOCA 실전 Test 04

A 다음 글의 네모 안에서 문맥에 맞는 낱말로 적절한 것을 고르시오.

01 In the language of traditional carrot-and-stick tactics for motivating workers, the approach should make the carrot more attractive rather than [enlarging / shrinking] the stick.

02 Considerable debate exists as to the appropriate beneficiaries of affirmative action. In the United States, supporters of affirmative action hoped that, by expanding the coverage to apply to many minority groups, they would [broaden / minimize] the political base favoring such programs.

03 Whereas the god stressed the advantage of writing for remembering information, the king of Egypt objected: 'If men learn writing, it will [implant / remove] forgetfulness in their souls; they will cease to exercise memory because they will rely on that which is written.'

04 While China's wage rates are considerably lower than those in western industrialized economies, they have been rising significantly in recent years. This has [prohibited / prompted] some companies to seek out even lower wage jurisdictions for their manufacturing operations.

B 다음 글의 밑줄 친 부분 중, 문맥상 낱말의 쓰임이 적절하지 않은 것은?

01 Promises and offers can be made more ①attractive in several ways: maximizing the attractive qualities and minimizing the ②negative ones, showing how the offer meets the other party's needs, reducing the ③advantages of accepting the offer, or setting deadlines on offers so they expire if not accepted quickly.

02 A mark of postmodernity is the increasing ①immobility of human populations around the world. The migration of whole societies and the incorporation of migrant workers have ②created a global, multicultural society that challenges the ability of any nation to define a reasonably ③homogeneous cultural identity or a set of cultural norms.

03 When programmers ①invented "file-sharing" tools, a shudder ran through the entertainment industries, as they watched their lock hold on distribution suddenly ②solidify. In fact, they fought back by ③hiring their own programmers to invent "digital rights management" software.

04 It is well ①established that we fail to notice much of what goes on around us. Research on human decision making shows that while we routinely ②disregard a portion of available information, this in fact makes good sense. Part of the logic of decision making is to ③maximize the costs involved.

DAY 25

0721 **frustrating** [frʌ́strèitiŋ] 독 완

a. **불만스러운, 좌절감을 주는**
Leaders experience **frustrating** work events. 리더들은 불만스러운 업무상의 사건을 경험한다. 독연
I understand that it can be **frustrating**. 나는 그것이 좌절감을 주는 일이 될 수 있다는 것을 이해한다. 수완

0722 **repetitive** [ripétitiv] 독 완

a. **반복적인**
Many service workers must display the same emotion in a **repetitive** fashion. 많은 서비스업 종사자들은 반복적인 방식으로 동일한 감정을 보여 주어야 한다. 독연
repetitive processes for managing change 변화를 관리하기 위한 반복적인 과정 수완

0723 **range** [reinʤ] 영 독 완 듣

n. **범위, 다양성**
Leaders display a wide **range** of emotions. 리더들은 광범위한 감정을 보여 준다. 독연
the full **range** of sounds that modern humans make 현대인이 내는 소리의 전체 범위 영어

0724 **personality** [pə̀rsənǽləti] 영 독 완 듣

n. **인물, 성격**
Novels are able to place various **personalities** into dialogue with one another. 소설은 다양한 인물을 서로 간의 대화 속에 녹여 낼 수 있다. 독연
People think that **personality** traits are fixed. 사람들은 성격 특성이 고정되어 있다고 생각한다. 영어

0725 **insight** [ínsàit] 독 완 듣

n. **통찰력**
Books gave people fresh **insight** into the sentiments of others. 책은 사람들에게 다른 사람들의 감정을 들여다볼 수 있는 새로운 통찰력을 주었다. 독연
Knowing about a poet's culture can give us valuable **insights** into their poems. 시인의 문화에 대해 아는 것은 시인의 시에 대한 귀중한 통찰력을 우리에게 줄 수 있다. 영듣

0726 **suspect** [səspékt] 독 완 듣

v. **의심하다**
Agents in the security services **suspected** certain individuals of planning a terrorist attack. 보안 기관 요원들은 특정 개인들이 테러 공격을 계획하고 있다고 의심했다. 독연
I **suspect** it's because of a virus. 나는 그것이 바이러스 때문이라는 의심이 든다. 영듣

0727 **clash** [klæʃ] 영 독

v. **충돌하다** *n.* **충돌, 격돌, 불일치**
Our passions **clash** with social protocol. 우리의 격렬한 감정은 사회의 행동 규칙과 충돌한다. 독연
Ideas about how things should be done often **clash**. 일이 처리되어야 하는 방법에 관한 생각이 흔히 충돌한다. 영어

0728 **frame** [freim] 영 독 완 듣

v. **짜 맞추다** *n.* **프레임, 틀**
Our brains **frame** raw demands from our subconscious as well-grounded requests. 우리의 뇌는 잠재의식에서 나온 원초적인 요구를 정당한 근거가 있는 요구로 짜 맞춘다. 독연
They appear in the same **frame**. 그들은 같은 프레임에 나타난다. 수완

0729 **delay** [diléi] 독 완 듣

v. **미루다, 지연시키다, 연기하다**
You are simply **delaying** the final decision. 여러분은 단지 최종 결정을 미루고 있을 뿐이다. 독연
I received a text message saying the delivery would be **delayed**. 나는 배송이 지연될 거라는 문자 메시지를 받았다. 영듣

0730 **legacy** [légəsi] 독 완

n. **유산**
The holes in the castle walls are **legacies** of a kind of construction no longer performed. 성벽의 구멍들은 더 이상 수행되지 않는 일종의 건축 유산이다. 독연
The heart of winning creates real **legacy**. 승리의 마음이 진정한 유산을 만들어 낸다. 수완

0731 **platform** [plǽtfɔ̀ːrm] 영 독 완 듣

n. 발판, 승강장, 플랫폼

Wood logs were driven between the stones until another **platform** could be added. 또 하나의 발판이 추가될 수 있을 때까지 통나무들이 돌 사이에 박혀 있었다. 독연

I wandered up and down the **platform**. 나는 승강장을 정처 없이 왔다 갔다 했다. 영어

0732 **biology** [baiɑ́lədʒi] 영 독 완 듣

n. 생물학

The lesson applies wholesale to castles as well as to all of **biology**. 그 교훈은 성은 물론 생물학 전체에도 일괄적으로 적용된다. 독연

Have you received your **biology** exam results? 생물학 시험 결과를 받았나요? 영듣

0733 **intend** [inténd] 영 독 완

v. 의도하다

The organization didn't **intend** the information to be available from the outside. 그 조직은 그 정보를 외부에서 이용할 수 있게 하는 것을 의도하지 않았다. 독연

I **intended** to make a birdhouse. 나는 새집을 만들려고 의도했다. 수완

○ intention *n.* 의도

0734 **toxic** [tɑ́ksik] 독 완

a. 독성이 있는, (유)독성의

Some trees are **toxic** to lots of other plants. 일부 나무는 많은 다른 식물에게 독성이 있다. 독연

Boiling can remove the **toxic** substance. 끓이면 독성 물질을 제거할 수 있다. 수완

0735 **imperfection** [ìmpərfékʃən] 독 완

n. 불완전함

You have to make peace with **imperfection**. 여러분은 불완전함을 받아들여야 한다. 독연

Society has evolved to overcome its **imperfections**. 사회는 그것의 불완전함을 극복하려고 진화해 왔다. 수완

0736 **criticism** [krítisìzəm] 영 독

n. 비판, 비평

The notion has been subjected to severe **criticism**. 그 개념은 혹독한 비판을 받아 왔다. 독연

promote the importance of the **criticism** 비평의 중요성을 증진하다 영어

0737 **association** [əsòuʃiéiʃən] 영 독 완

n. 결사, 연관, 협회

freedoms of speech and expression, of **association**, and of movement 언론과 표현, 결사 및 이동의 자유 독연

Sleep apnea occurs in **association** with fat buildup. 수면 무호흡증은 지방의 증대와 연관되어 발생한다. 수완

0738 **reality** [ri(ː)ǽləti] 영 독 완 듣

n. 현실, 사실, 실재

Observers might have some role to play in **reality**. 관찰자들이 현실에서 어떤 역할을 할 수도 있을 것이다. 독연

The lyrics focus on the **realities** of daily life. 그 가사는 일상생활의 현실에 중점을 둔다. 영어

0739 **inherent** [inhí(ː)ərənt] 영 독 완

a. 내재하는, 본래의

Brightness and hue are not **inherent**. 명도와 색상은 내재하는 것이 아니다. 독연

The deployment of AI intermediaries may amplify **inherent** biases. AI 중개자가 배치되면 내재하는 편견이 증폭될 수도 있다. 영어

0740 **magnetic** [mægnétik] 독

a. 자기의, 자성을 지닌

Light consists of the alternating pulses of **magnetic** and electrical fields. 빛은 자기장과 전기장의 교차하는 파동으로 구성되어 있다. 독연

Adjust the dial to the right amount of **magnetic** force. 적절한 양의 자력이 되게 다이얼을 조절하라. 독연

0741 **highlight**
[háilàit]
영 독 완 듣

v. 강조하다 *n.* 가장 밝은[중요한] 부분

Highlighting logical contradictions can seem like a waste of time. 논리적 모순을 강조하는 것은 시간 낭비처럼 보일 수 있다. 독연

The documentary **highlights** the challenging conditions our planet faces. 그 다큐멘터리는 우리의 지구가 직면한 어려운 상황을 강조한다. 영듣

0742 **accuse**
[əkjú:z]
독

v. 비난하다, 고발하다

What you should not do is **accuse** another person of ignorance. 여러분이 하지 말아야 할 것은 다른 사람이 무지하다고 비난하는 것이다. 독연

He was **accused** of being involved in the robbery. 그는 강도 사건에 연루된 혐의로 고발되었다.

0743 **conspiracy**
[kənspírəsi]
독

n. 음모

the chances that the **conspiracy** could have been kept a secret 그 음모가 비밀로 유지될 수 있었을 가능성 독연

They uncovered a secret political **conspiracy**. 그들은 비밀스러운 정치적 음모를 밝혀냈다.

0744 **complementary**
[kɑ̀mpləméntəri]
독

a. (상호) 보완적인, 보색 관계의

The player must coordinate her actions with her teammates' **complementary** actions. 그 선수는 자신의 행동을 팀 동료의 보완적인 행동에 맞게 조정해야 한다. 독연

The colors of the painting are **complementary**. 그 그림의 색상들은 보색 관계이다.

0745 **coordinate**
[kouɔ́:rdənèit]
영 독 완

v. 조정하다

Coordinating your actions with opponents requires interpreting their behavior. 여러분의 행동을 상대 선수에 맞게 조정하는 것은 그들의 행동을 해석하는 것을 요구한다. 독연

Our trained personnel **coordinate** the drill. 우리의 훈련된 직원들이 훈련을 조정한다. 수완

0746 **term**
[tə:rm]
영 독 완

n. 용어, 말, 기간, 학기

We may find it hard to define the **term** "politics" precisely. 우리는 '정치'라는 용어를 정확하게 정의하기가 어렵다고 여길 수도 있다. 독연

He lent a new meaning to the **term** "history." 그는 '역사'라는 용어에 새로운 의미를 부여했다. 영어

0747 **consent**
[kənsént]
독 완

v. 동의하다 *n.* 허락, 동의

Consenting individuals freely enter into voluntary, contractual relationships. 동의하는 개인들은 자발적인, 계약상의 관계에 자유롭게 돌입한다. 독연

You should get his **consent** about your post. 네가 올리는 것에 대해 그의 허락을 받아야 해. 수완

0748 **affect**
[əfékt]
영 독 완 듣

v. 영향을 미치다

The choice **affects** the person who makes it. 선택은 그 선택을 한 사람에게 영향을 미친다. 독연

Working with others **affects** children's behavior. 다른 사람과 함께 일하는 것이 아이들의 행동에 영향을 미친다. 영어

0749 **threat**
[θret]
영 독 완

n. 위협

People perceive novel **threats** as higher in risk compared to more common **threats**. 사람들은 더 일반적인 위협에 비해 새로운 위협이 위험성이 더 높다고 인식한다. 독연

the **threat** of plastic pollution to penguins 플라스틱 오염이 펭귄에 미치는 위협 영어

0750 **career**
[kəríər]
영 독 완 듣

n. 경력, 직업

Following the dramatic arc of athletic **careers** allows us to witness the efforts of athletes. 선수 경력의 극적인 궤적을 따라가면 선수들의 노력을 볼 수 있게 된다. 독연

She dropped her **career** to become a pianist. 그녀는 피아니스트가 되려고 자기 직업을 그만두었다. 영어

0751 **consequence** [kánsəkwèns] 영 독 완

n. 결과, 중요함

They must live with the **consequences** of their decisions. 그들은 자신의 결정에 따른 결과를 감당하며 살아가야 한다. 독연

The **consequences** of institutional discrimination can be severe. 제도적 차별의 결과는 혹독할 수 있다. 영어

0752 **separate** [sépəreit] 영 독 완 듣

v. 분리하다

Sports should be **separated** from "real life." 스포츠는 '현실의 삶'과 분리되어야 한다. 독연

separate recyclables from non-recyclables 재활용할 수 없는 것과 재활용품을 분리하다 영듣

◎ separation *n.* 분리

0753 **rehearse** [rihə́ːrs] 독

v. 예행연습[리허설]을 하다

Injuries that players suffer in the pursuit of their goals are not **rehearsed.** 선수들이 목표를 추구하는 과정에서 겪는 부상은 예행연습이 이루어지지 않는다. 독연

Susan will **rehearse** the dance routine. Susan은 댄스 루틴 예행연습을 할 것이다.

0754 **result** [rizʌ́lt] 영 독 완 듣

n. 결과, 성과

The quarterback of the losing team does not get to divest himself of the game's **result.** 패배한 팀의 쿼터백은 경기 결과에서 벗어나지 못한다. 독연

Our members are showing promising **results.** 우리 회원들이 유망한 성과를 보여 주고 있다. 영어

0755 **ignite** [ignáit] 독

v. 촉발하다, (감정을) 일으키다

Sports can **ignite** reflective capacities. 스포츠는 성찰하는 역량을 촉발할 수 있다. 독연

His words **ignited** passion within me. 그의 말이 내 안에 열정을 일으켰다.

0756 **volunteer** [vɑ̀ləntíər] 영 독 완 듣

v. 자원하다 *n.* 자원봉사자

Participants who **volunteer** for a study must be allowed to discontinue participation. 연구에 자원하는 참가자는 참가 중단이 허용되어야 한다. 독연

volunteers who provide medical care 의료 지원을 하는 자원봉사자들 영어

0757 **terminate** [tə́ːrmənèit] 영 독

v. 중단하다, 끝내다

The informed consent should make it clear what the results of **terminating** will be. 중단에 따르는 결과가 무엇일지를 고지에 입각한 동의를 통해 명확히 해야 한다. 독연

terminate the work on plants 식물에 관한 연구를 중단하다 영어

0758 **reproduction** [rìːprədʌ́kʃən] 영 독 완

n. 번식, 복제

Reproduction is a fundamental problem for all organisms. 번식은 모든 유기체에게 근본적인 문제이다. 독연

Vaquitas have a slow **reproduction** rate. 바키타(돌고래)는 번식 속도가 느리다. 수완

0759 **offspring** [ɔ́(ː)fspriŋ] 영 독 완

n. 새끼, 자녀, 자식

Animal species exhibit a diverse range of strategies to produce **offspring.** 동물 종들은 새끼를 생산하기 위해 여러 다양한 전략을 보인다. 독연

Parents give care to their **offspring.** 부모는 자녀를 돌봐 준다. 영어

0760 **undergo** [ʌ̀ndərgóu] 영 독 완

v. (비용 따위를) 치르다, 겪다

Among mammals, females **undergo** more direct costs of reproduction. 포유류 중에서, 암컷은 번식의 더 직접적인 비용을 치른다. 독연

The culture of the troop **underwent** a dramatic shift. 그 무리의 문화는 극적인 변화를 겪었다. 영어

0761 **confrontation**
[kɑ̀nfrəntéiʃən]
영 독

n. **대결, 대립, 직면, 대면**
The rule is about walking away from a potential **confrontation**. 그 규칙은 대결이 될 가능성이 있는 것을 피하는 것에 관한 것이다. 독연
a **confrontation** between parents and teenagers 부모와 십 대 사이의 대립 영어

0762 **harbor**
[hɑ́:rbər]
독

n. **항(구)**
I was running early one morning in Baltimore, toward the inner **harbor**. 나는 어느 이른 아침 볼티모어에서 내항을 향해 달리고 있었다. 독연
The **harbor** bustled with ships and activity. 그 항구는 배와 활동으로 북적였다.

0763 **risk**
[risk]
영 독 완 듣

v. **(위험을) 감수하다, 위험에 놓이다** *n.* **위험**
risk a potentially dangerous situation 잠재적으로 위험한 상황을 감수하다 독연
Incorrect hypotheses, if not corrected, **risk** becoming myths. 부정확한 가설은, 수정되지 않으면, 근거 없는 믿음이 되는 위험에 놓인다. 영어
○ risky *a.* 위험한

0764 **desirable**
[dizáiərəbl]
영 독 완

a. **바람직한**
Private owners of the media provide less information than would be socially **desirable**. 민간 언론 소유자는 사회적으로 바람직할 수준보다 더 적은 정보를 제공한다. 독연
In most business settings, it is **desirable** to remove competitors. 대부분의 비즈니스 환경에서는 경쟁자를 폐업시키는 것이 바람직하다. 영어

0765 **revenue**
[révənjù:]
영 독 완

n. **수입, 수익**
Large amounts of tax **revenue** are given to the BBC. 많은 금액의 세수(稅收)가 BBC에 주어진다. 독연
reduce ticket, media and sponsorship **revenue** 입장권, 미디어, 후원 수익을 줄이다 영어

0766 **injustice**
[indʒʌ́stis]
독

n. **불의, 불평등**
We all have our part to play in overcoming **injustice**. 우리는 모두 불의를 극복하는 데 있어서 우리가 해야 할 역할이 있다. 독연
hide **injustices** that indigenous groups are currently facing 현재 토착 집단이 직면하고 있는 불평등을 숨기다 독연

0767 **disappear**
[dìsəpíər]
영 독 완

v. **사라지다**
The creativity part has all but **disappeared**. 창의성 부분이 거의 사라졌다. 독연
The violinist, without waiting to be thanked, **disappeared**. 그 바이올린 연주가는, 감사의 말을 받으려고 기다리지 않고, 사라졌다. 영어

0768 **conventional**
[kənvénʃənəl]
영 독 완

a. **관례적인, 전통적인**
conventional ways to interpret a piece of music 음악 작품을 해석하는 관례적인 방식 독연
Conventional economics uses the expression "factors of production." 전통적인 경제학은 '생산 요소'라는 표현을 사용한다. 영어
○ convention *n.* 관습, 관례

0769 **concern**
[kənsə́:rn]
영 독 완 듣

n. **걱정, 우려**
Normal doesn't mean there's never a cause for **concern**. 정상이라고 해서 걱정할 이유가 전혀 없다는 것을 의미하지는 않는다. 독연
My **concern** was growing. 나의 걱정이 커지고 있었다. 영어

0770 **cane**
[kein]
독

n. **지팡이**
Glasses, like **canes**, are assistive devices. 안경은, 지팡이처럼, 보조 기구이다. 독연
The old man leaned on his **cane** for support. 그 노인은 지탱하려고 자기 지팡이에 기댔다.

WEEK 5 DAY 26

0771 practice [prǽktis] 영 독 완 듣
v. **행하다, 연습하다** *n.* **수행, 연습**
Bee lining used to be **practiced** widely in Europe. 벌 추적은 유럽에서 널리 행해졌었다. 독연
Making art can help us engage in meditative **practices**. 예술품을 만들면 우리가 명상 수행을 하는 데 도움이 될 수 있다. 영어

0772 pursuit [pərsjúːt] 독 완
n. **활동, 추구**
Bee hunting is a **pursuit** as old as humankind. 벌(집) 사냥은 인류만큼이나 오래된 활동이다. 독연
the **pursuit** of insight and beauty 통찰력과 아름다움의 추구 수완

0773 agriculture [ǽgrəkʌ̀ltʃər] 영 독 완
n. **농업**
Columella was a writer on **agriculture**. Columella는 농업에 관한 저술가였다. 독연
In **agriculture**, the automated machines enhance the efficiency of manual processes. 농업에서, 자동화된 기계가 수작업 과정의 효율성을 향상한다. 수완

0774 property [prápərti] 영 독 완
n. **특성, 부동산**
A dangerous **property** of language is that it allows us to say things that aren't true. 언어의 위험한 한 가지 특성은 그것이 우리에게 진실이 아닌 것을 말할 수 있게 한다는 것이다. 독연
We'll put the cottage on the market as a rental **property**. 우리는 그 별장을 임대 부동산으로 시장에 내놓을 것이다. 영어

0775 falsehood [fɔ́ːlshùd] 영 독
n. **거짓**
The danger is that **falsehood** may be more effective than truth. 위험은 거짓이 진실보다 더 효과적일 수도 있다는 것이다. 독연
Internet allows **falsehood** to be challenged. 인터넷이 거짓에 대해 이의를 제기할 수 있게 한다. 영어

0776 commitment [kəmítmənt] 영 독 완
n. **헌신, 전념, 약속**
The statement works as a signal of each individual's **commitment** to the group. 그 진술은 집단에 대한 각 개인의 헌신의 신호로 기능한다. 독연
choices about **commitments** to people and ideas 사람과 관념에 대한 헌신에 관한 선택 영어

0777 nonsense [nánsèns] 독
n. **터무니없는 생각, 허튼소리**
To believe in **nonsense** is an unforgeable demonstration of loyalty. 터무니없는 생각을 믿는 것은 충성심의 위조 불가능한 입증이다. 독연
Ignore the **nonsense** and focus on the details. 허튼소리는 무시하고 세부 사항에 집중하라.

0778 bullet [búlit] 영 독
n. **총알, 탄환**
Once a **bullet** is flying, neither words nor the beliefs they express can stop it. 일단 총알이 날아가면, 말도 그 말이 표현하는 믿음도 그것을 막을 수 없다. 독연
the silver **bullet** that does the magic 마법을 부리는 은제 탄환[묘책] 영어

0779 cognition [kagníʃən] 영 독 완
n. **인식, 인지 (능력)**
Reading is a tool for understanding human **cognition**. 읽기는 인간의 인식을 이해하기 위한 도구이다. 독연
foster high order **cognition** 고차원의 인지 능력을 키우다 수완
◎ cognitive *a.* 인식의

0780 literature [lítərətʃùər] 독 완 듣
n. **문헌, 문학**
This has resulted in the creation of a research **literature** of exceptional quality. 이것은 질이 탁월한 연구 문헌을 만드는 결과를 낳았다. 독연
a border between **literature** and music 문학과 음악 사이의 경계 수완

0781 **remedy** [rémidi] 독

v. 바로잡다, 치료하다 *n.* 치료(법)

Intellectual property law is meant to **remedy** the public goods problem. 지식 재산법은 공공재 문제를 바로잡기 위한 것이다. 독연

A good night's sleep is a natural **remedy**. 하룻밤 숙면은 자연적인 치료법이다.

0782 **characteristic** [kæ̀riktərístik] 영 독 완 듣

n. 특성, 특징 *a.* 특징적인

the inherent **characteristics** of intellectual resources 지적 자원의 고유한 특성 독연

the **characteristics** of Neanderthal skulls 네안데르탈인의 두개골 특징 영어

0783 **trivial** [tríviəl] 독

a. 사소한, 하찮은

unexpected everyday and seemingly **trivial** encounters 예상치 못한 일상적인 그리고 사소해 보이는 만남 독연

Her **trivial** mistake had significant consequences in the experiment. 그녀의 사소한 실수가 그 실험에서 중대한 결과를 가져왔다.

0784 **navigate** [nǽvəgèit] 영 독

v. 헤쳐 나가다, 탐색하다

To be able to **navigate** life successfully, you need to be authentic. 인생을 성공적으로 헤쳐 나가려면, 여러분은 진정성이 있어야 한다. 독연

AI intermediaries can **navigate** vast bodies of data. AI 중개자는 방대한 양의 데이터를 탐색할 수 있다. 영어

◎ navigation *n.* 항해, 운항

0785 **function** [fʌ́ŋkʃən] 영 독 완 듣

v. 작용하다, 기능하다 *n.* 기능, 작용

understand how complex technologies **function** 복잡한 기술이 어떻게 작용하는지 이해하다 독연

the display of **functions** on the screen 화면에 있는 기능 표시 영어

0786 **literacy** [lítərəsi] 독

n. (특정 분야에 관한) 능력, 읽고 쓸 줄 아는 능력

What is required is not understanding, but **literacy**. 필요한 것은 이해가 아니라 능력이다. 독연

True **literacy** in systems consists of more than simple understanding. 시스템의 진정한 사용 능력은 단순한 이해보다 더 많은 것으로 구성된다. 독연

0787 **fluent** [flú(:)ənt] 독 듣

a. 유창한

True literacy is **fluent** not only in the language of a system, but in its metalanguage. 진정한 사용 능력은 시스템의 언어뿐만 아니라 메타언어에도 유창하다. 독연

My roommate speaks **fluent** Spanish. 나의 룸메이트는 스페인어를 유창하게 구사한다. 영듣

0788 **sensitive** [sénsətiv] 독 완

a. 민감한, 감성적인

sensitive to the potential uses of the metalanguage 메타언어의 잠재적인 사용에 민감한 독연

sensitive musical mentoring that parents provide for their infants 부모가 영유아 자녀에게 제공하는 감성적인 음악적 멘토링 수완

0789 **render** [réndər] 독 완

v. (어떤 상태가 되게) 만들다, 제시하다

The act of keeping a diary **renders** the diarists remarkable. 일기를 쓰는 행위가 일기를 쓰는 사람을 주목할 만하게 만든다. 독연

when predictions were **rendered** uncertain 예측이 불확실하게 만들어졌을 때 수완

0790 **comprise** [kəmpráiz] 독 완

v. 구성하다

the chains of behaviours which **comprise** daily life 일상생활을 구성하는 일련의 행동 독연

Each team should be **comprised** of one to a maximum of three students. 각 팀은 학생 1명에서 최대 3명으로 구성되어야 한다. 수완

0791 explosive [iksplóusiv] 독

a. 폭발적인, 폭발성의 *n.* 폭발물, 폭약
the **explosive** growth in urban populations 도시 인구의 폭발적인 증가 독연
The team discovered an **explosive** gas leak. 그 팀은 폭발성 가스 누출을 발견했다.
⊙ explosion *n.* 폭발

0792 drought [draut] 독 완

n. 가뭄
Drought endangers the habitability of the earth's surface. 가뭄은 지구 표면의 거주 적합성을 위태롭게 한다. 독연
Some individuals will fall prey to cold weather or **drought**. 일부 개체는 추운 날씨 또는 가뭄에 희생물이 될 것이다. 수완

0793 overeat [òuvərí:t] 독

v. 과식하다
Bread is calorie-dense, so it can be easy to **overeat**. 빵은 열량 밀도가 높아서 과식하기 쉬울 수 있다. 독연
Try to resist the temptation to **overeat**. 과식하고 싶은 유혹을 뿌리치도록 노력하라.

0794 signal [sígnəl] 영 독 완 듣

n. 신호
foods that send satiety **signals** to the brain stem 뇌간에 포만감 신호를 보내는 음식 독연
discharge a small chemical electrical **signal** 작은 화학적 전기 신호를 방출하다 영어

0795 portray [pɔːrtréi] 독

v. 묘사하다, 그리다
The fictions **portray** children in the active role of innovator. 그 소설들은 적극적인 혁신가의 역할을 하는 아이들을 묘사한다. 독연
The artist will **portray** her father in oils. 그 미술가는 자신의 아버지를 유화로 그릴 것이다.

0796 domesticate [dəméstəkèit] 독

v. 길들이다
A common theme in Palaeolithic fiction is children successfully **domesticating** animals. 구석기 시대 소설의 한 가지 일반적인 주제는 아이들이 동물을 성공적으로 길들이는 것이다. 독연
Humans began to **domesticate** animals for companionship. 인간은 동반자 관계를 위해 동물을 길들이기 시작했다.

0797 tame [teim] 독

v. 길들이다, 다스리다
In *Malu's Wolf*, the main character **tames** a wolf. *Malu's Wolf*에서, 주인공은 늑대를 길들인다. 독연
tales about **taming** of fire and cooking meat 불 다스리기와 고기 요리에 관한 이야기 독연

0798 population [pàpjuléiʃən] 영 독 완

n. 인구, 주민, 개체 수
More than one-fifth of the **population** of most developed countries are aged 60 or more. 대부분의 선진국 인구의 5분의 1이 넘는 사람들이 60세 이상이다. 독연
the mobility of human **populations** around the world 인구의 전 세계적인 유동성 영어

0799 fraction [frǽkʃən] 영 독

n. 부분, 일부, 분수
'Old age' can be a substantial **fraction** of a person's life. '노년기'는 한 사람의 인생에서 상당한 부분이 될 수 있다. 독연
a **fraction** of the sounds for humans to make 인간이 내는 소리의 일부 영어

0800 impair [impέər] 독

v. 약화하다, 손상하다
impair an older person's quality of life 고령자의 삶의 질을 약화하다 독연
Lack of sleep can **impair** cognitive function. 수면 부족이 인지 기능을 손상할 수 있다.

0801 □□□ **encourage** [inkə́:ridʒ] 영 독 완 듣

v. **촉진하다, 격려하다**

Impaired personal mobility **encourages** residential mobility. 약해진 개인 이동성은 주거 이동을 촉진한다. 독연

I'll **encourage** him to be more active. 그가 더 활동적으로 되도록 내가 격려할게. 영듣

0802 □□□ **layout** [léiàut] 영 독 완

n. **(공간) 배치, 구조**

compare different subway car **layouts** 서로 다른 지하철 차량 공간 배치를 비교하다 독연

the physical **layout** of a human body 인간 신체의 육체적 구조 영어

0803 □□□ **perception** [pərsépʃən] 영 독 완

n. **인식, 지각**

By changing the location of the doors, designers can reshape riders' ***perceptions*** of the space. 문의 위치를 변경함으로써 설계자들은 공간에 대한 승객들의 '인식'을 재형성할 수 있다. 독연

Sensation and **perception** happen together. 감각과 지각은 함께 일어난다. 영어

0804 □□□ **prosperity** [prɑspérəti] 독

n. **번영, 번성**

southern Italy's low level of **prosperity** 남부 이탈리아의 낮은 번영 수준 독연

Education is a key to future **prosperity**. 교육은 미래 번영의 핵심 요소이다.

○ prosperous *a.* 번영하는

0805 □□□ **diminish** [dimíniʃ] 독 완 듣

v. **줄이다, 줄어들다**

Intense family ties **diminished** trust outside of one's kinship group. 강한 가족 유대가 친족 집단 외부의 신뢰를 줄였다. 독연

We should **diminish** our plastic usage. 우리는 우리의 플라스틱 사용을 줄여야 한다. 영듣

0806 □□□ **removal** [rimú:vəl] 독 완

n. **철거, 제거, 없애기**

the push for additional dam **removals** by local and national environmental groups 추가로 댐을 철거하라는 지역 및 전국 환경 단체의 압박 독연

minor **removal** of material to make the image look more realistic 그 이미지를 더 사실적으로 보이도록 만들기 위한 약간의 재료 제거 수완

0807 □□□ **install** [instɔ́:l] 독 완 듣

v. **설치하다**

have advanced technologies **installed** to produce energy and increase efficiency 에너지를 생산하고 효율성을 높이기 위해 고급 기술 장비를 설치하다 독연

Why don't you **install** an app for picture editing? 사진 편집 앱을 설치하는 게 어때? 영듣

0808 □□□ **hinder** [híndər] 영 독 완

v. **방해하다**

Tapping into the hydroelectric potential is often **hindered** by unsuitable terrains. 수력 발전의 가능성을 활용하는 것은 부적합한 지형으로 인해 자주 방해받는다. 독연

An audience can **hinder** a performance. 관중이 (경기) 수행을 방해할 수 있다. 영어

0809 □□□ **counterpart** [káuntərpɑ̀:rt] 영 독 완

n. **상응하는 것, 대응 관계에 있는 사람[것]**

Collective intelligence has its **counterpart**: collective stupidity. 집단 지성에는 그에 상응하는 것, 즉 집단 어리석음이 있다. 독연

the human **counterparts** of robo-advisers 로봇 조언자들과 대응 관계에 있는 사람 수완

0810 □□□ **sum** [sʌm] 영 독 완

n. **합, 합계**

Sometimes the whole is less than the **sum** of its parts. 때로는 전체가 그것의 부분들의 합보다 더 적다. 독연

when the **sum** of the activity reaches a tipping point 활동의 합이 급변점에 도달할 때 영어

QUICK CHECK 09

A 다음 빈칸에 단어의 뜻을 쓰시오.

01 range	______	16 revenue	______
02 personality	______	17 injustice	______
03 insight	______	18 conventional	______
04 legacy	______	19 agriculture	______
05 biology	______	20 property	______
06 toxic	______	21 commitment	______
07 association	______	22 trivial	______
08 inherent	______	23 navigate	______
09 accuse	______	24 comprise	______
10 conspiracy	______	25 drought	______
11 affect	______	26 portray	______
12 career	______	27 domesticate	______
13 consequence	______	28 perception	______
14 reproduction	______	29 removal	______
15 offspring	______	30 hinder	______

B 다음 빈칸에 주어진 철자로 시작하는 적절한 단어를 쓰시오.

01 Leaders experience f__________ work events. ← 리더들은 **불만스러운** 업무상의 사건을 경험한다.

02 Our passions c__________ with social protocol. ← 우리의 격렬한 감정은 사회의 행동 규칙과 **충돌한다**.

03 promote the importance of the c__________ ← **비평**의 중요성을 증진하다

04 Our trained personnel c__________ the drill. ← 우리의 훈련된 직원들이 훈련을 **조정한다**.

05 t__________ the work on plants ← 식물에 관한 연구를 **중단하다**

06 My c__________ was growing. ← 나의 **걱정**이 커지고 있었다.

07 the p__________ of insight and beauty ← 통찰력과 아름다움의 **추구**

08 the c__________s of Neanderthal skulls ← 네안데르탈인의 두개골 **특징**

09 the e__________ growth in urban populations ← 도시 인구의 **폭발적인** 증가

10 Education is a key to future p__________. ← 교육은 미래 **번영**의 핵심 요소이다.

0811 **cultivation** [kʌ̀ltəvéiʃən] 독 완

n. **경작, 함양, 재배**

methods of **cultivation** in the pre-industrial era 산업화 이전 시대의 경작 방법들 독연

a **cultivation** of stillness 고요함의 함양 수완

0812 **plough** [plau] 독

n. **쟁기**

Farmers used **ploughs** harnessed to horses or oxen. 농부들은 말이나 소에 채운 쟁기를 사용했다. 독연

the suitability of land for the use of the **plough** 쟁기 사용에 대한 토지의 적합성 독연

0813 **division** [divíʒən] 영 독 듣

n. **분할, 부서**

the **division** of labour along gender lines 성별에 따른 분업 독연

a marketing position for the international sales **division** 해외 영업 부서의 마케팅 직책 영듣

○ divide *v.* 나누다

0814 **support** [səpɔ́ːrt] 영 독 완 듣

v. **뒷받침하다, 부양하다**

Evidence from agricultural societies across the world **supports** the argument. 전 세계에 걸친 농업 사회의 증거가 그 주장을 뒷받침한다. 독연

support the population living in the area 그 지역에 거주하는 인구를 부양하다 영어

0815 **confine** [kənfáin] 독

v. **국한하다, 가두다**

Women have been mainly **confined** to housework. 여자들은 주로 집안일에 국한되어 왔다. 독연

They **confined** the wild animals in enclosures. 그들은 그 야생 동물들을 울타리 안에 가뒀다.

○ confinement *n.* 제한, 국한, 감금

0816 **domain** [douméin] 영 독 완

n. **영역**

Most household work has remained predominantly in the **domain** of women. 대부분의 가사 노동이 주로 여성의 영역에 남아 있었다. 독연

incorporate the emotional **domain** into patient assessments 환자 진단에 감정의 영역을 포함하다 영어

0817 **drawing** [drɔ́ːiŋ] 영 독 완

n. **그림**

Children choose the **drawings** they want to use to express themselves. 아이들은 자신을 표현하기 위해 사용하고 싶은 그림을 선택한다. 독연

Anatomical **drawings** are common. 해부학적 그림은 흔하다. 수완

0818 **narrative** [nǽrətiv] 영 독 완

n. **이야기, 서술**

Narratives may be a source of protection for young children. 이야기는 어린아이들에게 보호의 원천이 될 수도 있다. 독연

narratives full of moral weight 도덕적 무게로 가득한 서술 수완

0819 **comfort** [kʌ́mfərt] 영 독 완

n. **위로, 편안함**

The knowledge that we are not alone can be a great **comfort** to a child. 우리가 혼자가 아니라는 것을 아는 것은 아이에게 큰 위로가 될 수 있다. 독연

Our natural survival instinct is to seek **comfort**. 우리의 타고난 생존 본능은 편안함을 찾는 것이다. 영어

0820 **departure** [dipáːrtʃər] 독

n. **벗어남, 떠남**

Solving problems often requires a **departure** from one's own direct interests. 문제를 해결하려면 흔히 자신의 직접적인 이해관계에서 벗어남이 필요하다. 독연

a **departure** from the paradigm of the machine 기계 패러다임에서 벗어남 독연

WEEK 5 DAY 28

0821 **revenge** [rivénʤ] 독

n. 복수, 보복, 원한

Accommodation rather than **revenge** is more conducive to the stability of the relationship. 복수보다는 타협하는 것이 관계의 안정에 더 도움이 된다. 독연

He sought **revenge** for his partner's betrayal. 그는 파트너의 배신에 대한 복수를 추구했다.

0822 **worship** [wə́ːrʃip] 영 독

v. 숭배하다

The moon is undoubtedly the earliest divinity that humans **worshipped**. 달은 의심할 여지 없이 인간이 숭배한 가장 초기의 신이다. 독연

Some tribes **worshipped** their ancestors. 일부 부족들은 자신들의 조상을 숭배했다. 영어

0823 **gender** [ʤéndər] 영 독 완

n. 성

In German, the word designating the moon (*der Mond*) is masculine in **gender**. 독일어에서 달을 가리키는 단어(*der Mond*)는 성이 남성이다. 독연

address **gender** inequality in policy making 정책 입안에서 성 불평등을 해결하다 영어

0824 **inhabit** [inhǽbit] 영 독

v. 살다, 거주하다

Humans made the moon into a higher being, **inhabiting** the heavens. 사람들은 달을 하늘에 사는, 더 높은 존재로 만들었다. 독연

The islands have never been **inhabited** by humans. 그 섬들에 인간이 거주한 적이 없었다. 영어

0825 **ideology** [àidiálədʒi] 영 독 완

n. 이데올로기, 관념, 이념

the **ideology** of making online sociality *salable* 온라인 사교성을 '수요가 있게' 만드는 이데올로기 독연

Ideologies can obscure important aspects of people. 이데올로기가 사람들의 중요한 측면을 보기 어렵게 할 수 있다. 영어

0826 **inspiration** [ìnspəréiʃən] 독 완

n. 영감

take **inspiration** from a text 한 텍스트에서 영감을 받다 독연

The artist's **inspiration** will evoke acoustic pleasure. 그 예술가의 영감이 청각적 즐거움을 불러일으킬 것이다. 수완

◐ inspire *v.* 영감을 주다, 고무하다

0827 **transmit** [trænsmít] 독 완

v. 전하다, 전파하다

The stories told in the Bible had been **transmitted** via oral tradition. 성경에 나오는 이야기들은 구전으로 전해져 왔다. 독연

the ability to **transmit** valued cultures 가치 있는 문화를 전파하는 능력 수완

0828 **compile** [kəmpáil] 독

v. 편찬하다, 정리하다, 편집하다

The tales were **compiled** into a written text. 그 이야기들이 문서로 편찬되었다. 독연

compile the data for the upcoming presentation 다가오는 프레젠테이션을 위해 데이터를 정리하다

0829 **divergence** [divə́ːrdʒəns] 영 독

n. 분화, 차이

The approximate date of **divergence** between the two species is unclear. 두 종의 분화의 대략적인 시기는 불투명하다. 독연

the **divergence** between parental and peer values 부모와 또래의 가치의 차이 영어

0830 **fossil** [fásl] 영 독

n. 화석

the oldest **fossil** of a polar bear jaw 북극곰 턱의 가장 오래된 화석 독연

This reputation about Neanderthals is based on just one **fossil**. 네안데르탈인에 관한 이러한 평판은 단 하나의 화석에 근거한 것이다. 영어

0831 **innovation**
[ìnəvéiʃən]
독 완

n. **혁신**

Innovation is meant to help improve the flow of work and daily life. 혁신은 업무와 일상 생활의 흐름을 개선하는 데 도움을 주기 위한 것이다. 독연

technological **innovations** of past centuries 지난 세기의 기술 혁신들 수완

0832 **adapt**
[ədǽpt]
영 독 완

v. **적응하다**

stress caused by the inability to **adapt** to or cope with technology 기술에 적응하지 못하거나 대처하지 못한 것으로 인해 발생하는 스트레스 독연

The adult brain can change and **adapt**. 성인의 뇌는 변화하고 적응할 수 있다. 영어

0833 **inhibit**
[inhíbit]
독 완

v. **억제하다, 금지하다**

Studios are constructed of materials that **inhibit** sound transfer. 스튜디오는 소리의 전달을 억제하는 재료로 지어진다. 독연

choices that **inhibit** desirable objectives 바람직한 목표를 금지하는 선택들 수완

0834 **entail**
[intéil]
영 독 완

v. **수반하다**

Breaking rules may **entail** risks. 규칙을 위반하는 것은 모험을 수반할 수도 있다. 독연

We are naturally inclined to avoid the vulnerability open-mindedness **entails**. 우리는 개방적인 태도가 수반하는 취약성을 태생적으로 피하는 경향이 있다. 영어

0835 **vessel**
[vésəl]
독

n. **그릇, 배, 선박, 혈관**

the beautiful and outstanding Neolithic **vessel** found in Denmark 덴마크에서 발견된 아름답고 뛰어난 신석기 시대의 그릇 독연

The captain steered the **vessel** through the sea. 선장은 바다를 헤치며 배를 조종했다.

0836 **otherwise**
[ʌ́ðərwàiz]
영 독 완

ad. **다른 방법으로는, 그 외에**

Signals help organisms communicate **otherwise** unobservable characteristics. 신호는 유기체가 다른 방법으로는 식별할 수 없는 특성을 전달하는 데 도움을 준다. 독연

whether they were meat eaters, vegetarians, vegans, or **otherwise** 그들이 고기를 먹는 사람이었는지, 채식주의자였는지, 엄격한 채식주의자였는지, 아니면 그 외의 사람이었는지 영어

0837 **illustrate**
[íləstrèit]
영 독

v. **(분명히) 보여 주다, 예증하다, 설명하다**

A peacock **illustrates** its fitness through its glittering and luxurious tail. 수컷 공작은 눈부시고 호사스러운 꼬리를 통해 자신의 건강함을 분명히 보여 준다. 독연

illustrate the potential for intellectual development 지적 발전에 대한 잠재력을 보여 주다 영어

0838 **fake**
[feik]
영 독 완

v. **가장하다** *a.* **가짜의**

Low cost signals are easy to **fake**. 저비용 신호는 가장하기 쉽다. 독연

We created a **fake** computer dating service. 우리는 가짜 컴퓨터 데이트 서비스를 만들었다. 영어

0839 **correlate**
[kɔ́(:)rəlèit]
영 독 완

v. **관련이 있다, 관련되다**

The bright colouration of frogs **correlates** with their toxicity. 개구리의 밝은 배색은 그것의 독성과 관련이 있다. 독연

It is **correlated** to a sense of happiness. 그것은 행복감과 관련된다. 수완

0840 **remark**
[rimá:rk]
독

n. **말, 발언**

A **remark** to a person several feet away can cause that person to move backward. 몇 피트 떨어져 있는 사람에게 한 말이 그 사람을 뒤로 물러나게 할 수 있다. 독연

His **remark** left everyone in silence. 그의 발언이 모두를 침묵하게 만들었다.

0841 **dart** [dɑːrt] 독

v. **빠르게 움직이다, 돌진하다**

People can move in irregular ways, **darting** this way and that. 사람들은 이리저리 빠르게 움직이면서 불규칙한 방식으로 이동할 수 있다. 독연

She **darted** across the busy street cautiously. 그녀는 조심하면서 번잡한 거리를 빠르게 건너갔다.

0842 **intervene** [ìntərvíːn] 독

v. **개입하다, 끼어들다**

Balls move in predictable paths unless something else **intervenes**. 공은 다른 어떤 것이 개입하지 않는 한 예측할 수 있는 경로로 움직인다. 독연

The mediator **intervened** to resolve the dispute. 그 분쟁을 해결하기 위해 중재자가 개입했다.

0843 **restrict** [ristríkt] 영 독 완

v. **제한하다, 한정하다**

In early democracies, participation was **restricted** to a smaller number of individuals. 초기 민주주의 체제에서 참여는 더 적은 수의 개인들에게로 제한되었다. 독연

The elephant's freedom is **restricted** to the small four feet. 코끼리의 자유는 그 작은 4피트에 제한된다. 영어

0844 **interval** [íntərvəl] 영 독

n. **간격**

Voting occurs at certain **intervals**. 투표는 일정한 간격을 두고 시행된다. 독연

the global plug-in vehicle sales from 2020 to 2022, represented by two-month **intervals** 2020년부터 2022년까지 2개월 간격으로 나타낸 전 세계 플러그인 차량의 판매량 영어

0845 **majority** [mədʒɔ́(ː)rəti] 영 독 완

n. **다수, 대부분**

There was a problem of "tyranny of the **majority**." '다수의 횡포'라는 문제가 있었다. 독연

People suppress their beliefs in order to conform to the **majority** view. 사람들은 다수의 견해를 따르기 위해 자신의 신념을 억누른다. 수완

반 minority *n.* 소수

0846 **despair** [dispέər] 독 완

n. **절망, 자포자기**

We would give in to **despair** if too many things failed to do their job. 너무 많은 것들이 제 역할을 하지 못하면 우리는 절망에 굴복할 것이다. 독연

the Brontë sisters' novels of **despair** Brontë 자매가 쓴 절망의 소설들 수완

0847 **induce** [indjúːs] 독 완

v. **유발하다, 유도하다**

Flawlessness may **induce** a serious form of alienation. 완벽함이 심각한 형태의 소외를 유발할 수도 있다. 독연

Experimenters used heat stimuli to **induce** different pain intensities. 실험자들은 다양한 통증 강도를 유도하기 위해 열 자극을 사용했다. 수완

0848 **track** [træk] 영 독 완 듣

n. **선로, 트랙, 자국, 진로**

Trains obey the direction of the **tracks**. 기차는 선로의 방향을 따른다. 독연

He was halfway down the **track**. 그는 트랙을 반쯤 돌았다. 수완

0849 **destination** [dèstənéiʃən] 독 듣

n. **목적지, 도착지**

A train has a **destination** on a track. 기차는 선로상에 목적지가 있다. 독연

a great opportunity to understand your travel **destination** better 여러분의 여행 목적지를 더 잘 이해할 좋은 기회 영듣

0850 **patience** [péiʃəns] 독 완 듣

n. **인내**

It takes **patience** to build a new path. 새로운 길을 건설하는 데는 인내가 필요하다. 독연

Practice and **patience** make a big difference. 연습과 인내가 큰 차이를 만든다. 영듣

0851 □□□ **guardian** [gá:rdiən] 독

n. **보호자, 수호자**

Cats can make wonderful **guardians**. 고양이는 훌륭한 보호자가 될 수 있다. 독연

The dog is the child's protective **guardian**. 그 개는 그 아이를 보호하는 수호자이다.

0852 □□□ **attack** [ətǽk] 영 독 완 듣

n. **발작, 공격** *v.* **공격하다**

Edmonds displays no symptoms prior to **attacks**. Edmonds는 발작 전에 아무런 증상도 보이지 않는다. 독연

Their faces were disfigured by the **attack**. 그들의 얼굴은 그 공격으로 흉하게 되었다. 영어

0853 □□□ **nominate** [námənèit] 독 완

v. **(후보로) 지명하다, 지목하다**

In 2006 Tee Cee was **nominated** for a Rescue Cat of the Year Award. 2006년에 Tee Cee는 '올해의 구조 고양이상'에 후보로 지명되었다. 독연

Nominate three people to speak. 발언할 세 명의 사람을 지목하라. 수완

0854 □□□ **rescue** [réskju:] 영 독 완 듣

v. **구조하다** *n.* **구조, 구출**

The cat was **rescued** and taken to an adoption center. 그 고양이는 구조되어 입양 센터로 옮겨졌다. 독연

rescue wounded wild animals 부상당한 야생 동물들을 구조하다 영듣

0855 □□□ **censorship** [sénsərʃìp] 독

n. **검열**

Government **censorship** can remove works from the market. 정부 검열이 시장에서 작품을 제거할 수 있다. 독연

Censorship limits freedom of expression in some countries. 일부 국가에서 검열이 표현의 자유를 제한한다.

○ censor *v.* 검열하다 *n.* 검열관

0856 □□□ **incentive** [inséntiv] 영 독 완

n. **동기, 격려, 자극**

We would have **incentives** to make efforts to preserve the works we own. 우리는 우리가 소유한 작품들을 보존하기 위해 노력할 동기를 갖게 될 것이다. 독연

Stress can produce an **incentive** for change. 스트레스가 변화에 대한 동기를 유발할 수 있다. 영어

0857 □□□ **heritage** [héritidʒ] 독 완

n. **유산**

We all benefit from the preservation of our shared cultural **heritage**. 우리는 모두 공유된 문화유산의 보존으로부터 이익을 얻는다. 독연

My link with my parents might focus on our shared **heritage**. 부모님과 나의 연결고리는 우리가 공유하는 유산에 초점을 맞출 수도 있다. 수완

0858 □□□ **liquid** [líkwid] 영 독 듣

n. **액체**

Glass was once a molten **liquid** that reached temperatures of over 1700°C. 유리는 한때 1700°C가 넘는 온도에 도달한 녹은 액체였다. 독연

Use measuring cups for the **liquids**. 액체는 계량컵을 사용하세요. 영듣

0859 □□□ **arrangement** [əréindʒmənt] 영 독 완

n. **배열, 합의, 준비**

The molecules achieved a structured **arrangement**. 분자들이 구조화된 배열을 이루었다. 독연

The kid was not happy about the new **arrangement**. 그 아이는 그 새로운 합의가 마음에 들지 않았다. 영어

0860 □□□ **molecule** [máləkjù:l] 독 완

n. **분자**

As the cooling continues, the **molecules** become fixed in place. 냉각이 계속됨에 따라, 분자들이 제자리에 고정된다. 독연

link the gluten protein **molecules** 글루텐 단백질 분자를 연결하다 수완

○ molecular *a.* 분자의

0861 **protein** [próutiːn] 영 독 완 듣

n. 단백질

Proteins are among the most important molecules we possess. 단백질은 우리가 가진 가장 중요한 분자 중 하나이다. 독연

Athletes require more **protein** than sedentary people. 운동선수는 몸을 많이 움직이지 않는 사람보다 더 많은 단백질이 필요하다. 영어

0862 **addiction** [ədíkʃən] 독

n. 중독

Addictions cause a powerful surge in dopamine. 중독은 도파민의 강력한 급증을 유발한다. 독연

His **addiction** to gaming impacted his academic performance negatively. 그의 게임 중독은 그의 학업 성적에 부정적인 영향을 미쳤다.

0863 **tolerance** [tálərəns] 독

n. 내성, 관용, 용인

Our brains develop **tolerance** for dopamine. 우리의 뇌는 도파민에 대한 내성이 생기게 한다. 독연

Tolerance is used as a desirable character trait. 관용은 바람직한 성격 특성으로 사용된다. 독연

○ tolerate *v.* 용인하다, 참다

0864 **punishment** [pʌ́niʃmənt] 영 독

n. 벌, 처벌

David was hoping that Olly was going to get his **punishment**. David는 Olly가 벌을 받기를 바라고 있었다. 독연

Albert would face **punishment** from the rest of the community. Albert는 공동체의 나머지 구성원이 내리는 처벌에 직면할 것이다. 영어

0865 **immature** [imətjúər] 독

a. 철없는, 미성숙한

There were **immature** kids who mocked David. David를 조롱하는 철없는 아이들이 있었다. 독연

His **immature** behavior often led to awkward situations. 그의 미성숙한 행동은 자주 어색한 상황으로 이어졌다.

0866 **polite** [pəláit] 독

a. 예의 바른, 정중한

David's father was just as **polite** as ever. David의 아버지는 언제나처럼 예의가 발랐다. 독연

"Ticket, please!" he said in a **polite** voice. "티켓 주세요!"라고 그는 정중한 목소리로 말했다. 독연

0867 **elevate** [éləvèit] 독

v. 격상시키다, 높이다

I **elevated** my family above their ugliness. 나는 내 가족을 그들의 추함 위로 격상시켰다. 독연

the **elevated** level of stress 높아진 수준의 스트레스 독연

0868 **conviction** [kənvíkʃən] 영 독 완

n. 확신

the **conviction** that our ancestors shared the Earth with the dinosaurs 우리 조상이 공룡과 지구를 공유했다는 확신 독연

My **conviction** is reinforced. 나의 확신이 강화된다. 수완

0869 **invention** [invénʃən] 영 독 완 듣

n. 발명(품), 창작

Writing was not a single technology stemming from a single **invention**. 표기는 하나의 발명에서 비롯된 단일 기술이 아니었다. 독연

Error is part of **invention**. 오류는 발명의 일부이다. 영어

0870 **combination** [kɑ̀mbənéiʃən] 영 독 완

n. 조합(물), 결합

Writing is a **combination** of various innovations which took place over a long period. 표기는 오랜 기간에 걸쳐 일어난 다양한 혁신의 조합물이다. 독연

the unique **combination** of body size measurements 몸 크기 치수의 고유한 조합 영어

0871 **accumulate** [əkjú:mjulèit] 독 완

v. 축적하다

accumulate broader meanings based on the context of the drawing's use 그림의 사용 맥락에 기반해 더 넓은 의미를 축적하다 독연

accumulate relevant information in one's professional life 직업적인 삶에서 관련된 정보를 축적하다 수완

0872 **embarrassed** [imbǽrəst] 독

a. 쑥스러운, 창피한, 당황스러운

The help-seeker may feel **embarrassed**. 도움을 구하는 사람은 쑥스러워할 수도 있다. 독연

He's never been more **embarrassed** in his life. 그는 인생에서 더 창피한 적이 없었다.

0873 **ultimate** [ʌ́ltəmit] 독

a. 최고의, 궁극적인

The effective use of time is one of the **ultimate** ways to display authority. 시간의 효과적인 사용은 권위를 드러내는 최고의 방법 중 하나이다. 독연

The **ultimate** goal is to curb driving. 운전을 억제하는 것이 궁극적인 목표이다. 독연

0874 **appointed** [əpɔ́intid] 독 완

a. 정해진, 지정된, 약속된

She enters the office at the **appointed** hour. 그녀가 정해진 시간에 사무실로 들어온다. 독연

require workers to be at their desk at an **appointed** hour 근로자가 지정된 시간에 책상에 나와 있을 것을 요구하다 수완

0875 **orphan** [ɔ́:rfən] 독

n. 고아

There lived three poor **orphans**. 세 명의 가난한 고아가 살고 있었다. 독연

He adopted the **orphan** as his son. 그는 그 고아를 자신의 양자로 삼았다.

○ orphanage *n.* 고아원

0876 **injection** [indʒékʃən] 독

n. 주사, 주입

I'll only give this apple to you after you receive this **injection**. 네가 이 주사를 맞아야만 너에게 이 사과를 주겠다. 독연

The nurse administered the flu vaccine **injection**. 그 간호사는 독감 백신 주사를 투여했다.

0877 **fright** [frait] 독

n. 두려움, 놀람

Mabel looked at the needle with **fright**. Mabel은 두려워하며 주삿바늘을 바라보았다. 독연

A sudden noise caused a moment of **fright** for everyone. 갑작스러운 소음이 모두에게 놀람의 순간을 만들어 냈다.

○ frighten *v.* 겁먹게 만들다

0878 **clinic** [klínik] 영 독

n. 진료소, 클리닉

After Mabel's recovery, Havin went to Mrs. Annabel's **clinic**. Mabel이 회복한 후, Havin은 Mrs. Annabel의 진료소로 갔다. 독연

The **clinic** is run by appointment only. 클리닉은 예약으로만 운영된다. 영어

0879 **plant** [plænt] 영 독 완 듣

v. 심다 *n.* 식물

Together, they **planted** vegetables and flowers. 함께 그들은 채소와 꽃을 심었다. 독연

A **plant** generally attempts to grow taller than a neighbor. 식물은 일반적으로 근처의 식물보다 더 크게 자라려고 한다. 영어

0880 **exposure** [ikspóuʒər] 영 독 완 듣

n. 접함, 노출

the polarization due to **exposure** to information 정보에 접하는 것으로 인한 양극화 독연

Children are showered with repeated **exposure** to thousands of ads. 아이들은 수천 개 광고에의 반복된 노출 세례를 받는다. 영어

0881 **cave**
[keiv]
독 완

n. 동굴
People drew pictures on the walls of **caves**. 사람들은 동굴 벽에 그림을 그렸다. 독연
Language is manifested in **cave** drawings and writings. 언어는 동굴에 남긴 그림과 글로 나타난다. 수완

0882 **assembly**
[əsémbli]
독 완

n. 집합체, 조립
Is the brain an **assembly** of distinct components? 뇌는 별개의 구성 요소들의 집합체인가? 독연
Assembly should be done only by adults. 조립은 오로지 어른만 해야 한다. 수완
assemble *v.* 모이다, 조립하다

0883 **foresee**
[fɔːrsíː]
독 완

v. 예견하다, 예측하다
Individuals must be able to **foresee** the likely responses of others. 개인은 다른 사람들의 있을 법한 반응을 예견할 수 있어야 한다. 독연
foresee a socially significant operation 사회적으로 중요한 사업을 예측하다 수완

0884 **sentiment**
[séntəmənt]
독

n. 정서, 감정
express both individual feelings and collective **sentiment** 개인의 감정과 단체의 정서를 모두 표현하다 독연
Consider the **sentiments** of others. 다른 사람들의 감정을 고려하라. 독연

0885 **quarterback**
[kwɔ́ːrtərbæ̀k]
독

n. 쿼터백
New York Giants **quarterback** Eli Manning sat for a live ESPN radio interview. 뉴욕 자이언츠의 쿼터백 Eli Manning은 ESPN 라디오 생방송 인터뷰를 하려고 앉았다. 독연
The **quarterback** threw a perfect pass for a touchdown. 쿼터백이 터치다운을 위한 완벽한 패스를 던졌다.

0886 **retirement**
[ritáiərmənt]
영 독

n. 은퇴, 퇴직
Eli performed at the highest level for many years until his **retirement**. Eli는 은퇴할 때까지 여러 해 동안 최고 수준으로 (기량을) 수행했다. 독연
Youths support the old in their **retirement**. 젊은 사람들이 퇴직한 노인들을 부양한다. 영어

0887 **trophy**
[tróufi]
독 완

n. 트로피, 전리품, 전승 기념품
Eli Manning lifted the championship **trophy**. Eli Manning은 우승 트로피를 들어 올렸다. 독연
They triumphantly raised the golden **trophy**. 그들은 의기양양하게 그 황금빛 트로피를 들어 올렸다. 수완

0888 **defeat**
[difíːt]
독

v. 이기다, 물리치다 *n.* 패배
The New York Giants have come from behind to **defeat** the New England Patriots. 뉴욕 자이언츠가 역전하여 뉴잉글랜드 패트리어츠를 이겼다. 독연
Despite their efforts, they couldn't escape **defeat**. 그들의 노력에도 불구하고 그들은 패배를 피할 수 없었다.

0889 **excitement**
[iksáitmənt]
독 완 듣

n. 흥분
Manning's statements touched off a lot of media **excitement**. Manning의 진술은 미디어의 많은 흥분을 촉발했다. 독연
describe feelings of nervousness or **excitement** 긴장이나 흥분의 느낌을 묘사하다 영듣

0890 **ecosystem**
[ékousìstəm]
영 독 완 듣

n. 생태계
The **ecosystem** is the total situation in which human adaptability occurs. 생태계는 인간의 적응 가능성이 일어나는 전체 상황이다. 독연
Our Earth is a finite **ecosystem**. 우리의 지구는 유한한 생태계이다. 영어

0891 **generation** [dʒènəréiʃən] 영 독 완

n. **세대, 생성**
Adjusting to the new environment may take several **generations**. 새로운 환경에 적응하는 데는 여러 세대가 걸릴 수도 있다. 독연
a new **generation** of musicians and singers 새로운 세대의 음악가들과 가수들 영어

0892 **inhabitant** [inhǽbitənt] 독 완

n. **거주자, 주민**
The newcomers may borrow some of the practices of the original **inhabitants**. 새로운 거주자는 원래 거주자의 관행 중 일부를 차용할 수도 있다. 독연
the detriment of the **inhabitants** caused by promoting short-term gains 단기적인 이익을 추구함으로써 발생된 주민의 피해 수완

0893 **foster** [fɔ́(:)stər] 영 독 완

v. **형성하다, 조성하다**
We inhabit worlds that **foster** a variety of possible selves. 우리는 가능성 있는 다양한 자아를 형성하는 세계에 살고 있다. 독연
foster a safe learning environment 안전한 학습 환경을 조성하다 수완

0894 **explicit** [iksplísit] 독

a. **명시적인, 명확한**
The limitations placed on exploring the possible can be **explicit**. 가능한 것들을 탐구하는 데 놓인 한계는 명시적일 수 있다. 독연
explicit instructions for the assignment 과제에 대한 명확한 지침

0895 **performance** [pərfɔ́:rməns] 영 독 완 듣

n. **수행, 공연, 실적**
Successful **performance** leads to increased efficacy. 성공적인 수행은 효능의 증가로 이어진다. 독연
Laptop computers are used in **performance** by live electronic musicians. 노트북 컴퓨터가 라이브 전자 음악가 공연에서 사용된다. 영어

0896 **precision** [prisíʒən] 독 완 듣

n. **정확성, 정밀함**
Overconfident individuals overestimate the **precision** of their answers. 지나치게 자신만만한 사람들은 자기 대답의 정확성을 과대평가한다. 독연
analyze the games with **precision** 게임들을 정밀하게 분석하다 수완

0897 **adverse** [ǽdvə:rs] 영 독

a. **불리한, 해로운**
Overconfidence in decision making may lead to **adverse** consequences for the organization. 의사 결정에 대한 과도한 자신감은 조직에 불리한 결과를 초래할 수도 있다. 독연
an **adverse** physical state 해로운 신체 상태 영어

0898 **philosophy** [filɑ́səfi] 영 독 완

n. **철학**
modern **philosophies** since the rise of evolutionary theory 진화론이 부상한 이후의 현대 철학 독연
careful planning based on a **philosophy** 철학에 기초한 꼼꼼한 계획 수완

0899 **universe** [júːnəvə̀:rs] 독 완 듣

n. **우주**
Modern philosophies see constant change in the **universe**. 현대 철학은 우주에서 끊임없는 변화를 본다. 독연
the notion of randomness in the **universe** 우주의 무작위성이라는 개념 수완

0900 **cathedral** [kəθíːdrəl] 독

n. **대성당**
The medieval **cathedrals** were built to last beyond the memories of men. 중세의 대성당은 사람들이 기억하는 것보다 더 오래 남아 있도록 지어졌다. 독연
We visited the grand medieval **cathedral**. 우리는 웅장한 중세 대성당을 방문했다.

QUICK CHECK 10

WORDS **0811-0900** | Answer Key p. 234

A 다음 빈칸에 단어의 뜻을 쓰시오.

01 cultivation ____________
02 confine ____________
03 domain ____________
04 departure ____________
05 revenge ____________
06 inhabit ____________
07 inspiration ____________
08 divergence ____________
09 innovation ____________
10 adapt ____________
11 inhibit ____________
12 correlate ____________
13 intervene ____________
14 restrict ____________
15 induce ____________
16 guardian ____________
17 censorship ____________
18 heritage ____________
19 addiction ____________
20 tolerance ____________
21 conviction ____________
22 accumulate ____________
23 injection ____________
24 exposure ____________
25 assembly ____________
26 foresee ____________
27 retirement ____________
28 foster ____________
29 explicit ____________
30 adverse ____________

B 다음 빈칸에 주어진 철자로 시작하는 적절한 단어를 쓰시오.

01 s__________ the population living in the area ← 그 지역에 거주하는 인구를 **부양하다**
02 Anatomical d__________s are common. ← 해부학적 **그림**은 흔하다.
03 the ability to t__________ valued cultures ← 가치 있는 문화를 **전파하는** 능력
04 His r__________ left everyone in silence. ← 그의 **발언**이 모두를 침묵하게 만들었다.
05 A train has a d__________ on a track. ← 기차는 선로상에 **목적지**가 있다.
06 r__________ wounded wild animals ← 부상당한 야생 동물들을 **구조하다**
07 Error is part of i__________. ← 오류는 **발명**의 일부이다.
08 There lived three poor o__________s. ← 세 명의 가난한 **고아**가 살고 있었다.
09 Consider the s__________s of others. ← 다른 사람들의 **감정**을 고려하라.
10 a new g__________ of musicians and singers ← 새로운 **세대**의 음악가들과 가수들

연계 VOCA 실전 Test 05

A 다음 글의 네모 안에서 문맥에 맞는 낱말로 적절한 것을 고르시오.

01 Unlike many service workers, who often must display the same emotion (such as smiling or showing sympathy) in a fairly [diverse / repetitive] fashion, leaders have to display a much wider range of emotions and use considerable judgment as to which emotions best suit the situation.

02 Proponents of public ownership of the media argue that with private ownership the media industry runs the risk of representing the views of only a narrow group in society, and state ownership of the media is necessary to expose the public to [desirable / harmful] cultural or educational themes or values.

03 In the classical world, based on the conservatory approach, the creativity part has seemed to have all but [disappeared / flourished]. Yes, we are all creative beasts in some form, but in classical music and music education in general, creativity typically equates with being able to recreate a piece of music slightly differently from the way someone else does.

*conservatory: 음악 학교

04 At older ages, many experience losses in health, vigor, partners, and income, and become no longer able to afford or drive a car, to climb stairs, to maintain a large garden or mow the smallest lawn, and to walk to and from shops. Several of these changes seriously [enhance / impair] an older person's or a couple's quality of life.

B 다음 글의 밑줄 친 부분 중, 문맥상 낱말의 쓰임이 적절하지 않은 것은?

01 Stronger family ties in southern Italy ①strengthened trust outside of one's kinship group, ②weakened cooperation in pursuit of a common public goal, and thereby reduced the level of economic ③prosperity in the region.

02 ①Risk plays an interesting role in terms of creative practice. Pushing the boundaries or breaking rules may ②avoid risks. The results of this may be fruitful and invigorating but they may also be ③disastrous.

03 Works can be lost to accidents, natural disasters, and plain old inattention. ①Ownership helps guard against those losses. When we own our copies, we have greater ②deterrents to make efforts to preserve them, and it's harder for publishers and government actors to ③erase them.

04 Overconfidence may ①impede performance due to the overestimation of the accuracy of one's knowledge. For example, highly confident individuals are found to overestimate the ②ambiguity of their answers and thus underestimate the potential ③adverse consequences of their decisions.

0901 **kneel** [niːl] 독
v. **무릎을 꿇다**
Ted was **kneeling** beside his bed, praying. Ted는 자신의 침대 옆에서 무릎을 꿇고 기도하고 있었다. 독연
The prisoner was ordered to **kneel** down. 그 죄수는 무릎을 꿇으라는 명령을 받았다.

0902 **crack** [kræk] 독 듣
n. **(좁은) 틈, (갈라진) 금**
Mr. Jackson peeked through the **crack** in the door. Jackson 씨는 문틈으로 엿보았다. 독연
The old mirrors started getting **cracks** in them. 예전 거울들에 금이 가기 시작했어요. 영듣

0903 **absence** [ǽbsəns] 영 독 완
n. **없음, 부재**
Ted asked his father about the **absence** of the package. Ted는 아버지에게 그 꾸러미가 없는 것에 관해 물었다. 독연
Creative thinking is not possible in the **absence** of knowledge. 지식이 없는 상태에서는 창의적인 생각이 가능하지 않다. 영어
반 presence *n.* 존재, 참석

0904 **outrageous** [autréidʒəs] 독
a. **터무니없는, 너무나 충격적인**
Ted appeared to listen as his father spun the **outrageous** tale. Ted는 아버지가 그 터무니없는 이야기를 지어내는 동안 경청하는 것처럼 보였다. 독연
The prices for the items are **outrageous**. 그 물건들의 가격은 터무니없다.

0905 **assess** [əsés] 영 독 완
v. **평가하다**
Bacteria use general algorithms built into their genomes to **assess** trends. 박테리아는 경향을 평가하기 위해 게놈에 내장된 일반적인 알고리즘을 사용한다. 독연
assess the person's internal states accurately 그 사람의 내적인 상태를 정확하게 평가하다 수완

0906 **genome** [dʒíːnoum] 영 독
n. **게놈(세포나 생명체의 유전자 총체)**
The rules are installed in the organism's **genome**. 그 규칙들은 유기체의 게놈에 장착된다. 독연
We could ask whether preserving our **genome** is worth any cost. 우리는 우리의 게놈을 보존하는 것이 어떤 대가를 치를 가치가 있는지에 대해 질문할 수 있을 것이다. 영어

0907 **transaction** [trænzǽkʃən] 독
n. **거래, 교류**
marketplaces as the core of economic and sociocultural **transactions** 경제적, 사회 문화적 거래의 핵심으로서의 시장 독연
the infinite **transactions** between people 사람들 사이의 무한한 교류 독연

0908 **urban** [ə́ːrbən] 영 독 완
a. **도시의**
problematise the marketplaces as unhygienic **urban** environments 시장들을 비위생적인 도시 환경으로 문제 삼다 독연
the history of **urban** planning 도시 계획의 역사 영어

0909 **renewal** [rinjúːəl] 독 듣
n. **재개발, 갱신**
The new indoor markets functioned as an urban **renewal** tool. 새로운 실내 시장들은 도시 재개발의 도구로서 기능했다. 독연
Let me handle your membership **renewal**. 제가 손님의 회원권 갱신을 처리해 드리겠습니다. 영듣

0910 **intelligence** [intélidʒəns] 영 독 완 듣
n. **지능**
Only one species has had complex **intelligence**. 한 종만이 복잡한 지능을 갖게 되었다. 독연
Emotional **intelligence** tends to improve with age. 감성 지능은 나이가 들면서 향상되는 경향이 있다. 영듣
intelligent *a.* 지적인, 영리한

0911 **creature** [kríːtʃər] 영 독 완 듣

n. 생물, 생명체

A large number of species might have evolved into intelligent **creatures**. 많은 수의 종들이 지능이 있는 생물로 진화할 수도 있었다. 독연

some strange **creature** extending tentacles 촉수를 뻗는 어떤 기이한 생명체 영어

0912 **evidence** [évidəns] 영 독 완

n. 증거

There is no **evidence** to suggest that dinosaurs might have developed intelligence. 공룡이 지능을 발달시켰을 수도 있다는 것을 암시하는 증거는 없다. 독연

make judgements based on superficial **evidence** 피상적인 증거에 근거해 판단을 내리다 영어

0913 **architect** [ɑ́ːrkitèkt] 독

n. 건축가

Birds are among the most accomplished of **architects**. 새는 가장 뛰어난 건축가 중 하나이다. 독연

Each has a job, from the wet nurses to the **architects**. 유모로부터 건축가에 이르기까지 각각의 사람에게는 직업이 있다. 독연

◎ architecture *n.* 건축학[술], 건축 양식

0914 **advertise** [ǽdvərtàiz] 영 독

v. 자랑하여 보이다, 광고하다

Male birds use their finished nest to **advertise** for a female. 수컷 새는 암컷에게 자랑하여 보이기 위해 완성된 둥지를 이용한다. 독연

A marketer's job is to **advertise** the product. 마케터의 일은 제품을 광고하는 것이다. 영어

0915 **transport** [trænspɔ́ːrt] 영 독 완

v. 운송하다, 운반하다

He has been **transporting** cows for many years. 그는 여러 해 동안 소를 운송해 왔다. 독연

Our staff will **transport** your equipment to the campsite. 저희 직원이 여러분의 장비를 야영지로 운반할 것입니다. 영어

◎ transportation *n.* 운송, 수송

0916 **lock** [lɑk] 영 독 완

n. 자물쇠 *v.* 가두다

He went to a store and bought a chain and a **lock**. 그는 가게로 가서 사슬과 자물쇠를 샀다. 독연

The Internet can **lock** you in an information bubble. 인터넷이 여러분을 정보 버블에 가둘 수 있다. 영어

◎ 반 unlock *v.* (자물쇠를) 열다

0917 **barn** [bɑːrn] 독

n. 가축우리, 헛간

He was headed to another sale **barn** in the neighboring state. 그는 이웃한 주의 다른 가축 거래 판매장으로 향했다. 독연

The farmer stored hay in the spacious **barn**. 그 농부는 넓은 헛간에 건초를 저장했다.

0918 **local** [lóukəl] 영 독 완 듣

n. 현지인, 주민 *a.* 지역의

He made conversation with a few **locals**. 그는 몇 명의 현지인들과 대화를 나누었다. 독연

In the 1980s, you got your daily dose of information from your **local** paper. 1980년대에는 지역 신문으로부터 하루의 정보 분량을 얻었다. 영어

0919 **flexibility** [flèksəbíləti] 영 독 완 듣

n. 유연성

The rover would have the **flexibility** to select its own science targets. 탐사 차는 자체적으로 과학 (탐사) 목표물을 선택할 수 있는 유연성을 가질 것이다. 독연

Swimming can help build muscle and improve **flexibility**. 수영은 근육을 만들고 유연성을 향상시키는 데 도움을 줄 수 있다. 영듣

◎ flexible *a.* 유연한, 신축성 있는

0920 **hazard** [hǽzərd] 영 독

n. 위험 (요소)

Rovers will respond appropriately to various **hazards** and system failures. 탐사 차는 다양한 위험과 시스템 고장에 적절히 대응할 것이다. 독연

Pain is an occupational **hazard**. 고통은 직업적 위험 요소이다. 영어

WEEK 6

DAY 31

0921 **disaster** [dizǽstər] 독 완 듣

n. 재앙, 재난

save the world from environmental **disaster** 환경 재앙으로부터 세계를 구하다 독연

be involved in a **disaster** such as a flood or hurricane 홍수나 허리케인과 같은 재난을 겪다 수완

0922 **conceal** [kənsíːl] 영 독 완

v. 은폐하다, 숨기다

conceal injustices currently being suffered by indigenous groups 현재 토착 집단이 겪고 있는 불평등을 은폐하다 독연

The diversity might **conceal** an underlying universality. 다양성이 근본적인 보편성을 숨길 수도 있다. 영어

반 reveal *v.* 드러내다, 폭로하다

0923 **qualify** [kwɑ́ləfài] 독

v. 자격[자질]을 얻다[갖추다]

Self-regulation should **qualify** as a limited form of free will. 자기 조절은 제한된 형태의 자유 의지로서의 자격을 얻어야 한다. 독연

To **qualify** for the scholarship, students must demonstrate their excellence. 장학금 수혜 자격을 얻으려면, 학생은 자신의 우수성을 입증해야 한다.

qualification *n.* 자격(증)

0924 **impulse** [ímpʌls] 영 독 완

n. 충동, 자극

Without self-regulation, the organism cannot help but act on the strongest **impulse**. 자기 조절이 없으면 유기체는 가장 강한 충동에 따라 행동할 수밖에 없다. 독연

change light energy into neural **impulses** 빛 에너지를 신경 자극으로 바꾸다 영어

0925 **eventual** [ivéntʃuəl] 독 완

a. 최종적인, 궁극적인

The **eventual** response is not necessarily better than the first. 최종적인 반응이 반드시 첫 번째 반응보다 더 나은 것은 아니다. 독연

observation, practice, and then **eventual** success 관찰, 연습, 그런 다음 궁극적인 성공 수완

0926 **broom** [bru(ː)m] 독

n. 빗자루, (청소용) 비

a turnstile made from a cut-off **broom** handle 빗자루 손잡이를 잘라 내어 만든 회전식 개찰구 독연

He grabbed the **broom** and swept the kitchen floor. 그는 빗자루를 잡고 부엌 바닥을 쓸었다.

0927 **proof** [pruːf] 독 완

n. 증거

Remember your ticket stub so there's **proof** that you had it. 티켓을 갖고 있었다는 증거가 있도록 티켓의 반쪽을 잊지 말고 챙겨라. 독연

Changing behaviour in one-on-one conflict requires 'social **proof**.' 두 사람 사이의 갈등에서 행동을 바꾸는 것은 '사회적 증거'를 필요로 한다. 수완

0928 **audience** [ɔ́ːdiəns] 영 독 완

n. 관객, 청중

The **audience** was seated. 관객이 자리에 앉았다. 독연

David Garrick pioneered the idea that an **audience** should be silent and listen. David Garrick이 관객은 조용히 경청해야 한다는 개념을 주창했다. 영어

0929 **investment** [invéstmənt] 독 완

n. 투자

Making the **investment** in understanding the vendor is a clear choice. 매도인을 이해하는 데 투자하는 것은 확실한 선택이다. 독연

A workshop is an **investment** with leverage. 워크숍은 효과를 지닌 투자이다. 수완

0930 **maximize** [mǽksəmàiz] 영 독 완

v. 극대화하다

Vendors want to **maximize** revenue. 매도인은 수익을 극대화하기를 원한다. 독연

maximize the attractive qualities 매력적인 특성을 극대화하다 영어

maximum *n.* 극대, 최대

0931 **contract**
n. [kάntrækt]
v. [kəntrǽkt]
영 독 듣

n. **계약(서)** *v.* **계약하다, 수축하다, 줄어들다**
Vendors want to minimize their risk under a **contract**. 매도인은 계약서에 따라 자신의 위험을 최소화하기를 원한다. 독연
A petroleum development **contract** was written. 석유 개발 계약서가 작성되었다. 영어

0932 **diet**
[dáiət]
영 독 완 듣

n. **식단, 음식**
an essential component of the human **diet** 인간 식단의 필수적인 구성 요소 독연
A **diet** with 10 percent protein is sufficient for most people. 대부분의 사람에게 10퍼센트의 단백질이 포함된 식단이면 충분하다. 영어

0933 **optional**
[άpʃənəl]
독

a. **선택적인, 선택 사항의**
Ascorbic acid went from being an **optional** component to being an essential component. 아스코르브산은 선택적인 구성 요소에서 필수적인 구성 요소로 바뀌었다. 독연
Attendance at the workshop is **optional** for employees. 워크숍 참석은 직원들에게 선택 사항이다.

0934 **stripe**
[straip]
독

n. **줄무늬**
Tiger **stripes** provide camouflage. 호랑이 줄무늬는 위장을 제공한다. 독연
The flag features a red and white **stripe**. 그 깃발은 빨간색과 흰색 줄무늬가 특징이다.

0935 **err**
[əːr]
독

v. **실수하다**
Adults can make similar mistakes, but children **err** much more frequently. 성인도 비슷한 실수를 할 수 있지만, 아이들이 훨씬 더 자주 실수한다. 독연
It's easy to **err** when learning a new skill. 새로운 기술을 배울 때는 실수하기가 쉽다.

0936 **category**
[kǽtəgɔ̀ːri]
영 독 완 듣

n. **범주, 부류, 부문**
a belief that **category** knowledge is more likely to be common knowledge 범주 지식이 일반적인 지식일 가능성이 더 높다는 믿음 독연
Languages determine the cognitive **categories** relating to space concepts. 언어가 공간 개념과 관련된 인지 범주를 결정한다. 영어
○ categorize *v.* 분류하다, 범주에 넣다

0937 **absolute**
[ǽbsəlùːt]
영 독 완

a. **절대적인, 확실한**
Assessing personality helps someone learn where their **absolute** limits are. 성격을 평가하는 것은 어떤 사람이 자신의 절대적인 한계가 어디인지를 아는 데 도움을 준다. 독연
There are no **absolute** moral judgements. 절대적인 도덕적 판단은 존재하지 않는다. 영어

0938 **thrive**
[θraiv]
독 완 듣

v. **즐기다, 잘 해내다, 번영하다**
Introverts tend to **thrive** on quiet, alone time. 내향적인 사람은 조용한, 혼자 있는 시간을 즐기는 경향이 있다. 독연
If you are to **thrive**, your beliefs must evolve with the facts. 여러분은 (일을) 잘 해내려면, 여러분의 신념이 사실과 함께 발전해야 한다. 수완

0939 **urgency**
[ə́ːrdʒənsi]
독

n. **다급함, 긴급함**
He had a look of **urgency** on his face. 그는 얼굴에 다급한 표정을 짓고 있었다. 독연
The situation required immediate attention due to its **urgency**. 그 상황은 그것의 긴급함 때문에 즉각적인 관심을 요구했다.
○ urgent *a.* 긴급한

0940 **sigh**
[sai]
영 독 완

n. **한숨**
Harry let out a big **sigh**. Harry는 큰 한숨을 내쉬었다. 독연
William's dad breathed a deep **sigh** of relief. William의 아빠는 깊은 안도의 한숨을 내쉬었다. 영어

0941 hitchhiker [hítʃhàikər] 독
n. 자동차 편승자[편승 여행자]
Carlos had never picked up a **hitchhiker**. Carlos는 자동차 편승 여행자를 태워 본 적이 없었다. 독연
The kind driver picked up a **hitchhiker**. 친절한 운전자가 자동차 편승자를 태워 주었다.

0942 latter [lǽtər] 영 독 완
n. 후자 *a.* 후자의
Between adopting a stage name and changing my name, I chose the **latter**. 예명을 쓰기 시작하는 것과 이름을 바꾸는 것 중에, 나는 후자를 선택했다. 독연
Between the two, the **latter** is more important. 그 둘 중에서 후자가 더 중요하다. 영어

0943 soak [souk] 영 독
v. 흠뻑 적시다, (햇빛을) 흠뻑 받다
Sweat **soaked** her gown. 땀이 그녀의 가운을 흠뻑 적셨다. 독연
Raymond enjoyed his time outdoors, **soaking** up sunshine. Raymond는 햇빛을 흠뻑 받으며 야외에서 보내는 시간을 즐겼다. 영어

0944 pavement [péivmənt] 독 완
n. 포장도로, 인도
Steam rose up from the **pavement**. 포장도로에서 김이 올라왔다. 독연
Terina moved her car to the edge of the **pavement**. Terina는 자신의 차를 인도 가장자리로 이동했다. 수완

0945 destine [déstin] 독
v. (운명적으로) 정해 놓다
Life doesn't have anything **destined** for you. 인생에서 여러분에게 운명적으로 정해진 것은 아무것도 없다. 독연
The two girls were **destined** to meet again. 두 소녀는 다시 만날 운명으로 정해져 있었다.

0946 misery [mízəri] 영 독
n. 불행, 비참함, 고통
Disassociate yourself with all **miseries**. 여러분 자신을 모든 불행과 분리하라. 독연
What if it means humankind exists only in a state of **misery**? 그것이 인류가 비참한 상태로만 존재한다는 의미라면 어떨까? 영어

0947 submerge [səbmə́ːrdʒ] 독
v. (생각 등을) 깊이 감추다, 잠수하다
The individual quirks of the participants need to be **submerged**. 참가자의 개별적인 별난 점은 깊이 감추어져야 한다. 독연
Divers will **submerge** to explore the underwater caves. 다이버들이 수중 동굴을 탐험하기 위해 잠수할 것이다.

0948 anonymity [æ̀nənímәti] 독
n. 익명(성)
The lack of **anonymity** in the village makes it difficult for people to dissent. 마을에서 익명성이 없는 것은 사람들이 이의를 제기하는 것을 어렵게 만든다. 독연
The whistleblower sought **anonymity**. 그 내부 고발자는 익명을 요구했다.

0949 employment [implɔ́imənt] 영 독 완
n. 고용, 일자리
The dominant sections control most avenues of **employment**. 유력한 집단이 대부분의 고용 수단을 통제한다. 독연
workers seeking **employment** 일자리를 구하는 근로자들 영어

0950 solution [səljúːʃən] 영 독 완
n. 해결책, 용액, 용해
The new framing generated a new and successful **solution**. 그 새로운 프레이밍이 새롭고 성공적인 해결책을 생성했다. 독연
the **solution** to creating sustainable cities 지속 가능한 도시를 만드는 해결책 영어

0951 **cope** [koup] 영 독

v. **대처하다, 대응하다**

The monkeys reared in a predictable environment **coped** well. 예측할 수 있는 환경에서 길러진 원숭이는 잘 대처했다. 독연

Some people **cope** with difficulties instead of avoiding them. 어떤 사람들은 어려움을 피하는 대신 그것에 대처한다. 영어

0952 **excel** [iksél] 독 완

v. **뛰어나(게 잘하)다, (남을) 능가하다**

John Goodricke entered Warrington Academy, where he **excelled** in mathematics. John Goodricke는 Warrington 아카데미에 입학했는데, 그곳에서 수학을 뛰어나게 잘했다. 독연

She **excelled** in her studies. 그녀는 자신의 학업에서 뛰어났다. 수완

0953 **astronomy** [əstrάnəmi] 독 완

n. **천문학**

His interest in **astronomy** was awakened. 천문학에 대한 그의 관심이 깨어났다. 독연

Mike and Cathy are members of a school **astronomy** club. Mike와 Cathy는 학교 천문학 동아리 회원이다. 수완

● astronomical *a.* 천문학의[적인], 엄청나게 큰

0954 **award** [əwɔ́:rd] 독 완 듣

v. **수여하다, (상을) 주다** *n.* **상**

The Royal Society **awarded** him a Copley Medal in 1783. 왕립 학회는 1783년에 그에게 Copley 메달을 수여했다. 독연

the Emmy **award** for sports broadcasting 스포츠 방송 부문 Emmy 상 수완

0955 **backpack** [bǽkpæ̀k] 독 완

n. **책가방, 배낭**

Our goal is to provide 3,000 new **backpacks** to students in need. 우리의 목표는 3,000개의 새 책가방을 어려운 학생들에게 제공하는 것이다. 독연

The card was at the bottom of my **backpack**. 그 카드는 나의 책가방 바닥에 있었다. 수완

0956 **completion** [kəmplíːʃən] 영 독

n. **완료, 완공, 완성**

Additional information will be emailed after form **completion**. 추가 정보는 양식 작성 완료 후에 이메일로 전송될 것입니다. 독연

the **completion** of the new pickleball courts 새로운 피클볼 코트의 완공 영어

0957 **minimum** [mínəməm] 독 완 듣

n. **최소(한), 최저(치)**

All noise should be kept to a **minimum** during Quiet Time. '조용한 시간' 동안에는 모든 소음이 최소한으로 유지되어야 한다. 독연

I couldn't get the **minimum** number of members. 나는 최소 회원 수를 확보할 수 없었다. 영듣

0958 **overnight** [óuvərnàit] 독

ad. **하룻밤 동안, 밤사이에**

Visitors are not allowed to stay **overnight**. 방문객은 하룻밤 묵는 것이 허용되지 않는다. 독연

A canoe tied to a tree drifted away **overnight**. 나무에 묶어 두었던 카누가 밤사이에 떠내려갔다. 독연

0959 **theft** [θeft] 독

n. **도난, 절도 (행위)**

To avoid **theft** of valuables, be sure to lock them inside your room. 귀중품의 도난을 방지하기 위해 반드시 그것들을 방 안에 잠가 두십시오. 독연

The security camera recorded the **theft** at midnight. 보안 카메라가 자정에 절도 행위를 녹화했다.

0960 **craft** [kræft] 영 독 완 듣

n. **선박, 공예(품)**

Most marine fishing requires the use of a **craft** on which to go to sea. 대부분의 해양 어업은 바다로 타고 나갈 선박의 사용이 필요하다. 독연

This shop specializes in traditional Korean **crafts**. 이 상점은 한국 전통 공예품 전문이다. 수완

0961 **exclude** [iksklúːd] 영 독

v. **배제하다, 못 하게 하다**
Small groups are formed which include some members and **exclude** others. 일부 구성원을 포함하고 다른 구성원을 배제하는 작은 그룹이 형성된다. 독연
exclude certain groups from succeeding in academic settings 특정 집단을 학업 환경에서 성공하지 못하게 하다 영어

0962 **scope** [skoup] 영 독 완

n. **범위**
Human gregariousness is limited in its **scope**. 인간의 군거성은 그 범위가 제한적이다. 독연
The catastrophe increased in its **scope**. 그 재앙은 그 범위가 커졌다. 영어

0963 **hostility** [hɑstíləti] 독

n. **적대감, 적대 행위**
Discrimination is the source of **hostility**. 차별은 적대감의 원천이다. 독연
Loyalty to some may be defined by **hostility** towards others. 일부에 대한 충성은 다른 이들에 대한 적대감에 의해 분명히 보여질 수도 있다. 독연
○ hostile *a.* 적대적인

0964 **soothe** [suːð] 독 완

v. **(마음을) 달래다, 진정시키다**
Gentle sounds of insects **soothe** us. 부드러운 벌레 소리가 우리의 마음을 달랜다. 독연
Use this moisturizer to **soothe** your skin. 너의 피부를 진정시키기 위해 이 보습제를 사용해. 수완

0965 **initiate** [iníʃieit] 독

v. **시작하다**
when you try to **initiate** a conversation 여러분이 대화를 시작하려고 할 때 독연
Certain parts of the brain screen the information and **initiate** a response. 뇌의 특정 부분에서 그 정보를 선별하여 대응을 시작한다. 독연
○ initiative *n.* 솔선, 주도, 발의

0966 **overstep** [òuvərstép] 독

v. **(도를) 넘다**
They'll understand they've **overstepped**. 그들은 자신들이 도를 넘었음을 이해할 것이다. 독연
It is crucial not to **overstep** ethical boundaries. 윤리적 경계를 넘지 않는 것이 중요하다.

0967 **scenario** [sinǽriòu] 영 독 완

n. **시나리오**
In the likely **scenario**, they'll complain about it, but will reluctantly acquiesce. 그럴싸한 시나리오에서는, 그들이 그것에 대해 불평하겠지만 마지못해 묵인할 것이다. 독연
It will result in worst-case **scenarios**. 그것은 최악의 시나리오를 초래할 것이다. 영어

0968 **significant** [signífikənt] 영 독 완 듣

a. **상당한, 중요한**
Multimedia products require **significant** investments for their production. 멀티미디어 제품들은 그것들의 제작에 상당한 투자가 필요하다. 독연
Women started earning **significant** salaries. 여성들이 상당한 액수의 급여를 받기 시작했다. 영어

0969 **discourage** [diskə́ːridʒ] 독

v. **단념시키다, 의욕을 꺾다**
discourage future projects in the multimedia industry 멀티미디어 산업의 미래 프로젝트를 단념시키다 독연
The king thought that availability of books **discouraged** students from studying. 왕은 책을 이용할 수 있는 것이 학생들이 공부하고자 하는 의욕을 꺾는다고 생각했다. 독연

0970 **portrait** [pɔ́ːrtrit] 영 독

n. **(상세한) 묘사, 초상(화)**
an incomplete **portrait** of who the audience is 독자가 누구인가에 대한 불완전한 묘사 독연
make **portrait** busts of Alexander's successors 알렉산더 대왕의 후계자들의 초상 흉상을 만들다 영어

0971 **limitation** [lìmətéiʃən] 독 완

n. 제약, 한계

The method suffers from **limitations** of its own. 그 방법은 그것 자체의 제약에서 오는 어려움이 있다. 독연

Big data analysts should be aware of the **limitations** associated with big data. 빅 데이터 분석가들은 빅 데이터와 관련된 한계를 알고 있어야 한다. 수완

0972 **composition** [kɑ̀mpəzíʃən] 영 독 완

n. 구성, 작문, 작곡

identify the exact **composition** and preferences of all the readers 모든 독자의 정확한 구성과 선호도를 확인하다 독연

change the **composition** of the food 음식의 구성을 바꾸다 영어

○ compose *v.* 구성하다

0973 **demand** [dimǽnd] 영 독 완

n. 수요, 필요성 *v.* 요구하다

Traffic is one of the examples of induced **demand**. 교통은 유도된 수요의 사례 중 하나이다. 독연

Each new development creates its own **demand** for legal change. 각각의 새로운 발전은 그에 따른 법률 변화의 필요성을 만들어 낸다. 영어

0974 **portable** [pɔ́ːrtəbl] 영 독

a. 휴대용의

The heavy typewriter gave way to the **portable** typewriter. 무거운 타자기가 휴대용 타자기로 대체되었다. 독연

the equipment bin with **portable** nets 휴대용 네트를 담은 장비 보관함 영어

0975 **fragment** [frǽgmənt] 영 독 완

n. 조각

A **fragment** of a cave bear bone was discovered in a Neanderthal cave in Slovenia. 동굴 곰 뼛조각이 슬로베니아의 네안데르탈인 동굴에서 발견되었다. 독연

deposit inedible **fragments** of prey in piles 먹을 수 없는 먹이 조각을 무더기로 쌓아 두다 영어

0976 **instrument** [ínstrəmənt] 영 독 완

n. 악기, 기구, 도구

the oldest known musical **instruments** 알려진 가장 오래된 악기 독연

The violinist placed the **instrument** upon the soldier's knees. 그 바이올린 연주가는 악기를 그 병사의 무릎 위에 올려놓았다. 영어

0977 **scale** [skeil] 영 독 완 듣

n. 음계, 규모

Models of the bone generate a diatonic **scale**. 뼈 모형이 전음계를 생성한다. 독연

the economies of **scale** 규모의 경제 영어

0978 **spiral** [spáiərəl] 독

n. 연속적 변동, 소용돌이 *a.* 나선형의 *v.* (나선형으로) 움직이다

a downward **spiral** of events, thoughts, emotions, and physiological states 사건, 사고, 감정, 생리적 상태가 점점 더 나빠지는 연속적 변동 독연

spiral toward doubts and insecurities 의심과 불안 쪽으로 움직이다 독연

0979 **optimistic** [ɑ̀ptəmístik] 독

a. 낙관적인

remain **optimistic** about possible outcomes 가능한 결과에 대해 낙관적인 상태를 유지하다 독연

keep an **optimistic** outlook 낙관적인 견해를 유지하다 독연

○ 반 pessimistic *a.* 비관적인

0980 **sustain** [səstéin] 독

v. 유지하다, 지속하다, 떠받치다

be crucial in **sustaining** the health of mankind 인류의 건강을 유지하는 데 매우 중요하다 독연

sustain the efforts to protect the environment 환경 보호를 위한 노력을 지속하다

○ sustainability *n.* 지속 가능성

WEEK 6
DAY 33

0981 **ritual** [rítʃuəl] 독
a. 의식(儀式)의 *n.* 의례, 의식
Herbs were used for their **ritual** magical powers. 약초는 그것의 의식적 마법 능력 때문에 사용되었다. 독연
a **ritual** that expresses collective sentiment 단체의 정서를 표현하는 의례 독연

0982 **inclusion** [inklúːʒən] 영 독
n. 같이 넣음, 포함(시킴)
the **inclusion** of the herbs in the tomb 약초를 무덤에 같이 넣음 독연
the **inclusion** of the writer in the canon 그 작가를 주요 문헌 목록에 포함시킴 영어

0983 **afford** [əfɔ́ːrd] 영 독 완 듣
v. ~할 수 있다, ~할 여유가 있다
A retiree may not have the financial means to **afford** an internet connection. 은퇴자는 인터넷을 연결할 수 있는 재정적인 수입이 없을 수도 있다. 독연
Many working people could not **afford** to attend the theatre. 많은 노동자가 극장에 갈 여유가 없었다. 영어

0984 **oblige** [əbláidʒ] 독
v. 어쩔 수 없이 ~하게 하다
After retirement, people are no longer **obliged** to learn new technologies. 은퇴 후, 사람들은 더 이상 새로운 기술을 어쩔 수 없이 배울 필요가 없다. 독연
Everyone is **obliged** to accept the decision. 모든 사람은 그 결정을 어쩔 수 없이 받아들여야 한다. 독연

0985 **deck** [dek] 독 듣
n. 덱, 갑판
Carl Sagan taught astrophysics from the glowing **deck** of an imaginary spaceship. Carl Sagan은 가상적인 우주선의 빛나는 덱에서 천체 물리학을 가르쳤다. 독연
I recommend a skateboard with a wood **deck**. 저는 나무 덱이 달린 스케이트보드를 추천합니다. 영듣

0986 **release** [rilíːs] 영 독 완 듣
v. 방출하다, 출시하다, 석방하다
release chemicals that change the way we think, feel, and remember 우리가 생각하고, 느끼고, 기억하는 방식을 변화시키는 화학 물질을 방출하다 독연
Burning candles **release** tiny chemical particles. 타는 양초는 작은 화학 입자를 방출한다. 영듣

0987 **drag** [dræg] 영 독 완
v. (힘들게) 끌고 가다, (질질) 끌다
Becoming focused on what you can't control can **drag** you down. 여러분이 통제할 수 없는 것에 집중하게 되는 것은 여러분을 아래로 끌고 갈(맥 빠지게 할) 수 있다. 독연
He shivered with fear while being **dragged**. 그는 끌려가는 동안 두려움에 떨었다. 영어

0988 **recover** [rikʌ́vər] 영 독 완 듣
v. 회복하다
She needed to let her body **recover**. 그녀는 자신의 몸이 회복하게 해 주어야 했다. 독연
have the strength to **recover** from failure 실패로부터 회복하는 힘을 갖다 수완
➲ recovery *n.* 회복

0989 **rivalry** [ráivəlri] 독
n. 라이벌 (관계), 경쟁 (상대)
Dana Torres had a **rivalry** with swimmer Jenny Thompson. Dana Torres는 수영 선수 Jenny Thompson과 라이벌 관계였다. 독연
The **rivalry** fueled competition between them. 라이벌 관계는 그들 간의 경쟁을 부추겼다.

0990 **workout** [wə́ːrkàut] 독 듣
n. 운동
She compared her **workout** with what the twenty-year-olds were doing. 그녀는 자신의 운동을 스무 살짜리들이 하고 있는 것과 비교했다. 독연
Swimming provides a full-body **workout**. 수영은 전신 운동을 하게 해 준다. 영듣

QUICK CHECK 11

WORDS **0901-0990** | Answer Key p. 234

A 다음 빈칸에 단어의 뜻을 쓰시오.

01 kneel	______	16 destine	______
02 outrageous	______	17 misery	______
03 urban	______	18 anonymity	______
04 renewal	______	19 cope	______
05 creature	______	20 completion	______
06 architect	______	21 theft	______
07 flexibility	______	22 exclude	______
08 hazard	______	23 hostility	______
09 conceal	______	24 initiate	______
10 impulse	______	25 portable	______
11 audience	______	26 fragment	______
12 investment	______	27 sustain	______
13 optional	______	28 inclusion	______
14 absolute	______	29 oblige	______
15 urgency	______	30 release	______

B 다음 빈칸에 주어진 철자로 시작하는 적절한 단어를 쓰시오.

01 a__________ the person's internal states accurately ← 그 사람의 내적인 상태를 정확하게 **평가하다**

02 the infinite t__________s between people ← 사람들 사이의 무한한 **교류**

03 A marketer's job is to a__________ the product. ← 마케터의 일은 제품을 **광고하는** 것이다.

04 save the world from environmental d__________ ← 환경 **재앙**으로부터 세계를 구하다

05 Tiger s__________s provide camouflage. ← 호랑이 **줄무늬**는 위장을 제공한다.

06 the s__________ to creating sustainable cities ← 지속 가능한 도시를 만드는 **해결책**

07 His interest in a__________ was awakened. ← **천문학**에 대한 그의 관심이 깨어났다.

08 The catastrophe increased in its s__________. ← 그 재앙은 그 **범위**가 커졌다.

09 change the c__________ of the food ← 음식의 **구성**을 바꾸다

10 a r__________ that expresses collective sentiment ← 단체의 정서를 표현하는 **의례**

WEEK 6 DAY 34

0991 **devotedly** [divóutidli] 독

ad. 헌신적으로
I have been **devotedly** working at our company for the past 5 years. 나는 지난 5년간 우리 회사에서 헌신적으로 일해 왔다. 독연
James cares for his wife **devotedly**. James는 자신의 아내를 헌신적으로 돌본다.

0992 **dedication** [dèdəkéiʃən] 독 완

n. 헌신, 전념
my **dedication** to my work and to our company 나의 업무와 우리 회사에 대한 나의 헌신 독연
Your **dedication** really paid off. 당신의 헌신이 정말 결실을 보았군요. 수완
○ dedicate *v.* 바치다, 전념하다, 헌정하다

0993 **responsibility** [rispɑ̀nsəbíləti] 영 독 완 듣

n. 책임, 책무
I completely understand the **responsibilities**. 나는 그 책임을 완전히 이해하고 있다. 독연
the **responsibility** for all costs of child rearing 자녀 양육에 드는 모든 비용에 대한 책임 영어
○ responsible *a.* 책임지고 있는

0994 **appreciate** [əpríːʃièit] 영 독 완 듣

v. 감사하다, 감상하다, 진가를 알아보다
I would greatly **appreciate** a positive response. 긍정적인 답변을 주시면 대단히 감사하겠습니다. 독연
I sincerely **appreciate** the time you have taken. 귀하께서 내어 주신 시간에 진심으로 감사드립니다. 영어

0995 **pronounce** [prənáuns] 독

v. 발음하다, 발표하다, 선언하다
It's **pronounced** rah-VEE. 그것은 rah-VEE라고 발음된다. 독연
The minister will **pronounce** on the new policy today. 장관은 오늘 새 정책을 발표할 것이다.
○ pronunciation *n.* 발음 pronouncement *n.* 발표, 선언

0996 **pound** [paund] 영 독 완 듣

v. (심장이) 두근거리다, 두드리다 *n.* 파운드(영국의 화폐 또는 무게 단위)
My heart is **pounding**. 내 심장이 두근거리고 있다. 독연
Adult vaquitas weigh as much as 120 **pounds** (55 kilograms). 성체 바키타는 몸무게가 120파운드(55kg) 정도이다. 수완

0997 **quiver** [kwívər] 독

v. 떨리다, 떨다 *n.* 전율, 떨림
I say softly, my voice **quivering** a little. 내 목소리가 약간 떨리며, 나는 부드럽게 말한다. 독연
I felt a **quiver** of excitement. 나는 흥분에 의한 전율을 느꼈다.

0998 **nod** [nɑd] 독 완

v. (고개를) 끄덕이다 *n.* 동의, 끄덕임
I **nod** my head and smile back at her. 나는 고개를 끄덕이며 그녀에게 화답의 미소를 보낸다. 독연
a mere **nod** toward "positive thinking" '긍정적인 사고'에 대한 단순한 동의 수완

0999 **presence** [prézəns] 영 독 완

n. 존재, 참석
the **presence** of a group of young people 한 무리의 젊은 사람들의 존재 독연
the **presence** of painful stimulation 고통스러운 자극의 존재 영어
○ 반 absence *n.* 부재

1000 **informal** [infɔ́ːrməl] 독 완

a. 비공식적인, 격식에 얽매이지 않는
Public settings are often the preferred location for these **informal** gatherings. 공공장소는 흔히 이러한 비공식적인 모임을 위해 선호되는 장소이다. 독연
a formal or **informal** leadership role 공식적인 또는 비공식적인 리더십 역할 수완

1001 **developmental** [divèləpméntəl] 독

a. **발달상의, 개발의**
an important **developmental** need 중요한 발달상의 요구 독연
The weapon is still at a **developmental** stage. 그 무기는 아직 개발 단계에 있다.
develop *v.* 개발하다

1002 **retreat** [ritríːt] 독

v. **자리를 뜨다, 후퇴하다, 퇴각하다** *n.* **후퇴, 퇴각, 피난처, 휴양지**
Youth **retreat** to less visible areas for their socializing activities. 젊은 사람들은 자신들의 사교 활동을 위해 눈에 덜 띄는 구역으로 자리를 뜬다. 독연
The general commanded his soldiers to **retreat**. 장군은 자신의 병사들에게 후퇴할 것을 명령했다.

1003 **supervision** [sjùːpərvíʒən] 독

n. **감독, 관리**
informal **supervision** found on places like malls, cafes, and city streets 쇼핑몰, 카페, 그리고 도시 거리와 같은 장소들에서 보이는 비공식적인 감독 독연
The child needs constant **supervision**. 그 아이는 지속적인 관리가 필요하다.
supervise *v.* 감독하다, 관리하다

1004 **societal** [səsáiətəl] 영 독 완

a. **사회적인, 사회의**
A **societal** understanding and acceptance of youth hanging out in public places is essential. 젊은 사람들이 공공장소에서 어울리는 것에 대한 사회적 이해와 수용이 필수적이다. 독연
societal boundaries that must not be crossed 넘어서는 안 되는 사회적인 경계 영어

1005 **sensory** [sénsəri] 영 독 완

a. **감각의**
The extinction of **sensory** diversity has many causes. 감각의 다양성이 사라진 데에는 여러 가지 원인이 있다. 독연
information at a deeper, **sensory** or perceptual level 더 깊은 감각적 또는 지각적 수준에서의 정보 영어

1006 **force** [fɔːrs] 영 독 완 듣

v. **강요하다** *n.* **힘, 물리력**
force the costs of production onto other people and other species 생산 비용을 다른 사람과 다른 종에게 강요하다 독연
various erosive **forces**, such as wind and water 바람과 물 같은 다양한 침식력 영어

1007 **appetite** [ǽpətàit] 독

n. **욕구, 식욕**
ever-expanding human **appetites** 계속해서 확장되는 인간의 욕구 독연
I suffered from loss of **appetite** last week. 나는 지난주에 식욕 상실로 고통받았다.

1008 **inattention** [ìnətén∫ən] 독

n. **무관심**
a culture of **inattention** and lack of appreciation 무관심하고 올바른 인식이 부족한 문화 독연
Works can also be lost to accidents, natural disasters, and plain old **inattention**. 작품은 또한 사고, 자연재해, 그리고 단순히 오랜 무관심으로 손실될 수 있다. 독연

1009 **chatter** [t∫ǽtər] 독

n. **수다, 지껄이는 소리, 재잘거림** *v.* **수다를 떨다, 재잘거리다**
Our ears are directed inward, to the **chatter** of our own species. 우리의 귀는 안쪽으로, 즉 인류의 수다를 향해 있다. 독연
There was a lot of **chatter** in the system. 그 시스템 안에 지껄이는 소리가 매우 많았다. 독연

1010 **monument** [mάnjumənt] 독

n. **기념물, 기념비**
Public **monuments** to sound are rare. 소리에 대한 공적 기념물은 드물다. 독연
The tower is a national **monument**. 그 탑은 국가 기념물이다.

1011 **ambition** [æmbíʃən] 독
n. 야망, 대망, 야심
A tough runner isn't one who is blind with **ambition** or confidence. 강인한 달리기 선수는 야망이나 자신감 때문에 분별력을 잃은 사람이 아니다. 독연
abandon the **ambition** to reproduce the processes in digital form 디지털 형태로 그 과정을 재현하겠다는 야망을 버리다 독연
◐ ambitious *a.* 야망 있는, 야심적인

1012 **reckless** [réklis] 독
a. 무모한, 부주의한
start a project with **reckless** confidence 무모한 자신감을 가지고 프로젝트를 시작하다 독연
His **reckless** driving caused the accident. 그의 부주의한 운전으로 인해 그 사고가 발생했다.

1013 **draft** [dræft] 독 완
n. 원고, 초안, 징집, 모집 *v.* 초안을 작성하다, 징집하다, 모집하다
Experienced writers don't go into their first **draft** expecting perfection. 경험이 풍부한 작가들은 완벽을 기대하며 초고를 시작하지 않는다. 독연
a piece of writing polished in its final **draft** 최종 원고에서 다듬어진 한 편의 글 수완

1014 **messy** [mési] 독 완
a. 엉망인, 지저분한
Experienced writers understand their first draft is going to be **messy**. 경험이 풍부한 작가들은 그들의 초고가 엉망일 것이라는 것을 이해한다. 독연
make the storage area look **messy** 보관하는 장소를 지저분해 보이게 하다 수완

1015 **principle** [prínsəpl] 영 독 완
n. 원리, 원칙
dismiss task partitioning as a relatively unique organizational **principle** 작업 분할을 비교적 독특한 조직 원리로 일축하다 독연
Often ideological **principles** crystallize in laws, rules, and institutions. 흔히 이념적 원칙은 법, 규칙 및 제도에서 구체화된다. 영어

1016 **colony** [kɑ́ləni] 영 독
n. 군집, 이주 집단, 식민지
Foraging is a critical task within any social insect **colony**. 먹이를 찾는 것은 모든 사회적 곤충 군집에서 중요한 작업이다. 독연
the extensive behavioral repertoire of most social insect **colonies** 대부분의 사회적 곤충 군집의 광범위한 행동 레퍼토리 영어

1017 **proportion** [prəpɔ́ːrʃən] 영 독 완
n. 비율
a relatively high **proportion** of workers 비교적 높은 비율의 일꾼들 독연
the **proportion** of 9-year-olds who said they never read for fun 재미로는 결코 (책을) 읽지 않는다고 답한 9세의 비율 영어
◐ proportional *a.* 비례하는

1018 **workforce** [wə́ːrkfɔ̀ːrs] 독
n. 노동자, 노동력
a large proportion of the total **workforce** 전체 노동자의 큰 비율 독연
the status of women in the **workforce** 노동력 내 여성의 지위 독연

1019 **subset** [sʌ́bsèt] 독 완
n. 부분 집합
a small **subset** of the total colony task repertoire 전체 군집 작업 목록의 작은 부분 집합 독연
activate the **subset** of beliefs about the self 자아에 관한 믿음의 부분 집합을 활성화하다 수완

1020 **perspective** [pərspéktiv] 영 독 완 듣
n. 조망, 관점, 원근법
a benign misunderstanding due to lack of **perspective** taking 조망 수용의 부족으로 인한 악의 없는 오해 독연
understand the **perspectives** of others 타인의 관점을 이해하다 영어

1021 **discrepancy**
[diskrépənsi]
독

n. **불일치, 차이**
striking **discrepancy** with our confidence in our ability 우리의 능력에 대한 우리의 자신감과의 현저한 불일치 독연
the **discrepancy** between players' performance 선수들의 경기력 차이

1022 **occasional**
[əkéiʒənəl]
독 완

a. **이따금씩 하는, 가끔의**
The percentage of **occasional** gamers in China was smaller than that in India. 중국에서 이따금씩 하는 게이머 비율은 인도에서의 비율보다 더 적었다. 독연
an **occasional** and not an essential element 가끔 나타나는, 필수적이지 않은 요소 수완

1023 **engagement**
[ingéidʒmənt]
독 완

n. **참여, 약속**
Among the countries, Japan had the lowest **engagement** rate for gaming among adults. 그 국가들 중에서, 일본이 성인의 게임 참여율에서 가장 낮았다. 독연
students' deep **engagement** in learning activities 학습 활동에 대한 학생들의 깊은 참여 수완

1024 **profession**
[prəféʃən]
독 완

n. **직업, 전문직**
Willebrord Snell switched to his famous father's **profession** of mathematics. Willebrord Snell은 유명한 자기 아버지의 직업인 수학으로 전향했다. 독연
give rise to a new group of **professions** 새로운 직업군을 탄생시키다 수완

1025 **bending**
[béndiŋ]
독 완

n. **굴절, 구부리기, 구부림**
the **bending** of light rays 광선의 굴절 독연
I believed that wire **bending** was a hobby. 나는 철사 구부리기가 하나의 취미라고 믿었다. 수완

1026 **refraction**
[rifrǽkʃən]
독

n. **굴절 (작용)**
In 1621, Willebrord Snell discovered the basic law of **refraction**. 1621년에 Willebrord Snell은 굴절의 기본 법칙을 발견했다. 독연
the **refraction** of light through water 물을 통과하는 빛의 굴절 작용

1027 **estimate**
v. [éstəmèit]
n. [éstəmət]
영 독 완 듣

v. **산정하다, 추산하다** *n.* **추산, 추정치, 견적서**
Archimedes' method of **estimating** pi 아르키메데스의 원주율을 산정하는 방법 독연
Estimate the exact amount you'll need to buy. 당신이 사야 하는 정확한 양을 추산하라. 영어

1028 **fragrance**
[fréigrəns]
독

n. **향, 향기, 향수**
Add 2–3 drops of **fragrance** oil. 향유를 2~3방울 첨가하세요. 독연
The bath oil emits various **fragrances**. 그 목욕용 오일은 다양한 향기를 내뿜는다.
○ fragrant *a.* 향기로운, 향긋한

1029 **diffuse**
[difjú:z]
독 완

v. **확산시키다, 퍼지다**
It takes around 30 seconds for the fragrance to start being **diffused**. 향이 확산되기 시작하는 데 약 30초가 걸린다. 독연
The new ideas **diffused** across disciplinary boundaries. 그 새로운 생각은 학문적 경계를 넘어 빠르게 퍼졌다. 수완

1030 **operation**
[àpəréiʃən]
영 독 완 듣

n. **작동, 운영, 기업, 수술**
The diffuser may become hot during **operation**. 분무기는 작동 중에 뜨거워질 수 있습니다. 독연
a special department devoted to looking for the worst in the **operation** 운영에서 최악의 것을 찾는 데 전념하는 특별 부서 영어

1031 **polar** [póulər] 영 독

a. 극지방의

Follow in the footsteps of great **polar** explorers. 위대한 극지방 탐험가들의 발자취를 따르세요. 독연

Two-thirds is frozen in glaciers and **polar** ice. 3분의 2는 빙하와 극지방의 얼음으로 얼어 있다. 영어

polarize *v.* 양극화하다

1032 **sledding** [slédiŋ] 독 듣

n. 썰매 타기

40-to-50-minute dog **sledding** 40~50분의 개 썰매 타기 독연

Visitors can enjoy **sledding**. 방문객들은 썰매 타기를 즐길 수 있습니다. 영듣

sled *n.* 썰매 *v.* 썰매를 타다

1033 **consumption** [kənsʌ́mpʃən] 영 독 완 듣

n. 섭취, 소비

the health benefits associated with the **consumption** of organic food 유기농 식품 섭취와 관련된 건강상의 이점들 독연

the culture of collaborative **consumption** 협력적 소비문화 영어

consume *v.* 소비하다

1034 **dose** [dous] 영 독

n. 양, 분량, 복용량

Your skin absorbs the higher **doses** of antioxidants. 여러분의 피부는 더 많은 양의 산화 방지제를 흡수합니다. 독연

You got your daily **dose** of information. 여러분은 매일의 정보 분량을 얻었다. 영어

1035 **cosmetic** [kɑzmétik] 독 완

n. 화장품 *a.* 화장의, 성형의

You will end up saving money on **cosmetics**. 여러분은 화장품에 드는 돈을 결국 절약하게 될 것입니다. 독연

Most of you use **cosmetic** products. 여러분 대부분은 화장품을 사용한다. 수완

1036 **justify** [dʒʌ́stəfài] 독 완

v. 정당화하다, 변호하다

the valid reason **justifying** starting a diet of organic food 유기농 식품의 식단을 시작하는 것을 정당화하는 타당한 이유 독연

justify our existence 우리의 존재를 정당화하다 수완

justification *n.* 정당화

1037 **endeavor** [indévər] 독

n. 노력 *v.* 노력하다

the decline in scientific **endeavor** during the last days of the Roman Empire 로마 제국 말기에 과학적 노력의 쇠퇴 독연

The man **endeavored** to do his duty. 그 남자는 자신의 의무를 다하려고 노력했다.

1038 **motivation** [mòutəvéiʃən] 영 독 완

n. 동기 (부여), 유인, 자극

the **motivation** to learn a second language 제2 언어를 배우려는 동기 독연

support the kind of cooperative and prosocial **motivations** 협동적이고 친사회적인 종류의 동기를 지원하다 영어

motivate *v.* 동기를 부여하다

1039 **dominance** [dɑ́mənəns] 독

n. 우위, 지배

as a function of economic **dominance** 경제적 우위의 상관관계에 따라 독연

our **dominance** over non-human animals and the natural world 인간 이외의 동물과 자연 세계에 대한 우리의 지배 독연

dominate *v.* 지배하다

1040 **barrier** [bǽriər] 독 완

n. 장벽, 장애(물)

A language **barrier** emerged between the Romans and Greek science. 로마인과 그리스 과학 사이에 언어 장벽이 생겼다. 독연

a dangerous physical **barrier** 위험한 물리적 장벽 수완

1041 **eternity**
[i(:)tə́:rnəti]
독

n. **(한없이) 오랜 시간, 영원**
At seven, it feels like an **eternity** till Christmas. 일곱 살이 되면 크리스마스까지 한없이 오랜 시간이 걸릴 것 같이 느껴진다. 독연
People wonder about **eternity**. 사람들은 영원에 대해 알고 싶어 한다.

1042 **mortality**
[mɔ:rtǽləti]
독

n. **죽음을 피할 수 없음, 필사(必死), 사망**
People only become gripped by the idea of **mortality** at a few select points in their lives. 사람들은 인생의 몇몇 선택된 시점에만 죽음을 피할 수 없다는 생각에 단지 사로잡히게 된다. 독연
I drew a graph of the infant **mortality** rate. 나는 유아 사망률 그래프를 그렸다.

1043 **reversal**
[rivə́:rsəl]
독

n. **전환, 반전**
Turning forty or fifty can bring a sudden **reversal** of perspective. 마흔 살이나 쉰 살이 되는 것은 갑작스러운 관점의 전환을 불러일으킬 수 있다. 독연
The news became a **reversal** in the situation. 그 뉴스는 상황의 반전이 되었다.

1044 **aspect**
[ǽspekt]
영 독 완 듣

n. **측면, 양상**
The extraordinary **aspect** is not that we're dying. 특별한 측면은 우리가 죽어 가고 있다는 것이 아니다. 독연
the intellectual **aspects** of art 예술의 지적 측면 영어

1045 **legitimate**
[lidʒítəmit]
독 완

a. **진정한, 합법적인**
A mid-life crisis is not a **legitimate** awakening. 중년의 위기는 진정한 각성이 아니다. 독연
authentic or **legitimate** data 진짜이거나 합법적인 데이터 수완
○ legitimation *n.* 합법화, 정당화

1046 **instantaneous**
[ìnstəntéiniəs]
독

a. **즉각적인**
Information is now global, **instantaneous,** and often in the public domain. 이제 정보는 전 세계적이고, 즉각적이며, 흔히 공적인 영역에 있다. 독연
The medicine has **instantaneous** effect. 그 약은 즉각적인 효과가 있다.

1047 **fundamental**
[fʌ̀ndəméntəl]
영 독 완

a. **기본적인, 근본적인**
It is our **fundamental** right to have access to well-structured and organized information. 잘 구조화되고 정리된 정보를 이용할 수 있는 것은 우리의 기본적 권리이다. 독연
The cook and kitchen are different in some **fundamental** ways from the raw ingredients. 요리사와 주방은 몇 가지 근본적인 면에서 원재료와 다르다. 영어

1048 **bonding**
[bɑ́ndiŋ]
독

n. **유대, 결합**
lack secure **bonding** in early childhood 어린 시절 안정적인 유대가 부족하다 독연
The **bonding** began in the Olympic Village. 그 유대는 올림픽 숙소 단지에서 시작되었다.

1049 **resist**
[rizíst]
독

v. **저항하다, 참다**
a major scientific advance that was strongly **resisted** 거센 저항을 받았던 주요한 과학적 진보 독연
She **resisted** the urge to do a spin class. 그녀는 운동용 자전거 타기 수업에 가고 싶은 충동을 참았다. 독연
○ resistance *n.* 저항, 반대

1050 **speck**
[spek]
독

n. **작은 반점, 작은 알갱이[조각]**
We are just a **speck** somewhere out there in the vastness. 우리는 광활함 속 어딘가에 있는 작은 반점에 불과하다. 독연
There was a **speck** in my cup. 내 컵에 작은 알갱이 하나가 있었다.

1051 **suspend** [səspénd] 독

v. 떠 있게 하다, 유예하다, 매달다, 중단하다
a pale blue dot **suspended** in the abyss 심연 속에 떠 있는 연한 푸른 점 독연
People temporarily **suspend** disbelief during the interaction with the robot. 사람들은 로봇과 상호 작용을 하는 동안 일시적으로 불신을 유예한다. 독연
◎ suspension *n.* 매달기, 정지, 보류

1052 **ancestry** [ǽnsèstri] 독

n. 조상, 가계(家系)
We share common **ancestry** with all other living things. 우리는 다른 모든 살아 있는 것들과 공동의 조상을 공유하고 있다. 독연
He takes great pride in his **ancestry**. 그는 자신의 가계에 대해 굉장한 자부심이 있다.
◎ ancestor *n.* 조상, 선조

1053 **familiarity** [fəmìliǽrəti] 영 독

n. 친숙함
the sense of **familiarity** experienced at the sparking of a memory 기억이 촉발될 때 경험하는 친숙감 독연
Familiarity led to contempt. 친숙함이 경멸로 이어졌다. 영어
◎ familiar *a.* 친숙한

1054 **substantial** [səbstǽnʃəl] 영 독 완

a. 상당한, 실체의, 물질의
Metaphors play a **substantial** role in the narrative character of knowledge. 비유는 지식의 서사적 특성에 상당한 역할을 한다. 독연
lose a **substantial** portion of the target market 그 목표 시장의 상당 부분을 잃다 영어

1055 **sphere** [sfiər] 독 완

n. 범위, 영역, 구(球)
bring the unknown within the **sphere** of existing understanding 미지의 것을 기존 이해의 범위 안으로 가져오다 독연
the **sphere** of the church's influence 교회 영향력의 범위 수완

1056 **marginal** [máːrdʒənəl] 독

a. 한계의, 주변부의, 중요하지 않은
the **marginal** value of water 물의 한계 가치 독연
marginal groups in society 사회의 주변 집단들
◎ marginalize *v.* 사회적으로 무시하다

1057 **successive** [səksésiv] 독

a. 연속적인, 연이은
pay for each **successive** increment 각각의 연속적인 증가분에 대해 지불하다 독연
Our team earned our third **successive** win. 우리 팀은 3연속 승리를 얻었다.
◎ succeed *v.* 뒤를 잇다, 성공하다

1058 **privilege** [prívəlidʒ] 독

n. 특권 *v.* 특권을 부여하다
pay a huge sum for the **privilege** of consuming the first ten cubic feet 첫 10세제곱피트를 소비하는 특권을 위해 많은 금액을 지불하다 독연
I will give up my **privileges**. 나는 나의 특권을 포기할 것이다.

1059 **indicator** [índəkèitər] 독 완

n. 지표, 표시등
Economists regard the prices that people are willing to pay as **indicators** of the marginal value. 경제학자들은 사람들이 기꺼이 지급하는 가격을 한계 가치의 지표로 간주한다. 독연
the visible **indicator** of poverty 빈곤의 가시적 지표 수완

1060 **differentiation** [dìfərènʃiéiʃən] 독

n. 구별, 차별화
Self-improvement is a point of **differentiation** between human and machine intelligence. 자기 향상은 인간 지능과 기계 지능을 구별하는 점이다. 독연
differentiation of service quality 서비스 품질의 차별화
◎ differentiate *v.* 구별하다, 차별화하다

1061 **strive**
[straiv]
독

v. **노력하다, 싸우다, 분투하다**
Humans have **strived** for self-improvement over millennia. 인간은 수천 년 동안 자기 향상을 얻기 위해 노력해 왔다. 독연
strive against prejudice and racism 편견과 인종 차별에 맞서 싸우려고 노력하다
○ strife *n.* 투쟁, 싸움

1062 **faculty**
[fǽkəlti]
영 독 완 듣

n. **기능, 능력, 전 교직원**
our ability to exercise our mental **faculty** 정신적인 기능을 발휘할 수 있는 우리의 능력 독연
maintain the health and safety of all students and **faculty** members 모든 학생과 전 교직원의 건강과 안전을 지키다 영듣

1063 **manipulation**
[mənìpjuléiʃən]
독 완

n. **조작**
direct and immediate **manipulation** of intelligence 직접적이고 즉각적인 지능의 조작 독연
Framing **manipulations** influence public policy. 틀 조작은 공공 정책에 영향을 준다. 수완
○ manipulate *v.* 조작하다

1064 **affirmation**
[æ̀fərméiʃən]
독

n. **긍정, 확언**
a superficial signifier of acceptance and **affirmation** 수용과 긍정을 피상적으로 나타내는 것 독연
The lady nodded in **affirmation**. 그 숙녀는 긍정의 의미로 고개를 끄덕였다.
○ affirm *v.* 단언하다, 확언하다

1065 **intolerance**
[intɑ́lərəns]
독

n. **불관용, 편협**
It is difficult to encounter any significant acclaim for **intolerance**. 불관용에 관한 어떤 상당한 찬사도 접하기 어렵다. 독연
They show religious **intolerance**. 그들은 종교적 편협성을 보인다.
○ 반 tolerance *n.* 관용, 인내

1066 **conflicting**
[kənflíktiŋ]
독 완

a. **상충하는**
a way of managing **conflicting** beliefs and behaviour 상충하는 신념과 행동을 관리하는 방법 독연
You often get advice that's **conflicting**. 여러분은 종종 상충하는 조언을 얻는다. 수완
○ conflict *n.* 갈등, 충돌 *v.* 상충하다

1067 **contradict**
[kɑ̀ntrədíkt]
독

v. **상충하다, 반박하다, 모순되다**
beliefs that **contradict** one's own sentiments 자기 자신의 정서와 상충하는 믿음 독연
Evidence from agricultural societies across the world **contradicts** Boserup's argument. 전 세계 농업 사회의 증거는 Boserup의 주장을 반박한다. 독연
○ contradiction *n.* 반박, 모순

1068 **isolation**
[àisəléiʃən]
독

n. **고립**
cause an emotional reaction to **isolation** 고립에 대한 감정적인 반응을 일으키다 독연
Supply networks do not operate in **isolation**. 공급망은 고립되어 작동하지 않는다. 독연
○ isolate *v.* 고립시키다

1069 **illuminate**
[iljúːmənèit]
독

v. **비추다, 밝히다**
Conscious attention **illuminates** some of our goals. 의식적인 관심은 우리의 목표들 중 일부를 비춘다. 독연
The light bulb will **illuminate** the space. 그 전구가 그 공간을 밝혀 줄 것이다.

1070 **refrain**
[rifréin]
독

v. **삼가다**
Many classical singers **refrain** from talking for long periods before a difficult performance. 많은 성악가는 힘든 공연 전에 긴 시간 동안 말하는 것을 삼간다. 독연
I have to **refrain** from smoking. 나는 흡연을 삼가야 한다.

WEEK 6

DAY 36

1071 **ubiquitous** [ju:bíkwitəs] 독

a. 어디서나 볼 수 있는, 아주 흔한

the **ubiquitous** tool of our time 우리 시대에 어디서나 볼 수 있는 도구 독연

Face masks have become **ubiquitous** in shopping centers these days. 얼굴 마스크는 요즘 쇼핑센터에서 아주 흔히 볼 수 있게 되었다.

1072 **overcompensate** [òuvərkámpənseit] 독

v. 과도하게 보완하다, 과잉 보상하다

We **overcompensate** for the lack of visual communication. 우리는 시각적 의사소통의 부족을 과도하게 보완한다. 독연

Kelly tried to **overcompensate** for her mistake. Kelly는 자신의 실수를 과잉 보상하려 했다.

1073 **lament** [ləmént] 독

v. 한탄하다, 애도하다, 슬퍼하다

Lucie Manén **lamented** the lack of facial and emotional gestures. Lucie Manén은 표정과 감정적인 제스처가 부족하다고 한탄했다. 독연

We all **lamented** the writer's death. 우리 모두는 그 작가의 죽음을 애도했다.

1074 **insufficiently** [ìnsəfíʃəntli] 독

ad. 불충분하게

singers who train **insufficiently** in speaking 말하기를 불충분하게 훈련하는 가수들 독연

The company is **insufficiently** capitalized. 그 회사는 자본 조달이 불충분하다.

◎ insufficient *a.* 불충분한

1075 **suppress** [səprés] 독 완

v. 억제하다, 억누르다

Whatever you were thinking before is **suppressed.** 당신이 이전에 생각하고 있던 것이 무엇이든 억제된다. 독연

people who **suppress** their beliefs 자신의 신념을 억누르는 사람들 수완

1076 **substance** [sʌ́bstəns] 영 독 완

n. 물질

Substances are released in your body. 물질들이 당신의 몸에서 분비된다. 독연

remove the toxic **substances** 독성 물질을 제거하다 수완

1077 **posture** [pástʃər] 독 완 듣

n. 자세

Others might be alerted to the danger by your **posture**. 다른 사람들은 여러분의 자세에 의해 위험 경보를 받을 수 있다. 독연

maintain a good **posture** 좋은 자세를 유지하다 영듣

1078 **welfare** [wélfɛ̀ər] 독 완

n. 안녕, 복지

some of the other emotions which support our **welfare** 우리의 안녕에 도움을 주는 몇몇 다른 감정들 독연

moral values, such as equality and **welfare** 평등과 복지와 같은 도덕적 가치들 수완

1079 **utility** [ju:tíləti] 독

n. (가스·수도·전화·전기 따위의) 공공 설비, 유용, 유익

Steve was giving a motivational seminar to a **utility** company. Steve는 공공 설비 기업에 동기 부여를 위한 세미나를 하고 있었다. 독연

The creation has a high **utility** value. 그 창작물은 높은 유용 가치가 있다.

1080 **enthusiasm** [inθjú:ziæ̀zəm] 독 완

n. 열정, 열의

Jake followed Steve's suggestions with great **enthusiasm**. Jake는 대단한 열정을 보이며 Steve의 제안을 따랐다. 독연

increasing awareness of infants' **enthusiasm** for music 유아들의 음악에 대한 열정에 관해 높아지는 인식 수완

A 다음 빈칸에 단어의 뜻을 쓰시오.

01 devotedly	______	16 profession	______
02 dedication	______	17 refraction	______
03 pronounce	______	18 diffuse	______
04 informal	______	19 consumption	______
05 supervision	______	20 dose	______
06 sensory	______	21 barrier	______
07 appetite	______	22 reversal	______
08 inattention	______	23 legitimate	______
09 monument	______	24 familiarity	______
10 messy	______	25 marginal	______
11 colony	______	26 differentiation	______
12 proportion	______	27 manipulation	______
13 subset	______	28 affirmation	______
14 discrepancy	______	29 lament	______
15 engagement	______	30 suppress	______

B 다음 빈칸에 주어진 철자로 시작하는 적절한 단어를 쓰시오.

01 an important d__________ need ← 중요한 **발달상의** 요구

02 start a project with r__________ confidence ← **무모한** 자신감을 가지고 프로젝트를 시작하다

03 a large proportion of the total w__________ ← 전체 **노동자**의 큰 비율

04 a small s__________ of the total colony task repertoire ← 전체 군집 작업 목록의 작은 **부분 집합**

05 Add 2–3 drops of f__________ oil. ← **향**유를 2~3방울 첨가하세요.

06 the m__________ to learn a second language ← 제2 언어를 배우려는 **동기**

07 lack secure b__________ in early childhood ← 어린 시절 안정적인 **유대**가 부족하다

08 the m__________ value of water ← 물의 **한계** 가치

09 our ability to exercise our mental f__________ ← 정신적인 **기능**을 발휘할 수 있는 우리의 능력

10 the u__________ tool of our time ← 우리 시대에 **어디서나 볼 수 있는** 도구

A 다음 글의 네모 안에서 문맥에 맞는 낱말로 적절한 것을 고르시오.

01 In several African weaver bird species, males alone build the nest and use the finished product to [advertise / conceal] for a female, and when one is willing to approach, she will examine it in detail and then decide whether to take the male as her partner.

02 Assessing personality can help someone learn where they can push themselves and where their absolute limits are. For example, introverts tend to [struggle / thrive] on quiet, alone time. They often need time to process the day and think through upcoming tasks.

03 The [presence / absence] of a group of young people 'hanging out' typically conjures suspicions of inappropriate and illicit behavior by adults.

04 It is hardly surprising that we struggle with the notion of how long we will be here. At first, life seems quite endless. At seven, it feels like an [eternity / instant] till Christmas. At eleven, it is almost impossible to imagine what it might be like to be twenty-two.

B 다음 글의 밑줄 친 부분 중, 문맥상 낱말의 쓰임이 적절하지 않은 것은?

01 If white residents form white-only residential areas or school districts, it ①resolves a social problem. Man's gregariousness is not, in itself, a social ②problem, but certain kinds of discrimination are sources of ③hostility that are dysfunctional for the collectivity.

*gregariousness: 군거성

02 One study of parents of children with cancer found that mothers and fathers who did not expect a good outcome were highly ①distressed. In contrast, those parents who remained ②pessimistic about possible outcomes were more protected against stress, even in often dire circumstances over which the parents had little ③control.

03 A tough runner isn't one who is blind with ambition or confidence, but one who can ①accurately assess the demands and the situation. The magic is in aligning actual and expected demands. When our assessment of our ②capabilities is out of sync with the demands, we get the schoolchildren version of performance: starting a project with ③reasonable confidence, only to look up and realize the work it involves.

04 The idea that tolerance means not ①interfering with, or attempting to suppress, beliefs that ②support one's own sentiments has given way to the idea that tolerance involves not ③judging other people and their views.

WEEK 7
DAY 37

1081 **sweep**
[swiːp]
독

v. (빗자루로) 쓸다, 휩쓸고 가다
Jake would be **sweeping** his front walk. Jake는 현관 진입 보행로를 쓸고 있곤 했다. 독연
The wave **swept** the little boat away. 파도가 그 작은 배를 멀리 휩쓸어 갔다.

1082 **eliminate**
[ilímənèit]
영 독 완 듣

v. 없애다, 제외하다, 제거하다
The library board has decided to **eliminate** the evening hours. 도서관 이사회는 저녁 운영 시간을 없애기로 결정했습니다. 독연
Then, we can **eliminate** this one. 그러면 우리는 이것을 제외할 수 있어요. 영듣
○ elimination *n.* 제거

1083 **reconsider**
[rìːkənsídər]
독 완

v. 재고하다
I ask the board to **reconsider** their decision. 저는 이사회가 그 결정을 재고할 것을 요청합니다. 독연
stimulate scientists to **reconsider** their views 과학자들이 자신의 견해를 재고하도록 자극하다 수완

1084 **inviting**
[inváitiŋ]
독

a. 매력적인, 맛있어 보이는, 유혹적인
the most sparkling, beautiful, and **inviting** place 가장 반짝이고, 아름답고, 그리고 매력적인 공간 독연
There was an **inviting** smell in the kitchen. 주방에 맛있어 보이는 냄새가 났다.

1085 **unsettling**
[ənsétliŋ]
독

a. 불안한, 동요시키는
There was an **unsettling** silence all over the house. 집안 전체에 불안한 정적이 감돌았다. 독연
It was **unsettling** until I got a job. 내가 취직할 때까지 상황이 불안했어요.

1086 **purity**
[pjú(ː)ərəti]
독 완

n. 순수(성)
a day of incredible **purity** and beauty 믿을 수 없이 순수하고 아름다운 날 독연
moral values such as ingroup loyalty and **purity** 집단 내 충성도와 순수성과 같은 도덕적 가치들 수완
○ purify *v.* 정화하다

1087 **physician**
[fizíʃən]
독

n. (내과) 의사
Physicians work hard to serve the best interests of their patients. 의사는 환자의 최선의 이익에 기여하기 위해 열심히 일한다. 독연
Consult with your **physician** about your health. 담당 의사와 건강에 관해 상담하세요.
○ 반 surgeon *n.* 외과 의사

1088 **eager**
[íːgər]
독

a. 간절히 원하는, 열망하는
Patients are truly **eager** for genetic information. 환자들은 유전 정보를 정말로 간절히 원한다. 독연
Members of non-dominant groups are **eager** to learn a language. 우세하지 않은 집단의 구성원은 언어를 배우기를 열망한다. 독연

1089 **genetic**
[dʒənétik]
영 독 완

a. 유전자의, 유전학의
Genetic and genomic information is harmful. 유전자 및 게놈 정보는 해롭다. 독연
A **genetic** difference underlies the display difference. 유전적 차이가 그 표현 차이의 기초가 된다. 영어
○ gene *n.* 유전자

1090 **crane**
[krein]
독

v. (무엇을 더 잘 보려고 몸이나 목을) 길게 빼다 *n.* 기중기, 크레인, 학, 두루미
We can **crane** our necks to glance or stare. 우리는 흘깃 보거나 응시하기 위해 목을 길게 뺄 수 있다. 독연
The **crane** lifted the load. 기중기가 그 짐을 들어 올렸다.

WEEK 7

DAY 37

1091 **integral**
[íntəgrəl]
영 독 완

a. 필수적인, 완전한
the process **integral** to the ongoing progress of media 진행 중인 미디어 발전에 필수적인 과정 독연
an **integral** part of the city's framework 도시 체제의 필수적인 부분 영어

1092 **blink**
[bliŋk]
독

v. (눈을) 깜박이다
Others might see you **blink**. 다른 사람들은 여러분이 눈을 깜박이는 것을 볼 수 있다. 독연
Kate **blinked** when the light flashed. 불빛이 번쩍이자 Kate는 눈을 깜박였다.

1093 **inscribe**
[inskráib]
독

v. 새기다, 쓰다
a little picture of the Eiffel Tower **inscribed** in your grey matter 여러분의 회백질에 새겨진 작은 에펠탑 그림 독연
The boxer's name was **inscribed** on the trophy. 트로피에는 그 권투 선수의 이름이 새겨져 있었다.

1094 **texture**
[tékstʃər]
독 듣

n. 식감, 질감
your sensations of the taste, **texture**, smell and look of the thing 그것의 맛, 식감, 냄새 그리고 모양에 대한 여러분의 감각 독연
affect the **texture** of the bread 빵의 질감에 영향을 주다 영듣

1095 **pension**
[pénʃən]
독

n. 연금
an average social security **pension** of $12,500 a year 연평균 12,500달러의 사회 보장 연금 독연
I went to the bank to draw my **pension**. 나는 내 연금을 찾으러 은행에 갔다.

1096 **disability**
[dìsəbíləti]
독 완

n. (신체적·정신적) 장애
Forty-two percent of all Americans 65 and older suffer from **disabilities**. 65세 이상의 모든 미국인의 42퍼센트가 장애로 고통받고 있다. 독연
a person with a **disability** 장애를 가진 사람 수완
◐ disabled *a.* 장애를 가진

1097 **symptom**
[símptəm]
영 독 완

n. 증상, 징후, 조짐
underlying **symptoms** of anxiety and depression 불안과 우울증의 기저 증상들 독연
multiple **symptoms** such as lethargy and depression 무기력증과 우울증과 같은 여러 증상들 수완

1098 **adequate**
[ǽdəkwit]
독 완

a. 적절한, 적당한, 충분한
cope with serious emotional problems without **adequate** help 심각한 정서적 문제에 적절한 도움 없이 대처하다 독연
at an **adequate** pace for the individual's preference 개인의 선호에 맞는 적절한 속도로 수완
◐ 반 inadequate *a.* 부적절한, 부적당한, 불충분한

1099 **reinforce**
[rì:infɔ́:rs]
독 완

v. 강화하다
The assessments have **reinforced** the career path I have chosen. 그 평가는 내가 선택한 진로를 강화해 주었다. 독연
reinforce the user's worldview 사용자의 세계관을 강화하다 수완

1100 **laundromat**
[lɔ́:ndrəmæ̀t]
독

n. 빨래방
Anna May Wong's parents owned a **laundromat**. Anna May Wong의 부모는 빨래방을 소유하고 있었다. 독연
I go to a **laundromat** weekly. 나는 매주 빨래방에 간다.

1101 **racial** [réiʃəl] 영 독
a. **인종적인, 종족의**
The roles that did exist were steeped in **racial** stereotypes. 존재했던 역할들은 인종적 고정 관념에 푹 젖어 있었다. 독연
genetically rooted **racial** differences 유전적 뿌리를 가진 인종적 차이 영어
○ race *n.* 인종, 경주

1102 **reminder** [rimáindər] 영 독 듣
n. **상기시키는 것**
Here are some **reminders** before you come. 여러분이 오시기 전에 몇 가지 상기시켜 드릴 것이 있습니다. 독연
I even set a **reminder** on my phone. 심지어 제 전화기에 상기시켜 주는 것을 설정해 놓았어요. 영듣

1103 **destruction** [distrʌ́kʃən] 영 독 듣
n. **파기, 파괴, 파멸**
Document **destruction** is limited to 5 copier paper boxes. 문서 파기는 복사지 다섯 박스로 제한됩니다. 독연
the primary cause of environmental **destruction** 환경 파괴의 주요 원인 영듣
○ destroy *v.* 파괴하다 반 construction *n.* 건설, 건축

1104 **disposable** [dispóuzəbl] 독
a. **일회용의, 처분 가능한**
Items should be placed in **disposable** containers or boxes. 물품은 일회용 용기나 박스에 두어야 합니다. 독연
I bought some **disposable** razors for my trip. 나는 내 여행을 위해서 일회용 면도기를 좀 샀다.

1105 **wrist** [rist] 독 완
n. **손목**
Tie the safety rope around your **wrist**. 안전줄을 손목에 묶으세요. 독연
I've hurt my **wrist**. 저는 손목을 다쳤어요. 수완

1106 **attach** [ətǽtʃ] 영 독 완 듣
v. **부착하다, 붙이다, 첨부하다**
Attach the half of the window cleaner with the safety rope to the outside of the window. 창문 바깥쪽에 안전줄이 있는 창문 청소기의 반쪽을 부착하세요. 독연
attach a piece of paper to the swing 종이 한 장을 그네에 붙이다 영듣
○ attachment *n.* 부착, 첨부

1107 **adjustment** [ədʒʌ́stmənt] 독
n. **조절, 조정**
Set the **adjustment** dial to the right amount of magnetic force. 자력의 적절한 양이 되도록 조절 다이얼을 돌리세요. 독연
Housing **adjustments** have been neglected. 주택 조정이 소홀히 다루어져 왔다. 독연

1108 **stain** [stein] 독
n. **얼룩** *v.* **더럽히다, 얼룩지게 하다**
The rubber wiper effectively wipes away all unwanted dirt and **stains**. 고무 와이퍼는 원하지 않는 모든 먼지와 얼룩을 효과적으로 닦아 냅니다. 독연
The gravy **stained** the apron. 고기 국물로 앞치마가 더러워졌다.

1109 **civic** [sívik] 영 독 완
a. **시민의, 시민적인**
attention to **civic** engagement 시민 참여에 관한 관심 독연
Journalistic content has a strong **civic** and democratic component. 저널리즘 콘텐츠는 시민적이고 민주적인 요소가 강하다. 영어

1110 **recognizable** [rékəgnàizəbl] 독
a. **쉽게 알아볼 수 있는**
a group with a **recognizable** interaction order 쉽게 알아볼 수 있는 상호 작용 질서를 가진 집단 독연
The building is easily **recognizable** as a hospital. 그 건물은 병원임을 쉽게 알아볼 수 있다.

1111 **consistent**
[kənsístənt]
영 독 완 듣

a. 일관된, 한결같은
demand a **consistent** departure from the paradigm of the machine 기계 패러다임에서 일관되게 벗어날 것을 요구하다 독연
a **consistent** image of self 자아에 대한 한결같은 이미지 영어
○ consistency *n.* 일관성

1112 **conceive**
[kənsíːv]
영 독 완

v. 생각하다, 고안하다, 상상하다
Neither nature as a whole nor humans should be **conceived** of as machines. 자연 전체나 인간을 기계로 생각해서는 안 된다. 독연
a concept **conceived** through experiments 실험을 통해 고안된 개념 수완

1113 **replace**
[ripléis]
영 독 완 듣

v. 대체하다, 대신하다, 바꾸다
Machines cannot **replace** the human responsibility of individual agents. 기계가 개별적 주체의 인간적 책임을 대체할 수 없다. 독연
Aliens **replace** humans with jukeboxes. 외계인이 인간을 주크박스로 대체한다. 영어

1114 **autonomous**
[ɔːtánəməs]
독 완

a. 자율적인
entrust responsibility to **autonomous** systems 자율적 시스템에 책임을 위임하다 독연
subsidies for **autonomous** art and artists 자율 예술과 예술가들을 위한 국가 보조금 수완
○ autonomy *n.* 자율(성)

1115 **depletion**
[diplíːʃən]
독

n. 감소, 고갈
depletion of the ozone layer 오존층의 감소 독연
The villagers suffered from a **depletion** of the water supply. 그 마을 사람들은 물 공급의 감소로 어려움을 겪었다.
○ deplete *v.* 감소하다, 고갈시키다

1116 **provincial**
[prəvínʃəl]
독

a. 주의, 지방의
the Ontario **provincial** government 온타리오주 정부 독연
Eric joined a volleyball team in the **provincial** city. Eric은 지방 도시에 있는 배구 팀에 입단했다.
○ province *n.* 주, 지방

1117 **temptation**
[temptéiʃən]
독

n. 유혹
the **temptation** and desire of some parents to take advantage of unusual abilities of their children 자녀의 특별한 능력을 이용하려는 일부 부모들의 유혹과 바람 독연
Kevin resisted the **temptation** of easy profits. Kevin은 쉽게 얻은 수익이라는 유혹을 물리쳤다.

1118 **clarity**
[klǽrəti]
독

n. 또렷함, 명료성
pronounce words with **clarity** 또렷하게 단어를 발음하다 독연
There is a lack of **clarity** in the law. 그 법률에는 명료성이 부족하다.
○ clarify *v.* 명료하게 하다, 명확하게 하다

1119 **pleasurable**
[pléʒərəbl]
독 완

a. 즐거운
find a paper particularly easy or **pleasurable** to read 어떤 논문이 읽기가 특별히 쉽거나 즐겁다고 생각하다 독연
The process is itself **pleasurable**. 그 과정 자체가 즐겁다. 수완
○ pleasure *n.* 즐거움, 쾌락

1120 **concrete**
[kánkriːt]
독

a. 구체적인, 형이하학적인, 형체가 있는
Steven Pinker offers some **concrete** examples of this way of reading. Steven Pinker는 이 읽기 방식의 몇 가지 구체적인 예를 제시한다. 독연
an indomitable dislike for **concrete** science 형이하학에 대한 불굴의 반감 영어
○ 반 abstract *a.* 추상적인

1121 **effective**
[iféktiv]
영 독 완 듣

a. 효과적인
Make notes about examples of **effective** or ineffective writing. 효과적이거나 효과적이지 않은 글의 사례를 적으세요. 독연
the most **effective** way to defuse racial ideology 인종 이데올로기를 완화하는 가장 효과적인 방법 영어

1122 **reference**
[réfərəns]
영 독 완

n. 참조, 참고, 언급
Save them in a folder for later **reference**. 나중에 참조할 수 있도록 그것들을 폴더에 저장하세요. 독연
The language uses no relative frame of **reference**. 그 언어는 상대적 참조 체계를 사용하지 않는다. 영어

1123 **pinpoint**
[pínpɔ̀int]
독

v. (위치·시간을) 정확히 보여 주다[찾아내다]
pinpoint the origin of the language decades later 수십 년 뒤에 그 언어의 기원을 정확히 보여 주다 독연
We could **pinpoint** the site of the village. 우리는 그 마을의 위치를 정확히 찾아낼 수 있었다.

1124 **multidimensional**
[mʌ̀ltidiménʃənəl]
독

a. 다차원적인
We adopt a global, **multidimensional** perspective on inequalities. 우리는 불평등에 대한 세계적이고 다차원적인 관점을 채택한다. 독연
Poverty is a complex and **multidimensional** issue. 빈곤은 복잡하고 다차원적인 문제이다.

1125 **context**
[kántekst]
영 독 완

n. 상황, 맥락, 문맥
the **context** of global climate change 지구 기후 변화의 상황 독연
The information exists in a larger **context**. 그 정보는 더 큰 맥락에서 존재한다. 영어
○ contextual *a.* 맥락과 관련된

1126 **transfer**
n. [trǽnsfər]
v. [trænsfə́:r]
영 독 완

n. 이동, 전달 *v.* 옮기다, 이전하다
the process of **transfer** of CO_2 from the atmosphere into the soil 이산화탄소가 대기에서 토양 속으로 이동하는 과정 독연
the **transfer** of metabolic energy 신진대사 에너지의 이동 수완

1127 **counterbalance**
[káuntərbæ̀ləns]
독

v. (반대되는 힘으로) 균형을 맞추다
counterbalance emissions from fossil fuel combustion 화석 연료 연소에서 나오는 배출물의 균형을 맞추다 독연
I put in some honey to **counterbalance** the acidity. 나는 산성의 균형을 맞추기 위해 꿀을 좀 넣었다.

1128 **implement**
[ímpləmènt]
영 독 완 듣

v. 시행하다, 구현하다, 실시하다
implement higher taxes on carbon emissions 탄소 배출에 더 높은 세금 부과를 시행하다 독연
Usage of insecurely **implemented** software presents some risks. 불안정하게 구현된 소프트웨어의 사용은 몇 가지 위험 요소를 야기한다. 영어
○ implementation *n.* 시행, 실시

1129 **carbon**
[ká:rbən]
독 완

n. 탄소
The enhanced levels of **carbon** are highly undesirable. 탄소의 높아진 수치는 매우 바람직하지 않다. 독연
carbon dioxide gas 이산화탄소 기체 수완

1130 **sonic**
[sánik]
독

a. 소리의
We create **sonic** space every time we press "play" on our smartphones and CD players. 우리는 스마트폰과 CD 재생기의 '재생' 버튼을 누를 때마다 소리의 공간을 만든다. 독연
the **sonic** history of the living Earth 살아 있는 지구의 소리의 역사 독연

WEEK 7
DAY 38

1131 **abundant**
[əbʌ́ndənt]
영 독 완

a. **풍부한, 많은**
We have an **abundant** choice of music. 우리는 풍부한 음악 선택권을 가지고 있다. 독연
Animal life in Antarctic waters is **abundant**. 남극 해역의 동물은 많다. 영어
○ abundance *n.* 풍부(함)

1132 **competition**
[kɑ:mpətíʃən]
영 독 완 듣

n. **경쟁, 대회**
Albums and tracks are set into **competition**. 앨범과 트랙은 경쟁하기 시작한다. 독연
Leagues and **competitions** need as many of their clubs to be competitive as possible. 리그와 대회는 가능한 한 많은 클럽이 경쟁력이 있게 할 필요가 있다. 영어

1133 **spark**
[spɑ:rk]
영 독

v. **촉발하다** *n.* **불꽃**
The psychological quirk **sparked** the "loudness wars." 그 심리적 별난 점이 '소리의 세기 전쟁'을 촉발했다. 독연
The **sparks** come from ideas rubbing against each other. 그 불꽃은 아이디어가 서로 마찰하며 생겨난다. 영어

1134 **variable**
[vέ(:)əriəbl]
영 독

a. **가변적인, 변동이 심한** *n.* **변수**
the **variable** loudness of a piece of music 한 곡의 가변적인 소리의 세기 독연
Human cultures seem to be infinitely **variable**. 인간의 문화는 무한히 가변적인 것처럼 보인다. 영어

1135 **amplify**
[ǽmpləfài]
영 독 완

v. **증폭하다, 확대하다**
Our brains prefer music that has had its quiet passages **amplified**. 우리의 뇌는 조용한 악절이 증폭된 음악을 선호한다. 독연
Social media can **amplify** the problem. 소셜 미디어가 그 문제를 증폭할 수 있다. 수완

1136 **intensity**
[inténsəti]
독 완

n. **강도, 강렬함**
a tall and unvarying wall of **intensity** 높고 변화 없는 강도의 벽 독연
a low-, or high-**intensity** heat stimuli 저강도 또는 고강도 열 자극 수완
○ intensify *v.* 강화하다

1137 **substitute**
[sʌ́bstitjù:t]
영 독 완

v. **대체하다, 대신하다** *n.* **대리인, 대용물**
substitute a robot, chatbot, or AI for the human worker 로봇, 챗봇 또는 인공 지능으로 인간 노동자를 대체하다 독연
Technology **substitutes** for labor. 기술은 노동을 대체한다. 영어
○ substitution *n.* 대체, 대리, 치환

1138 **reinvent**
[ri:invént]
독

v. **재창조하다**
Most work automation effects will **reinvent** the work. 대부분의 업무 자동화 효과는 업무를 재창조할 것이다. 독연
We **reinvented** the dance of our own. 우리는 홀로 춤을 재창조했다.

1139 **formerly**
[fɔ́:rmərli]
독

ad. **예전에, 이전에**
the tasks **formerly** done by the human worker 이전에 인간 노동자가 수행했던 과업 독연
The house was **formerly** an inn. 그 집은 예전에 여관이었다.

1140 **infrastructure**
[ínfrəstrʌ̀ktʃər]
영 독

n. **사회[공공] 기반 시설, 토대**
The new **infrastructure** work combines humans with automated drones or sensors. 새로운 사회 기반 시설 업무는 인간을 자동화된 드론이나 센서와 결합한다. 독연
Only humans have the social-cognitive **infrastructure**. 오직 인간만이 사회 인지적 토대를 가지고 있다. 영어

WEEK 7
DAY 39

1141 **inspection**
[inspékʃən]
독

n. **검사, 점검, 조사**
the tasks of physical **inspection** and recording data 물리적 검사 및 데이터 기록 업무 독연
There will be a fire **inspection** tomorrow. 내일 소방 점검이 있을 것이다. ○ inspect *v.* 점검하다

1142 **diagnosis**
[dàiəgnóusis]
독

n. **진단**
The human workers are left to focus on **diagnosis**. 인간 노동자는 진단에 집중하게 된다. 독연
Max needed the doctor's **diagnosis**. Max는 의사의 진단을 필요로 했다. ○ diagnose *v.* 진단하다

1143 **accessible**
[əksésəbl]
영 독 완 듣

a. **접근할 수 있는**
Today's technology makes information vastly more **accessible** than it has ever been. 오늘날의 기술은 그 어느 때보다 정보에 대단히 더 쉽게 접근할 수 있게 만든다. 독연
The Rock restaurant in Tanzania is only **accessible** by boat. 탄자니아의 Rock 식당은 배로만 접근할 수 있다. 영듣

1144 **explosion**
[iksplóuʒən]
독 완

n. **폭발적인 증가, 폭발**
The **explosion** of AI feeds the tsunami. 인공 지능의 폭발적인 증가는 (정보의) 쓰나미에 영양분을 공급한다. 독연
the **explosion** of the population 인구의 폭발적인 증가 수완 ○ explode *v.* 폭발하다

1145 **absorb**
[əbsɔ́ːrb]
영 독

v. **(정보를) 받아들이다, 흡수하다**
We can't **absorb** the flood without curation. 우리는 큐레이션 없이 (정보의) 홍수를 받아들일 수 없다. 독연
the amount of waste that the Earth can **absorb** 지구가 흡수할 수 있는 폐기물의 양 영어
○ absorption *n.* 흡수, 열중

1146 **tiny**
[táini]
영 독 완 듣

a. **아주 작은**
Our brains can only absorb a **tiny** subset of the flood. 우리의 두뇌는 (정보의) 홍수 속에서 아주 작은 일부만 받아들일 수 있다 독연
Candles release **tiny** chemical particles. (불을 붙인) 양초는 아주 작은 화학 입자들을 방출한다. 영듣

1147 **sideline**
[sáidlàin]
독 완

v. **열외로 취급하다** *n.* **(테니스장 등의) 사이드라인**
Superintelligence **sidelines** humans into irrelevance. 초지능이 인간을 무관하게 열외로 취급한다. 독연
He shuffled over to the **sideline**. 그는 사이드라인 쪽으로 발을 끌며 걸었다. 수완

1148 **envision**
[invíʒən]
독 완

v. **상상하다, 마음속에 그리다**
the **envisioned** world's laws of physics 상상된 세계의 물리학 법칙 독연
Some of the homeowners **envisioned** all the benefits. 집 소유주 중 일부는 모든 혜택을 마음속에 그렸다. 수완

1149 **simulate**
[símjulèit]
독 완 듣

v. **시뮬레이션하다, 모의실험하다, 모방하다**
The objects' physics must be **simulated** by an algorithm. 그 물체들의 물리학적 현상은 알고리즘에 의해 시뮬레이션되어야 한다. 독연
The lamps **simulate** natural light. 그 램프는 자연광을 모방한다. 수완

1150 **accidentally**
[æksidéntəli]
독 완

ad. **우연히**
The player of *Half-Life: Alyx* could **accidentally** run through a wall. 'Half-Life: Alyx' 게임을 하는 사람이 우연히 벽을 뚫고 달려 나갈 수 있을 것이다. 독연
Fishermen **accidentally** capture vaquitas. 어부들은 우연히 바키타를 포획한다. 수완

1151 **collision** [kəlíʒən] 영 독

n. 충돌, 대립

the effects of **collisions** as well as the effects of acceleration and gravity 가속과 중력의 효과뿐만 아니라 충돌의 효과도 독연

No one wants to be involved in a **collision** with a deer. 사슴과의 충돌 사고에 연루되기를 원하는 사람은 아무도 없다. 영어

◎ collide *v.* 충돌하다

1152 **gravity** [grǽvəti] 독

n. 중력, 심각성, 중대함

Gravity could have any value the animators want. 중력은 애니메이션 제작자가 원하는 어떤 값이든 가질 수 있다. 독연

realize the **gravity** of the situation 그 상황의 심각성을 깨닫다

◎ gravitational *a.* 중력의

1153 **velocity** [vəlάsəti] 독

n. 속도

A ball could gain **velocity** when it ricochets off a wall. 공은 벽을 맞고 튀어 나갈 때 속도를 낼 수 있다. 독연

The **velocity** of sound in air and water is different. 음속은 공기 중에서와 수중에서 다르다.

1154 **surrealism** [sərí:əlìzm] 독

n. 초현실주의

create a sense of realism or **surrealism** 사실주의나 초현실주의의 감각을 창조하다 독연

Surrealism underlies all the artist's works. 그 화가의 모든 작품들은 초현실주의에 바탕을 두고 있다.

1155 **perceptual** [pərséptʃuəl] 독 완

a. 지각의, 지각이 있는

the **perceptual** salience of a characteristic 어떤 특성을 두드러지게 지각하는 것 독연

infants' **perceptual** capabilities 유아들의 지각 능력 수완

◎ perceive *v.* 인지하다

1156 **colleague** [kάli:g] 영 독 완

n. 동료

Shelley Taylor and her **colleagues** Shelley Taylor와 그녀의 동료들 독연

My **colleague** and I traveled through a remote airport. 나의 동료와 나는 외딴 공항을 통과해 이동했다. 수완

1157 **participant** [pɑ:rtísəpənt] 영 독 완 듣

n. 참가자

Participants watched a group of six students discuss a topic. 참가자들은 6명의 학생으로 이루어진 한 집단이 한 주제에 관해 토론하는 것을 지켜보았다. 독연

We've already gathered a lot of **participants**. 우리는 이미 많은 참가자들을 모았다. 영듣

1158 **consist** [kənsíst] 독 완

v. ~으로 구성되다 (of)

The groups **consisted** of each possible distribution of men and women. 그 집단들은 남성과 여성의 각각 가능한 분포로 구성되었다. 독연

The customers **consisted** of many adults and a few children. 고객은 많은 어른과 몇몇 어린이로 구성되었다. 수완

1159 **attribute** *v.* [ətríbju:t] *n.* [ǽtrəbjù:t] 영 독 완

v. ~이 있다고 생각하다, ~의 탓으로 하다 *n.* 속성, 자질

the significance **attributed** to a group member's comments 집단 구성원의 의견에 있다고 생각되는 중요도 독연

The term *quality* generally refers to any **attribute**, service, or performance. '질'이라는 용어는 일반적으로 어떤 속성, 서비스 또는 성과를 일컫는다. 영어

1160 **noticeable** [nóutisəbl] 독

a. 주목받는, 뚜렷한, 두드러진

People become more **noticeable** in a group. 사람들이 집단에서 더 주목받게 된다. 독연

There is a **noticeable** lag between them. 그것들 사이에는 뚜렷한 시간 격차가 있다. 독연

1161 **acquire** [əkwáiər] 영 독 완 듣

v. 얻다, 습득하다

Their actions stand out and **acquire** greater importance in perceivers' eyes. 그들의 행동은 눈에 띄고 지각하는 사람들이 봤을 때 더 큰 중요성을 얻게 된다. 독연

acquire new skills 새로운 기술을 습득하다 영듣

○ acquired *a.* 습득한, 후천적인

1162 **illusion** [iljúːʒən] 독 완

n. 환상, 착각

Is the making of **illusions** necessarily bad? 환상을 만드는 것은 반드시 나쁜 것일까? 독연

the **illusion** that perfection is possible 완벽이 가능하다는 착각 수완

1163 **deceive** [disíːv] 영 독

v. 속이다, 기만하다

We are happy to be "**deceived**" during the show. 우리는 쇼가 진행되는 동안 기꺼이 '속는'다. 독연

The students were not attempting to **deceive** the researcher. 학생들은 연구자를 속이려고 한 것이 아니었다. 영어

○ deception *n.* 속임수, 기만

1164 **temporarily** [tèmpərέ(ː)rəli] 영 독 완

ad. 일시적으로

People **temporarily** accept a show or story as reality in order to be entertained. 사람들은 즐거워하기 위해 일시적으로 쇼나 이야기를 현실로 받아들인다. 독연

The catastrophe was only **temporarily** delayed. 그 재난은 단지 일시적으로 연기되었을 뿐이다. 수완

1165 **disbelief** [dìsbilíːf] 독

n. 불신

There is a so-called suspension of **disbelief**. 이른바 불신의 유예라는 것이 있다. 독연

Jane stared at the man in **disbelief**. Jane은 그 남자를 불신하듯 쳐다보았다.

○ disbelieve *v.* 불신하다

1166 **interaction** [ìntərǽkʃən] 영 독 완

n. 상호 작용

suspend disbelief during the **interaction** with the robot 로봇과의 상호 작용 동안에 불신을 유예하다 독연

a good way to make human-machine **interaction** more natural 인간과 기계의 상호 작용을 더 자연스럽게 하는 좋은 방법 영어

○ interact *v.* 상호 작용을 하다

1167 **honesty** [ánisti] 독

n. 정직, 솔직함

require a kind of **honesty** about what the robot really is and can provide 로봇이 실제로 무엇이고 무엇을 제공할 수 있는지에 대한 일종의 정직함을 필요로 하다 독연

A healthy relationship comes from **honesty**. 건강한 관계는 솔직함에서 나온다.

1168 **insist** [insíst] 영 독 완

v. 고집하다, 주장하다

The lawyer **insisted** that the little boy must indeed play the game and explained the rules. 그 변호사는 그 소년이 정말로 게임을 해야 한다고 고집하며 규칙을 설명했다. 독연

We **insist** on ignoring reality. 우리는 현실을 무시할 것을 주장한다. 수완

1169 **desperation** [dèspəréiʃən] 독

n. 필사적임, 절망

The lawyer emailed his friends and colleagues in **desperation** to find the answer. 그 변호사는 정답을 찾기 위해 필사적으로 친구와 동료들에게 이메일을 보냈다. 독연

He agreed out of **desperation**. 그는 절망의 심정으로 동의했다.

1170 **perplex** [pərpléks] 독

v. 어찌할 바를 모르게 하다, 당황시키다

The lawyer was **perplexed** by the question. 그 변호사는 그 질문에 어찌할 바를 몰랐다. 독연

I was **perplexed** by my teacher's response. 나는 우리 선생님의 반응에 당황했다.

A 다음 빈칸에 단어의 뜻을 쓰시오.

01 inviting ____________
02 unsettling ____________
03 integral ____________
04 inscribe ____________
05 texture ____________
06 adequate ____________
07 reinforce ____________
08 disposable ____________
09 adjustment ____________
10 consistent ____________
11 provincial ____________
12 clarity ____________
13 concrete ____________
14 reference ____________
15 implement ____________
16 sonic ____________
17 amplify ____________
18 formerly ____________
19 inspection ____________
20 diagnosis ____________
21 accessible ____________
22 tiny ____________
23 envision ____________
24 collision ____________
25 velocity ____________
26 perceptual ____________
27 noticeable ____________
28 acquire ____________
29 deceive ____________
30 desperation ____________

B 다음 빈칸에 주어진 철자로 시작하는 적절한 단어를 쓰시오.

01 a day of incredible p__________ and beauty ← 믿을 수 없이 **순수**하고 아름다운 날
02 Tie the safety rope around your w__________. ← 안전줄을 **손목**에 묶으세요.
03 attention to c__________ engagement ← **시민** 참여에 관한 관심
04 entrust responsibility to a__________ systems ← **자율적** 시스템에 책임을 위임하다
05 d__________ of the ozone layer ← 오존층의 **감소**
06 the c__________ of global climate change ← 지구 기후 변화의 **상황**
07 We have an a__________ choice of music. ← 우리는 **풍부한** 음악 선택권을 가지고 있다.
08 a tall and unvarying wall of i__________ ← 높고 변화 없는 **강도**의 벽
09 create a sense of realism or s__________ ← 사실주의나 **초현실주의**의 감각을 창조하다
10 There is a so-called suspension of d__________. ← 이른바 **불신**의 유예라는 것이 있다.

PART

III

수능완성
영어

1171 **package** [pǽkidʒ] 영 독 완 듣

n. 소포, 포장, 패키지, 일괄 프로그램 *v.* 포장하다
packages intended for a different address 다른 주소가 목적지인 소포들 수완
a special travel **package** deal for bungee jumping 번지 점프를 위한 특별 여행 패키지 상품 영듣

1172 **notify** [nóutəfài] 완

v. 알리다, 공지하다
I promptly **notified** your customer service center of the misdelivery issue. 나는 즉시 고객 센터에 오배송 문제를 알렸다. 수완
Please **notify** students in advance. 학생들에게 사전에 공지해 주세요. 수완
○ notification *n.* 알림, 공지

1173 **restore** [ristɔ́ːr] 영 독 완

v. 복원하다
restore and protect our unique coastal environments 우리의 유일무이한 해안 환경을 복원하고 보호하다 수완
the element that is in greatest need of being **restored** 복원이 가장 필요한 요소 독연

1174 **dedicated** [dédəkèitid] 완

a. 전용의, 전념하는
I have recently launched my **dedicated** page on the Town Website! 나는 최근 마을 웹사이트에 전용 페이지를 개설했다! 수완
an environmental group **dedicated** to marine conservation 해양 보존에 전념하는 환경 단체 수완

1175 **ongoing** [ángòuiŋ] 영 독 완

a. 진행 중인, 지속적인
detailed information about my **ongoing** projects 나의 진행 중인 프로젝트에 대한 자세한 정보 수완
tuition costs for my **ongoing** study toward a Doctor of Pharmacy degree 약학 박사 학위를 위한 나의 지속적인 학업에 대한 학비 영어

1176 **mission** [míʃən] 영 독 완 듣

n. 사업, 사명, 임무, 전도
Please join us in our **mission**. 저희 사업에 동참해 주시기 바랍니다. 수완
a new slogan that powerfully reflects the **mission** and vision of our school 우리 학교의 사명과 비전을 강력하게 반영하는 새 슬로건 영듣

1177 **precious** [préʃəs] 완

a. 소중한, 귀중한
Your feedback is **precious** and helps shape our initiatives. 여러분의 의견은 소중하며, 저희 계획을 구체화하는 것에 도움이 됩니다. 수완
protect **precious** creations for future generations 미래 세대를 위해 귀중한 창조물들을 보호하다 수완

1178 **trail** [treil] 독 완 듣

n. 산길, 오솔길, 자취 *v.* (느릿느릿) 따라가다
the first few kilometres of the **trail** 산길의 첫 몇 킬로미터 수완
release bees one by one to **trail** them back to "the lurking place of the swarm" 벌들을 한 마리씩 풀어 주어 '벌 떼의 은신처'로 그것들이 돌아가는 것을 따라가다 독연

1179 **amaze** [əméiz] 완

v. 놀라게 하다
I was **amazed** by the beauty of the river. 강의 아름다움에 나는 놀랐다. 수완
Just the size of the place **amazed** many people. 단지 그 장소의 규모만으로도 많은 사람들은 놀라워했다.
○ amazement *n.* 놀라움

1180 **wonder** [wʌ́ndər] 영 독 완 듣

n. 경이, 경탄, 불가사의 *v.* 의아해하다, 궁금해하다, (크게) 놀라다
It was a scene of natural **wonder**. 그것은 자연이 주는 경이의 한 장면이었다. 수완
wonder why on earth anyone would be a proponent of (mindless) homework 도대체 왜 어느 누가 (무의미한) 숙제의 지지자가 될지 의아해하다 영어

1181 **horizontal**
[hɔ̀(:)rəzántəl]
완

a. 가로놓인, 수평의 *n.* 수평선, 수평면
a never-ending **horizontal** waterfall 절대 멈추지 않는 가로놓인 폭포 수완
The design has **horizontal** and vertical patterns. 그 디자인은 수평과 수직의 패턴으로 되어 있다.

1182 **boundless**
[báundlis]
영 완

a. 끝없는
The excitement was **boundless**. 흥분은 끝이 없었다. 수완
Clara stood on the beach road, with her eyes fixed on the **boundless** ocean. Clara는 끝없이 펼쳐진 바다에 시선을 고정한 채로 해변 도로에 서 있었다. 영어

1183 **refund**
n. [ríːfʌnd]
v. [rifʌ́nd]
영 완 듣

n. 환불(금) *v.* 환불하다
get a full **refund** of the deposit 계약금을 전액 환불받다 수완
We don't give **refunds** on sale items. 할인 품목은 환불해 드리지 않아요. 영듣

1184 **informed**
[infɔ́ːrmd]
영 독 완

a. 소식을 듣는, 정보에 입각한, 잘 아는, 정보통인
I would like to be kept **informed** about your upcoming travel plans. 저는 귀하의 앞으로의 여행 계획에 대해 계속 소식을 듣고 싶어요. 수완
make **informed** decisions 정보에 입각한 결정을 내리다 영어

1185 **tired**
[táiərd]
영 독 완 듣

a. 피곤한, 싫증 난
I was very **tired** and constantly felt that my life was a dark and stormy night. 나는 매우 피곤했고 내 삶이 어둡고 폭풍우가 몰아치는 밤이라고 끊임없이 느꼈다. 수완
I always feel **tired** in the afternoon. 나는 항상 오후에 피곤함을 느낀다. 영듣

1186 **pause**
[pɔːz]
독 완

n. 멈춤, 휴지 *v.* 잠시 멈추다, 중단하다
Jane replied after a long **pause**. Jane은 길게 멈춘 후 대답했다. 수완
Manning **paused** and then said, "Yeah, I consider myself in that class." Manning은 잠시 멈추고 나서 "네, 저는 저 자신이 그 등급에 든다고 생각해요."라고 말했다. 독연

1187 **acknowledge**
[əknálidʒ]
영 독 완

v. 인정하다, 승인하다
the moment we **acknowledge** ourselves as the one being responsible for our success 우리가 스스로를 우리의 성공에 대해 책임이 있는 존재로 인정하는 순간 수완
acknowledge the existence of moral obligations 도덕적 책무의 존재를 인정하다 독연

1188 **excuse**
n. [ikskjúːs]
v. [ikskjúːz]
영 독 완 듣

n. 변명, 핑곗거리 *v.* (자리를 뜨는 것에 대해) 양해를 구하다, 변명하다, 용서를 구하다
throw away the need for blaming and **excuses** 비난이나 변명의 필요성을 버리다 수완
Darwin had to **excuse** himself to take a break. Darwin은 휴식을 취하기 위해 도중에 자리를 뜨는 양해를 구해야 했다. 영어

1189 **accomplish**
[əkámpliʃ]
완

v. 이루다, 완수하다
fail to **accomplish** the things you wanted 여러분이 원했던 것을 이루지 못하다 수완
the things that you might have struggled to **accomplish** across multiple days 완수하기 위해서 며칠 동안 힘들게 애써야 했을지도 모르는 일 수완
○ accomplishment *n.* 성취, 업적, 이행, 완성

1190 **ethics**
[éθiks]
독 완

n. 윤리(학)
one of the very fascinating issues of considering the **ethics** of AI AI의 윤리를 고려하는 매우 흥미로운 문제 중 하나 수완
The history of **ethics** is largely a history of the development of two central lines of thought. 윤리의 역사는 주로 두 가지의 중심적인 사고방식이 발전해 온 역사이다. 독연

1191 **fare** [fɛər] 완

v. 살아가다, 지내다 *n.* (교통) 요금

assess how people might **fare** in response to AI 사람들이 AI에 대응하여 어떻게 살아갈 수 있을지를 평가하다 수완

How much is the single **fare** to London? 런던까지 편도 요금이 얼마예요?

1192 **notion** [nóuʃən] 영 완

n. 개념, 관념

the rich **notion** of human flourishing 인간의 번영이라는 풍요로운 개념 수완

the **notion** that "development" is synonymous with "economic growth" '발전'이 '경제 성장'과 아주 밀접하게 관련이 있다는 생각 영어

1193 **subsidy** [sʌ́bsədi] 완

n. 보조금, 장려금

state **subsidies** for autonomous art and artists 자율적인 예술과 예술가들을 위한 국가 보조금 수완

A government **subsidy** was given to the homeless. 노숙자들에게 정부 보조금이 지급되었다.

⊙ subsidize *v.* 보조금을 주다

1194 **indispensable** [ìndispénsəbl] 독 완

a. 필수적인, 없어서는 안 될

It is **indispensable** to remove the bias of copyright law. 저작권법의 편향성을 제거하는 것이 필수적이다. 수완

Discipline is an **indispensable** part of group activities. 규율은 집단 활동의 필수적인 부분이다. 독연

1195 **pave** [peiv] 완

v. (길을) 열다, (도로를) 포장하다

pave the way for necessary changes of political and social conditions 정치적, 사회적 조건의 필요한 변화를 위한 길을 열다 수완

pave a street with asphalt 아스팔트로 도로를 포장하다

⊙ pavement *n.* 인도, 포장도로

1196 **compensate** [kɑ́mpənsèit] 완

v. 보상하다, 보충[벌충]하다

compensate for the loss of state subsidies 국가 보조금의 손실을 보상하다 수완

partially **compensate** for the unavailable processing resources 사용 불가한 처리 자원을 일부 보충하다 수완

⊙ compensation *n.* 보상(금)

1197 **argument** [ɑ́:rgjumənt] 영 독 완

n. 주장, 논쟁, 논의

arguments in favor of active learning strategies 능동적인 학습 전략을 지지하는 주장 수완

Evidence from agricultural societies across the world supports Boserup's **argument**. 전 세계에 걸친 농업 사회의 증거는 Boserup의 주장을 뒷받침한다. 독연

1198 **accident** [ǽksidənt] 영 독 완 듣

n. 사고, 사건

traffic and occupational **accidents** 교통 및 직업 관련 사고 수완

Let me check on my smartphone if any **accidents** happened nearby. 제 스마트폰으로 근처에서 어떠한 사고가 일어났는지 확인해 볼게요. 영듣

1199 **synthesis** [sínθisis] 완

n. 통합, 종합, 합성

go straight for the most complex and demanding creative **synthesis** 가장 복잡하고 까다로운 창의적 통합을 향해 직행하다 수완

Rubber is produced from petroleum by **synthesis**. 고무는 석유를 합성해서 만들어진다.

1200 **literary** [lítərèri] 완

a. 문학의, 문학적인

You have a responsibility to the **literary** works you read. 여러분은 여러분이 읽는 문학 작품들에 책임이 있다. 수완

an essay written in a very **literary** style 매우 문학적인 스타일로 작성된 에세이

⊙ literature *n.* 문학, 문헌

1201 **integrity**
[intégrəti]
독 완

n. 온전함, 완전성, 완전한 상태, 고결
respect the **integrity** of the texts 텍스트의 온전함을 존중하다 수완
coordinate the efforts of many unrelated individuals to maximize the **integrity** of the product 결과물의 완전성을 최대화하기 위해 관련성이 없는 많은 개인의 노력을 조정하다 독연

1202 **obligate**
[ɑ́bləgèit]
완

v. 의무를 지우다, 강요하다
A writer is not **obligated** to provide a happy ending. 작가가 행복한 결말을 제공할 의무는 없다. 수완
Don't **obligate** me to study. 나에게 공부하라고 강요하지 마세요.
○ obligation *n.* 의무, 책임

1203 **offend**
[əfénd]
완

v. 거스르다, 위반하다, 기분을 상하게 하다, 불쾌하게 하다
offend the ethic of reading 독서의 윤리를 거스르다 수완
I'm sorry, I didn't mean to **offend** you. 미안해요. 당신 기분을 상하게 하려는 건 아니었어요.
○ offense *n.* 위반, 반칙, 공격

1204 **mindset**
[máindsèt]
완

n. (흔히 바꾸기 힘든) 사고방식
Self-hatred is characterized by an all-or-nothing **mindset**. 자기혐오는 전부다냐 아니면 아무것도 아니냐의 사고방식을 특징으로 한다. 수완
the **mindset** of the computer generation 컴퓨터 세대의 사고방식

1205 **deserve**
[dizə́ːrv]
완

v. ~할 자격[가치/권리]이 있다
choose not to do something fun because we "don't **deserve** it" 우리에게 '그럴 자격이 없다'라는 이유로 즐거운 일을 하지 않기로 결정하다 수완
You **deserve** a rest after that hard work. 그렇게 힘든 일을 했으니 당신은 쉴 자격이 있어요.

1206 **regret**
[rigrét]
영 완 듣

n. 후회, 유감, 애도 *v.* 유감으로 생각하다, 후회하다
express **regret** for not doing things perfectly 일을 완벽하게 해내지 못한 것에 대한 후회를 표현하다 수완
I **regret** to inform you that the midterm exam period has been postponed. 중간고사 기간이 연기되었음을 여러분에게 알리게 되어 유감입니다. 영듣

1207 **perfection**
[pərfékʃən]
독 완

n. 완벽, 완전, 완성, 마무리
strengthen the illusion that **perfection** is possible 완벽이 가능하다는 환상을 강화하다 수완
Experienced writers don't go into their first draft expecting **perfection**. 경험이 풍부한 작가들은 완벽을 기대하며 초고를 시작하지 않는다. 독연

1208 **foretell**
[fɔːrtél]
완

v. 예측[예언]하다
an ability to **foretell** the future 미래를 예측하는 능력 수완
The outcome of the war is hard to **foretell**. 전쟁의 결과는 예측하기 힘들다.

1209 **preference**
[préfərəns]
영 독 완 듣

n. 선호(도)
an adequate pace for our **preference** 우리의 선호도에 맞는 적절한 속도 수완
Do you have any **preference** regarding the stops? 당신은 경유지에 대해 선호하는 것이 있어요? 영듣

1210 **comprehension**
[kɑ̀mprihénʃən]
완

n. 이해
The process can benefit your learning and **comprehension**. 그 과정은 여러분의 학습과 이해에 도움이 될 수 있다. 수완
Comprehension precedes production. 이해가 산출에 선행한다. 수완
○ comprehend *v.* 이해하다, 포함하다 comprehensive *a.* 이해력이 있는, 포괄적인

WEEK 7

DAY 41

1211 **astonishing** [əstániʃiŋ] 완

a. 놀라운

increase at an **astonishing** rate 놀라운 속도로 증가하다 수완

The results of the survey were quite **astonishing.** 그 조사의 결과는 매우 놀라웠다.

1212 **shortcoming** [ʃɔ́:rtkʌmiŋ] 완

n. 단점, 결점

People who use the Internet should know some of its **shortcomings.** 인터넷을 사용하는 사람은 인터넷의 몇 가지 단점을 알아야 한다. 수완

the **shortcomings** of our local government system 우리 지방 정부 시스템의 단점

1213 **source** [sɔ:rs] 영 독 완 듣

n. 출처, 원천

We must always question the **source** of material that we find. 우리는 우리가 발견하는 자료의 출처에 항상 의문을 제기해야 한다. 수완

a clean and renewable energy **source** 깨끗하고 재생 가능한 에너지원 영듣

1214 **reputable** [répjutəbl] 완

a. 평판이 좋은

We tend to assume addresses that end in *.edu* **reputable.** 우리는 '.edu'로 끝나는 주소를 평판이 좋다고 생각하는 경향이 있다. 수완

buy only from **reputable** dealers 평판이 좋은 판매자로부터만 구매하다 ○ reputation *n.* 평판, 명성

1215 **pose** [pouz] 영 독 완 듣

v. (불러)일으키다, (위협·문제 등을) 제기하다 *n.* 자세

Even addresses that end in *.edu* can **pose** problems. '.edu'로 끝나는 주소도 문제를 일으킬 수 있다. 수완

The **poses** that you taught me last week helped ease my back pain. 지난주 네가 가르쳐 준 자세가 내 허리 통증을 완화하는 데 도움이 되었어. 영듣

1216 **authenticity** [ɔ̀:θentísəti] 독 완

n. 진정성, 진실성

The **authenticity** of the experience remains a must in the tourism industry. 경험의 진정성은 관광 산업에서 필수적인 것으로 남아 있다. 수완

Authenticity and objective success are independent of each other. 진정성과 객관적인 성공은 서로 관련이 없다. 독연

○ authentic *a.* 진정한, 진짜의, 믿을 만한

1217 **element** [éləmənt] 영 독 완 듣

n. 요소

the essential **element** that contributes to the creation of a memorable experience 잊지 못할 경험을 만들어 내는 데 기여하는 필수적인 요소 수완

employ special design **elements** 특별한 디자인 요소를 사용하다 영듣

1218 **hospitality** [hàspitǽləti] 완

n. 환대, 접대

Foreign language skills are essential within the **hospitality** industry. 외국어 능력은 환대 산업 안에서 필수적이다. 수완

Food will be served in the **hospitality** tent. 음식은 접대용 천막에서 제공될 예정이다.

1219 **relevant** [réləvənt] 영 독 완 듣

a. 관련된, 적절한

accumulate **relevant** information in our professional and personal lives 우리의 직업적인 그리고 개인적인 삶에서 관련된 정보를 축적하다 수완

I printed out some **relevant** data. 내가 관련 자료 일부를 출력했어요. 영듣

○ relevance *n.* 관련성, 적절함, 타당성

1220 **foundation** [faundéiʃən] 영 독 완

n. 토대, 재단, 기초, 창립

Self-awareness is a **foundation** for our journey. 자기 인식은 우리 여정의 토대이다. 수완

the National Institutes of Health and the National Science **Foundation** 국립보건원과 국립과학재단 영어

1221 **quest** [kwest] 완
n. 탐구, 탐색
We give up our **quest** too soon. 우리는 너무 일찍 우리의 탐구를 포기한다. 수완
the **quest** for a position 지위에 대한 탐색 수완

1222 **persevere** [pə̀ːrsəvíər] 완
v. 견뎌 내다, 인내하다
History shows many examples of people who **persevered** against all odds. 역사는 모든 역경을 견뎌 낸 많은 사람들의 사례를 보여 준다. 수완
persevere in the face of adversity 역경에 맞서 인내하다
○ perseverance *n.* 인내, 참을성

1223 **conquer** [káŋkər] 완
v. 극복하다, 정복하다
conquer our dangerous weaknesses 우리의 위험한 약점을 극복하다 수완
The Normans **conquered** England in 1066. 노르만족은 1066년에 잉글랜드를 정복했다.
○ conquest *n.* 정복, 점령지

1224 **flour** [fláuər] 독 완
n. 밀가루
Add water to the **flour** and sugar. 밀가루와 설탕에 물을 첨가하세요. 수완
Flour is worth more than wheat. 밀가루는 밀보다 더 큰 가치가 있다. 독연

1225 **stretch** [stretʃ] 완 듣
v. 늘이다, (수족·신체 등을) 뻗다, 기지개를 켜다, 스트레칭을 하다
Kneading the dough will **stretch** a protein called gluten. 밀가루 반죽을 치대는 것은 글루텐이라는 단백질을 늘어나게 할 것이다. 수완
Walk around, and **stretch**. 걷고 스트레칭을 하세요. 영듣

1226 **catalyze** [kǽtəlàiz] 완
v. 촉진하다, 촉매 작용을 미치다
The heat **catalyzes** chemical reactions between sugars and proteins. 열은 설탕과 단백질 사이의 화학 반응을 촉진한다. 수완
enzymes that **catalyze** the breakdown of proteins 단백질 분해를 촉진하는 효소

1227 **grooming** [grúːmiŋ] 완
n. 몸단장, 차림새, (동물의) 털 손질
Grooming was the third highest expenditure category for dog owners. 몸단장은 개를 기르는 사람에게 세 번째로 높은 지출 항목이었다. 수완
pay attention to personal **grooming** 개인적인 차림새에 신경을 쓰다

1228 **supply** [səplái] 영 독 완 듣
n. 보급(품), 공급 *v.* 공급하다
The third highest amount of money was spent on **supplies**. 세 번째로 높은 금액은 보급품에 소비되었다. 수완
find enough food to **supply** the calories needed 필요한 열량을 공급하기에 충분한 식량을 찾다 독연

1229 **payment** [péimənt] 영 독 완
n. 결제, 지불(금), 납부(금)
use cash for **payments** 결제를 위해 현금을 사용하다 수완
Islamic fundamentalism prohibits interest **payments** on loans. 이슬람 근본주의는 대출에 대한 이자 지불금을 금지한다. 영어

1230 **register** [rédʒistər] 영 완 듣
v. 기록[등록]하다
Using a check was the least popular method, **registering** below 20 percent in every country. 수표 사용은 제일 인기가 없는 방법으로, 모든 국가에서 20% 미만을 기록했다. 수완
I guess we should **register** soon. 우리는 곧 등록해야 할 것 같아. 영듣
○ registration *n.* 기재, 등록

1231 **rank** [ræŋk] 독 완 듣

v. 꼽히다, 자리 잡다, 위치시키다, 등급을 매기다 *n.* 지위, 계급, 등급
rank as the second most time-consuming activity 두 번째로 많은 시간을 소비한 활동으로 꼽히다 수완
Lucy is currently **ranked** number 1 in the world. Lucy는 현재 세계 1위의 자리에 있어요. 영듣

1232 **select** [silékt] 영 독 완

v. 선택[선발]하다 *a.* 선택된, 엄선된
the percentage of online respondents in **selected** countries 선택된 국가의 온라인 응답자의 비율 수완
People become gripped by the idea of mortality at a few **select** points in their lives. 사람들은 인생의 몇몇 선택된 시점에 죽음을 피할 수 없다는 생각에 사로잡히게 된다. 독연

1233 **gap** [gæp] 영 독 완

n. 차이, 간극, 틈, 공백
the percentage **gap** between owning and sharing a bike 자전거를 소유하는 것과 공유하는 것의 비율 차이 수완
strategies for bridging the mental **gap** 그 정신적 간극을 메우는 전략들 독연

1234 **expensive** [ikspénsiv] 영 독 완 듣

a. 비싼
have average prices that were less than half the average price of the most **expensive** region 가장 비싼 지역의 평균 가격의 절반에 미치지 못하는 평균 가격을 가지다 수완
the most **expensive** and least effective way 가장 비싸고 가장 효과가 없는 방법 영어

1235 **theoretical** [θì(:)ərétikəl] 완

a. 이론의, 이론뿐인
study **theoretical** physics at the University of Göttingen Göttingen 대학교에서 이론 물리학을 공부하다 수완
The idea is purely **theoretical** at this point. 그 생각은 이 시점에서 순전히 이론적이다.

1236 **professor** [prəfésər] 영 완 듣

n. (대학) 교수
a position as associate **professor** of chemistry at Johns Hopkins University Johns Hopkins 대학교의 화학과 부교수 자리 수완
Professor Richard is the supervisor. Richard 교수님이 지도 교수님이셔. 영듣

1237 **honor** [ánər] 영 독 완 듣

v. 기리다, 영예를 주다 *n.* 명예, 영예
an award created to **honor** young female physicists at the beginning of their careers 경력 초기의 젊은 여성 물리학자를 기리기 위해 만들어진 상 수완
honor a handful of human composers 소수의 인간 작곡가를 기리다 독연

1238 **gear** [giər] 영 완 듣

n. 도구, 장비 *v.* (장치·도구 등을) 설치하다
Fishermen accidentally capture vaquitas when they're looking for totoabas with their fishing **gear**. 어부들이 낚시 도구로 토토아바를 찾다가 뜻하지 않게 바키타를 포획한다. 수완
Is it cheating to use pre-placed **gear** on a traditional pitch? 전통적인 (등반) 구간에서 먼저 설치된 장비를 쓰는 것은 속이는 것인가? 영어

1239 **reason** [rí:zən] 영 독 완 듣

n. 원인, 이유, 이성 *v.* 추론하다
The loss of vaquita habitat is a **reason** for vaquita's declining numbers. 바키타 서식지의 상실이 바키타 개체 수 감소의 한 원인이다. 수완
intuition, religion or **reason** 직관, 종교, 또는 이성 독연

1240 **quality** [kwáləti] 영 독 완 듣

a. 수준 높은, 질 좋은 *n.* 질, 품질
Laplace was admitted to the French Academy of Sciences with his **quality** papers. 수준 높은 논문으로 Laplace는 프랑스 과학 아카데미에 입회했다. 수완
improve the air **quality** inside the classrooms 교실 안 공기의 질을 향상하다 영듣

1241 **influential**
[ìnfluénʃəl]
영 독 완

a. **영향력 있는, 영향을 미치는**
Laplace was highly regarded for his **influential** work in five volumes. Laplace는 5권의 영향력 있는 저서로 높은 평가를 받았다. 수완
one of the most **influential** American physicists 가장 영향력 있는 미국의 물리학자 중 한 명 영어

1242 **boil**
[bɔil]
완

v. **끓이다, 끓다, 삶다**
People who like ackee know they have to **boil** it before eating. ackee를 좋아하는 사람들은 먹기 전에 그것을 끓여야 한다는 것을 알고 있다. 수완
I'll **boil** the kettle of water and make some tea. 물을 한 주전자 끓여서 차를 만들어야겠어.

1243 **ripen**
[ráipən]
완

v. **익다, 무르익다, 숙성하다**
When the ackee **ripens**, it turns from green to a bright red. ackee가 익으면 녹색에서 선홍색으로 변한다. 수완
The relationship has some time to **ripen**. 관계가 무르익으려면 시간이 좀 걸린다.
ripe *a.* 익은, 여문, 원숙한

1244 **surround**
[səráund]
영 완 듣

v. **둘러싸다, 포위하다**
The large black seeds are **surrounded** by soft yellow flesh. 큰 검은 씨앗들은 부드러운 노란색 과육으로 둘러싸여 있다. 수완
the resort **surrounded** by breathtaking natural beauty 숨이 멎을 듯한 자연의 아름다움에 둘러싸인 리조트 영듣

1245 **vegetable**
[védʒitəbl]
독 완 듣

n. **채소**
In Caribbean cooking, ackee is cooked with **vegetables**. 카리브해 요리에서 ackee는 채소와 함께 요리된다. 수완
Why not include more **vegetables** in your diet? 식단에 더 많은 채소를 포함하는 건 어때? 영듣

1246 **aviation**
[èiviéiʃən]
완

n. **비행(술), 항공(술), 항공기**
Irving was introduced to **aviation** at age fifteen. Irving은 열다섯 살에 비행에 입문했다. 수완
Aviation safety is the most important thing in flight. 항공 안전이 비행에서 가장 중요한 일이다.

1247 **license**
[láisəns]
완 듣

v. **면허를 주다, 허가하다** *n.* **면허(증), 허가(증)**
Irving became **licensed** as a commercial, private pilot and as flight instructor. Irving은 상업용, 자가용 조종사 그리고 비행 교관으로서 면허를 취득하게 되었다. 수완
get the international driver's **license** 국제 운전 면허증을 발급받다 영듣

1248 **route**
[ruːt]
영 완 듣

n. **경로, 노선, 도로**
We have **route** options of 1.5-Km or 5-Km. 우리에게는 1.5km 또는 5km의 경로 옵션이 있어요. 수완
plan the schedule and the **route** 일정과 경로를 계획하다 영듣

1249 **eligible**
[élidʒəbl]
완

a. **자격이 있는, 적임의, 적당한**
You are not **eligible** to participate if you have already attended Job Shadow Day in the past. 과거에 직업 체험의 날에 이미 참석하신 적이 있는 경우 참가 자격이 없습니다. 수완
the majority of **eligible** voters 유자격 유권자의 과반수

1250 **innovative**
[ínəvèitiv]
독 완

a. **혁신적인**
an **innovative** travel accessory designed to provide a cozy sleeping environment 아늑한 수면 환경을 제공하기 위해 설계된 혁신적인 여행용 액세서리 수완
come up with **innovative** solutions 혁신적인 해결책을 생각해 내다 독연

1251 **transform** [trænsfɔ́ːrm] 영 독 완 듣

v. **변신시키다, 변형하다, 바꾸다**

Transform your suitcase into a Sleep-Box. 여행용 가방을 Sleep-Box로 변신시키세요. 수완

transform the physiology of fear into the biology of courage 두려움이라는 생리기능을 용기라는 생명 작용으로 바꾸다 영어

○ transformation *n.* 변신, 변형, 탈바꿈

1252 **suitable** [sjúːtəbl] 영 독 완 듣

a. **적합한, 알맞은**

The Sleep-Box feature is **suitable** for children over 2 years. Sleep-Box 기능은 2세가 넘는 어린이에게 적합하다. 수완

Let's go and find a **suitable** cover for your laptop. 네 노트북에 알맞은 커버를 찾아보러 가자. 영듣

1253 **landing** [lǽndiŋ] 영 독 완

n. **착륙**

The Sleep-Box feature must not be used before takeoff and after **landing**. 이륙 전과 착륙 후에는 Sleep-Box 기능을 절대 사용할 수 없다. 수완

Project Apollo, the moon **landing** project 달 착륙 프로젝트인 아폴로 프로젝트 영어

1254 **plural** [plú(ː)ərəl] 완

a. **복수형의, 복수의, 다원적인** *n.* **복수형**

"Studies" is **plural** because of the idea of interaction between disciplines. '연구'는 학문 사이의 상호 작용이라는 개념 때문에 복수형이다. 수완

The **plural** of 'child' is 'children.' 'child'의 복수형은 'children'이다.

1255 **examine** [igzǽmin] 영 독 완 듣

v. **검토하다, 조사하다, 검사하다**

the prospect of **examining** a complex question or broad issue 복잡한 질문이나 광범위한 문제를 검토할 가능성 수완

examine the soil and rocks 토양과 암석을 조사하다 영듣

1256 **bearing** [bɛ́(ː)əriŋ] 독 완

n. **관련, 관계, 영향**

have some **bearing** on the issue or question under investigation 조사 중인 문제나 질문과 일부 관련이 있다 수완

have no **bearing** on whether they acted ethically 그들이 윤리적으로 행동했는지 여부와 아무런 관계가 없다 독연

1257 **shift** [ʃift] 영 독 완

v. **변화하다, 바꾸다** *n.* **변화, 교대 근무**

require **shifting** to a more schooling approach 더 훈련식인 접근법으로의 변화하기를 필요로 하다 수완

the **shift** in consumers' perception of value 소비자의 가치 인식 변화 영어

1258 **sustainable** [səstéinəbl] 영 독 완 듣

a. **지속 가능한**

Sustainable development is a challenging social goal. 지속 가능한 개발은 도전적인 사회적 목표이다. 수완

sustainable structures that benefit us 우리에게 이익이 되는 지속 가능한 구조물들 영듣

1259 **planetary** [plǽnitèri] 영 완

a. **행성의, 지구적인**

a world in which **planetary** boundaries are being crossed 행성의 경계를 넘어서고 있는 세상 수완

planetary and societal boundaries that must not be crossed 넘어서는 안 되는 지구적이고 사회적인 경계 영어

○ planet *n.* 행성, 지구

1260 **threaten** [θrétən] 영 완

v. **위협하다, 위태롭게 하다**

a world where tipping points **threaten** the stability of important Earth system processes 티핑 포인트가 중요한 지구 시스템 프로세스의 안정성을 위협하는 세상 수완

laws that **threaten** to block deals 거래를 막겠다고 위협하는 법 영어

QUICK CHECK 14

A 다음 빈칸에 단어의 뜻을 쓰시오.

01	notify	________	16	shortcoming	________
02	dedicated	________	17	reputable	________
03	ongoing	________	18	authenticity	________
04	precious	________	19	hospitality	________
05	amaze	________	20	foundation	________
06	tired	________	21	persevere	________
07	acknowledge	________	22	payment	________
08	accomplish	________	23	gap	________
09	subsidy	________	24	theoretical	________
10	compensate	________	25	influential	________
11	synthesis	________	26	surround	________
12	literary	________	27	route	________
13	obligate	________	28	innovative	________
14	perfection	________	29	suitable	________
15	preference	________	30	sustainable	________

B 다음 빈칸에 주어진 철자로 시작하는 적절한 단어를 쓰시오.

01 Please join us in our m__________. ← 저희 **사업**에 동참해 주시기 바랍니다.

02 It was a scene of natural w__________. ← 그것은 자연이 주는 **경이**의 한 장면이었다.

03 The excitement was b__________. ← 흥분은 **끝이 없었**다.

04 Jane replied after a long p__________. ← Jane은 길게 **멈춘** 후 대답했다.

05 the rich n__________ of human flourishing ← 인간의 번영이라는 풍요로운 **개념**

06 o__________ the ethic of reading ← 독서의 윤리를 **거스르다**

07 increase at an a__________ rate ← **놀라운** 속도로 증가하다

08 We give up our q__________ too soon. ← 우리는 너무 일찍 우리의 **탐구**를 포기한다.

09 Irving was introduced to a__________ at age fifteen. ← Irving은 열다섯 살에 **비행**에 입문했다.

10 T__________ your suitcase into a Sleep-Box. ← 여행용 가방을 Sleep-Box로 **변신시키세요**.

A 다음 글의 네모 안에서 문맥에 맞는 낱말로 적절한 것을 고르시오.

01 In my experience, assessments provide information that is confirmatory — that is, they confirm patterns of which you are already aware. In my own life, these assessments have [reinforced / weakened] the career path I have chosen and have helped give me confidence in my next step.

02 [Implementing / Abolishing] higher taxes on carbon emissions can motivate businesses to reduce their environmental impact and move towards cleaner energy alternatives.

03 Discipline is an [indispensable / unnecessary] part of group activities like team sports, math class, or glee club. You certainly couldn't run an army without discipline, or a restaurant, or a cardiology department.

04 Often ideological principles crystallize in laws, rules, and institutions that [inspire / threaten] to block deals. Nationalism requires that all resources belong to the state and that no one else may own them. Islamic fundamentalism prohibits interest payments on loans.

B 다음 글의 밑줄 친 부분 중, 문맥상 낱말의 쓰임이 적절하지 않은 것은?

01 Just as children ①develop an ear for spoken language by listening to their families, friends, and neighbors — and therefore speak with a vocabulary and accent that can ②pinpoint their origins decades later — so you develop an ear for written language by reading. Things you've liked as a reader will naturally crop up in your writing, but you can greatly ③delay the process with some conscious attention to the matter.

02 We ①create sonic space every time we press "play" on our smartphones and CD players at home. Because we have an ②abundant choice of music, albums and tracks are set into competition with one another for our attention. The loudest ones usually ③lose, even if we think we have no preference for loudness.

03 The outcome of one's action has no bearing on whether he or she acted ①ethically. Their duty-based approach is focused almost ②exclusively on intent and is the only way, they argued, to ③deny the existence of universal moral obligations and to assess one's moral character.

04 Sometimes it is ①hard to know the right thing to do for the planet. What sounds good may not necessarily be so. Rooftop solar panels, for example, are one of the most ②expensive and least effective ways to help the environment. Buying local food can actually ③decrease water pollution and waste.

1261 **constitution** [kὰnstitjúːʃən] 완

n. 헌법, 구조, 체질
naive readings of the **constitution** 헌법을 단순하게 읽기 수완
the physical **constitution** of the sun and stars 태양과 별의 물리적 구조
▸ constitute *v.* 구성하다, 제정하다, 설립하다

1262 **parliament** [pάːrləmənt] 완

n. 의회, 국회
the constitutional power of **parliaments** 의회의 헌법적 힘 수완
legislation enacted by **parliament** 국회에 의해 제정된 법률

1263 **election** [ilékʃən] 완

n. 선거, 당선
parliamentary **elections** at the national level 전국 단위의 의원 선거 수완
the prominent politicians campaigning in parliamentary **elections** 의원 선거에서 캠페인을 벌이는 저명한 정치인들 수완
▸ elect *v.* 선출하다, 선택하다

1264 **candidate** [kǽndidèit] 영 독 완

n. 후보자, 지원자
candidates for the position of prime minister 총리직의 후보자들 수완
our reliance on networked information to assess job **candidates** 입사 지원자를 평가하기 위한 네트워크화된 정보에 대한 우리의 의존 독연

1265 **government** [gʌ́vərnmənt] 영 독 완

n. 정부
legislative politics in parliamentary **government** systems 의회 정부 시스템에서의 입법 정치 수완
Government censorship can remove works from the market. 정부 검열이 시장에서 작품을 제거할 수 있다. 독연

1266 **primate** [práimèit] 영 완

n. 영장류, 대주교
We humans chew our food far less than other **primates**. 우리 인간은 다른 영장류에 비해 음식을 훨씬 덜 씹는다. 수완
Primates are capable of sophisticated forms of reasoning in naturalistic settings. 영장류는 자연적인 환경에서 정교한 형태의 추론을 할 수 있다. 영어

1267 **shrink** [ʃriŋk] 완

v. 줄어들다, 수축하다
The size of our teeth has **shrunk** only modestly. 우리 치아의 크기는 약간만 줄어들었다. 수완
All wood tends to **shrink**. 모든 목재는 수축하는 경향이 있다.

1268 **prone** [proun] 영 완

a. ~하기[당하기] 쉬운, 경향이 있는
Our teeth are **prone** to premature decay. 우리의 치아는 조기에 충치가 되기 쉽다. 수완
We trust our common sense largely because we are **prone** to *naive realism*. 우리는 '소박실재론'에 빠지는 경향이 있기 때문에 우리의 상식을 신뢰한다. 영어

1269 **alert** [ələ́ːrt] 독 완

a. 기민한, 경계하는 *n.* 경계 태세 *v.* 알리다, 경보를 발하다
a desperate attempt to keep ourselves **alert** 우리 자신을 기민한 상태로 유지하기 위한 필사적인 노력 수완
alert to the changes in our surroundings 우리 주변 환경의 변화에 대해 경계하는 독연

1270 **financial** [finǽnʃəl] 영 독 완

a. 재정의, 재정적인, 금융의, 자금의
replace human **financial** advisers with robo-advisers 인간 재정 조언자를 로봇 조언자로 대체하다 수완
the potential **financial** and social loss 잠재하는 재정적, 사회적 손실 영어
▸ finance *n.* 재정, 금융

WEEK 8
DAY 43

1271 **lawyer** [lɔ́:jər] 독 완

n. **변호사, 법률가**

lawyers that seek to interpret and apply the law 법을 해석하고 적용하고자 하는 변호사 수완

The **lawyer** insisted that the little boy must indeed play the game and explained the rules. 변호사는 그 어린 소년이 정말로 게임을 해야 한다고 고집하며 규칙을 설명했다. 독연

1272 **optimal** [ɑ́ptəməl] 영 완 듣

a. **최적의, 최선의**

the **optimal** solutions to our problems 우리의 문제에 대한 최적의 해결책 수완

the most **optimal** place and time to do low-impact exercises 충격이 적은 운동을 하기에 가장 최적의 장소와 시간 영듣

1273 **discourse** [dískɔ:rs] 독 완

n. **담론, 담화, 강연**

Questionable claims pollute political **discourse**, online and offline. 의심스러운 주장들은 온라인과 오프라인에서 정치적 담론을 오염시킨다. 수완

a **discourse** on life and living 인생과 삶에 대한 담론 독연

1274 **undertaking** [ʌ̀ndərtéikiŋ] 영 독 완

n. **일, 과제, 과업**

Distinguishing fiction from fact is no easy **undertaking**. 허구와 사실을 구별하는 것은 절대로 쉬운 일이 아니다. 수완

a very important **undertaking** for our department 우리 부서를 위해 매우 중요한 과제 영어

1275 **intense** [inténs] 영 독 완

a. **강렬한, 강력한, 강한**

the **intense** longing for the desired object 원하는 대상에 대한 강렬한 동경 수완

More **intense** family ties diminished trust outside of one's kinship group. 더 강한 가족 유대가 친족 집단 외부의 신뢰를 줄였다. 독연

1276 **object** *n.* [ɑ́bdʒikt] *v.* [əbdʒékt] 영 완

n. **대상, 목표, 목적어, 물건** *v.* **반대하다**

hope that the **object** of desire can be reached 욕망의 대상에 도달할 수 있다는 희망 수완

Whereas the god stressed the advantage of being able to remember information, the king **objected**. 그 신은 정보를 기억할 수 있다는 장점을 강조한 데 반해, 왕은 반대했다. 독연

1277 **propose** [prəpóuz] 영 완 듣

v. **제시하다, 제안하다, 청혼하다**

Russel **proposed** that the desire to desire can be a source of happiness. Russel은 욕망에 대한 욕구가 행복의 원천일 수 있다고 제시했다. 수완

the one who first **proposed** the idea 그 아이디어를 처음으로 제안했던 사람 영듣

1278 **invade** [invéid] 영 완

v. **침략하다, 침공하다, 침입하다**

the large-scale conversion to Christianity by **invading** Romans 침략하는 로마인들에 의한 기독교로의 대규모 개종 수완

when the Nazis **invaded** France in 1940 1940년에 나치가 프랑스를 침공했을 때 영어

invasion *n.* 침략, 침공, 침입

1279 **legal** [lí:gəl] 영 독 완

a. **법률의, 법적인, 합법적인**

church writings translated from Latin and **legal** documents 라틴어에서 번역된 교회 문서와 법률 문서 수완

create **legal** barriers to competition 경쟁에 대한 법적 장벽을 만들다 독연

1280 **poet** [póuit] 완 듣

n. **시인, 시적 재능을 가진 사람**

poets outside of the sphere of the church's influence 교회의 영향권 밖에 있는 시인들 수완

Understanding a **poet's** cultural background helps us connect with their work on a deeper level. 시인의 문화적 배경을 이해하는 것은 우리가 시인의 작품과 더 깊은 수준에서 연결되도록 도와준다. 영듣

1281 **convention**
[kənvénʃən]
완

n. 관습, 관례, 총회, 협의회, 협정

Mediated communication is formed by ideologies and **conventions**. 매개된 의사소통은 이념과 관습에 의해서 형성된다. 수완

Are you going to the publisher's **convention** this year? 올해 출판인 총회에 갈 거예요?

1282 **refer**
[rifə́ːr]
영 독 완

v. 가리키다, 말하다, 언급하다

In Ancient Greek, the word *mousike* **refers** to what we would call poetry. 고대 그리스에서 *mousike*라는 단어는 우리가 시라고 부르는 것을 가리킨다. 수완

Identity **refers** to the organization of an individual's drives into a consistent image of self. 정체성이란 개인의 욕구가 일관성 있는 자아상으로 조직된 것을 말한다. 영어

1283 **occupational**
[àkjupéiʃənəl]
영 완

a. 직업과 관련된, 직업의

occupational accidents we face 우리가 직면하는 직업과 관련된 사고 수완

newly formed **occupational** disciplines 새로 형성된 직업 분야 영어

○ occupation *n.* 직업

1284 **caring**
[kέəriŋ]
완

a. 돌보는, 보살피는, 배려하는

Ill-health can cause a great expansion of **caring** labor. 건강하지 못한 것은 돌보는 노동의 큰 확장을 야기할 수 있다. 수완

The school aims to provide a **caring** environment. 학교는 배려하는 환경의 제공을 목표로 한다.

1285 **exist**
[igzíst]
영 독 완

v. 존재하다, 실재하다

the wide gap that **exists** between the philosophies of the arts and sciences 예술과 과학의 철학 사이에 존재하는 큰 격차 수완

Birds have **existed** longer than mammals. 조류는 포유류보다 더 오랫동안 존재했다. 독연

○ existence *n.* 존재

1286 **storage**
[stɔ́ːridʒ]
완 듣

n. 보관(소), 저장

A number of paintings were recently discovered in a **storage** locker. 많은 그림들이 최근 보관함에서 발견되었다. 수완

have enough potatoes and oil in the **storage** room 저장고에 감자랑 기름이 충분히 있다 영듣

1287 **distinct**
[distíŋkt]
영 독 완

a. 독특한, 뚜렷이 다른

Pollock's **distinct** drip and splatter style Pollock의 독특한 물방울과 튀기는 스타일 수완

linguistic differences correlating with **distinct** cognitive tendencies 뚜렷이 다른 인지적 성향과 서로 연관되어 있는 언어적 차이 영어

1288 **patent**
[pǽtənt]
완

v. 특허(권)를 주다 *n.* 특허(권) *a.* 특허의

The paint was neither **patented** nor commercially available. 그 그림물감은 특허를 받지도 않았고 상업적으로 사용할 수도 없었다. 수완

obtain a **patent** on an invention 발명품에 대한 특허권을 획득하다

1289 **agreement**
[əgríːmənt]
영 독 완

n. 합의

There is no universal **agreement** about humor. 유머에 대해서는 보편적인 합의가 없다. 수완

the lack of international **agreement** on the treatment of animals 동물 처우에 대한 국제적 합의의 결여 독연

1290 **differ**
[dífər]
영 독 완 듣

v. 달라지다, (서로) 다르다

Where we choose to draw the line **differs** from our colleagues. 우리의 동료에 따라 우리가 어디에 그 경계선을 긋는지 선택하는 것이 달라진다. 수완

differ in the quantity of care 돌봄의 양에서 서로 다르다 영어

○ difference *n.* 다름, 차이

1291 **contest**
v. [kəntést]
n. [kántest]
영 독 완 듣

v. **논쟁하다, 싸우다** *n.* **(경연) 대회, 논쟁, 싸움**
Understanding what it is right or wrong to laugh at has long been **contested**. 무엇에 대고 웃는 것이 옳고 그른지 이해하는 것은 오랫동안 논쟁이 되어 왔다. 수완
I hope many participate in the **contest**. 많은 분들이 대회에 참가하기를 바랍니다. 영듣

1292 **ambiguity**
[æ̀mbəgjúːəti]
완

n. **모호함, 애매함, 불명료**
The difficulty in identifying the rights and wrongs of laughter comes from its **ambiguity**. 웃음의 옳고 그름을 구분하는 데 있어 어려움은 그것의 모호함에서 비롯된다. 수완
It's a work full of paradox and **ambiguity**. 그것은 역설과 애매함으로 가득 찬 작품이다.

1293 **deem**
[diːm]
완

v. **여기다, 간주하다**
What is **deemed** appropriate to laugh at changes from one generation to another. 웃는 것이 적절하다고 여겨지는 것은 세대에 따라 달라진다. 수완
An art historian **deemed** the works to be authentic. 한 미술 역사가는 그 작품들이 진품이라고 여겼다. 수완

1294 **precede**
[prisíːd]
완

v. **선행하다, 우선하다**
Comprehension **precedes** production. 이해가 산출에 선행한다. 수완
Such duties **precede** all others. 그러한 의무가 다른 모든 것에 우선한다.
◎ preceding *a.* 앞서는, 선행하는

1295 **correction**
[kərékʃən]
완

n. **수정, 교정, 정정**
children's **corrections** of their own attempts 아이들이 자신의 시도를 수정하는 것 수완
the problem of **correction** of criminals in prisons 교도소 내에서의 범죄자 교정의 문제

1296 **voice**
[vɔis]
영 독 완

n. **(목)소리, 음성, 발언, 의견**
Children are creative as they strain to give **voice** to their ideas. 아이들은 자신의 생각을 소리로 표현하려고 애쓸 때 창의적이다. 수완
the singing **voice** and the speaking **voice** 노래하는 목소리와 말하는 목소리 독연

1297 **utterance**
[ʌ́tərəns]
완

n. **발화, 말**
fail to produce an **utterance** at all 발화를 전혀 만들어 내지 못하다 수완
children making the transition from one-word **utterances** to two-word **utterances** 한 단어의 발화에서 두 단어의 발화로의 전환을 만들어 내는 아이들 수완
◎ utter *v.* 발화하다, 말하다

1298 **effortless**
[éfərtlis]
완

a. **힘이 들지 않는, 노력하지 않는**
Language development can be **effortless** for children. 언어 발달은 아이들에게 힘들지 않을 수 있다. 수완
Work can feel natural and **effortless**. 일이 자연스럽고 힘이 들지 않게 느껴질 수 있다. 수완

1299 **bankrupt**
[bǽŋkrʌpt]
완

v. **파산시키다** *a.* **파산한, 모자라는** *n.* **파산자**
A sport club can **bankrupt** itself by paying high salaries for players. 스포츠 클럽은 선수들에게 높은 임금을 지불함으로써 파산할 수 있다. 수완
The company was declared **bankrupt**. 그 회사는 파산 선고를 받았다.

1300 **confront**
[kənfrʌ́nt]
영 완

v. **직면하게 만들다, 직면하다**
All humans are **confronted** with the difficulty of conceptualizing large quantities. 모든 인간은 많은 양을 개념화하는 어려움에 직면하고 있다. 수완
confront the central issue of constructing an identity 정체성을 구축해야 하는 중요한 문제에 직면하다 영어

1301 **representation** [rèprizentéiʃən] 독 완

n. 표현, 묘사, 표상, 대표
our mental **representation** of the number 수에 대한 우리의 정신적 표현 수완
discourses and social **representations** to shape our thinking 우리의 생각을 형성하는 담론과 사회적 표상 독연
◎ represent *v.* 묘사하다, 상징하다, 대표하다

1302 **vehicle** [víːikl] 영 독 완

n. (감정 표현·목표 달성 등의) 도구[수단], 차량
Language is a faithful **vehicle** for thought. 언어는 생각을 위한 충실한 도구이다. 수완
global plug-in **vehicle** sales from February 2020 to December 2022 2020년 2월부터 2022년 12월까지 전 세계 플러그인 차량 판매량 영어

1303 **approximate** *a.* [əprɑ́ksəmət] *v.* [əprɑ́ksəmèit] 독 완

a. 대략적인, 대략의 *v.* (~에) 가깝다
Round numbers refer to **approximate** quantities. 어림수는 대략적인 수량을 나타낸다. 수완
the **approximate** date of divergence between the two species 두 종 간의 대략적인 분화 시기 독연

1304 **stability** [stəbíləti] 독 완

n. 안정(성)
emphasize tradition and **stability** over change 변화보다 전통과 안정성을 강조하다 수완
Accommodation rather than revenge is more conducive to the **stability** of the relationship. 복수보다는 타협하는 것이 관계의 안정에 더 도움이 된다. 독연

1305 **immigration** [ìməgréiʃən] 영 완

n. 이민, 이주, 입국
external factors such as invasions and waves of **immigration** 침략 그리고 이민의 급증과 같은 외부 요인들 수완
the first two waves of **immigration** in the 19th and 20th centuries 19세기와 20세기에서 처음 두 차례 이민의 급증 영어

1306 **fluctuation** [flʌ̀ktʃuéiʃən] 완

n. 변동, 등락
the **fluctuation** that pushed cultures into adaptive transformation 문화를 적응하는 변화로 몰아넣는 변동 수완
fluctuation of exchange rate 환율의 등락
◎ fluctuate *v.* 변동하다, 오르내리다

1307 **conservative** [kənsə́ːrvətiv] 완

a. 보수적인 *n.* 보수주의자, 보수적인 사람
the **conservative** cultures we see in contemporary times 우리가 현대 시대에서 보는 보수적인 문화들 수완
an argument between reformers and **conservatives** 개혁주의자와 보수주의자 사이의 논쟁

1308 **idealize** [aidí(ː)əlàiz] 완

v. 이상화하다
Religious fundamentalism attempts to anchor to an **idealized** past. 종교적 근본주의는 이상적인 과거에 고정하려고 시도한다. 수완
real in an **idealized** Platonic sense 이상화된 플라톤식 의미에서 실재하는 수완

1309 **treatment** [tríːtmənt] 영 독 완

n. (사람·사물에 대한) 처리[대우], 치료, 처치
Press power is exercised through its **treatment** of information. 언론의 힘은 정보에 대한 언론의 처리를 통해 행사된다. 수완
clinicians' knowledge of diseases and **treatments** 질환과 치료법에 대한 임상의의 지식 영어

1310 **weight** [weit] 영 독 완 듣

n. 무게, 체중, 중량
build narratives full of moral **weight** 도덕적 무게로 가득한 서술을 구축하다 수완
promote **weight** loss 체중 감량을 촉진하다 영듣

1311 **giant** [dʒáiənt] 영 완

a. 거대한, 커다란, 거인의

a **giant** game of connect-the-dots 거대한 점잇기 게임 수완

become tiny chips inside a **giant** data-processing system 거대한 데이터 처리 시스템 내부의 작은 칩이 되다 영어

1312 **snap** [snæp] 완

v. 딱 하고 움직이다[닫다], 사진을 찍다, 날래게 움직이다 *n.* 딱 소리 나기, 덥석 물기

A pattern suddenly **snaps** into place. 갑자기 한 패턴이 제자리에 딱 들어맞는다. 수완

My mother closed her purse with a **snap**. 나의 어머니가 지갑을 딱 하고 닫았다.

1313 **utilize** [júːtəlàiz] 독 완

v. 활용하다, 이용하다

utilize the appropriate skills 적절한 기술을 활용하다 수완

Confirmation bias influences which sources of information people **utilize**. 확증 편향은 사람들이 어느 정보원을 이용하느냐에 영향을 미친다. 독연

1314 **curiosity** [kjùəriɑ́səti] 완

n. 호기심, 진기한 것

Curiosity requires uncertainty. 호기심은 불확실성을 필요로 한다. 수완

Children show **curiosity** about everything. 아이들은 무엇에나 호기심을 보인다.

◎ curious *a.* 호기심 있는, 알고 싶어 하는

1315 **opposite** [ɑ́pəzit] 영 독 완

n. (정)반대 *a.* (정)반대의

find the **opposite** more likely and scarier 그 반대가 더 그럴 가능성이 있고 더 무섭다는 것을 발견하다 수완

Nature programmed animals in the **opposite** way. 자연은 정반대의 방식으로 동물을 길들였다. 영어

1316 **standard** [stǽndərd] 영 독 완 듣

n. 표준, 기준

Teams decide on a target and then that target becomes the **standard**. 팀이 목표를 설정하고, 그런 다음 그 목표가 표준이 된다. 수완

Establish your **standards** to be time-efficient. 시간 효율적이기 위해 기준을 정하세요. 영듣

1317 **conversation** [kɑ̀nvərséiʃən] 영 독 완 듣

n. 대화, 회화

open the **conversation** to the great discussion 큰 논의로 가는 대화의 문을 열다 수완

enroll in an evening Korean **conversation** course for beginners 초보자를 위한 저녁 한국어 회화 강좌에 등록하다 영듣

◎ converse *v.* 이야기하다

1318 **hemisphere** [hémisfiər] 완

n. (뇌나 지구의) 반구, 반구체

the linguistically ignorant right **hemisphere** 언어적으로 무지한 뇌의 우반구 수완

Winter in the Northern **hemisphere** will come early this year. 올해는 북반구에 겨울이 일찍 올 예정이다.

1319 **decent** [díːsənt] 완

a. (수준·질이) 괜찮은, 예절[예의] 바른, 품위 있는

Being a **decent** guitarist can only make you a better-than-average waiter. 괜찮은 기타 연주가가 되면 평균보다 더 나은 종업원이 될 수 있을 뿐이다. 수완

Use **decent** language in front of the children. 아이들 앞에서 예의 바른 언어를 사용하세요.

1320 **administration** [ədmìnistréiʃən] 영 완

n. 관리, 행정, 경영

Doors may not be open for you, except maybe circus **administration**. 아마 서커스단 관리를 제외하고는 여러분에게 문이 열리지 않을 수도 있다. 수완

complete a PhD in Public **Administration** at Virginia Tech Virginia Tech에서 행정학 박사 학위를 마치다 영어

1321 **indisputable** [ìndispjú:təbl] 완

a. 누구도 부정[부인]할 수 없는

The **indisputable** truth is that AI can replace more and more jobs. 누구도 부정할 수 없는 사실은 인공 지능이 점점 더 많은 직업을 대체할 수 있다는 것이다. 수완

The importance of education is **indisputable**. 교육의 중요성은 누구도 부인할 수 없다.

1322 **mining** [máiniŋ] 완

n. 광업

replace routine manufacturing, farming and **mining** jobs 보통의 제조, 농업 그리고 광업 직종을 대체하다 수완

Mining is dangerous work. 광업은 위험한 일이다. ○ miner *n.* 광부

1323 **surge** [sə:rdʒ] 독 완

v. 급등하다 *n.* 급증, 큰 파도

AI computer programs have **surged** in numbers and sophistication. AI 컴퓨터 프로그램은 수가 급증하고 정교해졌다. 수완

All addictions cause a powerful **surge** in dopamine. 모든 중독은 도파민의 강력한 급증을 유발한다. 독연

1324 **inventory** [ínvəntɔ̀:ri] 완

n. 재고(품), 물품 목록

carry out **inventory** control in factories 공장에서 재고품 조사 관리를 수행하다 수완

an **inventory** of supplies 보급품 목록

1325 **abnormal** [æbnɔ́:rməl] 완

a. 비정상적인

A lack of natural light can cause **abnormal** sleep patterns. 자연광의 부족은 비정상적인 수면 패턴을 유발할 수 있다. 수완

Her heartbeat was **abnormal**. 그녀의 심장 박동이 비정상적이었다. ○ 반 normal *a.* 정상적인

1326 **religious** [rilídʒəs] 완

a. 종교적인

religious beliefs resulted from the human desire to feel in control 통제권을 갖고 있다고 느끼려는 인간의 욕구에서 비롯된 종교적 신념 수완

religious fundamentalism that attempts to anchor to an idealized past 이상적인 과거에 고정하려고 시도하는 종교적 근본주의 수완 ○ religion *n.* 종교

1327 **surrender** [səréndər] 완

n. 굴복, 항복 *v.* 항복하다, 포기하다

surrender to the notion of randomness 무작위성이라는 개념에 대한 굴복 수완

We had no choice but to **surrender**. 우리는 항복할 수밖에 없었다.

1328 **apparent** [əpǽrənt] 영 독 완

a. 분명한, 명백한, 겉보기의

It became **apparent** that randomness behaved predictably over the long run. 무작위성은 장기적으로는 예측할 수 있게 행동한다는 것이 분명해졌다. 수완

The educational problem is **apparent** in the pride of the father and mother. 그 교육적인 문제점은 그 부모의 자부심에서 분명히 드러난다. 독연

1329 **basis** [béisəs] 영 독 완 듣

n. 토대, 기반, 기초

The **basis** for the success of science was experience and observation. 과학적 성공의 토대는 경험과 관찰이었다. 수완

an identity that will provide a firm **basis** for adulthood 성인기를 위한 확고한 기반을 제공하는 정체성 영어

1330 **verify** [vérəfài] 완

v. 검증하다, 확인하다

develop a variety of practices for **verifying** knowledge 지식을 검증하는 다양한 관행을 개발하다 수완

Please **verify** your email address. 이메일 주소를 확인해 주세요. ○ verification *n.* 검증, 확인

1331 **empirical** [empírikəl] 완

a. 실증적인, 경험적인, 경험에 의거한
have substantial **empirical** evidence 상당한 실증적인 증거를 가지다 수완
the **empirical** approaches of the natural sciences 자연과학의 경험적 접근 방법
◎ empiricism *n.* 실증주의, 경험주의, 경험론

1332 **upshot** [ʌ́pʃɑ̀t] 완

n. 결론, 결과, 결말
The **upshot** is that success involves a kind of self-fulfilling prophecy. 결론은 성공이 일종의 자기 충족적 예언을 수반한다는 것이다. 수완
The **upshot** of the meeting was a new agreement. 회의의 결과는 새로운 합의였다.

1333 **knowledgeable** [nálidʒəbl] 완

a. 지식이 풍부한
discuss recent developments with **knowledgeable** people 지식이 풍부한 사람들과 최근의 발전 상황에 대해 이야기하다 수완
Tom is a **knowledgeable** expert in the field. Tom은 그 분야에서 지식이 풍부한 전문가이다.

1334 **valuable** [vǽljuəbl] 영 독 완 듣

a. 귀중한, 가치 있는
overlook the **valuable** sources of information 귀중한 정보원을 간과하다 수완
Processed materials are more **valuable** than raw ones. 가공된 재료는 원재료보다 더 가치가 있다. 독연
◎ 반 valueless *a.* 가치가 없는

1335 **gauge** [geidʒ] 완

v. 측정하다 *n.* 척도, 측정 기준
gauge the extent that the message is being conveyed and accepted 메시지가 전달되고 받아들여지고 있는 정도를 측정하다 수완
Her smile was a **gauge** of her happiness. 그녀의 미소는 그녀의 행복의 척도였다.

1336 **compartment** [kəmpɑ́ːrtmənt] 완

n. 칸막이, 구획
a closed glass **compartment** for transporting living plants 살아 있는 식물을 운반하기 위한 밀폐된 유리 칸막이 수완
Separate items into **compartments**. 물건을 구획별로 나누십시오.

1337 **specimen** [spésəmən] 완

n. 표본, 견본, 시료
transport living **specimens** from place to place 여기저기로 생체 표본을 옮기다 수완
The museum displayed a rare fossil **specimen**. 박물관은 희귀한 화석 시료를 전시했다.

1338 **primitive** [prímitiv] 독 완

a. 원시적인, 원초적인
Plants can create their own **primitive** ecosystem. 식물들은 자신만의 원시적인 생태계를 만들 수 있다. 수완
a moderation of the **primitive** forms of national loyalty 원초적인 형태의 국가 충성도에 대한 완화 독연

1339 **surgeon** [sə́ːrdʒən] 완

n. 외과 의사
Nathaniel Ward, a medical **surgeon** of London 런던의 외과 의사 Nathaniel Ward 수완
A skilled **surgeon** performed the surgery. 한 숙련된 외과 의사가 그 수술을 집도했다.
◎ surgery *n.* (외과) 수술

1340 **brood** [bruːd] 독 완

n. 새끼
female fish that do not tend to their **brood** 자신들의 새끼를 돌보지 않는 암컷 물고기 수완
rob them of **brood** and honey for food 먹을 것을 얻기 위해 그것들로부터 새끼와 꿀을 빼앗다 독연

1341 □□□ **juvenile** [dʒúːvənàil] 완

a. 어린, 미성년의, 청소년의
Juvenile stages are often vulnerable. 어린 단계는 흔히 취약하다. 수완
Protecting **juvenile** rights is crucial. 미성년자의 권리를 보호하는 것이 중요하다.

1342 □□□ **catastrophe** [kətǽstrəfi] 완

n. 큰 재해, 재앙
This explosion of the population will lead to a **catastrophe**. 이런 개체 수 폭증은 큰 재해를 초래할 것이다. 수완
The Malthusian **catastrophe** was temporarily delayed. 맬서스적 재앙은 일시적으로 지연되었다. 수완

1343 □□□ **imprisonment** [imprízənmənt] 완

n. 감금, 투옥
when your souls escape from their bodily **imprisonment** 여러분의 영혼이 육체의 감금에서 벗어날 때 수완
Unjust **imprisonment** raises concerns. 부당한 감금은 우려를 불러일으킨다.
◎ imprison *v.* 감금하다, 투옥하다

1344 □□□ **immortal** [imɔ́ːrtəl] 완

a. 불멸하는, 죽지 않는
Our consciousness makes us **immortal**. 우리의 의식은 우리를 불멸하게 만든다. 수완
Immortal beings possess eternal life. 불멸의 존재들은 영원한 생명을 가지고 있다.
◎ 반 mortal *a.* 죽을 운명의

1345 □□□ **mental** [méntəl] 영 독 완 듣

a. 정신적인, 정신의
the background noise of our significant **mental** life 우리의 중요한 정신적 삶의 배경 소음 수완
Walking helps reduce **mental** stress. 걷기는 정신적 스트레스를 줄이는 데 도움이 된다. 영듣

1346 □□□ **meditation** [mèditéiʃən] 완

n. 명상
Plato connected rationality with **meditation**. 플라톤은 합리성을 명상과 관련지었다. 수완
Daily **meditation** promotes inner peace. 매일의 명상은 내적 평화를 촉진한다.
◎ meditate *v.* 명상하다

1347 □□□ **famine** [fǽmin] 완

n. 기근, 굶주림
The industrialized world escaped **famine** over the last two centuries. 산업화된 세계는 지난 2세기 동안 기근에서 벗어났다. 수완
wipe out **famine** from the globe 지구상에서 기근을 완전히 몰아내다 수완

1348 □□□ **declare** [diklέər] 완

v. 선언하다, 분명히 말하다
declare hunger extinct 기아의 종식을 선언하다 수완
"I will either escape or die," **declared** Miing. "나는 탈출하지 못하면 죽을 겁니다."라고 Miing은 분명히 말했다. 수완
◎ declaration *n.* 선언, 공표, 맹세

1349 □□□ **skyrocket** [skáiràkit] 완

v. 급증하다
Living at closer quarters, their birth rates **skyrocketed**. 더욱 밀집된 주거지에서 생활하면서, 그들의 출산율은 급증했다. 수완
The stock prices **skyrocketed** overnight. 주식 가격이 하룻밤 사이에 급등했다.

1350 □□□ **innumerable** [injúːmərəbl] 완

a. 수많은, 셀 수 없이 많은
keep **innumerable** surprises in reserve 수많은 뜻밖의 것들을 예비로 마련해 두다 수완
The night sky was filled with **innumerable** stars. 밤하늘은 수많은 별로 가득 찼다.
◎ numerable *a.* 셀 수 있는

QUICK CHECK 15

A 다음 빈칸에 단어의 뜻을 쓰시오.

01 constitution ____________
02 election ____________
03 shrink ____________
04 financial ____________
05 discourse ____________
06 undertaking ____________
07 invade ____________
08 exist ____________
09 agreement ____________
10 ambiguity ____________
11 precede ____________
12 correction ____________
13 effortless ____________
14 confront ____________
15 representation ____________
16 stability ____________
17 immigration ____________
18 fluctuation ____________
19 utilize ____________
20 standard ____________
21 indisputable ____________
22 abnormal ____________
23 apparent ____________
24 verify ____________
25 gauge ____________
26 compartment ____________
27 catastrophe ____________
28 immortal ____________
29 mental ____________
30 famine ____________

B 다음 빈칸에 주어진 철자로 시작하는 적절한 단어를 쓰시오.

01 Our teeth are p__________ to premature decay. ← 우리의 치아는 조기에 충치가 되**기 쉽다**.
02 the o__________ solutions to our problems ← 우리의 문제에 대한 **최적의** 해결책
03 the i__________ longing for the desired object ← 원하는 대상에 대한 **강렬한** 동경
04 Pollock's d__________ drip and splatter style ← Pollock의 **독특한** 물방울과 튀기는 스타일
05 fail to produce an u__________ at all ← **발화**를 전혀 만들어 내지 못하다
06 Language is a faithful v__________ for thought. ← 언어는 생각을 위한 충실한 **도구**이다.
07 a g__________ game of connect-the-dots ← **거대한** 점잇기 게임
08 s__________ to the notion of randomness ← 무작위성이라는 개념에 대한 **굴복**
09 Plants can create their own p__________ ecosystem. ← 식물들은 자신만의 **원시적인** 생태계를 만들 수 있다.
10 Plato connected rationality with m__________. ← 플라톤은 합리성을 **명상**과 관련지었다.

1351 **acoustic** [əkú:stik] 독 완

a. **청각의, 음향의, 전자 장치를 쓰지 않는**

acoustic pleasure in itself 청각적 즐거움 그 자체 수완

In **acoustic** instrument performance the musician's gestures are translated into sound. 어쿠스틱 악기 연주에서는 음악가의 손짓이 음으로 바뀐다. 독연

1352 **investigate** [invéstəgèit] 독 완

v. **조사하다, 연구하다**

investigate whether you have sleep apnea 여러분이 수면 무호흡증이 있는지 조사하다 수완

We can use reading to **investigate** all these capacities. 우리는 읽기를 이용하여 이 모든 능력을 연구할 수 있다. 독연

○ investigation *n.* 조사, 연구

1353 **tighten** [táitən] 완

v. **긴장시키다, 단단히 조이다**

tighten the upper airway muscles 상부 기도 근육을 긴장시키다 수완

Tighten the bolt and the nut with a screwdriver. 볼트와 너트를 드라이버로 단단히 조여라. 수완

○ 반 loosen *v.* 풀다, 느슨하게 하다

1354 **peculiar** [pikjú:ljər] 완

a. **특이한, 독특한**

Peculiar regional styles end up getting squashed. 특이한 지역 스타일은 결국 억눌린다. 수완

The old house had a **peculiar** smell. 그 오래된 집은 특이한 냄새가 났다.

1355 **obscure** [əbskjúər] 영 완

a. **잘 알려지지 않은, 무명의, 모호한** *v.* **보기 어렵게 하다**

a recording by a previously **obscure** southside singer 이전에는 잘 알려지지 않았던 한 남부 가수에 의한 녹음물 수완

Ideologies **obscure** important aspects of people and the realities of their lives. 이데올로기는 사람들의 중요한 측면과 그들 삶의 현실을 보기 어렵게 한다. 영어

○ 반 obvious *a.* 분명한, 명백한, 확실한

1356 **tricky** [tríki] 완

a. **속이는, 까다로운**

It is **tricky** to assign a value judgment based on a particular moment. 특정 순간에 근거하여 가치 판단을 정하는 것은 속이는 것이다. 수완

Solving this puzzle is **tricky**. 이 퍼즐은 풀기가 까다롭다.

1357 **dwell** [dwel] 완

v. **살다, 거주하다, 머무르다**

Stories **dwell** in language. 이야기는 언어 속에 산다[존재한다]. 수완

dwell within the comfort of our echo chambers 우리 반향실의 안락함 속에 머물다 수완

1358 **manifest** [mǽnəfèst] 완

v. **나타내다, 표현하다** *a.* **분명한**

Language **manifests** itself in cave drawings and writings. 언어는 동굴에 남긴 그림과 글로 나타난다. 수완

This is **manifest** in many great technological innovations. 이것은 많은 위대한 기술 혁신들에서 명백하다. 수완

○ manifestation *n.* 나타남, 표명, 명시

1359 **vast** [væst] 영 독 완

a. **방대한, 막대한**

We dwell in a **vast** linguistic labyrinth. 우리는 방대한 언어의 미로 속에 산다. 수완

Her brain contains a **vast** net of information. 그녀의 뇌에는 방대한 정보가 들어 있다. 영어

1360 **fiction** [fíkʃən] 독 완 듣

n. **허구, 소설**

our ability to invent **fiction** 허구를 창조할 수 있는 우리의 능력 수완

the **fiction** that words consist of separate segments 단어가 별개의 분절음으로 구성되어 있다는 허구 독연

○ fictional *a.* 허구적인

WEEK 8

DAY 46

1361 **exception**
[iksépʃən]
영 독 완

n. 예외
allow for the inevitable **exceptions** and nuances 피할 수 없는 예외와 미묘한 차이를 허용하다 수완
Use your own cotton bags continuously and without **exception** for shopping. 장을 보기 위해 여러분의 면 가방을 예외 없이 계속 사용하라. 영어

1362 **dispute**
[dispjúːt]
완

v. 논쟁하다, 반박하다 *n.* 분쟁, 논쟁
Its meaning and significance remains **disputed**. 그 의미와 중요성은 논쟁의 여지가 있다. 수완
The court settled the **dispute** between them. 법원은 그들 사이의 분쟁을 해결했다.

1363 **regular**
[régjələr]
영 독 완 톺

a. 일정한, 규칙적인, 단골의, 정기적인
develop patterns of exercising at **regular** times of day 하루 중 일정한 시간에 운동하는 패턴을 발전시키다 수완
Olly's family were **regular** customers of the restaurant. Olly의 가족은 그 음식점의 단골손님이었다. 독연

1364 **admiration**
[æ̀dməréiʃən]
완

n. 찬미, 감탄
Heroes are objects of both **admiration** and emulation. 영웅은 찬미와 모방 모두의 대상이다. 수완
I have deep **admiration** for her talent. 나는 그녀의 재능에 깊이 감탄하고 있다.
◎ admire *v.* 찬미하다, 감탄하다

1365 **originate**
[ərídʒənèit]
영 완

v. 비롯되다, 유래하다
The two purposes **originated** in different eras. 그 두 가지 목적은 서로 다른 시대에서 비롯되었다. 수완
a form of music **originating** in Lisbon 리스본에서 유래한 음악의 한 형태 영어
◎ origination *n.* 시작, 일어남

1366 **exemplary**
[igzémpləri]
완

a. 모범적인
the **exemplary** figure embodying the virtues to which everyone can aspire 모든 사람이 동경할 수 있는 덕목을 실현하는 모범적인 인물 수완
The company's safety record is **exemplary**. 그 회사의 안전 기록은 모범적이다.

1367 **eternal**
[i(ː)tə́ːrnəl]
완

a. 영원한, 끊임없는
the **eternal** question of how life should be lived 삶을 어떻게 살아가야 하는지에 대한 영원한 질문 수완
Something **eternal** exists. 영원한 무언가가 존재한다. 수완
◎ eternity *n.* 영원, 무궁, 불멸

1368 **deed**
[diːd]
완

n. 행동, 행위
Sports stars sometimes do great **deeds**. 스포츠 스타들이 때로는 위대한 행동을 한다. 수완
His generous **deeds** earned him respect. 그는 관대한 행동으로 존경을 받았다.

1369 **feat**
[fiːt]
독 완

n. 위업, 공적, 재주
attain heroic status by a single decisive **feat** 한가지 결정적인 위업으로 영웅적 지위에 이르다 수완
It was an amazing **feat** to get to the moon. 달에 도착하는 것은 놀라운 위업이었다. 독연

1370 **attempt**
[ətémpt]
영 독 완

n. 시도, 도전 *v.* 시도하다, 도전하다
a desperate **attempt** to fill the void 허무함을 채우기 위한 필사적인 시도 수완
attempt to cope with difficulties 어려움에 대처하려고 시도하다 영어

1371 **devotion** [divóuʃən] 완

n. 집중, 몰두, 전념, 헌신

the **devotion** of time and attention to what matters 중요한 것에 대한 시간과 관심의 집중 수완

The teacher's **devotion** to education inspired her students. 선생님의 교육에 대한 헌신이 학생들에게 영감을 주었다.

devote *v.* 바치다, 쏟다

1372 **means** [mi:nz] 독 완

n. 수단, 방법, 재산

We tend to overwork as a **means** of self-escape. 우리는 자기 도피의 수단으로 과로하는 경향이 있다. 수완

There are few **means** of control other than the vote. 투표 이외의 통제 수단이 거의 없다. 독연

1373 **contend** [kənténd] 독 완

v. 주장하다, 다투다

He **contended** that busyness was the true laziness. 그는 바쁜 것이야말로 진정한 게으름이라고 주장했다. 수완

The article **contends** that the BBC would be more dynamic. 그 기사는 BBC가 더 역동적일 것이라고 주장한다. 독연

1374 **upsurge** [ʌ́psə̀:rdʒ] 완

n. 급증, 급등

an **upsurge** of place marketing 장소 마케팅의 급증 수완

The **upsurge** in interest rates affected the market. 금리의 급등은 시장에 영향을 미쳤다.

1375 **celebrity** [səlébrəti] 영 완

n. 유명 인사

a **celebrity** architect who designs signature buildings 특징적인 건물을 설계하는 유명한 건축가 수완

an increasing number of movie stars (and other **celebrities**) 점점 더 많은 영화배우(그리고 기타 유명인) 영어

1376 **greet** [gri:t] 영 완 듣

v. 맞다, 환영하다

Her daughter-in-law, with open arms, **greeted** Lonnie. 그녀의 며느리는 두 팔을 벌려 Lonnie를 맞이했다. 수완

greet the new year by throwing old plates and glasses against the doors 문에 낡은 접시와 유리잔을 던지며 새해를 맞이하다 영듣

1377 **overwhelming** [òuvərhwélmiŋ] 독 완

a. 압도적인, 부담스러운

The relief and feeling of safety and love were **overwhelming**. 안도감과 안정감과 사랑의 느낌이 압도했다. 수완

manage an **overwhelming** quantity of content 압도적인 양의 콘텐츠를 관리하다 독연

1378 **thoughtful** [θɔ́:tfəl] 완 듣

a. 사려 깊은

give her such a **thoughtful** and loving gift 그녀에게 그렇게 사려 깊고 사랑스러운 선물을 주다 수완

That's really **thoughtful**. 그것은 정말 사려 깊은 일이야. 영듣

1379 **glance** [glæns] 영 완

v. 힐끗 보다, 휙 보다 *n.* 힐끗 봄, 일견

Lonnie **glanced** over at Marie. Lonnie는 Marie를 힐끗 봤다. 수완

I **glanced** to the left and noticed my dad. 나는 왼쪽을 휙 보고 아빠를 알아보았다. 영어

1380 **decisive** [disáisiv] 독 완

a. 결정적인

Sven took the **decisive** shot. Sven은 결정적인 슛을 시도했다. 수완

the factors which make **decisive** answers correct 결정적인 답을 정답으로 만드는 요인 독연

decide *v.* 결정하다

1381 **confess**
[kənfés]
완

v. **인정하다, 고백하다**
Sven **confessed**, his voice heavy with regret. Sven은 후회로 가득 찬 목소리로 인정했다. 수완
Tom hesitantly **confessed** his true feelings. Tom은 망설이며 자신의 진심을 고백했다.
◎ confession *n.* 인정, 고백, 자백

1382 **session**
[séʃən]
영 독 완

n. **시간, 기간**
The coach approached Sven after a training **session**. 훈련 시간이 끝난 후, 코치는 Sven에게 다가갔다. 수완
stress the cellular functioning of the body by using heat and cold in the same **session** 같은 기간에 뜨거움과 차가움을 이용하여 신체의 세포 기능에 긴장을 주다 영어

1383 **seize**
[si:z]
독 완

v. **잡다, (몸이) 마비되다**
Let's **seize** victory together! 함께 승리를 쟁취하자! 수완
His new owner was about to **seize**. 그의 새 주인은 막 몸이 마비되려고 했다. 독연
◎ seizure *n.* 붙잡기, 발작

1384 **glow**
[glou]
독 완

v. **빛나다**
Their faces **glowed** with happiness. 그들의 얼굴은 행복으로 빛났다. 수완
teach astrophysics from the **glowing** deck of an imaginary spaceship 가상적인 우주선의 빛나는 덱에서 천체 물리학을 가르치다 독연

1385 **rusty**
[rʌ́sti]
완

a. **낡은, 녹슨**
A old man would sleep on a **rusty** old bench in the park. 한 노인이 공원의 낡은 벤치에서 잠을 자곤 했다. 수완
Kevin picked up the old, **rusty** key. Kevin은 오래되고 녹슨 열쇠를 주웠다.
◎ rust *n.* 녹

1386 **shed**
[ʃed]
완

n. **헛간, 창고** *v.* **뿌리다, 흘리다**
Hobo lived in the little **shed** for many years. Hobo는 작은 헛간에서 여러 해 동안 생활했다. 수완
We built a small storage **shed** in our backyard. 우리는 뒷마당에 작은 저장 창고를 지었다.

1387 **mow**
[mou]
독 완

v. **(잔디를) 깎다, (풀을) 베다**
cut the weeds and **mow** the grass 잡초를 제거하고 잔디를 깎다 수완
maintain a large garden or **mow** the smallest lawn 넓은 정원을 유지하거나, 최소한의 잔디라도 깎다 독연

1388 **fancy**
[fǽnsi]
완

a. **화려한, 값비싼, 고급의** *v.* **~하고 싶다, 상상하다** *n.* **상상, 공상**
It seemed too **fancy** for an old man without a home. 집 없이 지내는 늙은 남자에게 그것은 너무 화려해 보였다. 수완
I **fancy** going for a walk in the park. 나는 공원에서 산책하고 싶다.

1389 **resounding**
[rizáundiŋ]
독 완

a. **굉장한, 분명한, 완전한**
make this year's event a **resounding** success 올해 행사를 굉장한 성공으로 만들다 수완
The answer to both questions is a **resounding** 'no.' 두 가지 질문에 대한 답은 분명한 '아니요'이다. 독연
◎ resound *v.* 울려 퍼지다, 울리다

1390 **facility**
[fəsíləti]
영 완 듣

n. **시설, 설비**
We will take utmost care of the **facility**. 우리는 시설을 최대한 관리할 것이다. 수완
The park has a variety of **facilities** that everyone can enjoy. 그 공원에는 모든 사람이 즐길 수 있는 다양한 시설이 있다. 영듣

1391 **barely**
[bέərli]
영 독 완

ad. 간신히, 겨우, 거의 ~ 아니게
Susan was **barely** halfway down the track. Susan은 간신히 트랙을 반쯤 돌았다. 수완
Smart cities research **barely** gives a nod to climate change. 스마트 시티 연구는 기후 변화에 대해서는 거의 고개를 끄덕이지[관심을 기울이지] 않는다. 독연

1392 **repurpose**
[ripə́ːrpəs]
완

v. 용도 변경하다, 다른 목적에 맞게 활용하다
be **repurposed** for uses not originally intended 원래 의도되지 않은 용도로 용도 변경되다 수완
Creatively **repurpose** everyday items. 창의적으로 일상 물품을 다시 활용하라.

1393 **mischief**
[místʃif]
영 완

n. 장난, 장난기
There are errors from **mischief** in big data. 빅 데이터에는 장난으로 인한 오류가 있다. 수완
Too much freedom may lead to **mischief**. 자유가 너무 많으면 장난기를 초래할 수도 있다. 영어
◎ mischievous *a.* 짓궂은

1394 **core**
[kɔːr]
영 독 완

a. 핵심적인, 가장 중요한 *n.* 핵심, 중심부
give the impression of authority and trust in **core** descriptions and information 핵심적인 설명과 정보에서 권위와 신뢰의 인상을 주다 수완
one of the **core** principles of our current society 현재 우리 사회의 핵심 원칙 중 하나 영어

1395 **arise**
[əráiz]
영 독 완

v. 발생하다, 일어나다
Our behavioral instincts **arise** from the web of life. 우리의 행동 본능은 삶이라는 그물로부터 발생한다. 수완
the first or strongest impulse that **arises** in response to a situation 상황에 대한 반응으로 발생하는 첫 번째 또는 가장 강한 충동 독연

1396 **lessen**
[lésən]
영 완

v. 줄이다
have desires to **lessen** harm 해를 줄이고자 하는 욕망을 지니다 수완
due to **lessened** competition for resources 자원에 대한 줄어든 경쟁 때문에 영어

1397 **inflation**
[infléiʃən]
완

n. 물가 상승, 인플레이션, 팽창
the forecasted **inflation** rate 예측 물가 상승률 수완
High **inflation** threatens the economy. 높은 인플레이션은 경제에 위협을 가한다.

1398 **commence**
[kəméns]
완

v. 시작하다, 시작되다
Cousteau **commenced** his career as an underwater filmmaker. Cousteau는 수중 영화 제작자로서의 자신의 경력을 시작했다. 수완
The concert is about to **commence**. 콘서트가 곧 시작될 예정이다.
◎ commencement *n.* 시작, 개시

1399 **laboratory**
[lǽbrətɔ̀ːri]
영 독 완

n. 실험실
Cousteau converted the ship into a floating science **laboratory** and film studio. Cousteau는 그 배를 수상 과학 실험실과 영화 스튜디오로 개조했다. 수완
an aversion to the **laboratory** 실험실에 대한 혐오감 영어

1400 **explore**
[ikspló:r]
영 독 완 듣

v. 탐험하다, 탐구하다, 살펴보다
Cousteau **explored** many places. Cousteau는 많은 장소를 탐험했다. 수완
Madeleine wanted to **explore** Jill's possibilities as a dancer. Madeleine은 Jill의 댄서로서의 가능성을 살펴보고 싶었다. 영어
◎ exploration *n.* 탐험, 탐구

WEEK 8 DAY 47

1401 **nonprofit** [nànpráfit] 영 완

a. 비영리적인 *n.* 비영리 단체

a **nonprofit** environmental group dedicated to marine conservation 해양 보존에 전념하는 비영리 환경 단체 수완

a **nonprofit** organization that focuses on promoting healthy lifestyles 건강한 생활 방식을 장려하는 데 중점을 두는 비영리 단체 영어

1402 **recipe** [résəpì:] 완 듣

n. 조리법, 요리법

The classes provide the perfect **recipe** and fun. 그 수업은 완벽한 조리법과 재미를 제공한다. 수완

explain the **recipe** step by step 요리법을 차근차근 설명하다 영듣

1403 **appeal** [əpí:l] 영 독 완

n. 호소, 매력, 간청 *v.* 호소하다, 간청하다

respond to the **appeals** for early music training 초기 음악 훈련에 대한 호소에 반응하다 수완

negotiate the dilemmas of **appealing** to multiple audiences 복수의 청중 집단에게 호소하는 딜레마를 타개하다 독연

◎ appealing *a.* 매력적인

1404 **toddler** [tádlər] 완

n. 유아, 걸음마를 배우는 아이

Music programs for infants and **toddlers** are increasing in number and popularity. 영유아들을 위한 음악 프로그램은 수와 인기가 증가하고 있다. 수완

The curious **toddler** explored the garden. 호기심 많은 유아가 정원을 탐험했다.

1405 **revitalize** [ri:váitəlàiz] 완

v. 되살리다, 새로운 활력을 주다

revitalize adults' joy in music-making 성인의 음악 만들기에 대한 즐거움을 되살리다 수완

Nature walks can **revitalize** you. 자연 산책은 당신에게 새로운 활력을 줄 수 있다.

1406 **intuitive** [intjú:itiv] 영 독 완

a. 직관적인

replace parents' **intuitive** approach to music with prescriptions for "proper" music 음악에 대한 부모들의 직관적인 방식을 '올바른' 음악에 대한 처방으로 대체하다 수완

trust our **intuitive** perceptions of the world and ourselves 세상과 우리 자신에 대한 직관적인 인식을 신뢰하다 영어

◎ intuition *n.* 직관

1407 **incoming** [ínkʌ̀miŋ] 독 완

a. 뒤를 잇는, 들어오는

make the decision quickly to get on with making the next **incoming** decision 그다음 뒤를 잇는 결정을 해 나가기 위해 빨리 결정을 내리다 수완

analyse **incoming** visual information 들어오는 시각 정보를 분석하다 독연

1408 **scrape** [skreip] 완

v. 긁다, 긁어내다, 스쳐 ~에 상처를 내다

fall and **scrape** elbows 넘어져서 팔꿈치를 긁히다 수완

Scrape the ice from the windshield. 차 앞 유리에서 얼음을 긁어내라.

1409 **nephew** [néfju:] 완

n. 조카

I asked my **nephew** why he didn't spend time at the skateboarding park. 나는 내 조카에게 왜 스케이트보드 공원에서 시간을 보내지 않는지 물었다. 수완

I bought a gift for my **nephew**. 나는 내 조카를 위해 선물을 샀다.

1410 **divert** [divə́:rt] 영 독 완 듣

v. (방향을 다른 데로) 돌리다

They **divert** attention from their limitations. 그들은 관심을 자신의 한계에서 다른 데로 돌린다. 수완

divert the train onto a new course 새로운 코스로 기차의 방향을 바꾸다 독연

WEEK 8

DAY 48

1411 **inclusive** [inklúːsiv] 완

a. **포괄적인, 포용적인**

an **inclusive** and interactive form of leadership 포괄적이며 상호 작용을 하는 형태의 리더십 수완

make our school community **inclusive** 우리 학교 공동체를 포용적으로 만들다 수완

⊙ inclusion *n.* 포괄, 포함

1412 **enact** [inǽkt] 완

v. **수행하다, 시행하다**

leadership **enacted** by multiple individuals on the team 팀의 여러 개인에 의해 수행되는 리더십 수완

The company will **enact** stricter policies. 그 회사는 더 엄격한 정책을 시행할 것이다.

1413 **ancient** [éinʃənt] 영 독 완

a. **고대의, 아주 오래된** *n.* **고대인**

Ancient Greek coins were essentially a political phenomenon. 고대 그리스 동전은 본질적으로 정치적 현상이었다. 수완

The **ancient** Egyptian term for 'colour' was *iwn*. '색깔'을 뜻하는 고대 이집트 용어는 *iwn*이었다. 영어

1414 **assert** [əsə́ːrt] 영 독 완 듣

v. **주장하다, 단언하다**

assert that the highest kind of reality is made up of abstract forms 최상의 종류에 해당하는 실재는 추상적인 형상으로 구성되어 있다고 주장하다 수완

McLuhan **asserts** that we are too focused on the content of the technology. McLuhan은 우리가 기술의 콘텐츠에 지나치게 집중한다고 주장한다. 영어

⊙ assertion *n.* 주장, 단언

1415 **geometry** [dʒiάmitri] 독 완

n. **기하학**

Euclid's **geometry** was believed to be the true **geometry** of space. Euclid의 기하학은 공간에 대한 진정한 기하학으로 여겨졌다. 수완

including dice, checkers, numbers, **geometry**, astronomy and writing 주사위, 체커(서양장기), 숫자, 기하학, 천문학 그리고 기록을 포함하여 독연

1416 **pale** [peil] 독 완

a. **희미한, 연한, 창백한**

Reality was a **pale** shadow of the ideal. 실재는 이상적인 것의 희미한 그림자였다. 수완

We are just a **pale** blue dot suspended in the abyss. 우리는 심연 속에 떠 있는 연한 푸른 점에 불과하다. 독연

1417 **intersection** [ìntərsékʃən] 완

n. **교차점, 교차로**

the point of **intersection** of two lines 두 선의 교차점 수완

I'll make a U-turn at the next **intersection**. 저는 다음 교차로에서 유턴할게요. 수완

1418 **passive** [pǽsiv] 영 독 완

a. **수동적인**

passive learners whose dependency on their coach slows down skill development 자신의 코치에 대한 의존이 기술 개발을 더디게 하는 수동적인 학습자 수완

a state of **passive** reverential awe 수동적인 경건한 경외감의 상태 독연

⊙ 반 active *a.* 능동적인

1419 **sibling** [síbliŋ] 독 완

n. **형제자매**

our representations of parents, **siblings**, or good friends 부모나, 형제자매, 또는 좋은 친구에 대한 우리의 표상 수완

They were **siblings**. 그들은 형제자매지간이었다. 독연

1420 **activate** [ǽktəvèit] 영 완

v. **활성화하다**

activate various aspects of an individual's self-concept 개인의 자아 개념의 다양한 측면을 활성화하다 수완

The idea of "sleep" is **activated** in the brain. '잠'이라는 개념은 뇌에서 활성화된다. 영어

WEEK 8

DAY **48**

1421 **drawback** [drɔ́:bæ̀k] 독 완

n. **문제점, 결함, 결점**

It is important to appreciate the **drawbacks**. 문제점을 제대로 인식하는 것은 중요하다. 수완

The god and the king discussed the merits and **drawbacks** of the various gifts. 그 신과 왕은 다양한 선물의 장점과 결점에 대해서 논의했다. 독연

1422 **compound** [kάmpaund] 완

n. **화합물**

Many synthetic **compounds** are actually safe. 많은 합성 화합물은 실제로 안전하다. 수완

over 500 new aromatic **compounds** 500가지가 넘는 새로운 향기로운 화합물 수완

1423 **distrust** [distrʌ́st] 완

n. **불신**

These problems can lead to a **distrust** of new technology. 이 문제들은 신기술에 대한 불신을 초래할 수 있다. 수완

The betrayal fueled mutual **distrust**. 배신은 상호 불신을 부추겼다.

1424 **generic** [dʒenérik] 완

a. **포괄적인, 일반적인**

a **generic** term covering both natural and synthetic compounds 천연 화합물과 합성 화합물을 모두 포함하는 포괄적인 용어 수완

a branded or a **generic** drug 상표명이 붙은 약이나 일반 약품

반 specific *a.* 특유한, 특정한

1425 **misinform** [mìsinfɔ́:rm] 완

v. **잘못 전하다, 잘못된 정보를 주다**

a **misinformed** belief that the compounds are inherently dangerous 그 화합물들이 본질적으로 위험하다는 잘못 전해진 믿음 수완

Misinforming others is unethical. 다른 사람에게 잘못된 정보를 주는 것은 비윤리적이다.

1426 **weaken** [wí:kən] 영 독 완

v. **약하게 하다, 약화하다**

If the event doesn't happen, my belief is **weakened**. 만약 그 사건이 일어나지 않는다면, 나의 믿음은 약해진다. 수완

continue to **weaken** the nervous system 신경계를 계속 약화하다 영어

1427 **quantitative** [kwάntitèitiv] 완

a. **정량적인, 양적인**

This theorem explains it in **quantitative** terms. 이 정리는 그것을 정량적인 용어로 설명한다. 수완

statistics, the **quantitative** measure of accomplishment 성취에 대한 양적 측정인 통계 수완

반 qualitative *a.* 질적인

1428 **reducible** [ridjú:səbl] 완

a. **환원될 수 있는, 축소될 수 있는**

The mind may be **reducible** to the physical properties of the brain. 정신은 뇌의 신체적인 특성으로 환원될지도 모른다. 수완

The problem is **reducible** to a single factor. 그 문제는 단일 요소로 환원될 수 있다.

1429 **internal** [intə́:rnəl] 영 독 완

a. **내적인**

assess a person's external as well as **internal** states 한 사람의 외적인 상태와 함께 내적인 상태를 평가하다 수완

An organization's server could include **internal** information. 한 조직의 서버에는 내부 정보가 포함될 수 있었다. 독연

반 external *a.* 외적인

1430 **state** [steit] 영 독 완

n. **상태, 주, 국가** *v.* **말하다, 진술하다**

This development allows us to recognize mental **states**. 이러한 발달로 인해 우리는 정신 상태를 인식할 수 있다. 수완

about half of the world's **states** 전 세계 약 절반의 국가 영어

1431 **intent**
[intént]
독 완

n. 의도
include knowledge, beliefs, emotion, and **intents** 지식, 신념, 감정, 의도를 포함하다 수완
We are failing morally if our **intent** is to deceive. 우리의 의도가 기만하려는 것이라면 우리는 도덕적으로 실패하고 있는 것이다. 독연
◯ intentional *a.* 의도적인

1432 **grand**
[grænd]
영 독 완 듣

a. 원대한, 위대한, 웅장한
a **grand** challenge in some AI circles 인공 지능계에서의 원대한 도전 수완
grand utopia of belonging 소속감의 위대한 유토피아 독연

1433 **deadly**
[dédli]
독 완

a. 치명적인
Jumping in the deep end is **deadly**. 깊은 쪽으로 뛰어드는 것은 치명적이다. 수완
a new way of treating a **deadly** disease 치명적인 질병을 치료하는 새로운 방법 독연

1434 **mastery**
[mǽstəri]
영 완

n. 숙달, 지배
Mastery is a by-product of blind risk taking. 숙달은 맹목적인 위험 감수의 부산물이다. 수완
feel a sense of **mastery**, control, and agency over our lives 우리 삶에 대한 숙달감, 통제감, 주체성을 느끼다 영어

1435 **resonant**
[rézənənt]
완

a. 반향을 일으키는, 깊이 울리는
The most **resonant** voices are developed through success. 가장 반향을 일으키는 목소리는 성공을 통해 개발된다. 수완
The music created a **resonant** atmosphere. 그 음악은 깊이 울리는 분위기를 만들었다.
◯ resonate *v.* 울려 퍼지다

1436 **shallow**
[ʃǽlou]
영 완

a. 얕은
Most people start in the **shallow** end. 대부분의 사람은 얕은 곳에서 시작한다. 수완
In **shallow** and nearshore waters human impacts are palpable. 얕은 연안 바다에서, 인간의 영향은 매우 뚜렷하다. 영어

1437 **subsidiary**
[səbsídièri]
완

a. 보조의, 부수적인 *n.* 자(子)회사
Knowing how to play a pipe organ requires difficult **subsidiary** skills. 파이프 오르간 연주법을 아는 것은 어려운 보조 기술을 요구한다. 수완
The **subsidiary** operates independently. 그 자회사는 독립적으로 운영된다.

1438 **propositional**
[prὰpəzíʃənl]
완

a. 명제적인, 명제의, 제안의
Gaining **propositional** knowledge alone doesn't make one skilled. 명제적 지식을 습득하는 것만으로는 숙련된 사람이 되지 못한다. 수완
Propositional knowledge forms the foundation. 명제적 지식이 기초를 형성한다.
◯ proposition *n.* 명제, 제안

1439 **guilty**
[gílti]
독 완

a. 죄책감이 드는, 유죄의, (잘못된 일에) 책임이 있는
Feeling **guilty**, David went home. 죄책감을 느끼며 David는 집에 갔다. 수완
Parents are more indulgent, feel **guilty** more often, and want the best for their children. 부모는 더 너그럽게 봐주고, 더 자주 죄책감을 느끼며, 자녀에게 최고의 것을 해 주고 싶어 한다. 독연

1440 **grateful**
[gréitfəl]
영 독 완 듣

a. 고마워하는, 감사하는
Susan was so **grateful** to Singh for taking care of her children. Susan은 자신의 아이들을 돌봐 준 것에 대해 Singh에게 매우 고마워했다. 수완
I am **grateful** for something you provided to me. 여러분이 제게 준 것에 대해 감사합니다. 영어

A 다음 빈칸에 단어의 뜻을 쓰시오.

01 investigate ____________________
02 peculiar ____________________
03 manifest ____________________
04 exception ____________________
05 dispute ____________________
06 admiration ____________________
07 exemplary ____________________
08 eternal ____________________
09 contend ____________________
10 celebrity ____________________
11 confess ____________________
12 rusty ____________________
13 resounding ____________________
14 mischief ____________________
15 arise ____________________
16 commence ____________________
17 laboratory ____________________
18 nonprofit ____________________
19 incoming ____________________
20 nephew ____________________
21 inclusive ____________________
22 enact ____________________
23 assert ____________________
24 passive ____________________
25 activate ____________________
26 distrust ____________________
27 generic ____________________
28 reducible ____________________
29 mastery ____________________
30 resonant ____________________

B 다음 빈칸에 주어진 철자로 시작하는 적절한 단어를 쓰시오.

01 t__________ the upper airway muscles ← 상부 기도 근육을 **긴장시키다**
02 Stories d__________ in language. ← 이야기는 언어 속에 **산다[존재한다]**.
03 Sports stars sometimes do great d__________s. ← 스포츠 스타들이 때로는 위대한 **행동**을 한다.
04 Sven took the d__________ shot. ← Sven은 **결정적인** 슛을 시도했다.
05 We will take utmost care of the f__________. ← 우리는 **시설**을 최대한 관리할 것이다.
06 Susan was b__________ halfway down the track. ← Susan은 **간신히** 트랙을 반쯤 돌았다.
07 Reality was a p__________ shadow of the ideal. ← 실재는 이상적인 것의 **희미한** 그림자였다.
08 It is important to appreciate the d__________s. ← **문제점**을 제대로 인식하는 것은 중요하다.
09 Many synthetic c__________s are actually safe. ← 많은 합성 **화합물**은 실제로 안전하다.
10 Jumping in the deep end is d__________. ← 깊은 쪽으로 뛰어드는 것은 **치명적**이다.

A 다음 글의 네모 안에서 문맥에 맞는 낱말로 적절한 것을 고르시오.

01 Keenly observant and [alert / unconscious] to the slightest changes in their surroundings, cats could make wonderful guardians. So far, however, they've firmly rejected any such callings.

02 Unsurprisingly, processed materials are more [available / valuable] than raw ones. Lumber is worth more than timber, and flour is worth more than wheat. The modern analogies are that gasoline is worth more than crude oil and chemicals are worth more than natural gas.

03 The most effective way to defuse racial ideology is to bring people from different ethnic backgrounds together under conditions that enable them to deal with one another as individuals and discover that ideologies [obscure / reveal] important aspects of people and the realities of their lives.

04 We trust our common sense largely because we are prone to *naive realism*: the belief that we see the world precisely as it is. We assume that 'seeing is believing' and trust our [intuitive / speculative] perceptions of the world and ourselves. In daily life, naive realism often serves us well.

B 다음 글의 밑줄 친 부분 중, 문맥상 낱말의 쓰임이 적절하지 않은 것은?

01 When a partner behaves ①badly, accommodation rather than revenge is more conducive to the ②fluctuation of the relationship. Further, when partners' preferences are inconsistent, it is ③beneficial to sacrifice one's own interests for the partner's interests.

02 We now ①want information and content in our own hands and on our own terms. We ②maintain an underlying belief that it is our fundamental right to have access to well-structured and organized information. As a result, information design is exploding as organizations and individuals scramble to manage a ③minimal quantity of content.

03 Sport hunters are allowed to kill deer with public support — after all, no one wants to be involved in a ①collision with a deer. Unfortunately for deer, hunting does not necessarily ②control their populations. They can rebound soon after hunting season due to ③increased competition for resources.

04 On every trip, trains obey the direction of the tracks. If an engineer wanted to take the train in a different direction, but ①prepared the track, it would not be possible. New tracks would be necessary to ②divert the train onto a new course. And once a train has a ③destination on a track, it churns with momentum.

WEEK 9

DAY 49

1441 **organic** [ɔːrɡǽnik] 독 완 듣

a. 유기(물)의, 유기농의

Coffee grounds make excellent **organic** fertilizer. 커피 찌꺼기는 우수한 유기 비료가 된다. 수완

the health benefits from the consumption of **organic** food 유기농 식품 섭취로 인한 건강상의 이점 독연

1442 **livestock** [láivstɑ̀k] 독 완

n. 가축

Dad went outside to feed the **livestock**. 아빠는 가축에게 먹이를 주러 밖에 나갔다. 수완

Willie Author had gotten Tom started in transporting **livestock**. Willie Author는 Tom이 가축을 운송하는 것을 시작하게 해 주었다. 독연

1443 **bump** [bʌmp] 완

v. ~에 부딪치다[충돌하다] *n.* (자동차) 접촉 사고, (부딪히거나 맞아서 생긴) 혹

The toy car **bumped** the plate of peppers. 그 장난감 자동차가 후추를 담은 접시에 부딪쳤다. 수완

She accidentally caused a minor **bump** in traffic. 그녀는 실수로 경미한 자동차 교통 접촉 사고를 일으켰다.

1444 **stab** [stæb] 완

v. 찌르다 *n.* 찌르는 듯한 통증, 찌르기

The pain was like needles **stabbing** into my eyes. 그 아픔은 마치 바늘이 눈을 찌르는 것 같았다. 수완

He felt a sudden **stab** of pain in his shoulder. 그는 어깨에 찌르는 듯한 갑작스러운 통증을 느꼈다.

1445 **gem** [dʒem] 완

n. 보석

the **gems** you should seek at a workshop 워크숍에서 여러분이 찾아야 하는 보석들 수완

Uncover hidden **gems** of used books in our book sale event. 우리의 서적 판매 행사에서 숨겨진 보석과 같은 중고 도서들을 발견하세요. 수완

1446 **rejection** [ridʒékʃən] 완

n. 거부, 거절

the neural storm triggered by social **rejection** 사회적 거부에 의해 촉발되는 신경계의 폭풍 수완

If you get a letter of **rejection**, you should talk to a friend. 만약 여러분이 거부하는 편지를 받는다면, 여러분은 친구와 이야기해야 한다. 수완

○ reject *v.* 거절[거부]하다

1447 **calm** [kɑːm] 영 독 완 듣

v. 진정시키다 *n.* 평온, 침착함

The feeling of connection **calms** the cells in your brain. 연결되어 있다는 느낌이 뇌의 세포들을 진정시킨다. 수완

seek sensory **calm** and connection to other species 감각적 평온과 다른 종과의 연결을 추구하다 영어

1448 **expose** [ikspóuz] 영 독 완 듣

v. 접하게[경험하게] 하다, 노출시키다

Expose yourself to new information regularly. 자주 새로운 정보에 접하라. 수완

The movie **exposed** audiences to the endangered pangolins. 그 영화는 관객에게 멸종 위기에 처한 천산갑을 경험하게 했다. 영어

○ exposure *n.* 접함, 노출

1449 **irrelevant** [iréləvənt] 완

a. 관련(성)이 없는, 무관한

Sometimes you share seemingly **irrelevant** material. 때로 여러분은 겉보기에는 관련성이 없어 보이는 자료를 공유한다. 수완

Constant stimulation is registered by our brains as **irrelevant**. 지속적인 자극은 우리 뇌에 관련 없는 것으로 등록된다. 수완

1450 **brief** [briːf] 영 독 완

a. 간단한, 짧은 *v.* 요점을 추려 말하다

the **brief** side conversation 간단한 곁다리 대화 수완

Charles and David enjoyed their **brief** time together. Charles와 David는 자신들이 함께 한 짧은 시간을 즐겼다. 독연

1451 **disturbing** [distə́ːrbiŋ] 영 완

a. 충격적인, 불안감을 주는
The movie last night was so **disturbing**. 어젯밤 그 영화는 아주 충격적이었다. 수완
There are **disturbing** changes occurring in our school system. 우리의 학교 체제에 불안감을 주는 변화가 일어나고 있다. 영어
◎ disturbance *n.* 방해, 소란, 장애

1452 **traumatic** [trɔːmǽtik] 완

a. 트라우마가 되는, 정신적 외상의
Traumatic events are stressful. 트라우마가 되는 사건은 스트레스를 유발한다. 수완
Our tone of voice reveals our **traumatic** experiences. 우리의 목소리 톤은 우리의 정신적 외상 경험을 드러낸다. 수완

1453 **reaction** [riǽkʃən] 영 독 완 듣

n. 반응
Old traumatic **reactions** can be triggered by present-day stresses. 과거의 트라우마에 따른 반응들이 현재의 스트레스로 인해 유발될 수 있다. 수완
set off a chain **reaction** 연쇄 반응을 일으키다 영어

1454 **costume** [kástjuːm] 완 듣

n. 의상, 복장
Students dress in traditional **costumes**. 학생들은 전통 의상을 입는다. 수완
Hank borrowed a white lab coat from Laura for his **costume** as a doctor. Hank는 의사 복장으로 사용하려고 Laura로부터 흰색 실험복을 빌렸다. 영듣

1455 **modified** [mádəfàid] 완

a. 변형된, 수정된
modified stones that accidentally have a human look 우연히 인간의 생김새를 가진 변형된 돌들 수완
She proudly displayed her newly **modified** computer setup. 그녀는 새로 수정된 자신의 컴퓨터 설정을 자랑스럽게 보여 주었다.
◎ modification *n.* 수정, 변경

1456 **radiation** [rèidiéiʃən] 독 완

n. 복사(선), 방사(선)
The solar **radiation** penetrates a few centimetres in the rocks. 태양의 복사선은 암석의 몇 센티미터까지 침투한다. 수완
Nuclear **radiation** is a hyperobject. 핵 방사는 초객체이다. 독연

1457 **bare** [bɛər] 완

a. 드러난, 벌거벗은
The rocks continue to be **bare**. 암석은 계속해서 드러난 상태가 된다. 수완
Observe the safety signs such as '**bare** feet only' and 'do not use when wet'. '맨발로만 사용'과 '젖은 상태에서 사용하지 마시오'와 같은 안전 표시를 준수하세요. 수완

1458 **fruitful** [frúːtfəl] 독 완

a. 효과가 큰, 생산적인, 유익한
A focus on ethnic identity among members of a minority group may be **fruitful**. 소수 민족 집단 구성원들 사이에서 민족 정체성에 중점을 두는 것은 효과가 클 수도 있다. 수완
The results of taking risks may be **fruitful**. 위험을 감수하는 것의 결과가 생산적일 수도 있다. 독연

1459 **negative** [négətiv] 영 독 완 듣

a. 부정적인
a **negative** attitude toward the language of the minority group 소수 집단의 언어에 대한 부정적인 태도 수완
Too much screen time can have **negative** health effects. 너무 많은 화면 노출 시간은 건강에 부정적 영향을 끼칠 수 있다. 영듣

1460 **mixture** [míkstʃər] 완

n. 혼합(물)
hospitalized patients who are fed nutrient **mixtures** through a vein 정맥을 통해 영양소 혼합물을 공급받는 입원 환자들 수완
The chef prepared a **mixture** of herbs and spices. 셰프가 허브와 향신료의 혼합물을 준비했다.

1461 **organ** [ɔ́ːrgən] 완

n. 장기, 오르간

The stomach is a dynamic, living **organ**. 위는 역동적인 살아 있는 장기이다. 수완

Knowing how to play a pipe **organ** is not simple. 파이프 오르간 연주하는 방법을 아는 것은 간단하지 않다. 수완

1462 **sidewalk** [sáidwɔ̀ːk] 독 완

n. 인도, 보도

A young man runs down the **sidewalk**. 한 젊은 남자가 인도를 달려간다. 수완

I noticed two guys on the **sidewalk** ahead of me. 나는 내 앞의 인도에 두 명의 남자가 있는 것을 보았다. 독연

1463 **edit** [édit] 완 듣

v. 편집하다

Take unrelated shots and **edit** them. 관련 없는 장면들을 가져와서 그것들을 편집하라. 수완

I need to **edit** some pictures for my geography report. 나는 나의 지리 보고서를 위한 사진 몇 장을 편집해야 한다. 영듣

◯ editor *n.* 편집자

1464 **intertwine** [ìntərtwáin] 완

v. 엮다, 밀접하게 관련되다

Our lives become **intertwined** with people. 우리의 삶은 사람들과 엮이게 된다. 수완

Our biology and our experiences are **intertwined**. 우리의 생명 활동과 경험은 밀접하게 관련되어 있다. 수완

1465 **intimate** [íntəmit] 완

a. 친밀한, 긴밀한

People may form **intimate** connections. 사람들은 친밀한 관계를 형성할 수도 있다. 수완

an **intimate** interaction between history and science 역사와 과학 사이의 긴밀한 상호 작용 수완

◯ intimacy *n.* 친밀함

1466 **conclusion** [kənklúːʒən] 독 완

n. 결론, 결말

Draw your **conclusions** that are consistent with the sampling techniques used. 사용된 표본 추출 기술과 일치하는 결론을 도출하라. 수완

the **conclusion** of the season's Super Bowl 그 시즌 슈퍼볼의 결말 독연

1467 **task** [tæsk] 영 독 완

n. 과업, 일, 과제

The **task** was performed without errors. 그 과업은 실수 없이 수행되었다. 수완

The thorny **task** looks tenable. 그 골치 아픈 과업은 참아 낼 수 있는 것으로 보인다. 영어

1468 **polish** [páliʃ] 완

v. 다듬다, 교정하다, 윤을 내다

There are several steps to **polishing** your writing. 여러분의 글을 다듬는 데에 몇 가지 단계가 있다. 수완

His writing needs to be **polished**. 그의 글은 교정할 필요가 있다. 수완

1469 **punctuation** [pʌ̀ŋktʃuéiʃən] 완

n. 구두점, 구두법

Focus on surface features like grammar, **punctuation**, and citations. 문법, 구두점, 그리고 인용문과 같은 표면적인 특징에 집중하라. 수완

Her writing lacked proper **punctuation**, causing confusion for readers. 그녀의 글은 적절한 구두점이 없어서, 독자들에게 혼란을 주었다.

1470 **auditory** [ɔ́ːditɔ̀ːri] 완

a. 청각적인

the effects of using the same on-screen and **auditory** textual information 동일한 화면상의 정보와 청각적 텍스트 정보를 사용하는 것의 효과 수완

a simultaneous presentation of **auditory** and visual explanations 청각 및 시각적 설명의 동시 제시 수완

1471 **simultaneous**
[sàiməltéiniəs]
완

a. 동시의
Simultaneous presentations overloaded working memory. 동시 제시는 작업 기억에 과부하를 주었다. 수완
The synchronized dance moves created a **simultaneous** performance. 동기화된 댄스 동작이 동시 연기를 만들어 냈다.

1472 **presentation**
[prìːzəntéiʃən]
영 완 듣

n. 제시, 발표
a **presentation** of the same visual and verbal explanations 동일한 시각 및 언어적 설명의 제시 수완
I'm prepared for tomorrow's **presentation**. 나는 내일 발표를 위한 준비가 되어 있다. 영듣

1473 **distracted**
[distrǽktid]
완

a. 주의를 빼앗긴, 산만해진
The organization of information changes while you are **distracted**. 여러분이 주의를 빼앗긴 동안 정보의 구성이 변화한다. 수완
The host seemed to be **distracted**. 주인은 산만해 보였다. 수완

1474 **recall**
[rikɔ́ːl]
영 완

v. 기억해 내다, 회상하다
Participants tried to **recall** as many sentences as they could. 참가자들은 가능한 한 많은 문장을 기억해 내려고 했다. 수완
present a folktale to a student to **recall** 한 학생에게 기억해 낼 설화를 제시하다 영어

1475 **cluster**
[klʌ́stər]
영 독 완

v. 모으다, 무리를 이루다 *n.* 무리, 송이
The information was **clustered** around trait concepts. 정보가 특성 개념을 중심으로 모였다. 수완
Causal relations often come in characteristic groups or **clusters**. 인과 관계는 흔히 특징적인 집단이나 무리로 나타난다. 독연

1476 **interplay**
[íntərplèi]
완

n. 상호 작용
an **interplay** between history and science 역사와 과학 사이의 상호 작용 수완
The novel explores the complex **interplay** of love and betrayal. 그 소설은 사랑과 배신의 복잡한 상호 작용을 탐구한다.

1477 **furnish**
[fə́ːrniʃ]
완

v. 제공하다, (가구를) 비치하다
furnish the data from which generalizations are derived 일반화가 도출되는 자료를 제공하다 수완
furnish the room with furniture pieces 방에 가구들을 비치하다

1478 **generalization**
[dʒènərəlizéiʃən]
완

n. 일반화
Generalizations allow us to understand better the historical trajectories. 일반화는 우리가 역사적 궤적을 더 잘 이해할 수 있게 해 준다. 수완
Generalizations are formed from the data. 그 자료에서 일반화가 형성된다. 수완

1479 **broadcaster**
[brɔ́ːdkæ̀stər]
완

n. 방송인, 방송 진행자
Several years ago, I met a famous **broadcaster**. 나는 몇 년 전에 한 유명한 방송인을 만났다. 수완
The **broadcaster** delivered breaking news. 그 방송 진행자는 뉴스 속보를 전달했다.

1480 **leadership**
[líːdərʃìp]
완

n. 리더십, 지도력
I discovered **leadership** messages woven into John's stories. 나는 John의 이야기에 엮인 리더십 메시지를 발견했다. 수완
one aspect of **leadership** 리더십의 한 가지 측면 수완

1481 **apply**
[əplái]
영 독 완 듣

v. 적용하다[되다], 지원하다
He **applied** his learning to his craft. 그는 자기가 배운 것을 자기 기술에 적용했다. 수완
The credit card discount doesn't **apply** to the magic show. 신용 카드 할인은 마술 쇼에는 적용되지 않습니다. 영듣
◐ application *n.* 적용, 지원

1482 **mourning**
[mɔ́ːrniŋ]
영 완

n. 슬픔, 애도
Johnny approached him, aware of his **mourning**. Johnny는 그의 슬픔을 알고 그에게 다가갔다. 수완
wear a black shawl of **mourning** 검은색 애도의 숄을 착용하다 영어

1483 **greatness**
[gréitnis]
완

n. 탁월함, 위대함
Brian never rose to **greatness** as a player. Brian은 선수로서 결코 탁월함에 오르지는 못했다. 수완
His humility was the key to his **greatness**. 겸손이 그의 위대함의 비결이었다.

1484 **evacuation**
[ivæ̀kjuéiʃən]
완

n. 대피, 피난
It is crucial to educate the students on proper **evacuation** procedures. 학생들에게 적절한 대피 절차를 교육하는 것이 중요하다. 수완
The city ordered a mandatory **evacuation** due to flooding. 시 당국은 홍수로 인해 강제 대피 명령을 내렸다.
◐ evacuate *v.* 대피시키다, 떠나다

1485 **emergency**
[imə́ːrdʒənsi]
완 듣

n. 비상(사태), 응급
A fire drill is an essential exercise that prepares us for **emergency** situations. 소방 훈련은 우리를 비상 상황에 대비하게 하는 필수적인 훈련이다. 수완
Call **emergency** services immediately. 즉시 응급 구조대에 전화하세요. 영듣

1486 **edge**
[edʒ]
영 독 완

n. 가장자리, 테두리, (칼 따위의) 날
park the car close to the **edge** of the pavement 차를 인도의 가장자리에 가깝게 주차하다 수완
spaces at the **edge** of a dead zone for making mobile calls 휴대 전화가 안 터지는 지역의 가장자리 공간 영어

1487 **machinery**
[məʃíːnəri]
영 독 완

n. 기구, 기계(류)
a system with the appropriate structures to confirm, implement, and correct the **machinery** 기구를 확인하고, 실행하고, 바로잡을 수 있는 적절한 구조를 지닌 체계 수완
the **machinery** used to do the laundry 세탁하는 데 사용되는 기계 영어

1488 **definite**
[défənit]
완

a. 확실한, 명확한
It would be great to have a **definite** date to wipe out famine from the globe. 지구상에서 기근을 완전히 없애 버릴 확실한 날짜를 갖는 것은 멋질 것이다. 수완
She provided a **definite** answer to the question. 그녀는 그 질문에 대한 명확한 답변을 제공했다.

1489 **transparent**
[trænspɛ́(ː)ərənt]
완

a. 투명한
To reach a noble goal, there must be a system that is **transparent**. 어떤 고귀한 목표에 도달하려면, 투명한 체계가 있어야만 한다. 수완
The clear water was almost **transparent** in sunlight. 맑은 물이 햇빛을 받아 거의 투명했다.

1490 **widespread**
[wáidspred]
영 독 완 듣

a. 널리 퍼진, 광범위한
the **widespread** fact that the cosmos is a dynamic reality 우주가 역동적인 현실이라는 널리 퍼진 사실 수완
The primary cause of environmental destruction is the **widespread** use of plastic. 환경 파괴의 주요 원인은 플라스틱의 광범위한 사용이다. 영듣

1491 **agenda**
[ədʒéndə]
완

n. **안건[의제] (목록), 일정**
a major research **agenda** in the social sciences 사회 과학의 주요 연구 안건 수완
Bump-ups are not to be governed by an **agenda** and a deadline. 우연한 마주침은 일정과 최종 기한에 의해 지배되지 말아야 한다. 수완

1492 **advent**
[ǽdvent]
영 독 완

n. **출현, 도래**
the **advent** of writing 글쓰기의 출현 수완
The **advent** of reading occurred relatively recently in human history. 읽기의 출현은 인간의 역사에서 비교적 최근에 일어났다. 독연

1493 **static**
[stǽtik]
완

a. **고정된, 정적인**
Eras not recorded by scripts are characterized as **static**. 글자로 기록되지 않은 시대는 고정된 것으로 특징지어진다. 수완
a transforming reality rather than a **static** one 정적인 현실보다는 변화하는 현실 수완

1494 **arrival**
[əráivəl]
독 완 듣

n. **도착, 도달**
American history did not begin with the **arrival** of Columbus. 미국의 역사는 Columbus의 도착으로 시작된 것이 아니다. 수완
the yearly **arrival** of whales 매년의 고래들의 도착 영듣

1495 **revolution**
[rèvəljú:ʃən]
영 완

n. **혁명, 회전, 공전**
What was great about the **revolutions** of seventeenth-century Europe? 17세기 유럽의 혁명과 관련해 무엇이 대단했을까? 수완
since the onset of the Industrial **Revolution** 산업 혁명이 시작된 이래로 영어

1496 **virtue**
[və́:rtʃu:]
독 완

n. **미덕, 장점**
the great **virtue** of the scientific method 과학적 방법의 큰 미덕 수완
To name an instance, there are false **virtues** of brainstorming. 한 예를 말하자면, 브레인스토밍의 거짓된 장점이 있다. 독연

1497 **artistic**
[ɑ:rtístik]
완

a. **예술적인**
She won the award for her **artistic** achievements. 그녀는 예술적인 업적으로 그 상을 수상했다. 수완
Her **artistic** talent is shown in every painting she creates. 그녀의 예술적 재능이 그녀가 창작하는 모든 그림에 나타난다.

1498 **glimpse**
[glimps]
완 듣

n. **잠깐 경험함[접촉함], 잠깐 봄**
Her paintings provide a **glimpse** into America's pastoral past. 그녀의 그림들은 미국의 목가적인 과거를 잠깐 경험할 수 있게 해 준다. 수완
experience a **glimpse** into another culture 또 다른 문화를 잠깐 경험하다 영듣

1499 **therapist**
[θérəpist]
완

n. **치료사**
What does your **therapist** do when talking to you? 여러분의 치료사는 여러분에게 이야기할 때 무엇을 하는가? 수완
Therapists can't treat themselves. 치료사는 자기 자신을 치료할 수 없다. 수완

1500 **ascribe**
[əskráib]
독 완

v. **~의 탓으로 돌리다, ~에 속하는 것으로 생각하다**
The second observer **ascribes** what the first observer sees to *how* it is seen. 두 번째 관찰자는 첫 번째 관찰자가 보는 것을 그것을 '어떻게' 보느냐의 탓으로 돌린다. 수완
Humans **ascribe** meanings to things. 인간은 의미가 사물에 속하는 것으로 생각한다. 독연

1501 □□□ **escalate** [éskəlèit] 완
v. 확대되다, 악화되다
Let's see how conflicts **escalate**. 갈등이 어떻게 확대되는지 살펴보자. 수완
Tensions at the border **escalated** into conflict. 국경에서의 긴장이 분쟁으로 확대되었다.

1502 □□□ **compete** [kəmpíːt] 영 독 완
v. 경쟁하다
Culture teaches a person how they should cooperate or **compete** with others. 문화는 다른 사람들과 어떻게 협력하거나 경쟁해야 하는지를 사람에게 가르친다. 수완
Plants **compete** only when competition is needed. 식물은 경쟁이 필요할 때만 경쟁한다. 영어

1503 □□□ **participate** [pɑːrtísəpèit] 영 독 완 듣
v. 참여하다
The individual, to be truly human, must **participate** in the cultural stream. 개인이 진정한 인간이 되려면 문화적 흐름에 참여해야 한다. 수완
Boys **participate** in an initiation ceremony. 남자아이들이 성년식에 참여한다. 독연

1504 □□□ **framework** [fréimwə̀ːrk] 영 독 완
n. 체제, 틀
live within a cultural **framework** 문화적 체제 안에서 살다 수완
a paradigm shift in thinking about food as an integral part of the city's **framework** 식량을 도시 체제의 필수적인 부분으로 생각하는 패러다임의 전환 영어

1505 □□□ **turbulent** [tə́ːrbjulənt] 완
a. 격동적인, 격동의, 사나운
When is the most **turbulent** phase in human life? 인간의 삶에서 가장 격동적인 시기는 언제인가? 수완
Their relationship faced a **turbulent** phase. 그들의 관계는 격동의 시기에 직면했다.
◎ turbulence *n.* 격동, 난기류

1506 □□□ **dominate** [dάmənèit] 영 독 완
v. 지배하다
the social forces that **dominate** adolescent life 청소년기의 삶을 지배하는 사회적 힘 수완
a group of baboons **dominated** by aggressive males 공격적인 수컷들이 지배하는 개코원숭이 집단 영어

1507 □□□ **immoral** [imɔ́(ː)rəl] 독 완
a. 부도덕한, 비도덕적인
Genetic manipulation is seen by many as **immoral**. 유전자 조작은 많은 사람에게 부도덕한 것으로 여겨진다. 수완
What makes a lie **immoral** is not the consequence of the lie. 어떤 거짓말을 비도덕적으로 만드는 것은 그 거짓말의 결과가 아니다. 독연

1508 □□□ **optimism** [άptəmìzəm] 독 완
n. 낙관론, 낙관주의
My **optimism** for the future has not changed. 미래에 대한 나의 낙관론은 변하지 않았다. 수완
Self-referent social cognitions, such as **optimism** and pessimism, matter in coping with stress. 낙관주의와 비관주의 같은 자기 관련 사회 인지는 스트레스를 다루는 데 있어서 중요하다. 독연

1509 □□□ **crystallization** [krìstəl(a)izéiʃən] 완
n. 결정화
the **crystallization** of the primordial earth's materials 원시 지구 물질의 결정화 수완
The slow process of **crystallization** formed intricate patterns. 느린 결정화 과정이 복잡한 패턴을 형성했다.

1510 □□□ **mineral** [mínərəl] 독 완
n. 광물(질), 무기물
Mineral deposits are non-renewable. 광물 퇴적물은 재생이 불가능하다. 수완
The identification of **mineral** resources is increasingly performed via satellite imagery. 광물 자원의 발견이 인공위성 사진을 통해서 점점 더 많이 수행된다. 독연

1511 **renowned** [rináund] 완

a. **잘 알려진, 유명한**

Honeybees are **renowned** for adjusting the temperature of their nest. 꿀벌은 자기 벌집의 온도를 조절하는 것으로 잘 알려져 있다. 수완

The **renowned** artist unveiled a breathtaking masterpiece. 그 유명한 예술가가 숨 막히는 걸작을 공개했다.

1512 **swarm** [swɔːrm] 독 완

v. **모여들다, 떼를 짓다** *n.* **(벌) 떼[무리]**

If a hornet attacks, honeybees **swarm** around it. 말벌이 공격하면, 꿀벌들은 그것 주위로 모여든다. 수완

the lurking place of the **swarm** 벌 떼의 은신처 독연

1513 **betray** [bitréi] 완

v. **무심코 드러내다, 배신하다**

Our tone of voice **betrays** our unconscious thoughts. 우리의 목소리 톤은 우리의 무의식적인 생각들을 무심코 드러낸다. 수완

His actions **betrayed** their deep friendship. 그의 행동은 그들의 깊은 우정을 배신했다.

1514 **founder** [fáundər] 완

n. **창시자, 설립자**

Sigmund Freud is thought to be the **founder** of psychoanalysis. Sigmund Freud는 정신 분석의 창시자로 여겨진다. 수완

one of the **founders** of the Microscopist Society 현미경 학회의 창립자 중 한 사람 수완

1515 **iceberg** [áisbəːrg] 완

n. **빙산**

Only the tip of an **iceberg** rises from the water. 빙산의 끝부분만 물 위로 솟아 있다. 수완

Only a tenth of an **iceberg** is visible above water. 빙산의 10분의 1만 물 위로 보인다. 수완

1516 **subject** *n. a.* [sʌ́bdʒikt] *v.* [səbdʒékt] 영 독 완 듣

n. **피실험자, 대상, 주제, 과목** *a.* **지배받는, 복종하는** *v.* **지배하다, 복종시키다**

The **subjects** became accustomed to the activity. 피실험자들은 그 활동에 익숙해졌다. 수완

It is a perfect **subject** for photography. 그것은 사진 촬영을 위한 완벽한 대상이다. 영듣

1517 **chore** [tʃɔːr] 독 완

n. **(집안)일, 하기 싫은 일**

Some of us have the television on while we go about our daily **chores**. 우리 중 일부는 일상적인 집안일을 하는 동안 텔레비전을 켜 놓는다. 수완

When you find a perfect career, work is not a **chore**. 여러분이 완벽한 진로를 찾을 때, 일은 하기 싫은 일이 아니다. 독연

1518 **romanticize** [roumǽntisàiz] 완

v. **근사하게[낭만적으로] 묘사하다, 낭만화하다**

Too many people **romanticize** constant work and never taking breaks. 너무 많은 사람이 끊임없는 일과 휴식을 취하지 않는 것을 근사하게 묘사한다. 수완

We tend to **romanticize** the past with nostalgia. 우리는 과거를 향수로 낭만화하는 경향이 있다.

1519 **resonate** [rézənèit] 완

v. **공명이 잘되다, 마음을 울리다**

Go with the advice that **resonates** most with your gut. 여러분의 직감과 공명이 가장 잘 되는 조언을 따르라. 수완

His powerful speech **resonated** with the audience. 그의 강력한 연설은 청중의 마음을 울렸다.

1520 **response** [rispáns] 영 독 완

n. **반응, 응답**

species-specific social **responses** directed toward the reflected image 거울에 비친 모습을 향한 종에만 한정된 사회적 반응 수완

affect the **response** to symptoms 증상에 대한 반응에 영향을 미치다 독연

WEEK 9 DAY 51

1521 **condition** [kəndíʃən] 영 독 완 듣
n. 조건, 상태 *v.* ~의 필요조건이 되다, 결정하다
a necessary **condition** for self-recognition 자기 인식을 위한 필요조건 수완
Consciousness is not a necessary **condition** of life. 의식이 생명의 필수 조건은 아니다. 영어

1522 **harm** [hɑːrm] 독 완 듣
n. 해, 피해, 손해
If an organism doesn't cause **harm**, why should we consider it invasive? 어떤 유기체가 해를 끼치지 않는다면, 우리는 그것을 왜 침입하는 것으로 간주해야 하는가? 수완
A lie can result in serious **harm**. 거짓말이 심각할 해를 초래할 수 있다. 독연

1523 **observe** [əbzə́ːrv] 영 독 완 듣
v. 관찰하다, 말하다
the term 'invasion-lags' related to the phenomena **observed** in the invasion process 침입 과정에서 관찰되는 현상과 관련된 '침입 지연'이라는 용어 수완
Scientists measure and calculate; they don't just **observe**. 과학자는 측정하고 계산하며, 단지 관찰만 하는 것이 아니다. 영어
○ observation *n.* 관찰, 관측

1524 **predictor** [pridíktər] 영 완
n. 예측하는 지표[변수]
It's a good **predictor** of future impacts. 그것은 미래의 영향을 예측할 수 있는 좋은 지표이다. 수완
Experience can be the most effective **predictor** of future success. 경험이 미래의 성공을 가장 효과적으로 예측하는 변수일 수 있다. 영어

1525 **steer** [stiər] 완
v. 이끌다, 조종하다
The purpose of the definition is to **steer** research and policy. 그 규정의 목적은 연구 및 정책을 이끄는 것이다. 수완
The driver paid little attention to **steering** while driving. 그 운전자는 운전하면서 차량 조종에 거의 신경을 쓰지 않았다. 수완

1526 **patrol** [pətróul] 완
n. 정찰(대), 순찰(대)
He was on **patrol** in the jungles of Burma. 그는 Burma의 정글에서 정찰 근무를 했다. 수완
The scout from the **patrol** returned. 순찰대의 정찰병이 돌아왔다. 수완

1527 **frightened** [fráitənd] 완
a. 겁에 질린, 무서워하는
He was far from home and very **frightened**. 그는 고향으로부터 멀리 떨어져 있어서 매우 겁에 질려 있었다. 수완
The noise made the small child **frightened**. 그 소음이 어린아이를 겁에 질리게 했다.

1528 **troop** [truːp] 영 완
n. 군대, 병력, 무리
They ran into a huge number of Japanese **troops**. 그들은 엄청난 숫자의 일본 군대와 마주쳤다. 수완
a **troop** of animals dominated by an alpha male 우두머리 수컷이 지배하는 동물 무리 영어

1529 **outnumber** [àutnʌ́mbər] 완
v. 수적으로 우세하다, 수가 더 많다
The patrol was **outnumbered** and completely surrounded. 정찰대는 수적으로 열세였고 완전히 포위되었다. 수완
The enemy forces **outnumber** our troops. 적군의 수가 우리 군대보다 더 많다.

1530 **experience** [ikspí(ː)əriəns] 영 독 완 듣
n. 경험 *v.* 경험하다
Without the **experience**, he would have made the problem worse. 그 경험이 없었다면, 그는 그 문제를 더 악화시켰을 것이다. 수완
We build up our knowledge of the world from events we **experience**. 우리는 경험하는 사건으로부터 세상에 대한 지식을 축적한다. 영어
○ experienced *a.* 경험이 있는, 능숙한

QUICK CHECK 17

A 다음 빈칸에 단어의 뜻을 쓰시오.

01 organic	________	16 emergency	________
02 rejection	________	17 definite	________
03 irrelevant	________	18 transparent	________
04 radiation	________	19 revolution	________
05 bare	________	20 virtue	________
06 mixture	________	21 therapist	________
07 organ	________	22 escalate	________
08 intertwine	________	23 dominate	________
09 conclusion	________	24 optimism	________
10 punctuation	________	25 renowned	________
11 simultaneous	________	26 betray	________
12 distracted	________	27 resonate	________
13 furnish	________	28 predictor	________
14 generalization	________	29 steer	________
15 evacuation	________	30 outnumber	________

B 다음 빈칸에 주어진 철자로 시작하는 적절한 단어를 쓰시오.

01 Dad went outside to feed the l__________. ← 아빠는 **가축**에게 먹이를 주러 밖에 나갔다.

02 set off a chain r__________ ← 연쇄 **반응**을 일으키다

03 Students dress in traditional c__________s. ← 학생들은 전통 **의상**을 입는다.

04 People may form i__________ connections. ← 사람들은 **친밀한** 관계를 형성할 수도 있다.

05 I'm prepared for tomorrow's p__________. ← 나는 내일 **발표**를 위한 준비가 되어 있다.

06 wear a black shawl of m__________ ← 검은색 **애도**의 숄을 착용하다

07 the a__________ of writing ← 글쓰기의 **출현**

08 Their relationship faced a t__________ phase. ← 그들의 관계는 **격동의** 시기에 직면했다.

09 the lurking place of the s__________ ← **벌 떼**의 은신처

10 The scout from the p__________ returned. ← **순찰대**의 정찰병이 돌아왔다.

1531 **sector**
[séktər]
독 완

n. 분야, 부문, 영역
the renewable energy **sector** 재생 에너지 분야 수완
companies in other **sectors** such as consumer electronics, food and industrial products 가전제품, 식품 및 공산품과 같은 다른 부문의 회사들 독연

1532 **fade**
[feid]
영 완

v. 서서히 사라지다, 희미해지다
My fear began to **fade**. 나의 두려움은 서서히 사라지기 시작했다. 수완
The interest of fans can **fade**. 팬들의 관심이 서서히 사라질 수 있다. 영어

1533 **turnover**
[tə́:rnòuvər]
완

n. 이직률, (기업의) 매출액
the **turnover** magnet we have for losing great employees 우수한 직원을 잃도록 만드는, 우리가 가지고 있는 이직률 요인 수완
The company's annual **turnover** recorded $75 million last year. 작년에 그 회사의 연간 매출액이 7천5백만 달러를 기록했다.

1534 **accountability**
[əkàuntəbíləti]
완

n. 책임감, 책임
Great managers build **accountability** into flexible work plans. 훌륭한 매니저는 유연한 근무 계획에 책임감을 부여한다. 수완
teachers' **accountability** for students' performance 학생들의 성적에 대한 교사의 책임 수완

1535 **aggressively**
[əgrésivli]
완

ad. 적극적으로, 공격적으로
manage performance **aggressively** 성과를 적극적으로 관리하다 수완
Mark behaves **aggressively** from time to time. Mark는 때때로 공격적으로 행동한다.
◎ aggression *n.* 공격, 침략, 침범

1536 **magnitude**
[mǽgnətjù:d]
완

n. 정도, 규모, 크기
manipulate the subjects' expectations about **magnitude** of pain 통증의 정도에 대한 피실험자들의 기대치를 조절하다 수완
The police didn't realize the **magnitude** of the accident. 경찰은 그 사고의 규모를 깨닫지 못했다.

1537 **radically**
[rǽdikəli]
독 완

ad. 완전히, 근본적으로
look **radically** different from the way we fit with another friend 우리가 다른 친구와 맞는 방식과 완전히 다르게 보이다 수완
The meaning of the term has **radically** altered. 그 용어의 의미가 근본적으로 변했다. 독연

1538 **compassion**
[kəmpǽʃən]
완

n. 동정심, 연민
grow your **compassion** and empathy 여러분의 동정심과 공감을 키우다 수완
The boy felt **compassion** for the sick. 그 소년은 아픈 사람들에 대한 연민을 느꼈다.
◎ compassionate *a.* 동정하는, 연민 어린, 자비로운

1539 **crisis**
[kráisəs]
독 완

n. 위기
symbolic events that fit the narrative moments of **crisis** and resolution 이야기 속 위기나 해결의 순간에 적합한 상징적 사건들 수완
A mid-life **crisis** is not a legitimate awakening. 중년의 위기는 진정한 각성이 아니다. 독연

1540 **misleading**
[mislí:diŋ]
독 완

a. 잘못된, 오도하는, 오해의 소지가 있는
invite the **misleading** if-only feeling 잘못된 가정이라는 느낌을 불러일으키다 수완
Even soundscapes can be **misleading**. 심지어 소리 경관도 오도할 수 있다. 독연
◎ mislead *v.* 잘못 인도하다, 오도[호도]하다

1541 **blissfully**
[blísfəli]
완

ad. 축복스럽게도, 더없이 즐겁게
The city was **blissfully** free of yellow fever. 그 도시는 축복스럽게도 황열병이 없었다. 수완
The kids **blissfully** played house. 그 아이들은 더없이 즐겁게 소꿉놀이를 했다.

1542 **haunt**
[hɔːnt]
완

v. (자주) 나타나다, 출몰하다, 자주 방문하다
Dengue and Zika have **haunted** the lowlands of Mexico. Mexico의 저지대에서 뎅기열과 지카 바이러스가 자주 나타났다. 수완
The villagers say ghosts **haunt** that old house. 마을 사람들은 그 집에 유령이 출몰한다고 말한다.

1543 **alarming**
[əláːrmiŋ]
완

a. 놀라운
The change was an **alarming** development. 그 변화는 놀라운 전개였다. 수완
Glaciers are disappearing at an **alarming** rate. 빙하가 놀라운 속도로 사라지고 있다.

1544 **project**
v. [prədʒékt]
n. [prádʒekt]
영 독 완 듣

v. 전망하다, 예상하다, (빛·영상 등을) 비추다 *n.* 연구 프로젝트, 과제
In 2050, only four European countries are **projected** to be in the top eight. 2050년에는 네 개의 유럽 국가만이 상위 여덟 개 국가에 있을 것으로 전망된다. 수완
I'm working on a school **project**. 저는 학교 (연구) 프로젝트를 하고 있어요. 영듣
○ projection *n.* 전망, 예상, 투사

1545 **prevalent**
[prévələnt]
완

a. 만연한, 널리 퍼져 있는
the ideologies that were **prevalent** in the 1950s 1950년대에 만연했던 이데올로기 수완
The disease became **prevalent** in the town. 그 질병이 그 마을에 널리 퍼졌다.
○ prevalence *n.* 만연함, 널리 퍼짐

1546 **persist**
[pərsíst]
영 독 완

v. 지속되다, 계속되다
Berlin's ideas **persist** as an influence in intellectual dialogue on liberty. Berlin의 사상은 자유에 대한 지적인 대화에서 하나의 영향력으로 지속되고 있다. 수완
The rules have **persisted**. 그 규칙들이 지속되어 왔다. 독연

1547 **uncover**
[ʌnkʌ́vər]
독 완

v. 발견하다, 발굴하다, 덮개를 벗기다
Uncover hidden gems and stock up your home library with used books in good condition. 숨겨진 보석들을 발견하고, 상태가 좋은 중고 도서로 여러분의 가정 도서관을 채워 보세요. 수완
a 60,000-year-old burial site **uncovered** in Iraq 이라크에서 발굴된 6만 년 된 매장지 독연

1548 **evident**
[évidənt]
독 완

a. 명백한
It is **evident** that language is the most important development. 언어는 가장 중요한 발전이라는 것이 명백하다. 수완
The origin of the deep-seated conviction remains **evident**. 그 뿌리 깊은 확신의 기원은 분명하다. 독연

1549 **species**
[spíːʃiːz]
영 독 완

n. 종(種: 생물 분류의 기초 단위)
We are the only **species** that can think about thinking. 우리는 사고하는 것에 대해 생각할 수 있는 유일한 종이다. 수완
reverse the decline of an endangered **species** 멸종 위기종의 감소를 되돌리다 영어

1550 **neurologically**
[njùərəládʒikəli]
완

ad. 신경학적으로
The brain of our species was **neurologically** wired. 우리 종[인류]의 뇌는 신경학적으로 연결되어 있었다. 수완
Mr. Nelson treated **neurologically** damaged patients. Nelson 씨는 신경학적으로 손상을 입은 환자들을 치료했다.
○ neurology *n.* 신경학

1551 **ceiling**
[síːliŋ]
완 듣

n. 천장, 장벽
New opportunities arose as **ceilings** came down. (일자리의) 천장이 낮아지면서, 새로운 기회가 생겨났다. 수완
The plants hanging from the **ceiling** make the café look like a garden. 천장에 매달린 식물들이 카페를 정원처럼 보이게 하네요. 영듣

1552 **manufacturing**
[mæ̀njufǽktʃəriŋ]
독 완

n. 제조(업) *a.* 제조업의
higher-paying jobs in **manufacturing** and industry 제조업과 산업 분야의 고임금 일자리들 수완
clothing and shoe **manufacturing** firms 의류와 신발 제조 기업들 독연
○ manufacture *v.* 제조하다 manufacturer *n.* 제조사[자]

1553 **rack**
[ræk]
완 듣

n. 진열대, 선반
Several hundred slacks and sweaters are visible on crowded **racks** and shelves. 수백 벌의 슬랙스와 스웨터가 빽빽한 진열대와 선반 위에 있는 것을 볼 수 있다. 수완
I like the storage **rack** along the right wall. 나는 오른쪽 벽에 있는 보관 선반이 마음에 들어요. 영듣

1554 **garment**
[gáːrmənt]
완

n. 의류, 옷, 의복
The shop shows only a few dozen **garments** at a time. 그 매장은 한 번에 단지 수십 벌의 의류만 진열한다. 수완
The **garment** must be dry-cleaned only. 그 옷은 드라이클리닝만 해야 한다.

1555 **metropolitan**
[mètrəpálitən]
완

a. 대도시의
a survey of recycling yield in **metropolitan** Los Angeles 대도시인 로스앤젤레스의 재활용 처리량 조사 수완
Housing prices are rising in the **metropolitan** area. 그 대도시 지역에서 주택 가격이 오르고 있다.

1556 **output**
[áutpùt]
영 독 완

n. 배출량, 생산물, 산출(량)
measure the recycling **output** of each family 각 가정의 재활용 배출량을 측정하다 수완
a production process necessary to create any **output** 어떤 생산물을 만드는 데 필요한 생산 공정 영어
○ 반 input *n.* 투입(량), 입력

1557 **compel**
[kəmpél]
영 완

v. ~하게 만들다, 강요하다
Imagine that all companies are **compelled** to take back every product they made. 모든 기업이 자신들이 만든 모든 제품을 회수해야 한다고 가정해 보자. 수완
You **compel** Time to give money in advance. 여러분은 '시간'에 미리 돈을 줄 것을 강요한다. 영어

1558 **comparable**
[kámpərəbl]
영 독 완

a. 비슷한, 비교할 만한
create a network of economies **comparable** to the Agricultural Age 농업 시대와 비슷한 경제 네트워크를 형성하다 수완
human children tested in a **comparable** fashion 비슷한 방식으로 실험을 거친 인간 아이들 영어

1559 **reformulate**
[riːfɔ́ːrmjulèit]
완

v. 재구성하다, 새롭게 하다
Humans should **reformulate** social and political relations. 인간은 사회적 그리고 정치적 관계를 재구성해야 한다. 수완
We tried to **reformulate** the accident. 우리는 그 사고를 재구성해 보려고 노력했다.

1560 **conceptualize**
[kənséptʃuəlàiz]
완

v. 개념화하다
Conceptualizing animal languages is significant. 동물 언어를 개념화하는 것은 중요하다. 수완
the difficulty of **conceptualizing** large quantities 많은 양을 개념화하는 어려움 수완
○ conceptual *a.* 개념의, 구상의

WEEK 9 DAY 53

1561 **linguistic** [liŋgwístik] 영 완

a. 언어적인, 언어학의

dominant ideology due to gender, **linguistic** grouping, class, etc. 성별, 언어적 집단, 계급으로 인한 지배적인 이데올로기 수완

information that is present at a cognitive and **linguistic** level 인지적 및 언어적 수준에 존재하는 정보 영어

linguistics *n.* 언어학

1562 **disinformation** [disìnfərméiʃən] 완

n. 허위 정보

misinformation and **disinformation** challenging reputation for journalists 언론인의 평판에 도전하는 오보와 허위 정보 수완

You must not expose the **disinformation**. 여러분은 허위 정보를 유출해서는 안 됩니다.

1563 **bureaucratic** [bjùərəkrǽtik] 완

a. 관료의, 관료주의의

the news from predictable **bureaucratic** relations sources 예측 가능한 관료 관계의 출처에서 나온 뉴스 수완

The news criticized the problem of **bureaucratic** inefficiency. 그 뉴스는 관료주의의 비효율성을 비판했다.

bureaucracy *n.* 관료 정치

1564 **uphold** [ʌphóuld] 완

v. 유지하다, 떠받치다

uphold the importance of ethics in journalism 언론 윤리의 중요성을 유지하다 수완

We need to **uphold** the law. 우리는 그 법을 유지할 필요가 있다.

1565 **transparency** [trænspέ(:)ərənsi] 완

n. 투명성

a practice that requires **transparency** 투명성을 요구하는 실천[실행] 수완

The firm must ensure its managerial **transparency**. 그 기업은 경영의 투명성을 확실히 해야 한다.

1566 **compliance** [kəmpláiəns] 완

n. 준수, 순종

compliance with standards of public interest 공적 이익이라는 기준의 준수 수완

You must be in **compliance** with the fire regulations. 여러분은 그 화재 규정을 준수해야 합니다.

1567 **pragmatic** [prægmǽtik] 완

a. 실용적인, 실용주의적인

use games for **pragmatic** purposes 실용적인 목적으로 게임을 사용하다 수완

The government took the **pragmatic** approach to the problem. 정부는 그 문제에 대해 실용주의적인 접근 방식을 택했다.

pragmatism *n.* 실용주의

1568 **hallmark** [hɔ́ːlmàːrk] 영 완

n. 특징, 보증서

give something which is considered to be arduous the **hallmarks** of a game 고된 것으로 여겨지는 것에 게임의 특징을 부여하다 수완

Free-flowing talk is usually considered the **hallmark** of a good meeting. 자유로운 대화는 일반적으로 좋은 회의의 특징으로 간주된다. 영어

1569 **pedestrian** [pədéstriən] 완

n. 보행자

The **pedestrians** will decide who is the best player. 보행자들이 누가 가장 우수한 선수인지를 결정할 것이다. 수완

A **pedestrian** is walking on the sidewalk. 한 보행자가 인도를 걷고 있다.

1570 **littering** [lítəriŋ] 완

n. 쓰레기 투기

solve the social problem of **littering** 쓰레기 투기라는 사회 문제를 해결하다 수완

The man was fined for **littering**. 그 남자에게 쓰레기 투기로 벌금이 부과되었다.

1571 **extent**
[ikstént]
영 독 완

n. 정도, 범위
the **extent** to which consumers prioritize core values 소비자가 핵심 가치를 우선시하는 정도 수완
a progressive reduction in the **extent** of human influence on computer evolution 컴퓨터 진화에 대한 인간 영향력 범위의 점진적인 감소 영어

1572 **sophistication**
[səfìstəkéiʃən]
완

n. 정교함, 세련됨
High-status consumers' food choices reflect culinary **sophistication**. 상류층 소비자의 식품 선택은 요리의 정교함을 반영한다. 수완
AI programs surged in **sophistication**. AI 프로그램은 정교함이 증가했다. 수완

1573 **popularity**
[pɑ̀pjulǽrəti]
영 완

n. 인기
Sustainability gained **popularity** as an important value. 지속 가능성이 중요한 가치로 인기를 얻었다. 수완
The podcast has continued to grow in **popularity**. 그 팟캐스트는 계속해서 인기가 높아져 왔다. 영어
◎ popular *a.* 인기 있는, 대중적인

1574 **encompass**
[inkʌ́mpəs]
완

v. 포함하다, 둘러싸다
High culture capital tastes **encompass** both ethical and esthetic dimensions. 높은 문화 자본 취향은 윤리적 차원과 심미적 차원을 모두 포함한다. 수완
The job **encompasses** many responsibilities. 그 직업은 많은 책임을 포함한다.

1575 **premise**
[prémis]
완

n. 전제
the **premise** of nudge theory 넛지(팔꿈치로 쿡 찌르기) 이론의 전제 수완
I don't know the basic **premise** of his argument. 나는 그의 주장의 기본 전제를 모르겠다.

1576 **entangle**
[intǽŋgl]
독 완

v. 걸리게 하다, 얽어매다
rescue a whale **entangled** in the trap 그 덫에 걸린 고래 한 마리를 구조하다 수완
a thing that surrounds us, envelops and **entangles** us 우리를 둘러싸고, 우리를 뒤덮고, 얽어매고 있는 것 독연

1577 **abrupt**
[əbrʌ́pt]
완

a. 갑작스러운, 퉁명스러운
The whale came to an **abrupt** stop. 그 고래는 갑작스럽게 멈췄다. 수완
The guide explained the situation in an **abrupt** manner. 그 여행 가이드는 퉁명스러운 태도로 그 상황을 설명했다.
◎ abruptly *ad.* 갑자기, 퉁명스럽게

1578 **nudge**
[nʌdʒ]
완

v. 살며시 건드리다, (특히 팔꿈치로 살짝) 쿡 찌르다
The whale gently **nudged** James with the snout. 그 고래는 주둥이로 James를 살며시 건드렸다. 수완
I **nudged** my friend to get his attention. 나는 주의를 끌려고 내 친구를 팔꿈치로 쿡 찔렀다.

1579 **massive**
[mǽsiv]
독 완

a. 거대한, 대규모의
the **massive** fin of the whale 그 고래의 거대한 지느러미 수완
the collection and analysis of **massive** databases of information 대규모 정보 데이터베이스의 수집 및 분석 독연
◎ mass *n.* 덩어리, 다수, 다량 *a.* 대규모의, 다량의

1580 **saw**
[sɔː]
완

n. 톱 *v.* 톱질하다
The divers returned to the water with **saws**. 그 잠수부들은 톱을 가지고 물속으로 돌아갔다. 수완
I heard someone **sawing** yesterday. 나는 어제 누군가가 톱질하는 것을 들었다.

1581 **inhale** [inhéil] 완

v. **들이마시다, 들이쉬다**
My nose dripped the saltwater I had **inhaled**. 들이마셨던 모든 바닷물이 내 코에서 흘러내렸다. 수완
I closed my eyes and **inhaled** deeply. 나는 눈을 감고 숨을 깊이 들이쉬었다.
반 exhale *v.* 내쉬다

1582 **unsanitary** [ʌnsǽnitèri] 완

a. **비위생적인**
the effects of **unsanitary** housing on the health of them 비위생적인 주택이 그들의 건강에 미치는 영향 수완
Unsanitary conditions cause diseases. 비위생적인 환경은 질병을 유발한다.
반 sanitary *a.* 위생적인

1583 **narrowly** [nǽrouli] 완

ad. **좁은 의미로, 좁게, 아슬아슬하게**
a **narrowly** defined version of an efficient city 효율적인 도시에 대한 좁은 의미로 정의된 버전 수완
Our team **narrowly** lost the game. 우리 팀은 아슬아슬하게 경기에서 졌다.
narrow *a.* 좁은

1584 **peripheral** [pərífərəl] 완

a. **주변적인, 지엽적인**
The approach should not be a **peripheral** activity. 그 접근 방식이 주변적인 활동이어서는 안 된다. 수완
Jessica just informed me of some **peripheral** information. Jessica는 내게 지엽적인 정보만을 알려 주었다.

1585 **compatible** [kəmpǽtəbl] 완

a. **양립할 수 있는, 화합할 수 있는**
an approach **compatible** with sustainable growth 지속 가능한 성장과 양립할 수 있는 접근 방식 수완
Stability may not be **compatible** with profitability. 안정성은 수익성과 양립할 수 없을지도 모른다.

1586 **profile** [próufail] 영 완

n. **프로필, 약력, 개요, 옆얼굴**
information that fits the user's **profile** of preferences 사용자의 선호도 프로필에 맞는 정보 수완
review a **profile** written by another person 다른 사람이 작성한 약력을 검토하다 영어

1587 **withhold** [wiðhóuld] 영 완

v. **보류하다, 허락하지 않다, 억제하다**
withhold information that does not fit the profile 그 프로필에 맞지 않는 정보를 보류하다 수완
choose to **withhold** themselves from a hunter 사냥꾼에게 그들 자신을 허락하지 않기로 선택하다 영어

1588 **chamber** [tʃéimbər] 영 독 완

n. **-실(室), 회의실**
Information travels like sound in an echo **chamber**. 정보는 반향실의 소리처럼 전파된다. 수완
Studios began to construct "echo **chambers**." 스튜디오들은 '반향실'을 짓기 시작했다. 독연

1589 **accustom** [əkʌ́stəm] 독 완

v. **익숙하게 하다, 길들게 하다 (to)**
animals that are **accustomed** to traveling across the land 땅을 가로질러 이동하는 데 익숙한 동물들 수완
our **accustomed** roles in life 생활 속에서 우리의 익숙한 역할들 독연

1590 **aquatic** [əkwǽtik] 완

a. **수생의, 수중의**
Roads can fragment **aquatic** habitat. 도로가 수생 서식지를 분열시킬 수 있다. 수완
I received **aquatic** therapy for my knees. 나는 내 무릎을 위해 수중 치료를 받았다.

1591 **inherited**
[inhéritid]
완

a. 유전된, 상속받은
patterns of **inherited** behavioural responses 유전된 행동 반응의 패턴 수완
He donated all of his **inherited** property to the charity. 그는 상속받은 모든 재산을 자선 단체에 기부했다.
⊙ inherit *v.* 유전되다, 상속받다

1592 **embark**
[imbá:rk]
완

v. 시작하다, 탑승하다 (on)
Mary Calkins **embarked** on her educational journey in Newton, Massachusetts. Mary Calkins는 Massachusetts 주 Newton에서 교육의 여정을 시작했다. 수완
My family is waiting to **embark** on the train. 우리 가족은 열차에 탑승하려고 기다리고 있다.

1593 **warrant**
[wɔ́:rənt]
완

v. 보증하다, 정당화하다 *n.* 영장, 보증서
The trampoline is **warranted** for five years. 그 트램펄린은 5년 동안 보증됩니다. 수완
A **warrant** has been issued for the suspect's arrest. 그 용의자 체포를 위한 영장이 발부되었다.
⊙ warranty *n.* (제품의) 품질 보증서, 보증 기간

1594 **wilderness**
[wíldərnis]
완

n. 황무지, 황야
You will shoot in the **wilderness**. 여러분은 황무지에서 촬영할 것입니다. 수완
The Antarctic is the world's last **wilderness**. 남극은 세계의 마지막 황무지이다.

1595 **costly**
[kɔ́(:)stli]
완 듣

a. 비용이 많이 드는, 값비싼
The least **costly** form of mobility is walking. 가장 비용이 적게 드는 이동 수단은 걷기이다. 수완
It's just so **costly** to have all the special effects we need for these war scenes. 이런 전쟁 장면을 위해서 필요한 모든 특수 효과를 만드는 것은 정말 비용이 많이 들어요. 영듣

1596 **aisle**
[ail]
완

n. 통로, 복도
The shoppers stuck to the **aisles** where they wanted to make a purchase. 쇼핑객은 구매하고자 하는 통로만을 고수한다. 수완
Would you like a window seat or an **aisle** seat? 창가 쪽 자리를 원하세요, 아니면 통로 쪽 자리를 원하세요?

1597 **discontinuity**
[dìskɑntənjú:əti]
완

n. 불연속성, 중단, 단절
Discontinuity happens when shops switch locations of items. 가게에서 품목의 위치를 바꾸면 불연속성이 발생하게 된다. 수완
Discontinuity in the children's education is a social problem. 아동의 교육 중단은 사회 문제이다.

1598 **layer**
[léiər]
영 독 완

n. 층, 겹 *v.* 층으로 만들다
Mathematics permeates every **layer** of its abstract form. 수학은 그것의 추상적인 형태의 모든 층에 스며들어 있다. 수완
interconnected **layers** of information 상호 연결된 정보의 층들 영어

1599 **infuse**
[infjú:z]
완

v. 스미게 하다, 불어넣다
Computer art is the most mathematically **infused** art form. 컴퓨터 예술은 가장 수학적 요소가 많이 스며들어 있는 예술 형식이다. 수완
His speech **infused** the crowd with new hope. 그의 연설은 군중에게 새 희망을 불어넣었다.
⊙ infusion *n.* 투입, 주입

1600 **pictorial**
[piktɔ́:riəl]
완

a. 회화적인, 그림의
the mathematization of **pictorial** space in the Renaissance 르네상스 시대의 회화적 공간의 수학화 수완
Mr. Anderson liked to solve the **pictorial** puzzles. Anderson 씨는 그 그림 퍼즐을 풀고 싶어 했다.

1601 **orient**
[ɔ́ːriənt]
완

v. 지향하게 하다, (새로운 상황에) 적응시키다
Geometric abstraction was mathematically **oriented**. 기하학적 추상화가 수학적으로 지향되었다. 수완
The program helps the freshmen to **orient** themselves to college life. 그 프로그램은 신입생이 대학 생활에 적응하는 데 도움이 된다.

1602 **formula**
[fɔ́ːrmjulə]
완

n. 공식, 방식
produce images with mathematical **formulas** 수학 공식을 가지고 이미지를 만들다 수완
the basic **formula** of children as implementers of ideas and inventors of material culture 아이디어의 실행자이자 물질문화의 발명가로서의 아이들의 기본 공식 독연
○ formulate *v.* 공식화하다, 명확히 나타내다

1603 **adhere**
[ædhíər]
완

v. 고수하다, 지키다, 들러붙다 (to)
adhere to the conditions of computability 계산 가능성의 조건을 고수하다 수완
We must **adhere** to the rules of safety. 우리는 안전 수칙들을 지켜야 한다.
○ adherence *n.* 고수 adhesive *n.* 접착제 *a.* 들러붙는, 접착성의

1604 **treaty**
[tríːti]
완

n. 조약, 협정
the peace **treaty** talks between Israel and Syria 이스라엘과 시리아 간의 평화 조약 협상 수완
The **treaty** established a new free trade zone. 그 조약은 새 자유 무역 구역을 설정했다.

1605 **carnivore**
[kɑ́ːrnəvɔ̀ːr]
완

n. 육식 동물
Young cuttlefish remain as **carnivores**. 어린 갑오징어는 육식 동물로 남아 있다. 수완
Lions are Africa's largest **carnivore**. 사자는 아프리카에서 가장 큰 육식 동물이다.
○ carnivorous *a.* 육식성의 반 herbivore *n.* 초식 동물

1606 **coastal**
[kóustəl]
독 완 듣

a. 해안(가)의
birds that nest in **coastal** habitats 해안 서식지에 둥지를 틀고 있는 새들 수완
Whale Festival is an annual event held in the **coastal** town of Greenville. 고래 축제는 해안가 마을 Greenville에서 매년 열리는 행사입니다. 영듣

1607 **extinct**
[ikstíŋkt]
영 완

a. 멸종한, 소멸한
Saltmarsh Sparrows may be **extinct** by 2060. 소금습지 참새는 2060년까지 멸종할 수도 있다. 수완
cause humans to become **extinct** 인간이 멸종되는 것을 초래하다 영어
○ extinction *n.* 멸종, 소멸

1608 **periodic**
[pìəriɑ́dik]
독 완

a. 주기적인
periodic high tide events and storm surges 주기적인 만조 현상과 폭풍 해일 수완
Goodricke was the first to establish that some variables are truly **periodic** in nature. 몇몇 변광성(變光星)이 본래 정말 주기적이라는 것을 규명한 것은 Goodricke가 처음이었다. 독연

1609 **brute**
[bruːt]
독 완

a. 강력한, 적나라한, 야만적인
brute power that exceeds what humans are able to do 인간이 할 수 있는 것을 능가하는 강력한 힘 수완
They are ultimately in the business of physical force, not magic but **brute** reality. 그들은 궁극적으로 물리적 힘, 마법이 아닌 적나라한 현실의 일에 종사하고 있다. 독연

1610 **lyrics**
[líriks]
영 완

n. 가사, 노랫말
lyrics in vocal pieces 보컬 곡들의 가사 수완
Fado **lyrics** frequently focus on the hard realities of daily life. fado 가사는 흔히 일상생활의 고단한 현실에 중점을 둔다. 영어
○ lyrical *a.* 서정적인, 서정시 같은

1611 **ingrain** [ingréin] 완

v. 깊이 뿌리 박히다, (습관·생각 등을) 스며들게 하다
The belief is **ingrained** in personal memories. 그 믿음은 개인적인 기억에 깊이 뿌리 박혀 있다. 수완
We need to **ingrain** good financial habits in people. 우리는 사람들에게 좋은 금융 습관을 스며들게 할 필요가 있다.

1612 **mediation** [mìːdiéiʃən] 완

n. 중개, 조정, 매개
Music is related to **mediation** for interpretation. 음악은 해석을 위한 중개와 관련이 있다. 수완
The **mediation** of a third party was needed for the negotiation. 그 협상을 위해서 제삼자의 조정이 필요했다.
◎ mediate *v.* 중개하다, 조정하다

1613 **uniformity** [jùːnəfɔ́ːrməti] 완

n. 균일함, 획일(성)
a lack of **uniformity** in the recording systems 기록 체계의 균일함의 부족 수완
Schools tried to maintain **uniformity** by regulating students' hair. 학교들은 학생의 두발을 규제해서 획일성을 유지하려고 했다.
◎ uniform *a.* 균일한, 획일적인 *n.* 제복

1614 **imperative** [impérətiv] 완

a. 반드시 해야 하는, 필수적인 *n.* 명령, 의무
It is **imperative** that frequent audits are instituted to enable clear monitoring. 빈번한 회계 감사가 명확한 감시를 가능하게 하기 위해 반드시 도입되어야 한다. 수완
Punctuality is **imperative** in your job. 시간 엄수가 당신의 직장에서 필수적이다.

1615 **involve** [inválv] 영 독 완 듣

v. 포함하다, 관련시키다
Finding the 'full' meaning **involves** a never-ending search. '완전한' 의미를 찾는 것은 결코 끝나지 않는 탐색을 포함한다. 수완
Personal growth **involves** trying out new behaviors, attitudes, and beliefs. 개인적인 성장은 새로운 행동, 태도, 믿음을 시도해 보는 것을 포함한다. 영어

1616 **determinate** [ditə́ːrmənit] 완

a. 확정적인, 확실한
determinate meaning that is accessible by critical procedures 비판적 절차에 의해 접근할 수 있는 확정적 의미 수완
a sentence with a **determinate** meaning 확실한 의미를 지닌 문장

1617 **postponement** [poustpóunmənt] 완

n. 지연, 연기
result in a constant **postponement** of meaning 끊임없는 의미의 지연을 초래하다 수완
I was disappointed by the **postponement** of my trip. 내 여행이 연기되어 나는 실망했다.

1618 **aesthetic** [esθétik] 완

a. 미적인, 미학적인
place great **aesthetic** value on the images from nature 자연에서 나온 이미지에 큰 미적 가치를 부여하다 수완
Amy is a chef with an outstanding **aesthetic** sense. Amy는 탁월한 미적 감각을 지닌 요리사이다.

1619 **anatomical** [ӕnətámikəl] 완

a. 해부학적인, 해부상의
anatomical and botanical drawings 해부학 및 식물학과 관련된 그림들 수완
The **anatomical** model shows the structure of the human heart. 그 해부 모형은 인간의 심장 구조를 보여 준다.
◎ anatomy *n.* 해부학

1620 **entrepreneur** [ɑ̀ːntrəprənə́ːr] 완

n. 사업가, 기업가
build a fortune as an **entrepreneur** 사업가로서 큰 부를 쌓다 수완
Ms. Collins is an **entrepreneur** who is running a big plant. Collins 씨는 큰 공장을 경영하는 기업가이다.

QUICK CHECK 18

A 다음 빈칸에 단어의 뜻을 쓰시오.

01 accountability	________	16 pragmatic	________
02 magnitude	________	17 pedestrian	________
03 crisis	________	18 sophistication	________
04 misleading	________	19 encompass	________
05 prevalent	________	20 premise	________
06 evident	________	21 entangle	________
07 neurologically	________	22 inhale	________
08 rack	________	23 unsanitary	________
09 garment	________	24 peripheral	________
10 metropolitan	________	25 compatible	________
11 compel	________	26 withhold	________
12 reformulate	________	27 wilderness	________
13 bureaucratic	________	28 infuse	________
14 uphold	________	29 brute	________
15 compliance	________	30 mediation	________

B 다음 빈칸에 주어진 철자로 시작하는 적절한 단어를 쓰시오.

01 the renewable energy s__________ ← 재생 에너지 **분야**

02 My fear began to f__________. ← 나의 두려움은 **서서히 사라지**기 시작했다.

03 The change was an a__________ development. ← 그 변화는 **놀라운** 전개였다.

04 a practice that requires t__________ ← **투명성**을 요구하는 실천[실행]

05 the m__________ fin of the whale ← 그 고래의 **거대한** 지느러미

06 Roads can fragment a__________ habitat. ← 도로가 **수생** 서식지를 분열시킬 수 있다.

07 patterns of i__________ed behavioural responses ← **유전된** 행동 반응의 패턴

08 a__________ to the conditions of computability ← 계산 가능성의 조건을 **고수하다**

09 Young cuttlefish remain as c__________s. ← 어린 갑오징어는 **육식 동물**로 남아 있다.

10 build a fortune as an e__________ ← **사업가**로서 큰 부를 쌓다

연계 VOCA 실전 Test 09

A 다음 글의 네모 안에서 문맥에 맞는 낱말로 적절한 것을 고르시오.

01 In the outer suburbs, gentle sounds of insects and birdsong in trees soothe us. Yet this experience is possible only because of the traffic-filled highway that brings us and our goods to sonic oases. In seeking sensory [calm / overload] and connection to other species, we can paradoxically increase the sum of human noise in the world.

02 There are [disturbing / reassuring] changes underway in today's school systems. Funding is frequently tied to scores achieved on standardized tests, which primarily evaluate rote memory. Teaching "to" tests like these inevitably focuses resources and curriculum on the lower-scoring students.

03 Dominating a league or competition can be self-defeating, because the interest of fans can [fade / rise]. When it is difficult to predict who will win a match, sport leagues attract higher attendances and viewers.

04 When memory loss prevents us from performing daily tasks and our [unauthorized / accustomed] roles in life, it becomes a health concern that needs further evaluation by healthcare professionals.

B 다음 글의 밑줄 친 부분 중, 문맥상 낱말의 쓰임이 적절하지 않은 것은?

01 What makes a lie ①immoral, Kant said, is not the consequence of the lie — whether it prevents embarrassment or results in serious harm. A deliberately told lie is ②wrong because of what it *is*, not what it *does*: by its nature, a lie is an ③aid on our human dignity.

02 When you find a career that leverages your ①dominant personality traits, preferences, and career interests, work is not a ②pleasure, rather it feels natural and ③effortless.

*leverage: 활용하다

03 The philosopher Timothy Morton calls global warming a 'hyperobject': a thing that surrounds us, envelops and ①entangles us, but that is literally too ②small to see in its entirety. Mostly, we ③perceive hyperobjects through their influence on other things — a melting ice sheet, a dying sea, the buffeting of a transatlantic flight.

*buffeting: 버피팅(난기류에 의한 항공기의 큰 진동)

04 After leaving the academy in 1781, John Goodricke started making his own ①astronomical observations. In November 1782, he was regularly observing the star known as Algol and soon realized that its brightness ②varies regularly over a period of a few days. By further observations, he confirmed these ③nonperiodic variations and accurately estimated the period at a bit less than 2 days and 21 hours.

PART

IV

수능특강 **영어듣기**
수능완성 **영어듣기**

1621 **souvenir** [sù:vəníər] 듣

n. 기념품

We will provide participants with some cool Kingston Football Club **souvenirs**. 저희는 참가하신 분들에게 멋진 Kingston Football Club 기념품들을 드릴 것입니다. 영듣

I bought the glasses at the **souvenir** shop. 저는 그 안경을 기념품 가게에서 샀어요. 영듣

1622 **application** [æ̀pləkéiʃən] 영 독 완 듣

n. 지원(서), 신청(서), 응용, 응용 프로그램

I announced the **application** deadline for the Travel Writing Contest. 저는 여행 글쓰기 대회 지원 마감을 발표했습니다. 영듣

installation and administration of system and **application** software 시스템 및 응용 소프트웨어의 설치 및 관리 영어

○ apply *v.* 지원하다, 신청하다, 응용하다

1623 **showcase** [ʃóukèis] 영 완 듣

v. 보여 주다, 소개하다 *n.* 공개 행사, 진열장

The exhibit **showcases** an accurately recreated underwater ecosystem. 그 전시회는 정확하게 재현된 수중 생태계를 보여 줍니다. 영듣

showcase the work of artists 예술가의 작품을 소개하다 영어

1624 **fascinating** [fǽsənèitiŋ] 완 듣

a. 매력적인, 매우 흥미로운

the incredible creatures' graceful movements and **fascinating** behaviors 놀라운 생물들의 우아한 움직임과 매력적인 행동 영듣

the **fascinating** issues of considering the ethics of AI AI의 윤리를 고려하는 매우 흥미로운 문제들 수완

○ fascinate *v.* 매혹하다

1625 **resemble** [rizémbl] 독 듣

v. 닮다, 비슷하다

carefully designed hiding spots that **resemble** the natural surroundings of octopuses 문어의 자연환경을 닮은 세심하게 설계된 은신처 영듣

resemble the adjustments of the original inhabitants 원래 거주자의 적응과 비슷하다 독연

1626 **inconvenience** [ìnkənví:njəns] 독 완 듣

n. 불편(함)

We're sorry for any **inconvenience**. 불편을 끼쳐 드려 죄송합니다. 영듣

We apologize for any **inconvenience** caused by this sudden change. 이런 갑작스러운 변화로 인해 생긴 불편함에 대해 사과드립니다. 수완

○ 반 convenience *n.* 편리함

1627 **upcoming** [ʌ́pkʌ̀miŋ] 영 독 완 듣

a. 다가오는

I'm so excited about our **upcoming** trip to Mt. Everfrost! 저는 다가오는 Everfrost 산 여행에 너무 설레요! 영듣

think through **upcoming** tasks 다가오는 일들을 충분히 생각하다 독연

1628 **breathtaking** [bréθtèikiŋ] 완 듣

a. (너무 아름답거나 놀라워서) 숨이 막힐 듯한

The snowy landscapes there will be absolutely **breathtaking**. 그곳의 눈 덮인 풍경은 정말 숨 막히게 아름다울 거예요. 영듣

breathtaking crystal clear pools 숨 막힐 듯이 아름다운 수정처럼 맑은 물웅덩이들 수완

1629 **encounter** [inkáuntər] 영 독 완 듣

v. 맞닥뜨리다, 우연히 마주치다 *n.* 만남, 조우

Using a leash prevents our dog from jumping up on people we **encounter**. 목줄을 사용하는 것은 우리 반려견이 맞닥뜨리는 사람들에게 달려드는 것을 막아 줘요. 영듣

the ploys you may **encounter** in a negotiation 협상에서 여러분이 맞닥뜨릴 수도 있는 책략들 독연

1630 **enroll** [inróul] 듣

v. 등록하다

Could you help me **enroll** in a class? 수업을 등록하는 데 도움을 주시겠어요? 영듣

Let's **enroll** in this class together. 이 강좌에 함께 등록하자. 영듣

○ enrollment *n.* 등록

1631 **barefoot** [bέərfùt] 듣
ad. 맨발로 *a.* 맨발의
I'm just used to sleeping **barefoot**. 저는 그냥 맨발로 자는 게 익숙해요. 영듣
Many people enjoy taking a **barefoot** walk for their health. 많은 사람들이 건강을 위해 맨발 걷기를 즐긴다.

1632 **measure** [méʒər] 영 독 완 듣
v. 계량하다, 측정하다 *n.* 조치, 척도
Can you **measure** out the ingredients? 재료를 좀 계량해 줄래요? 영듣
the animal damage control **measures** that wiped out many of the natural predators 천적의 상당수를 말살한 동물 피해 통제 조치 영어
measurement *n.* 측정

1633 **roughly** [rʌ́fli] 독 듣
ad. 대강, 대략
I just **roughly** estimate how much to add. 저는 얼마를 넣어야 할지 그냥 대강 어림해요. 영듣
One person consumes **roughly** three times his or her body weight in food. 한 사람이 자기 몸무게의 대략 세 배를 음식으로 소비한다. 독연

1634 **flavor** [fléivər] 듣
n. 풍미, 맛, 향
the texture and **flavor** of the bread 그 빵의 질감이나 풍미 영듣
I'm surprised by all of the **flavors**. 저는 여러 가지 향이 있어서 놀랐어요. 영듣
flavorful *a.* 맛 좋은, 풍미 있는

1635 **gratitude** [grǽtitjùːd] 영 듣
n. 감사, 고마움
I want to express my **gratitude**. 저는 감사를 표현하고 싶습니다. 영듣
Gratitude can be very difficult because it requires that you recognize your dependence on others. 감사는 다른 사람에 대한 의존성을 인정해야 하기 때문에 매우 어려울 수 있다. 영어

1636 **mention** [ménʃən] 영 독 완 듣
v. 말하다, 언급하다
These are the paintings I **mentioned** over the phone. 이것들이 제가 전화로 말씀드린 그림들입니다. 영듣
mention the difficulty of carrying away the waste 폐기물을 가져다 버리는 어려움에 대해 언급하다 독연

1637 **charity** [tʃǽrəti] 영 독 듣
n. 자선 단체, 자선 행위
My art students are excited to offer the paintings to your **charity**. 제 미술반 학생들이 그 그림들을 당신의 자선 단체에 드리게 되어 무척 신이 나 있습니다. 영듣
turn his art to account in the service of **charity** 그의 예술을 자선 봉사에 활용하다 영어

1638 **auction** [ɔ́ːkʃən] 완 듣
n. 경매 *v.* 경매로 팔다
The paintings are going to be popular at the **auction**. 그 그림들은 경매에서 인기를 끌 것입니다. 영듣
We will be **auctioning** off abandoned bicycles. 저희는 버려진 자전거를 경매로 팔 것입니다. 수완

1639 **conference** [kɑ́nfərəns] 영 완 듣
n. 회의, 협의, 회담
Shall we go to the **conference** room? 회의실로 가실까요? 영듣
We will host a **conference**. 저희는 회의를 주최할 것입니다. 수완
conferential *a.* 회의의

1640 **mathematician** [mæ̀θəmətíʃən] 영 완 듣
n. 수학자
I'm so happy to share my experiences as a **mathematician** with the enthusiastic students. 수학자로서의 제 경험을 열정적인 학생들과 공유할 수 있어서 매우 기뻐요. 영듣
In 1956 Gladys West was hired as a **mathematician**. 1956년에 Gladys West는 수학자로 고용되었다. 영어

1641 **publish** [pʌ́bliʃ] 독 완 듣

v. **출판하다, 출간하다**

I've read a few autobiographies your company has **published**. 저는 당신의 회사에서 출판한 자서전을 몇 권 읽었어요. 영듣

During his lifetime, he **published** four books. 평생 동안 그는 네 권의 책을 출간했다. 수완

1642 **manuscript** [mǽnjuskrìpt] 듣

n. **원고**

My **manuscript** will need work. 제 원고는 작업이 필요할 거예요. 영듣

The original **manuscript** of the book has been lost. 그 책의 원본 원고는 분실되었다.

1643 **proofread** [prú:frì:d] 완 듣

v. **교정을 보다**

My co-workers have a lot of experience **proofreading** and revising. 제 동료들은 교정과 수정 경험이 많아요. 영듣

We need to **proofread** our work. 우리는 우리의 작품을 교정할 필요가 있다. 수완

1644 **autobiography** [ɔ̀:təbaiάgrəfi] 듣

n. **자서전**

Your **autobiography** will certainly help many people. 당신의 자서전은 분명 많은 사람들에게 도움이 될 거예요. 영듣

The famous actor wrote his **autobiography**. 그 유명한 배우는 자신의 자서전을 썼다.

1645 **fix** [fiks] 영 독 완 듣

v. **고치다, 고정시키다**

I've been busy all day trying to **fix** my tractor. 저는 제 트랙터를 고치느라 종일 바빴어요. 영듣

People often think that personality traits such as kindness are **fixed**. 사람들은 흔히 친절함과 같은 성격 특성이 고정되어 있다고 생각한다. 영어

1646 **fertilizer** [fə́:rtəlàizər] 독 완 듣

n. **비료**

The **fertilizer** you ordered at my store will make your crops grow better. 당신이 제 가게에 주문했던 그 비료는 당신의 작물을 더 잘 자라게 할 거예요. 영듣

use **fertilizers** to increase their yields 그들의 수확량을 늘리기 위해 비료를 사용하다 독연

1647 **decay** [dikéi] 완 듣

v. **썩게 하다, 썩다** *n.* **충치, 부식, 부패**

Can you see how these two teeth are partially **decayed**? 이 두 개의 이가 부분적으로 썩어 있는 것이 보이시나요? 영듣

Our teeth are prone to premature **decay**. 우리의 치아는 조기 충치가 되기 쉽다. 수완

1648 **composite** [kəmpάzit] 듣

a. **복합의, 합성의**

I recommend a **composite** filling since they're your front teeth. 그것들이 앞니이기 때문에 복합 충전재를 추천해 드려요. 영듣

You can make **composite** pictures with the app. 여러분은 그 앱으로 합성 사진을 만들 수 있어요.

1649 **rug** [rʌg] 완 듣

n. **양탄자, 깔개**

Is the round **rug** on the floor new? 바닥에 있는 둥근 양탄자는 새것인가요? 영듣

Is that a toy rack on the **rug**? 깔개 위의 저것은 장난감 선반인가요? 수완

1650 **oval** [óuvəl] 영 듣

a. **타원형의**

Why is the bottom **oval** shape blank? 아래에 있는 타원 모양은 왜 비어 있나요? 영듣

Oval rooms were seen as being democratic. 타원형 회의실은 민주적인 것으로 여겨졌다. 영어

1651 **breeze** [bri:z] 영 듣

n. **산들바람, 미풍**

It was the perfect spot with a cool **breeze**. 그곳은 시원한 산들바람을 맞을 수 있는 완벽한 장소였어요. 영듣

a **breeze** blowing through the leaves of a tree 나뭇잎들 사이로 부는 산들바람 영어

1652 **pack** [pæk] 영 완 듣

v. **(짐을) 싸다, 챙기다**

I've got all my clothes **packed**. 저는 옷을 다 쌌어요. 영듣

Pack your equipment quickly. 여러분의 장비를 빨리 챙기세요. 수완

1653 **confirm** [kənfə́:rm] 영 독 완 듣

v. **확인하다**

I called the movers to **confirm** that they'll be here by 8 a.m. 제가 이삿짐 운반 직원들에게 전화해서 오전 8시까지 이곳에 온다는 것을 확인했어요. 영듣

The visual information **confirms** her human identity. 그 시각 정보는 그녀의 인간 정체성을 확인한다. 영어

○ confirmation *n.* 확인

1654 **fridge** [fridʒ] 완 듣

n. **냉장고**

There's yogurt in the **fridge**. 냉장고에 요구르트가 있어요. 영듣

Could you check the **fridge** and text me a list of ingredients we need? 냉장고를 확인해서 필요한 재료 목록을 문자로 보내 주시겠어요? 수완

1655 **gather** [gǽðər] 영 독 완 듣

v. **모으다, 모이다**

Let's not forget to **gather** all our small valuables and pack them. 작은 귀중품은 모두 모아서 포장하는 것을 잊지 말자고요. 영듣

opportunities for young people to **gather** with their friends 젊은이들이 자기 친구들과 모일 기회들 독연

○ gathering *n.* 모임

1656 **dashboard** [dǽʃbɔ̀:rd] 듣

n. **(승용차의) 계기판**

The warning lights on the **dashboard** are on. 계기판에 경고등이 켜졌어요. 영듣

The fuel gauge on the **dashboard** was on empty. 계기판의 연료 게이지가 비어 있음을 가리키고 있었다.

1657 **bracelet** [bréislit] 듣

n. **팔찌**

We're selling these LED **bracelets** for the firefly watching event now. 저희는 지금 그 반딧불이 관람 행사를 위해 이 LED 팔찌들을 판매하고 있어요. 영듣

Cathy wore a gold **bracelet** on her wrist. Cathy는 팔목에 금팔찌를 차고 있었다.

1658 **shipping** [ʃípiŋ] 듣

n. **배송, 선적, 해운업**

I'll get free **shipping** because I'm spending over $50. 제가 50달러 넘게 쓰고 있기 때문에 무료 배송을 받을 거예요. 영듣

the environmental impact of packaging and **shipping** 포장과 배송의 환경적 영향 영듣

1659 **reasonable** [rí:zənəbl] 영 독 완 듣

a. **(가격이) 적정한, 합리적인, 타당한**

Both are **reasonable**. 둘 다 가격이 적정하네요. 영듣

They had always behaved in a sensible and **reasonable** manner. 그들은 항상 분별 있고 합리적인 방식으로 행동했다. 영어

○ reason *n.* 이성, 이유, 추리력

1660 **refillable** [rì:fíləbl] 듣

a. **리필할 수 있는, 다시 채울 수 있는**

We also have a **refillable** popcorn bucket. 우리에게 리필할 수 있는 팝콘 통도 있어요. 영듣

Try **refillable** beauty products to help reduce waste. 쓰레기를 줄이는 데 도움이 되는 리필할 수 있는 미용 제품을 사용해 보세요.

○ refill *v.* 리필하다, 다시 채우다

1661 **sprain**
[sprein]
듣

v. (팔목·발목을) 삐다 *n.* 삠, 염좌
My daughter **sprained** her ankle pretty badly while playing soccer yesterday. 제 딸이 어제 축구를 하다가 발목을 꽤 심하게 삐었어요. 영듣
How is a strain different from a **sprain**? 접질리는 것이 삐는 것과 어떻게 다른가요?

1662 **script**
[skript]
영 독 완 듣

n. 대본, 원고
Have you finished reading Patrick's movie **script**? Patrick의 영화 대본을 다 읽었나요? 영듣
I won't have time to prepare the speech **script**. 저는 연설 대본을 준비할 시간이 없을 거예요. 수완

1663 **medieval**
[mìːdiíːvəl]
영 독 완 듣

a. 중세의
The story takes place during two wars in **medieval** Europe. 그 이야기는 중세 유럽의 두 개의 전쟁 동안에 일어나는 것이다. 영듣
The **medieval** cathedral was built to last beyond the memories of men. 중세의 대성당은 사람들이 기억하는 것보다 더 오래 남아 있도록 지어졌다. 독연

1664 **skip**
[skip]
완 듣

v. 거르다, 건너뛰다, 빠뜨리다
Have you been **skipping** lunch? 점심을 거르고 있었던 거예요? 영듣
Greg sometimes **skips** over basic steps. Greg은 때때로 기본적인 단계들을 건너뜁니다. 수완

1665 **maintenance**
[méintənəns]
영 완 듣

n. 유지 보수, 정비, 보존
It's closed for **maintenance**. 그곳은 유지 보수를 위해 문을 닫았어요. 영듣
Copier **maintenance** is critical to a successful office. 복사기 유지 보수는 성공적인 사무실에 매우 중요하다. 영어

1666 **reschedule**
[rìːskédʒuːl]
완 듣

v. 일정을 변경하다
I have a health checkup on Saturday, which I can't **reschedule**. 제가 토요일에 건강 검진이 있는데, 그 일정을 변경할 수 없어요. 영듣
I will **reschedule** the appointment. 제가 약속 시간을 다시 잡을게요. 수완

1667 **extensive**
[iksténsiv]
영 독 완 듣

a. 광범위한
cause **extensive** damage to homes, businesses, and the environment 주택, 기업 및 환경에 광범위한 피해를 일으키다 영듣
have an **extensive** command of anatomy and physiology 해부학 및 생리학에 대한 폭넓은 지식을 가지다 영어
반 intensive *a.* 집중적인, 철저한, 집약적인

1668 **path**
[pæθ]
영 독 완 듣

n. 도로, 경로, 길
There are a playground for kids, cycling **paths**, walking trails, sports facilities, and more. 어린이를 위한 놀이터, 사이클 도로, 산책로, 스포츠 시설, 그리고 더 많은 것이 있어요. 영듣
pursue a direct **path** to her passion 그녀의 열정으로 가는 직통 경로를 추구하다 영어

1669 **masterpiece**
[mǽstərpìːs]
독 듣

n. 걸작
I'm thrilled to have the opportunity to work with one of your **masterpieces**. 저는 당신의 걸작 중 하나를 대상으로 작업할 기회를 얻게 되어 흥분돼요. 영듣
a **masterpiece** of storytelling 스토리텔링의 걸작 독연

1670 **capture**
[kǽptʃər]
영 독 완 듣

v. 담아내다, 붙잡다, 포착하다, 사로잡다
I'm excited to see how you **capture** its essence. 당신이 그것의 정수를 어떻게 담아내는지 알게 되어 신나요. 영듣
capture the imagination 상상력을 사로잡다 독연

1671 **convey** [kənvéi] 영 독 완 듣

v. 전달하다, 실어 나르다
I have some ideas to **convey** its unique design. 저는 그것의 독특한 디자인을 전달할 몇 가지 아이디어가 있어요. 영듣
the content that is **conveyed** 전달되는 내용 영어

1672 **shooting** [ʃúːtiŋ] 듣

n. 촬영, 총격, 발사, 사냥
I'd like to start **shooting** tomorrow. 저는 내일 촬영을 시작하고 싶어요. 영듣
There was a **shooting** incident in the city. 그 도시에서 총격 사건이 있었다.
○ shoot *v.* (영화 · 사진을) 촬영하다, (총 등을) 쏘다

1673 **bloom** [bluːm] 듣

n. (꽃의) 만발, 개화 *v.* (꽃이) 피다
The flowers are in full **bloom** right now. 그 꽃들은 지금 만발해 있어요. 영듣
Most roses begin to **bloom** in May. 5월에 대부분의 장미가 피기 시작한다.

1674 **slope** [sloup] 독 듣

n. 경사로, 경사지, 기울기
He liked climbing up to the tower on that wooden **slope** with a rope. 그는 밧줄이 하나 있는 나무로 된 경사로 위에 있는 탑으로 기어 올라가는 것을 좋아했어요. 영듣
the **slope** of the sea bottom 해저의 기울기 독연

1675 **individual** [ìndəvídʒuəl] 영 독 완 듣

a. 개별의, 개인의 *n.* 개인
I'll divide the snacks into **individual** packs. 제가 간식을 개별 포장으로 나눌게요. 영듣
Both teams and **individuals** need positive, specific information about their accomplishments. 팀과 개인 둘 다 자신의 성과에 대한 긍정적이고 구체적인 정보가 필요하다. 영어

1676 **antique** [æntíːk] 듣

a. 골동품의, 고대의 *n.* 골동품
I came here today to see if the **antique** table and chairs set that you had is still available. 오늘 저는 당신이 갖고 있던 골동품 식탁과 의자 세트를 아직도 살 수 있는지 보려고 여기에 왔어요. 영듣
Many **antiques** were destroyed in the fire. 화재로 많은 골동품들이 파손되었다.

1677 **expire** [ikspáiər] 영 듣

v. 만료되다, 끝나다, 숨을 내쉬다
Your membership is **expiring** next week. 당신의 회원권이 다음 주에 만료돼요. 영듣
The offers **expire** if not accepted quickly. 빨리 수락되지 않으면 그 제안들은 만료된다. 영어
○ expiration *n.* 만료

1678 **handle** [hǽndl] 영 독 듣

v. 처리하다, 다루다
Let me **handle** your membership renewal. 제가 당신의 회원권 갱신을 처리할게요. 영듣
People **handle** and react to the technology. 사람들은 그 기술을 다루고 그것에 반응한다. 독연

1679 **grab** [græb] 독 듣 완

v. 챙겨 주다, 붙잡다
I'll be sure to **grab** you a copy of the discussion materials. 제가 토론 자료 사본을 당신에게 꼭 챙겨 드릴게요. 영듣
I **grabbed** my gear and walked into shore break. 나는 장비를 붙잡고 해안가 인근의 부서지는 파도로 걸어 들어갔다. 수완

1680 **tuition** [tjuːíʃən] 영 듣

n. 수업료, 학비
Do you know how much the **tuition** is? 수업료가 얼마인지 아세요? 영듣
tuition costs for my ongoing study toward a Doctor of Pharmacy degree 약학 박사 학위를 위한 나의 지속적인 학업에 대한 학비 비용 영어

1681 **department** [dipɑ́ːrtmənt] 영 독 완 듣

n. 학과, 부서

You need to fill out a form in the **department** office. 학과 사무실에서 양식을 작성하셔야 해요. 영듣

a very important undertaking for our **department** 우리 부서에 매우 중요한 과제 영어

1682 **bookmark** [búkmɑ̀ːrk] 듣

v. (인터넷의) 즐겨찾기 해 두다 *n.* 책갈피, (인터넷의) 즐겨찾기

I've **bookmarked** the site of Jane's Cake Baking Class. 저는 Jane's Cake Baking Class의 사이트를 즐겨찾기 해 두었어요. 영듣

I marked my page with a **bookmark**. 나는 책갈피로 내가 읽던 페이지를 표시했다.

1683 **available** [əvéiləbl] 영 독 완 듣

a. 시간이 있는, 구할 수 있는, 이용 가능한

Are you **available** this Saturday? 이번 토요일에 시간 되세요? 영듣

Snacks and drinks will be **available** for purchase. 간식과 음료는 구매할 수 있습니다. 영어

1684 **intermediate** [ìntərmíːdiət] 듣

n. 중급, 중간에 있는 것 *a.* 중급의, 중간의

beginner, **intermediate**, and advanced 초급, 중급, 그리고 고급 영듣

Grey is **intermediate** between white and black. 회색은 흰색과 검정의 중간에 있는 색이다.

1685 **previous** [príːviəs] 영 독 완 듣

a. 이전의, 지난

No **previous** acting experience is required. 이전의 연기 경험은 필요하지 않습니다. 영듣

His statement the **previous** summer was simply the honest expression. 지난여름 그의 발언은 그야말로 정직한 표현이었다. 독연

1686 **purchase** [pə́ːrtʃəs] 영 독 완 듣

n. 구매, 구입 *v.* 구매하다, 구입하다

Shelly spends too much time without a specific **purchase** decision. Shelly는 구체적인 구매 결정 없이 너무 많은 시간을 보낸다. 영듣

a very special gift Mr. Jackson **purchased** for his five-year-old son 다섯 살짜리 아들을 위해 Jackson 씨가 구매한 매우 특별한 선물 독연

1687 **attraction** [ətrǽkʃən] 영 독 완 듣

n. 볼거리, 명소, 매력

One of the main **attractions** is the "Ice Sculpture Contest." 주요 볼거리 중 하나는 '얼음 조각 대회'입니다. 영듣

The imagined characteristics create the **attraction**. 상상된 특징이 매력을 만들어 낸다. 수완

◎ attract *v.* 끌어당기다, 매혹하다

1688 **peak** [piːk] 영 듣

n. 정상, 최고조 *v.* 최고조에 달하다

We'll hike to the **peak** of the mountain. 저희는 산 정상으로 하이킹을 갈 거예요. 영듣

pay more money out of pocket to travel at **peak** use times 최고 이용 시간대에 여행하기 위해서 더 많은 돈을 자비로 지불하다 영어

1689 **submission** [səbmíʃən] 완 듣

n. 제출

The **submission** deadline is Friday, April 19th. 제출 마감일은 4월 19일 금요일입니다. 영듣

Solutions **Submission** for Qualifying Round by 5 p.m. 오후 5시까지 예선전 해결책 제출 수완

◎ submit *v.* 제출하다

1690 **prior** [práiər] 영 독 완 듣

a. 이전의, 사전의, ~ 전에 (to)

The contest is open to students of all age groups, regardless of **prior** debate experience. 그 대화는 이전의 토론 경험에 상관없이 모든 연령 그룹의 학생들에게 개방되어 있습니다. 영듣

remove furniture without **prior** approval 사전 승인이 없는 가구를 제거하다 독연

1691 supplies
[səpláiz]
영 독 완 듣

n. 용품, 비품
I'm looking at a site that sells baking **supplies**. 저는 제빵용품을 파는 사이트를 보고 있어요. 영듣
We had to cut back on school **supplies**. 저희는 학교 물품을 줄여야 했습니다. 영어

1692 humidity
[hju:mídəti]
듣

n. 습도, 습기
I'm trying to find a good temperature and **humidity** sensor to buy online. 저는 온라인에서 살 만한 좋은 온습도계를 찾으려 하고 있어요. 영듣
The room was damp with **humidity**. 그 방은 습기로 눅눅했다.

1693 waterproof
[wɔ́:tərprù:f]
듣

a. 방수의
Make sure you get a **waterproof** one. 꼭 방수되는 것을 사세요. 영듣
Breathable, **waterproof** clothing is better for hiking. 통기성이 있고 방수가 되는 옷감이 하이킹을 위해 더 좋다.

1694 brochure
[bróuʃuər]
영 완 듣

n. 안내 책자, 소책자
I brought this **brochure** from Tora Tora Island Tours. Tora Tora Island Tours에서 이 안내 책자를 가져왔어요. 영듣
the enclosed **brochure** 그 동봉된 소책자 영어

1695 remaining
[riméiniŋ]
듣

a. 남아 있는
The **remaining** three have different minimum rental periods. 남아 있는 세 개는 최소 임대 기간이 달라요. 영듣
The **remaining** tickets will be sold online. 남아 있는 입장권은 온라인으로 판매될 것이다.
○ remains *n.* 남은 것, 유적

1696 budget
[bʌ́dʒit]
완 듣

n. 예산
What's your rental **budget**? 임차료 예산이 어떻게 되나요? 영듣
This one is within your **budget**. 이것이 당신의 예산 범위 내에 있어요. 수완

1697 diplomat
[dípləmæ̀t]
듣

n. 외교관
They had a chance to listen to a lecture and talk with some **diplomats**. 그 아이들은 강연을 듣고 몇몇 외교관들과 이야기를 나눌 기회를 가졌어요. 영듣
As a **diplomat**, he often went overseas. 외교관으로 그는 외국에 자주 갔다.

1698 guarantee
[gæ̀rəntí:]
독 완 듣

v. 장담하다, 보장하다 *n.* 보증하는 것, 보증서
I **guarantee** your students will like the program. 저는 당신의 학생들이 그 프로그램을 좋아할 것이라고 장담해요. 영듣
There are no **guarantees** in life. 인생에서 (성공을) 보증하는 것은 없다. 수완

1699 receipt
[risí:t]
듣

n. 영수증
Do you have the **receipt**? 영수증을 가지고 계신가요? 영듣
Keep the **receipt** as proof of purchase. 영수증을 구매 증거물로 보관하세요.
○ receive *v.* 받다, 수령하다 reception *n.* 접수처, 환영

1700 packaging
[pǽkidʒiŋ]
영 듣

n. 포장
Excessive **packaging** can harm the environment. 과도한 포장은 환경에 해를 끼칠 수 있어요. 영듣
through some clever marketing, **packaging**, and advertising 영리한 몇몇 마케팅, 포장, 광고를 통해서 영어

WEEK 10 DAY 57

1701 **prioritize** [praiɔ́:rətàiz] 영 완 듣

v. 우선순위를 두다, 우선시하다

I'll reduce my online shopping and **prioritize** shopping offline. 저는 온라인 쇼핑을 줄이고 오프라인 쇼핑에 우선순위를 두도록 할게요. 영듣

Consumers **prioritize** core values. 소비자들은 핵심 가치들을 우선시한다. 수완

1702 **sneaker** [sní:kər] 듣

n. 운동화

All you really need are comfortable clothes and **sneakers**. 편한 옷과 운동화만 있으면 돼요. 영듣

The **sneaker** was untied. 그 운동화 끈이 풀려 있었다.

1703 **trapped** [træpt] 완 듣

a. 갇혀 있는

Zoo animals could feel **trapped** in cages to satisfy our needs. 동물원 동물들은 우리의 욕구를 충족시키기 위해 우리에 갇혀 있다고 느낄 수도 있을 것 같아요. 영듣

get **trapped** in a particular way of thinking 특정 사고방식에 갇히다 수완

1704 **electromagnetic** [ilèktroumæɡnétik] 듣

a. 전자기의

Sandra reads an article on eye health risks associated with **electromagnetic** waves. Sandra는 전자파와 관련된 눈 건강 위험에 대한 기사를 읽습니다. 영듣

Research on **electromagnetic** pollution is needed. 전자기 공해에 관한 연구가 필요하다.

1705 **emission** [imíʃən] 영 독 완 듣

n. 방출, (빛·열·가스 등의) 배출, 배기가스

a screen filter that blocks blue light **emissions** from the monitor 모니터에서 나오는 청색광 방출을 차단하는 스크린 필터 영듣

emissions limited to absorption capacity 흡수 능력에 한정된 배기가스 영어

1706 **achievement** [ətʃí:vmənt] 영 독 완 듣

n. 성취(한 것), 업적, 성과

Olivia should look on the bright side of her **achievement**. Olivia는 자신이 성취한 것의 긍정적인 면을 봐야 한다. 영듣

the spectacular scientific and technological **achievements** of the past century 지난 세기의 눈부신 과학적, 기술적 업적 영어

1707 **critical** [krítikəl] 영 독 완 듣

a. 비판적인, (매우) 중요한

Olivia should be less **critical** of herself. Olivia는 자기 자신에 대해 덜 비판적이어야 한다. 영듣

Foraging is a **critical** task within any social insect colony. 먹이를 찾는 것이 모든 사회적 곤충 군집 내에서 중요한 작업이다. 독연

1708 **routine** [ru:tí:n] 독 완 듣

n. 정해진 동작, 관례, (판에 박힌) 일상

Mindy and Jason have been practicing their dance **routine** together. Mindy와 Jason은 함께 정해진 춤 동작을 연습해 왔습니다. 영듣

The **routines** constitute the group style. 이 관례는 집단의 양식을 구성한다. 독연

1709 **reliable** [riláiəbl] 영 독 완 듣

a. 믿을 만한, 신뢰할 수 있는

Shelly searches for **reliable** online user reviews of robot vacuum cleaners. Shelly는 로봇 진공청소기에 대해 믿을 만한 온라인 사용자 후기들을 검색합니다. 영듣

a lack of **reliable** evidence 신뢰할 수 있는 증거의 부족 독연

○ rely *v.* 신뢰하다

1710 **unconventional** [ʌ̀nkənvénʃənəl] 듣

a. 색다른, 독특한, 관례를 따르지 않는

Here are some more **unconventional** traditions you likely haven't heard of. 여러분이 들어 보지 못했을 법한 더 색다른 전통들이 있습니다. 영듣

Brian was criticized for his **unconventional** methods. Brian은 그의 관례적이지 않은 방식으로 비판을 받았다.

QUICK CHECK 19

WORDS 1621-1710 | Answer Key p. 238

A 다음 빈칸에 단어의 뜻을 쓰시오.

01 souvenir ____________
02 upcoming ____________
03 roughly ____________
04 gratitude ____________
05 charity ____________
06 mathematician ____________
07 publish ____________
08 proofread ____________
09 autobiography ____________
10 fix ____________
11 fertilizer ____________
12 composite ____________
13 confirm ____________
14 shipping ____________
15 reasonable ____________
16 medieval ____________
17 extensive ____________
18 convey ____________
19 slope ____________
20 expire ____________
21 grab ____________
22 available ____________
23 attraction ____________
24 submission ____________
25 humidity ____________
26 brochure ____________
27 diplomat ____________
28 prioritize ____________
29 emission ____________
30 reliable ____________

B 다음 빈칸에 주어진 철자로 시작하는 적절한 단어를 쓰시오.

01 We're sorry for any i__________. ← **불편**을 끼쳐 드려 죄송합니다.
02 Could you help me e__________ in a class? ← 수업을 **등록하는** 데 도움을 주시겠어요?
03 I'm just used to sleeping b__________. ← 저는 그냥 **맨발로** 자는 게 익숙해요.
04 Shall we go to the c__________ room? ← **회의**실로 가실까요?
05 My m__________ will need work. ← 제 **원고**는 작업이 필요할 거예요.
06 Is the round r__________ on the floor new? ← 바닥에 있는 둥근 **양탄자**는 새것인가요?
07 It's closed for m__________. ← 그곳은 **유지 보수**를 위해 문을 닫았어요.
08 Let me h__________ your membership renewal. ← 제가 당신의 회원권 갱신을 **처리할**게요.
09 Do you know how much the t__________ is? ← **수업료**가 얼마인지 아세요?
10 Do you have the r__________? ← **영수증**을 가지고 계신가요?

1711 **represent** [rèprizént] 영 독 완 듣

v. **상징하다, 대표하다, 나타내다**
Each grape **represents** good fortune for each month of the coming year. 각각의 포도는 다가오는 해의 각 달의 행운을 상징합니다. 영듣
The students will **represent** their own culture. 그 학생들은 자신들의 문화를 대표할 것이다. 수완

1712 **resident** [rézidənt] 영 독 완 듣

n. **주민, 거주자**
Residents of Denmark greet the new year. 덴마크의 주민들은 새해를 맞이합니다. 영듣
many **residents** in the town of Wolfville Wolfville 시의 많은 주민 독연
○ residence *n.* 주택, 거주지

1713 **vivid** [vívid] 영 독 완 듣

a. **선명한, 생생한**
Vincent van Gogh's use of **vivid** colors and bold brushstrokes Vincent van Gogh의 선명한 색과 과감한 붓놀림 영듣
Street markets were a part of the **vivid** urban scene. 길거리 시장은 생생한 도시 풍경의 일부였다. 독연

1714 **impressionistic** [imprèʃənístik] 듣

a. **인상주의적인, 인상주의의**
Claude Monet painted the flowers in various colors and with an **impressionistic** style. Claude Monet는 그 꽃들을 다양한 색과 인상주의적 스타일로 그렸습니다. 영듣
Sarah's painting is **impressionistic**. Sarah의 그림은 인상주의적이다.
○ impressionism *n.* 인상주의

1715 **numerous** [njú:mərəs] 영 독 완 듣

a. **수많은**
Henri Matisse created **numerous** paintings of the flowers. Henri Matisse는 수많은 꽃 그림을 그렸습니다. 영듣
write **numerous** books and articles 수많은 책과 기사를 쓰다 영어
○ numerical *a.* 수의, 수와 관련된

1716 **signature** [sígnətʃər] 완 듣

a. **대표적인, 특징적인** *n.* **서명**
simplified forms that became Vincent van Gogh's **signature** style Vincent van Gogh의 대표적인 스타일이 된 단순화된 형태 영듣
design a **signature** building of the city 그 도시의 대표적인 건물을 설계하다 수완

1717 **feature** [fí:tʃər] 영 독 완 듣

v. **특징으로 하다, 특별히 포함하다** *n.* **특징, 이목구비**
The painting **features** loose, impressionistic brushstrokes and bold, vivid colors. 그 그림은 유연하고 인상주의적 붓놀림과 대담하고 선명한 색을 특징으로 합니다. 영듣
the **features** that unite us as human beings 우리를 인간으로 결속시키는 특징들 영어

1718 **essence** [ésəns] 영 독 완 듣

n. **본질, 핵심, 진액, 에센스**
capture the **essence** of the beautiful flowers 그 아름다운 꽃들의 본질을 포착하다 영듣
distill **essences** with alcohol 알코올로 진액을 증류하다 영어

1719 **coexist** [kòuigzíst] 듣

v. **함께 살다, 공존하다**
It'll help you **coexist** with your cats. 그것은 여러분이 고양이와 함께 사는 것을 도와줄 것입니다. 영듣
Different tribes **coexist** in the area. 그 지역에는 다른 부족들이 공존한다. ○ coexistence *n.* 공존

1720 **director** [diréktər] 영 완 듣

n. **책임자, 이사, 관리자, (영화·연극의) 감독**
I'm Sharon Collins, the **director** of the community center. 저는 주민 센터 책임자인 Sharon Collins입니다. 영듣
a seat on the company's board of **directors** 회사 이사회에서의 한 자리 영어

1721 **detachable** [ditǽtʃəbl] 완듣

a. 분리 가능한, 떼어 낼 수 있는
It'd be better to have a **detachable** light. 분리 가능한 조명이 있으면 더 좋겠어요. 영듣
The **detachable** door of the fridge was a problem. 그 냉장고의 분리 가능한 문이 문제가 있었어요. 수완

1722 **mouthwash** [máuθwɔ̀(:)ʃ] 듣

n. 구강 청결제
I'm trying to choose a **mouthwash** for our little Emma. 저는 우리 어린 Emma를 위한 구강 청결제를 고르려고 하고 있어요. 영듣
I gargle with **mouthwash** in the morning. 나는 아침에 구강 청결제로 입안을 헹군다.

1723 **germ** [dʒəːrm] 듣

n. 세균
Alcohol is good for killing **germs**. 알코올은 세균을 없애는 데 좋아요. 영듣
A cell phone can easily become covered in **germs**. 휴대 전화는 세균으로 쉽게 뒤덮일 수 있다. 영듣

1724 **hesitant** [hézitənt] 완듣

a. 망설이는
Elena is **hesitant** because she's not sure that she can win the competition. Elena는 그 대회에서 우승할 수 있을지 확신이 서지 않아 망설입니다. 영듣
Susan is **hesitant** because she's never used the computers before. Susan은 이전에 그 컴퓨터를 사용해 본 적이 없어서 망설입니다. 수완

1725 **abstract** *a.* [ǽbstrækt] *v.* [æbstrǽkt] 영독완듣

a. 추상적인 *v.* 끌어내다, 추출하다, 요약하다
Body-related expressions can convey **abstract** ideas. 신체와 관련된 표현들은 추상적인 생각을 전달할 수 있습니다. 영듣
An individual **abstracted** from culture is less than human. 문화에서 끌어낸 개인은 미완의 인간이다. 수완

1726 **anniversary** [æ̀nəvə́ːrsəri] 완듣

n. 주기, 기념일
This year marks our school's 30th **anniversary**. 올해는 우리 학교가 개교 30주년을 맞이하는 해입니다. 영듣
as part of our 8th-**anniversary** celebration 우리 8주년 기념일 축하의 일부로서 수완

1727 **empathy** [émpəθi] 완듣

n. 공감, 감정이입
The students can develop **empathy**. 학생들은 공감을 기를 수 있어요. 영듣
the evidence of **empathy** and altruism in other species 다른 종에 있는 공감과 이타심의 증거 수완
○ empathize *v.* 공감하다

1728 **permission** [pərmíʃən] 완듣

n. 허가, 허락
Have you sent out the **permission** letters to the students' parents? 학생들의 부모님께 허가서를 보내셨나요? 영듣
permission to use the school's auditorium 학교 강당을 사용하는 것에 대한 허가 수완
○ permit *v.* 허가하다, 허락하다 *n.* 허가증

1729 **awesome** [ɔ́ːsəm] 완듣

a. 멋진, 굉장한
I hope you find some **awesome** clothes. 멋진 옷을 찾으시길 바랍니다. 영듣
"**Awesome**!" I exclaimed. "굉장해!"라고 나는 외쳤다. 수완
○ awe *n.* 경외감

1730 **commercial** [kəmə́ːrʃəl] 완듣

n. (텔레비전·라디오의) 광고 (방송) *a.* 상업의, 상업적인
I'll be back right after a **commercial** break. 광고 방송이 끝난 후 바로 돌아오겠습니다. 영듣
He became licensed as a **commercial,** private pilot. 그는 상업용, 자가용 조종사로서 면허를 취득하게 되었다. 수완
○ commerce *n.* 상업

WEEK 10 DAY 58

1731 **supplement** *n.* [sʌ́pləmənt] *v.* [sʌ́pləmènt] 듣

n. 보충제 *v.* 보충하다

I'm looking for Star Medicine vitamin D **supplements.** Star Medicine 브랜드의 비타민 D 보충제를 찾고 있습니다. 영듣

The players **supplemented** their physical strength. 그 선수들은 체력을 보충했다.

1732 **detour** [dí:tuər] 영 듣

n. 우회로, 돌아가는 길 *v.* 우회하다, 둘러 가다

I'm going to take a **detour** via Glendale Avenue to get out of the bad traffic. 저는 교통 혼잡에서 벗어나기 위해 Glendale Avenue를 경유해서 우회할 거예요. 영듣

The job could be a **detour**. 그 일은 돌아가는 길일 수 있었다. 영어

1733 **wounded** [wú:ndid] 듣

a. 부상당한, 상처 입은

The project serves to rescue and help **wounded** wild animals. 그 프로젝트는 부상당한 야생 동물들을 구조하고 돕는 역할을 합니다. 영듣

The solider was **wounded** in the arm. 그 병사는 팔에 부상을 당했다.

1734 **strain** [strein] 영 독 완 듣

n. (근육의) 긴장, 부담, 압박

low-impact exercises which place less stress and **strain** on the joints 관절에 스트레스와 긴장을 덜 주는 충격이 적은 운동들 영듣

create a **strain** on a global level 전 세계적으로 부담을 일으키다 영어

1735 **joint** [dʒɔint] 영 완 듣

n. 관절, 연결 부위 *a.* 공동의

Cycling is another exercise that is easy on the **joints**. 자전거 타기는 관절에 편안한 또 다른 운동입니다. 영듣

a **joint** savings account 공동의 예금 계좌 영어

1736 **crowded** [kráudid] 영 완 듣

a. 붐비는, 가득 찬

The campground was really **crowded** and noisy. 캠핑장은 정말 붐비고 시끄러웠어요. 영듣

The stores have windows **crowded** with watches and rings. 그 가게들의 진열장은 시계와 반지로 가득 차 있다. 수완

◎ crowd *v.* 가득 채우다 *n.* 군중, 무리

1737 **spot** [spɑt] 영 독 완 듣

n. 장소, (반)점 *v.* 발견하다

That's the exact **spot** where the opening scene of the show was shot. 그곳이 그 쇼의 오프닝 장면이 촬영된 바로 그 장소예요. 영듣

prime **spots** for making calls 전화를 걸기에 가장 적합한 장소 영어

1738 **finalize** [fáinəlàiz] 완 듣

v. 확정 짓다, 최종적으로 결정하다, 완료하다

Have you **finalized** the menu? 메뉴는 확정 지었어요? 영듣

Arrangements are **finalized**. 준비가 완료된다. 수완

◎ final *a.* 마지막의 *n.* 결승전

1739 **tune** [tju:n] 영 독 완 듣

n. 곡, 선율 *v.* (악기의) 음을 맞추다, (라디오·텔레비전 채널을) 맞추다

We've hired a live country band for some lively **tunes**. 저희는 활기찬 몇 곡을 연주할 라이브 컨트리 밴드를 고용했어요. 영듣

Their ears are **tuned** to lower frequencies. 그것들의 귀는 더 낮은 주파수에 맞춰진다. 독연

1740 **expertise** [èkspə:rtí:z] 영 독 완 듣

n. 전문성, 전문 지식

We could really use your **expertise** in setting up the speakers. 저희는 스피커를 설치하는 데 당신의 전문성이 정말로 필요할 것 같아요. 영듣

require drawing from **expertise** across many fields 여러 분야의 전문 지식을 활용할 것을 요구하다 독연

1741 **decade**
[dékeid]
영 독 완 듣

n. 10년간
Our museum displays all sorts of radio and television technology from throughout the **decades**. 우리 박물관은 지난 수십 년에 걸친 모든 종류의 라디오 및 텔레비전 장비를 전시합니다. 영듣
the first three **decades** of the 20th century 20세기 초반 30년 독연

1742 **weed**
[wi:d]
독 완 듣

v. 잡초를 뽑다 *n.* 잡초
digging, planting and **weeding** with someone while you talk about plants 식물에 대해 이야기하면서 누군가와 함께 땅을 파고, 심고, 잡초를 뽑는 것 영듣
remove the **weeds**, and sometimes make peace with imperfection 잡초를 제거하고, 가끔 불완전함을 받아들이다 독연

1743 **vulnerable**
[vʌ́lnərəbl]
영 독 완 듣

a. 취약한, 상처 입기 쉬운
Public Wi-Fi networks are **vulnerable** to abuse. 공용 와이파이 네트워크는 악용에 취약하다. 영듣
vulnerable to failure and ridicule 실패와 조롱에 취약한 영어

1744 **unintentionally**
[ʌ̀ninténʃənəli]
듣

ad. 의도치 않게, 무심코
Suppose you have a friend who **unintentionally** annoys people. 여러분에게 의도치 않게 사람들을 짜증 나게 하는 친구가 있다고 가정해 봅시다. 영듣
He **unintentionally** made a mistake. 그는 무심코 실수를 저질렀다.

1745 **launch**
[lɔ:ntʃ]
독 완 듣

v. 출시하다, 출발시키다, (배를) 진수시키다, (우주선 등을) 발사하다
Orange Edu TV has **launched** a new science educational series. Orange Edu TV가 새로운 과학 교육 시리즈를 출시했습니다. 영듣
The girl **launched** herself from the start line. 그 소녀는 출발선에서 출발했다. 수완

1746 **subscribe**
[səbskráib]
독 완 듣

v. 가입하다, 구독하다
To watch this series, you must **subscribe** to the channel. 이 시리즈를 시청하시려면 채널에 가입하셔야 합니다. 영듣
subscribe to a cable television service 케이블 텔레비전 서비스에 가입하다 수완

1747 **particle**
[pá:rtikl]
듣

n. (작은) 입자
Burning candles release tiny chemical **particles** into the air. 불타는 양초는 작은 화학 입자들을 공기 중으로 방출합니다. 영듣
bad air containing fine dust **particles** 미세 먼지 입자를 포함하는 나쁜 공기 영듣

1748 **delicacy**
[délәkәsi]
듣

n. 별미, 진미, 섬세함, 연약함
Durian is considered a **delicacy** in some Asian countries. 두리안은 일부 아시아 국가에서 별미로 여겨집니다. 영듣
He handles everything with great **delicacy**. 그는 모든 일을 매우 섬세하게 처리한다.

1749 **bruise**
[bru:z]
듣

n. 멍 *v.* 멍들게 하다, 타박상을 입히다
Jake, that's quite a **bruise** you have on your leg. Jake, 다리에 멍이 심하게 들었네요. 영듣
His comments **bruised** my feelings. 그의 발언이 나의 감정을 멍들게 했다.

1750 **pharmacy**
[fá:rməsi]
영 듣

n. 약국, 약학, 조제술
Max wants to suggest to Maria that they find a **pharmacy** near them. Max는 Maria에게 근처에서 약국을 찾아보자고 제안하고 싶습니다. 영듣
ongoing study toward a Doctor of **Pharmacy** degree 약학 박사 학위를 위한 지속적인 공부 영어

1751 **vibrate** [váibreit] 독 완 듣

v. 진동하다, 진동시키다

Piano strings **vibrate** by hammers hitting them. 피아노 현은 그것을 치는 망치에 의해 진동합니다. 영듣

Honeybees **vibrate** their wings. 꿀벌은 자신의 날개를 진동시킨다. 수완

◎ vibration *n.* 진동

1752 **cozy** [kóuzi] 완 듣

a. 아늑한, 안락한

create a **cozy** reading area in the corner 코너에 아늑한 독서 공간을 만들다 영듣

a comfortable and **cozy** sleeping environment 편안하고 아늑한 수면 환경 수완

1753 **refreshment** [rifréʃmənt] 듣

n. (보통 복수로) 다과, (가벼운) 식사

take a break with some **refreshments** 다과를 들면서 휴식을 취하다 영듣

I had a short stop for **refreshments**. 나는 가벼운 식사를 위해 잠시 멈췄다.

1754 **statistics** [stətístiks] 완 듣

n. 통계 (자료), 통계학

I couldn't find an important file with **statistics** and graphs. 저는 통계와 그래프가 있는 중요한 파일을 찾을 수 없었어요. 영듣

Team sports are filled with **statistics**. 팀 스포츠는 통계로 가득 차 있다. 수완

1755 **complimentary** [kàmpləméntəri] 완 듣

a. 무료의, 서비스로 제공되는, 칭찬하는

There's a participation fee of $20 per person, which includes a **complimentary** T-shirt. 1인당 20달러의 참가비가 있는데, 무료 티셔츠가 포함돼 있어요. 영듣

a **complimentary** bucket of vegetable sticks 무료 채소 스틱 한 통 수완

1756 **greenery** [gríːnəri] 듣

n. 녹색 식물, 화초

Are you looking to add some **greenery** to your home in a fun, unique way? 여러분은 재미있고 독특한 방법으로 여러분의 집에 녹색 식물을 좀 추가하려고 하십니까? 영듣

The room is decorated with some **greenery**. 그 방은 약간의 화초로 꾸며져 있다.

1757 **bulky** [bʌ́lki] 독 듣

a. 부피가 큰

Wooden hangers are too **bulky**. 나무 옷걸이는 부피가 너무 커요. 영듣

Typewriters were **bulky** and their keyboards were not standardized. 타자기는 부피가 컸고 키보드는 표준화되어 있지 않았다. 독연

1758 **compliment** *n.* [kámpləmənt] *v.* [kámplәmènt] 영 듣

n. 칭찬, 찬사 *v.* 칭찬하다

Emma receives numerous **compliments** from her friends. Emma는 친구들로부터 많은 칭찬을 받습니다. 영듣

Raymond **complimented** the kid on the sound he made. Raymond는 그 아이가 낸 소리에 대해 그를 칭찬했다. 영어

1759 **refine** [rifáin] 완 듣

v. 개량하다, 다듬다, 정제하다

We have the opportunity to further develop and **refine** our expertise. 우리는 전문성을 더 욱 발전시키고 개량할 기회를 얻습니다. 영듣

refine the technique without missing a beat 순간적으로 주저함 없이 그 기술을 다듬다 수완

1760 **contentment** [kənténtmənt] 듣

n. 만족

We find joy in the little things and **contentment** in the present. 우리는 작은 것에서 기쁨을 찾고 현재에서 만족을 찾습니다. 영듣

Contentment shone in her face. 그녀의 얼굴은 만족감으로 빛났다.

◎ content *a.* 만족한 *n.* 내용, 목차

1761 **outrun** [àutrʌ́n] 듣

v. ~보다 더 빨리 달리다
Kangaroos can just **outrun** their predators. 캥거루는 자신들의 포식자보다 더 빨리 달릴 수 있습니다. 영듣
I **outran** the other students. 나머지 학생들보다 내가 더 빨리 달렸다.

1762 **subtitle** [sʌ́btàitl] 완 듣

n. (보통 복수로) 자막
You won't have to rely on **subtitles** as much. 당신은 자막에 그렇게 많이 의존할 필요가 없을 거예요. 영듣
add funny **subtitles** to the video 그 영상에 재밌는 자막을 더하다 수완

1763 **outgrow** [àutgróu] 듣

v. ~보다 더 커지다, 너무 자라서 맞지 않게 되다
I think the plant might be **outgrowing** the pot. 그 식물은 화분에 맞지 않게 더 커질지도 몰라요. 영듣
Jack **outgrew** his school uniform. Jack은 너무 자라서 교복이 맞지 않았다.

1764 **boast** [boust] 독 듣

v. 자랑하다, 뽐내다
The Bullitt Center in the US **boasts** of a rainwater collection system. 미국의 Bullitt Center는 빗물 수집 시스템을 자랑합니다. 영듣
boast of a child who was trained to bladder control 방광을 제어하도록 훈련된 자녀를 자랑하다 독연

1765 **designated** [dézignèitid] 듣

a. 지정된, 관선의
We kindly request that you throw away your trash in the **designated** containers. 지정된 용기에 여러분의 쓰레기를 버릴 것을 정중히 요청합니다. 영듣
This area is a **designated** nature reserve. 이 지역은 지정된 자연 보호 구역이다.
○ designate *v.* 지정하다

1766 **damp** [dæmp] 듣

a. 물기가 있는, 눅눅한, 축축한
You can use a **damp** cloth. 여러분은 물기가 있는 천을 사용할 수 있습니다. 영듣
The basement was dark and **damp**. 그 지하실은 어둡고 눅눅했다.
○ dampness *n.* 눅눅함, 축축함

1767 **ease** [iːz] 영 독 완 듣

v. (고통 등을) 완화하다, 덜어 주다 *n.* 편안함, 쉬움
The poses that you taught me last week helped **ease** my back pain. 지난주 당신이 가르쳐 주신 자세가 제 허리 통증을 완화하는 데 도움이 되었어요. 영듣
ease the suffering of his grateful owner 고마워하는 그의 주인의 고통을 덜어 주다 독연

1768 **initial** [iníʃəl] 독 완 듣

a. 처음의, 초기의, 최초의
I asked for a booth when I made the **initial** reservation. 처음 예약할 때 저는 칸막이가 있는 자리를 요청했어요. 영듣
the first-year student's **initial** experiences 1학년 학생의 초기 경험들 수완

1769 **hydrated** [háidreitid] 듣

a. 수분이 공급된, 수분을 유지한
Eating watermelon can help keep you **hydrated** and cool. 수박을 먹는 것은 여러분에게 수분을 공급하고 여러분을 시원하게 유지시켜 주는 데 도움을 줄 수 있습니다. 영듣
Stay warm and stay **hydrated** in winter. 겨울에는 따뜻함과 수분을 유지하세요.

1770 **antioxidant** [æ̀ntaiɑ́ksidənt] 독 듣

n. 항산화제, 산화 방지제
Apples are rich in fiber and **antioxidants**. 사과는 섬유질과 항산화제가 풍부합니다. 영듣
the level of **antioxidants** found in organic products 유기농 제품에서 발견되는 산화 방지제의 수준 독연

1771 **dispose**
[dispóuz]
독 완 듣

v. 처분하다 (of)
The bicycles will be **disposed** of. 그 자전거들은 처분될 것입니다. 수완
Bring items that are difficult to **dispose** of but can be recycled. 처분하기 어렵지만 재활용이 가능한 물품을 가져오세요. 독연
◎ disposal *n.* 처분, 처리 disposable *a.* 일회용의

1772 **unwrap**
[ʌnrǽp]
완

v. (포장을) 뜯다, 끄르다, 열다
There are **unwrapped** and opened gift boxes next to the boy. 그 소년 옆에 포장이 뜯긴 개봉된 선물 상자들이 있어요. 수완
Don't **unwrap** your present until you get home. 집에 도착할 때까지 선물의 포장을 뜯지 마세요.

1773 **preview**
[príːvjùː]
영 완

v. 미리 보다, 시사평을 쓰다 *n.* 미리 보기, 시사회[평]
allow people to **preview** the bicycles 사람들이 자전거를 미리 볼 수 있게 하다 수완
recreate past events, and **preview** upcoming events 과거의 사건을 재현하고, 다가오는 사건을 미리 보다 영어

1774 **turnout**
[tə́ːrnàut]
완

n. 참가자[투표자] 수, 집합, 동원
We're hoping for a large **turnout**. 저희는 참가자 수가 많기를 기대하고 있습니다. 수완
The festival attracted a good **turnout**. 그 축제는 참가자 수를 많이 끌어들였다.

1775 **transportation**
[trӕnspərtéiʃən]
독 완 듣

n. 교통, 수송, 운송료
I've heard the public **transportation** there is really convenient. 그곳의 대중교통이 정말 편리하다고 들었어요. 수완
an alternative to the current **transportation** system 현재 교통 시스템의 한 가지 대안 독연

1776 **contamination**
[kəntӕmənéiʃən]
완

n. 오염, 더러움
When it comes to recycling plastic, **contamination** is a major problem. 플라스틱 재활용에 관해서라면, 오염이 주요한 문제입니다. 수완
The groundwater **contamination** is becoming serious. 지하수 오염이 심각해지고 있다.
◎ contaminate *v.* 오염시키다

1777 **oversight**
[óuvərsàit]
완

n. 실수, 간과
We take full responsibility for the **oversight**. 저희는 그 실수에 대해 전적으로 책임을 집니다. 수완
The wrong product was delivered to me because of the company's **oversight**. 그 회사의 실수로 잘못된 제품이 제게 배달되었어요.

1778 **captivating**
[kǽptəvèitiŋ]
완

a. 매력적인, 마음을 사로잡는
I really want to create a visually **captivating** experience for the audience. 저는 관객분들을 위해 시각적으로 매력적인 경험을 만들고 싶습니다. 수완
The woman sang with a **captivating** voice. 그 여자는 마음을 사로잡는 목소리로 노래를 불렀다.

1779 **vibrant**
[váibrənt]
완

a. 강렬한, 활기찬
I'd like a lot of flashing **vibrant** colors. 번쩍이는 강렬한 색깔이 많은 것이 좋겠어요. 수완
Ryan is a young boy with a **vibrant** personality. Ryan은 활기찬 성격을 지닌 어린 소년이다.
◎ vibrate *v.* 진동하다, 떨다

1780 **headquarters**
[hédkwɔ̀ːrtərz]
완

n. 본부, 본사
Our counselors at the **headquarters** will provide you with the detailed schedule. 본부에 있는 우리 상담원들이 자세한 일정을 드릴 것입니다. 수완
Many companies have their **headquarters** in the city. 많은 회사들이 그 도시에 그들의 본사를 두고 있다.
◎ 반 branch *n.* 지사, 지부, 지점

1781 **fatigue** [fətíːg] 독 완 듣

n. **피로(감), 피곤**

deliver oxygen to the cells and fight **fatigue** 세포에 산소를 전달하고 피로를 해소하다 수완

Vitamins in strawberries will help you overcome spring **fatigue**. 딸기에 있는 비타민들은 여러분이 봄에 느끼는 피로감을 극복하는 데 도움을 줄 것입니다. 영듣

1782 **stimulant** [stímjələnt] 완

n. **각성제, 자극제**

Dark chocolate contains natural **stimulants** like caffeine. 다크초콜릿에는 카페인과 같은 천연 각성제가 함유되어 있습니다. 수완

The tax cuts will be a **stimulant** to economic growth. 세금 감면이 경제 성장의 자극제가 될 것이다.

⊙ stimulate *v.* 자극하다 stimulation *n.* 자극

1783 **flyer** [fláiər] 완 듣

n. **(광고·안내용) 전단, 날아다니는 것**

I'm checking out this **flyer** about our school's upcoming Virtual Career Fair. 저는 우리 학교의 다가오는 Virtual Career Fair에 대한 전단을 보고 있어요. 수완

I finally finished designing the **flyer**. 제가 드디어 전단 디자인을 다 마쳤어요. 영듣

1784 **reassurance** [rìəʃúrəns] 완

n. **안심, 안도(감), 확신**

Morgan immediately sits down with Benjamin to provide **reassurance**. Morgan은 안심시키기 위해 즉시 Benjamin과 함께 앉습니다. 수완

I want **reassurance** that I belong to a group. 나는 어떤 집단에 속해 있다는 안도감을 원한다.

1785 **ferment** [fəːrmént] 완

v. **발효시키다, 발효되다**

fermented foods like cheese or yogurt 치즈나 요거트와 같은 발효된 음식 수완

Fruit juices are likely to **ferment** in summer. 여름에는 과일주스가 발효되기 쉽다.

⊙ fermentation *n.* 발효

1786 **specialize** [spéʃəlàiz] 영 완

v. **전문으로 하다, 전공하다 (in)**

I know you **specialize** in treating skin problems like acne. 귀하가 여드름 같은 피부 문제 치료를 전문으로 하신다고 알고 있어요. 수완

Lake Paperworx **specializes** in copier maintenance. Lake Paperworx는 복사기 유지 관리를 전문으로 한다. 영어

⊙ specialization *n.* 전문화 specialized *a.* 전문적인

1787 **adolescent** [æ̀dəlésənt] 영 완

n. **청소년** *a.* **청소년의**

Do you have any advice for **adolescents**? 청소년들에게 조언할 만한 것이 있나요? 수완

Young **adolescents** must confront the central issue of constructing an identity. 청소년들은 정체성을 구축해야 하는 중요한 문제에 틀림없이 직면하게 된다. 영어

⊙ adolescence *n.* 청소년기

1788 **irritate** [íritèit] 완

v. **자극하다, 짜증 나게 하다**

Over-washing can **irritate** the skin. 과도하게 씻으면 피부를 자극할 수 있어요. 수완

His goal celebrations **irritated** some players. 그의 골 세리머니가 몇몇 선수들을 짜증 나게 했다.

⊙ irritation *n.* 자극, 짜증

1789 **adorable** [ədɔ́ːrəbl] 완

a. **사랑스러운**

She looks so **adorable**. 그녀는 정말 사랑스럽게 보입니다. 수완

The puppy looks cute and **adorable**. 그 강아지는 귀엽고 사랑스러워 보여요.

⊙ adore *v.* 좋아하다, 숭배하다

1790 **admission** [ədmíʃən] 영 완 듣

n. **입장(료)**

Is the program included in the **admission**? 프로그램은 입장료에 포함되어 있나요? 수완

Admission is free for all visitors. 모든 방문객은 무료로 입장할 수 있습니다. 영듣

1791 **aim** [eim] 영 독 완
v. 목표로 하다, 목표로 삼다
What time should we **aim** to arrive? 우리는 몇 시에 도착할 것을 목표로 해야 할까요? 수완
Monet and the other Impressionists **aimed** to capture their "sensations." 모네와 다른 인상파 화가들은 모두 자신의 '감각'을 포착하는 것을 목표로 삼았다. 영어

1792 **autograph** [ɔ́:təgræ̀f] 완
n. (유명인의) 사인 *v.* 사인을 해 주다
I'd like to get their **autograph**. 저는 그들의 사인을 받고 싶어요. 수완
Could I have your **autograph**, please? 사인 좀 해 주실래요?

1793 **shady** [ʃéidi] 완
a. 그늘진
Does your balcony receive full sun, or is it mostly **shady**? 당신의 발코니가 충분한 햇빛을 받나요, 아니면 대부분 그늘지나요? 수완
We walked under **shady** trees. 우리는 그늘진 나무 아래를 걸었다.
○ shade *n.* 그늘 *v.* 그늘지게 하다

1794 **lightweight** [láitwèit] 완
a. 가벼운, 경량의
The tents are quite **lightweight**. 그 텐트들은 상당히 가볍습니다. 수완
The backpacks are made with **lightweight** material. 그 배낭들은 경량 소재로 만들어집니다.

1795 **wardrobe** [wɔ́:rdroub] 완
n. 옷장
The little black dress, a must-have in many **wardrobes**, gained popularity in the 1920s. 많은 옷장의 필수품인 작은 검은색 드레스는 1920년대에 인기를 얻었습니다. 수완
There were expensive suits hanging in his **wardrobe**. 그의 옷장에는 비싼 양복들이 걸려 있었다.

1796 **delicate** [délәkit] 완
a. 민감한, 여린, 연약한
Flash photography can potentially harm the **delicate** paintings and sculptures. 플래시 사진은 민감한 그림과 조각품에 잠재적으로 해를 끼칠 수 있습니다. 수완
Babies have very **delicate** skin. 아기들은 피부가 매우 여리다.
○ delicacy *n.* 민감, 섬세, 진미

1797 **ensure** [inʃúər] 영 독 완 듣
v. 보장하다, 반드시 ~하게 하다
We take great care to **ensure** our artworks are not exposed to strong lighting. 저희 작품들이 강한 조명에 노출되지 않는 것을 보장하기 위해 저희는 많은 주의를 기울이고 있습니다. 수완
ensure the continuation of our species 우리 종의 지속을 보장하다 영어

1798 **urgent** [ə́:rdʒәnt] 완
a. 긴급한, 시급한
Don't worry. It's not **urgent**. 걱정 마세요. 그것은 긴급하지 않아요. 수완
The policy is in **urgent** need of reform. 그 정책은 시급한 개혁의 필요성이 있다.
○ urgency *n.* 긴급(함), 절박(함)

1799 **sting** [stiŋ] 완
v. 따갑다, 쏘다
The back of my neck really **stings**. 제 목 뒤쪽이 정말 따가워요. 수완
I was **stung** on the arm by a bee. 저는 벌에게 팔을 쏘였어요.

1800 **outstanding** [àutstǽndiŋ] 독 완
a. 뛰어난, 두드러진
I heard you did an **outstanding** job. 당신이 뛰어나게 잘했다는 것을 들었어요. 수완
the most beautiful and **outstanding** Neolithic vessel 가장 아름답고 뛰어난 신석기 시대의 그릇 독연

QUICK CHECK 20

A 다음 빈칸에 단어의 뜻을 쓰시오.

01 represent ____________
02 vivid ____________
03 numerous ____________
04 coexist ____________
05 hesitant ____________
06 empathy ____________
07 permission ____________
08 supplement ____________
09 wounded ____________
10 crowded ____________
11 expertise ____________
12 subscribe ____________
13 delicacy ____________
14 pharmacy ____________
15 vibrate ____________
16 statistics ____________
17 complimentary ____________
18 compliment ____________
19 refine ____________
20 contentment ____________
21 outgrow ____________
22 boast ____________
23 initial ____________
24 antioxidant ____________
25 turnout ____________
26 transportation ____________
27 contamination ____________
28 vibrant ____________
29 stimulant ____________
30 irritate ____________

B 다음 빈칸에 주어진 철자로 시작하는 적절한 단어를 쓰시오.

01 R___________s of Denmark greet the new year. ← 덴마크의 **주민들은** 새해를 맞이합니다.
02 It'd be better to have a d___________ light. ← **분리 가능한** 조명이 있으면 더 좋겠어요.
03 I hope you find some a___________ clothes. ← **멋진** 옷을 찾으시길 바랍니다.
04 Have you f___________d the menu? ← 메뉴는 **확정 지었어요**?
05 Public Wi-Fi networks are v___________ to abuse. ← 공용 와이파이 네트워크는 악용에 **취약하**다.
06 create a c___________ reading area in the corner ← 코너에 **아늑한** 독서 공간을 만들다
07 Wooden hangers are too b___________. ← 나무 옷걸이는 **부피가** 너무 **커**요.
08 We take full responsibility for the o___________. ← 저희는 그 **실수**에 대해 전적으로 책임을 집니다.
09 The tents are quite l___________. ← 그 텐트들은 상당히 **가볍습**니다.
10 I heard you did an o___________ job. ← 당신이 **뛰어나**게 잘했다는 것을 들었어요.

A 다음 글의 네모 안에서 문맥에 맞는 낱말로 적절한 것을 고르시오.

01 People often think that personality traits such as kindness are [fixed / changeable]. But our research with groups suggests something quite different: the tendency to be altruistic or exploitative may depend heavily on how the social world is organized.

02 A child's body schema is constructed automatically, beneath higher cognition, and it describes the physical layout of a human body, not a puppy body. She sees her human hands in front of her, and the visual information [conceals / confirms] her human identity.

03 Vendors want to maximize revenue, and you only want to pay a fair price. Vendors want to minimize their risk under a contract, and you want the vendor to bear a [least / reasonable] amount of the risk. Vendors want to be flexible and you want commitments in writing.

*vendor: 매도인

04 From a human perspective, the oceans, which cover 70% of Earth's surface, are still the most [extensive / intensive] and unique desert wildernesses on the planet.

B 다음 글의 밑줄 친 부분 중, 문맥상 낱말의 쓰임이 적절하지 않은 것은?

01 The dynamics of market competition ①<u>prompt</u> social media platforms and search engines to present information that users find most ②<u>compelling</u>. As a result, information that users are believed to want to see is ③<u>neglected</u>, distorting a representative picture of reality.

02 Foraging is a ①<u>nonessential</u> task within any social insect colony and it typically involves a relatively high proportion of workers. In the leaf-cutting ant *Atta colombica*, the vast majority of workers working ②<u>outside</u> the nest are either involved with foraging or with waste management, both of which ③<u>involve</u> task partitioning.

03 As students move into adolescence, they are developing capabilities for ①<u>abstract</u> thinking and understanding the perspectives of others. Even greater physical changes are taking place as the students ②<u>approach</u> puberty. So, with developing minds and bodies, young adolescents must confront the central issue of ③<u>confusing</u> an identity that will provide a firm basis for adulthood.

04 In the beginning, typewriters were ①<u>handy</u> and their keyboards were not standardized. So the next step was the ②<u>standardization</u> of the keyboard. The heavy and difficult to move typewriter gave way to the ③<u>portable</u> typewriter.

부록

APPENDIX

PHRASES

PART I 수능특강 영어

- ☐ in the air (어떤) 기운이 감도는
- ☐ when all is said and done 결국, 뭐니 뭐니 해도
- ☐ now that ~이므로
- ☐ pour down ~을 타고 흘러내리다
- ☐ bolt out of the blue 예상치 못하게 (난데없이) 발생하는 것
- ☐ by extension 더 나아가
- ☐ rather than ~이 아닌
- ☐ make up ~을 만들어 내다
- ☐ a series of 일련의
- ☐ compared to ~과 비교하여
- ☐ keep ~ in mind ~을 명심하다
- ☐ be based on ~에 근거하다
- ☐ separate from ~과 분리된
- ☐ over the long term 장기적으로 볼 때
- ☐ burst forth into 갑자기 ~하기 시작하다
- ☐ black-and-white 흑백 논리의
- ☐ no other ~ than ... … 이외에 다른 ~은 없다
- ☐ be engaged in ~에 참여하다
- ☐ be tied to ~과 결부되다
- ☐ be required to ~해야 하다
- ☐ think of ~ as ... ~을 …이라고 생각하다
- ☐ end up 결국 ~하게 되다
- ☐ while we're at it 기왕 말 나온 김에
- ☐ be in view 눈에 띄는 곳에 있다
- ☐ use up ~을 다 써 버리다
- ☐ be credited with ~의 공이 있다고 여겨지다
- ☐ be consistent with ~과 일치하다
- ☐ according to ~에 따르면
- ☐ top the list 1위를 차지하다
- ☐ as of ~현재
- ☐ the same ~ as ... …과 똑같은 ~
- ☐ originate in ~에서 유래하다
- ☐ fall out of favour 인기가 떨어지다, 총애를 잃다
- ☐ keep ~ from ... ~이 …하지 않도록 하다
- ☐ hold ~ in place ~을 제자리에 고정하다
- ☐ if not more so 어쩌면 그보다 더
- ☐ be familiar with ~과 친숙하다
- ☐ exclude ~ from ... …에서 ~을 배제하다
- ☐ have an effect on ~에 영향을 미치다
- ☐ stamp in ~에 새겨 넣다
- ☐ on the basis of ~을 기반으로
- ☐ be made up of ~으로 구성되다
- ☐ be faced with ~에 직면하다
- ☐ in addition to ~할 뿐만 아니라, ~ 이외에도
- ☐ result from ~에서 비롯되다
- ☐ set the stage for ~을 위한 장(場)을 마련하다
- ☐ get the word out 말[소문]을 퍼뜨리다
- ☐ stick with ~을 계속하다
- ☐ bark out ~을 큰 소리로 외치다
- ☐ be apt to ~하는 경향이 있다
- ☐ figure out ~을 알아내다
- ☐ keep track of ~을 파악하다
- ☐ take place 발생하다
- ☐ come of age 성년이 되다
- ☐ for real 진짜의
- ☐ hold ~ in high regard ~을 깊이 존경하다
- ☐ fail to ~하지 못하다, ~하지 않다
- ☐ be likely to ~할 것이다, ~일 것이다
- ☐ aim to ~하는 것을 목표로 삼다
- ☐ up-to-date 현대적인
- ☐ in place 제자리에
- ☐ prior to ~ 이전에
- ☐ cast doubt on ~에 의문을 제기하다, ~을 의심하다
- ☐ be aware of ~을 의식하다
- ☐ a host of 다수의
- ☐ owe ~ to ... ~에 대하여 …의 신세를 지다
- ☐ be inclined to ~하는 경향이 있다
- ☐ place importance on ~을 중요시하다

- ☐ look to ~ for ... …을 ~에게 기대하다
- ☐ as opposed to ~이 아니라
- ☐ come in handy 유용하다, 쓸모가 있다
- ☐ in effect 사실
- ☐ relate ~ to ... ~을 …과 연결시키다
- ☐ lie in ~에 있다
- ☐ be committed to ~에 헌신하다
- ☐ make a statement 자신의 생각을 표현하다
- ☐ bother to ~하려 애쓰다
- ☐ other than ~ 이외의
- ☐ give credit to ~에게 공로를 돌리다
- ☐ stir up ~을 불러일으키다
- ☐ bear out ~을 실증하다, ~을 뒷받침하다
- ☐ pick on ~을 괴롭히다
- ☐ believe in (~의 가치 · 존재 · 인격)을 믿다
- ☐ the other way around 그 반대
- ☐ to a great degree 대부분
- ☐ take ~ up on the offer ~의 제안을 수락하다
- ☐ in question 문제의
- ☐ turn ~ to account ~을 이용[활용]하다
- ☐ soak up ~을 빨아들이다
- ☐ devote oneself to ~에 전념하다
- ☐ be sold out (표 등이) 매진되다
- ☐ excuse oneself 자리를 뜨다
- ☐ track ~ down ~을 추적하다
- ☐ throw oneself into ~에 몰두하다, ~에 몸을 던지다
- ☐ take a break 휴식을 취하다
- ☐ much less ~은 말할 것도 없고
- ☐ stitch together ~을 만들어 내다, ~을 봉합하다
- ☐ place to place 지역에 따라서
- ☐ age to age 시대에 따라서
- ☐ a small handful of 소수의
- ☐ be known for ~으로 유명하다
- ☐ far from ~으로부터 거리가 먼
- ☐ compared with ~과 비교하여
- ☐ be dependent on ~에 의존하다
- ☐ all the better 오히려 더 낫게
- ☐ crawl about 기어다니다
- ☐ a fraction of a second 순식간
- ☐ be due to ~ 때문이다
- ☐ make sense 말이 되다, 이치에 맞다
- ☐ take refuge from ~으로부터 피난하다
- ☐ stand to *do* ~할 것이다
- ☐ work up ~을 북돋우다, ~을 불러일으키다
- ☐ interfere with ~을 방해하다
- ☐ be presumed to ~으로 여겨지다
- ☐ be free to 마음껏 ~하다
- ☐ be willing to 기꺼이 ~하다
- ☐ take initiative 주도권을 잡다
- ☐ at the expense of ~을 희생하면서
- ☐ respond to ~에 대응하다
- ☐ be on the road 이리저리 옮겨 다니다
- ☐ make progress 진전을 이루다
- ☐ be capable of ~할 수 있다
- ☐ correlate with ~과 연관되다
- ☐ correspond to ~에 해당하다, ~과 부합하다, ~과 일치하다
- ☐ as to ~에서, ~에 관해
- ☐ have no terms for ~에 해당하는 용어가 없다
- ☐ belong to ~에 속하다
- ☐ at least 적어도
- ☐ make sure ~을 확실하게 하다
- ☐ go sour (관계 등이) 잘못되다
- ☐ give rise to ~을 불러일으키다
- ☐ be associated with ~과 관련되다
- ☐ with the advent of ~의 등장으로
- ☐ account for ~을 설명하다
- ☐ pride oneself 득의양양하다
- ☐ wait out ~이 끝나기를 기다리다
- ☐ at the mercy of ~에 휘둘리는, ~ 앞에서 속수무책인
- ☐ cannot help but ~하지 않을 수 없다

PHRASES

- ☐ complain about ~에 대해 불평하다
- ☐ worry about ~에 대해 걱정하다
- ☐ arrange for ~을 준비하다, ~을 배열하다
- ☐ put on ~을 입다, ~을 착용하다
- ☐ leave a message 메시지를 남기다
- ☐ as a result of ~ 때문에, ~의 결과로서
- ☐ be at one's best 최상의 상태에 있다, 최상의 상태가 되다
- ☐ be born with ~을 가지고 태어나다
- ☐ consistent with ~과 일치하는
- ☐ in itself 그 자체로
- ☐ on one's behalf ~을 대신하여
- ☐ be treated as ~으로 간주되다, ~으로 취급되다
- ☐ build up ~을 축적하다
- ☐ serve as ~의 역할을 하다
- ☐ out of tune 음이 맞지 않는
- ☐ be in a position to ~을 할 수 있다
- ☐ be attractive to ~에게 매력적이다
- ☐ out of the question 불가능한
- ☐ come to mind 떠오르다
- ☐ independently of ~과는 별개로
- ☐ all things considered 모든 것을 고려해 볼 때
- ☐ conflict with ~과 충돌하다
- ☐ deal with ~을 다루다
- ☐ place emphasis on ~을 강조하다
- ☐ take off 도약하다, 이륙하다
- ☐ be ready for ~을 위한 준비가 되다
- ☐ withhold ~ from ... …에게 ~을 허락하지 않다
- ☐ credit ~ with ... ~이 …인 것으로 생각하다
- ☐ engage with ~과 관계를 맺다
- ☐ in favor of ~을 지지하는
- ☐ single out ~ for ... ~을 …의 대상으로 삼다
- ☐ in preference to ~에 우선해서
- ☐ dig in 단호하게 행동하다, 변화하기를 거부하다
- ☐ to the extent that ~하는 한
- ☐ put forth ~을 기울이다, ~을 발휘하다
- ☐ in general 일반적으로
- ☐ be persuaded of ~을 확신하다
- ☐ devoted to ~에 (전적으로) 할애된
- ☐ go well 잘 풀리다, 잘 되다
- ☐ take on ~을 떠맡다
- ☐ touch down 착륙하다
- ☐ light up ~을 밝히다, ~을 빛나게 하다
- ☐ refer to ~ as ... ~을 …이라고 부르다
- ☐ all of a sudden 갑자기
- ☐ characterize ~ as ... ~의 특징을 …이라고 묘사하다
- ☐ come into contact 접촉하게 되다
- ☐ needless to say 말할 필요도 없이
- ☐ by default 자동적으로
- ☐ seek out ~을 찾다, ~을 추구하다
- ☐ to the contrary 반대되는
- ☐ match up with ~과 일치하다
- ☐ set aside ~을 따로 두다
- ☐ carry away ~을 도취시키다, ~의 넋을 잃게 하다

PART II 수능특강 **영어독해연습**

- ☐ strike ~ as ... ~에게 …하다는 느낌[인상]을 주다
- ☐ discourage ~ from -ing ~이 …하고자 하는 의욕을 꺾다
- ☐ have no bearing on ~과 아무런 관계가 없다
- ☐ deprive ~ of ... ~으로부터 …을 박탈하다
- ☐ draw from ~을 활용[이용]하다
- ☐ be attributed to ~의 탓이라고 말하다
- ☐ give in 굴복하다
- ☐ trade ~ for ... ~을 …과 바꾸다
- ☐ as a consequence 결과적으로
- ☐ make out ~을 알아보다
- ☐ in comparison to ~에 비해
- ☐ fill out ~을 완성하다[채우다]
- ☐ loosen up ~을 느슨하게 하다

- ☐ make up for ~을 만회[보상]하다
- ☐ by no means 절대[결코] ~이 아닌
- ☐ in succession 연속해서
- ☐ stand outside ~의 밖에 있다
- ☐ contribute to ~의 원인이 되다
- ☐ negotiate with ~과 협의하다
- ☐ write off ~을 무가치하게 보다
- ☐ take in ~을 이해하다[흡수하다]
- ☐ lock off ~을 걸어 잠그다
- ☐ be stretched to capacity 능력을 최대한 발휘하다
- ☐ link ~ with ... ~을 …과 연결하다
- ☐ not to mention ~은 말할 것도 없고
- ☐ gain on ~을 따라잡다
- ☐ present ~ with ... ~에게 …을 제시하다
- ☐ be on the lookout for ~을 세심히 살피다, ~을 경계하다
- ☐ in transit 수송 중에
- ☐ call attention to ~에 주의를 환기시키다
- ☐ consider ~ to be ... ~을 …으로 여기다
- ☐ be caught unprepared 허를 찔리다
- ☐ act upon ~에 따라 행동하다
- ☐ turn over ~에 대해 곰곰이 생각하다
- ☐ make sense of ~을 이해하다
- ☐ have to do with ~과 관련이 있다
- ☐ regard ~ as ... ~을 …이라고 여기다
- ☐ in light of ~을 고려하여, ~에 비추어
- ☐ in this regard 이런 면에서
- ☐ insofar as ~하는 한
- ☐ as a function of ~과의 상관적 요소로서
- ☐ prove oneself 능력을 행동으로 증명하다
- ☐ expose ~ to ... ~을 …에 접하게 하다[노출하다]
- ☐ be subject to ~의 영향하에 있다
- ☐ coupled with ~과 결부된
- ☐ all but 거의
- ☐ or so ~쯤[정도]
- ☐ draw on ~을 이용하다, ~에 의지하다
- ☐ come into existence 존재하게 되다
- ☐ sum up ~을 요약하다
- ☐ wear down 닳아 없어지다
- ☐ turn on ~에 좌우되다[달려 있다]
- ☐ go against the grain 정상적인[자연스러운] 것에 어긋나게 (행동)하다
- ☐ in any sense 어떤 의미에서도
- ☐ give a nod to ~에 머리를 끄덕이다, ~을 찬동[인정/승인]하다
- ☐ attribute ~ to ... ~을 … 탓으로 돌리다
- ☐ in line with ~과 일치하여, ~에 따라
- ☐ tap into ~을 활용하다
- ☐ go along with ~에 동의하다[동조하다]
- ☐ gather up ~을 수합하다, ~을 요약하다
- ☐ owing to ~으로 인해, ~ 때문에
- ☐ sacrifice ~ for ... …을 위해 ~을 희생하다
- ☐ vice versa 그 반대[역]도 마찬가지이다
- ☐ any number of 많은 ~
- ☐ take a hold 완전히 자리를 잡다, 장악하다
- ☐ push the boundaries 기존의 틀을 벗어나다, 경계를 허물다
- ☐ be confronted with ~을 마주하다
- ☐ serve a purpose 목적에 부합하다
- ☐ exhaust oneself 기진맥진하다
- ☐ at a distance 얼마간[좀] 떨어져서
- ☐ on one's own 자력으로, 스스로
- ☐ opt out of ~에 불참을 택하다
- ☐ in the long run 결국에는, 긴 안목으로 보면
- ☐ go out of print 절판되다
- ☐ chip away at ~을 조금씩 깎아 내다
- ☐ in large part 주로, 대개
- ☐ put ~ into action ~을 행동에 옮기다
- ☐ fit in with ~에 맞추다, ~과 어울리다
- ☐ make use of ~을 이용하다
- ☐ stem from ~에서 비롯되다
- ☐ for the sake of ~을 위해
- ☐ make a case 주장하다

PHRASES

- ☐ get in touch with ~과 접촉하다[연락하다]
- ☐ diverge from ~과 다르다, ~에서 갈라지다
- ☐ be concerned with ~과 관련이 있다
- ☐ make the best of ~을 최대한 활용하다
- ☐ come from behind 역전하다
- ☐ at times 때때로
- ☐ lead to ~으로 이어지다, ~을 초래하다
- ☐ in turn 결국, 결과적으로
- ☐ in due time 머지않아, 때가 되면
- ☐ come up with ~을 생각해 내다
- ☐ blame ~ for ... …에 대해 ~을 비난하다
- ☐ wrap up ~을 포장하다[싸다]
- ☐ in detail 자세히, 상세히
- ☐ first and foremost 다른 무엇보다 우선
- ☐ pull into ~에 차를 대다
- ☐ in isolation 고립되어
- ☐ take ~ into account ~을 고려하다
- ☐ by a factor of (증감 규모가) ~ 배만큼
- ☐ in advance 사전에, 미리
- ☐ pick up the pieces 상황을 수습하다, 정상으로 돌아가다
- ☐ qualify as ~로서의 자격을 가지다
- ☐ be up against ~을 상대하다, ~에 직면하다
- ☐ thrive on ~을 즐기다, ~을 잘하다
- ☐ count on ~에 의지하다
- ☐ make the most of ~ ~을 최대한 활용하다
- ☐ make the grade 필요한 수준에 이르다
- ☐ puzzle over ~을 두고 고민하다
- ☐ live on the edge 모험적인 삶을 살다
- ☐ associate with ~과 교제하다, ~과 어울리다
- ☐ smooth over ~을 원활하게 하다, 매끄럽게 하다
- ☐ boil down to 결국 ~이 되다
- ☐ drag ~ down ~을 맥 빠지게 하다
- ☐ flood back (감정 등이) 물밀듯이 되살아나다
- ☐ hang out 어울려 놀다
- ☐ shoulder out ~을 밀어내다
- ☐ blind with ~으로 분별력을 잃은
- ☐ out of sync 일치[화합]하지 않는
- ☐ to perfection 완벽하게, 완전히
- ☐ up to ~만큼, ~까지
- ☐ contrary to ~과 반대로
- ☐ on track 순조롭게 진행되고 있는, 착착 나아가는
- ☐ on top of ~뿐만 아니라
- ☐ go organic 유기농 방식으로 생활하다
- ☐ take up ~을 새롭게 배우다
- ☐ on one's own terms 자신의 방식대로
- ☐ off target 정확하지 않은, 과녁을 빗나간
- ☐ point out ~을 지적하다
- ☐ pick up on ~을 알아차리다
- ☐ strive for ~을 얻으려고 노력하다
- ☐ give way to ~으로 바뀌다[대체되다]
- ☐ attend to ~을 처리하다, ~을 돌보다
- ☐ at the moment 당장은, 바로 지금
- ☐ put ~ on hold ~을 보류하다
- ☐ refrain from ~을 삼가다
- ☐ overcompensate for ~을 과도하게 보완하다
- ☐ leap out (갑자기) 뛰쳐나오다
- ☐ amongst other things (다른) 무엇보다도
- ☐ make a point of 반드시 ~하다
- ☐ be great at ~에 매우 능숙하다
- ☐ live by (신조에) 따라 살다
- ☐ cope with ~에 대처하다
- ☐ drop out of ~을 중퇴하다, ~에서 탈퇴하다
- ☐ few and far between 극히 드문
- ☐ be honored with ~의 영예를 안다
- ☐ dispose of ~을 처리하다, ~을 없애다
- ☐ except for ~을 제외하고
- ☐ bow to ~에 복종하다
- ☐ departure from ~에서 벗어남
- ☐ take advantage of ~을 이용하다
- ☐ boast of ~을 자랑스러워하다

- ☐ in terms of ~의 측면에서
- ☐ stand out 눈에 띄다, 빼어나다
- ☐ be supposed to ~해야 한다
- ☐ go against ~과 상반되다
- ☐ next to each other 나란히, 서로 옆에
- ☐ in desperation 필사적으로
- ☐ to no avail 아무 효과가 없이, 헛되이
- ☐ settle down to 본격적으로 ~하기 시작하다
- ☐ let ~ off ~을 놓아주다, ~을 봐주다

PART Ⅲ 수능완성 **영어**

- ☐ notify ~ of ... ~에게 …을 알리다
- ☐ sign up for ~을 신청하다
- ☐ embark on ~을 출발하다
- ☐ get a full refund of ~을 전액 환불받다
- ☐ mess ~ up ~을 망치다
- ☐ break free from ~으로부터 벗어나다
- ☐ in response to ~에 대응하여
- ☐ give an account of ~을 설명하다
- ☐ take measures 조치를 취하다
- ☐ with regard to ~과 관련하여
- ☐ give one one's due ~을 정당하게 대우하다
- ☐ have one's say 발언권을 갖다
- ☐ be characterized by ~을 특징으로 하다
- ☐ set out 시작하다
- ☐ pay attention to ~에 주의를 기울이다
- ☐ immerse oneself in ~에 몰입하다
- ☐ pull together 협력하다, 뭉치게 하다
- ☐ simply put 간단히 말해
- ☐ give up ~을 포기하다
- ☐ for sure 확실히
- ☐ fall short 기대에 미치지 못하다
- ☐ allow for ~을 가능하게 하다
- ☐ with the exception of ~을 제외하고
- ☐ excel in ~에 뛰어나다
- ☐ be appointed as ~으로 임명되다
- ☐ in partnership with ~과 협력하여
- ☐ back and forth 앞뒤로
- ☐ hold on to ~을 잡다
- ☐ have a bearing on ~과 관련이 있다
- ☐ be devoted to ~에 몰두하다
- ☐ ahead of time 미리, 사전에
- ☐ be prone to ~하기 쉽다
- ☐ to make matters worse 설상가상으로
- ☐ be entitled to ~의 권리가 있다
- ☐ long for ~을 동경하다
- ☐ insist on ~을 주장하다
- ☐ be responsible for ~의 원인이다, ~을 책임지다
- ☐ stand by ~을 고수하다
- ☐ by contrast 반면에
- ☐ shoot for ~을 목표로 하다
- ☐ let alone ~은 고사하고
- ☐ for better or for worse 좋든 나쁘든
- ☐ carry out ~을 수행하다, ~을 실행하다
- ☐ an array of 다양한, 다수의
- ☐ result in ~을 유발하다, ~을 초래하다
- ☐ be correlated to ~과 관련이 있다
- ☐ in this respect 이런 측면에서
- ☐ on edge 초조한, 불안한
- ☐ consist of ~으로 구성되다
- ☐ by definition 당연히, 정의상
- ☐ bring about ~이 일어나게 하다, ~을 야기하다
- ☐ miss a beat 순간적으로 주저하다
- ☐ capitalize on ~을 활용하다
- ☐ have a hand in ~에 관여하다
- ☐ by and large 대체로
- ☐ fall prey to ~에 의해 희생되다
- ☐ be worth -ing ~할 가치가 있다

PHRASES

☐ be impressed with ~에 감명을 받다
☐ be combined with ~과 결합되다
☐ align with ~과 일치하다
☐ get rid of ~을 없애다, ~을 제거하다
☐ to one's credit ~의 명예가 되게
☐ lie about 빈둥빈둥 지내다
☐ be at one with ~과 하나가 되다
☐ preoccupied with ~에 몰두하는
☐ come across ~과 마주하다, ~과 우연히 마주치다
☐ dash up 돌진[매진]하다, 전속력으로 도착하다
☐ miss the basket (농구) 골대를 빗나가다, 득점을 하지 못하다
☐ shrug off ~을 과소평가하다, ~을 경시하다
☐ to one's liking ~의 기호에 맞게
☐ dedicated to ~에 전념하는, ~을 주목적으로 하는
☐ at one's earliest convenience 가급적 빨리, 되도록 일찍
☐ let down ~을 실망시키다
☐ have no regard for ~을 상관하지 않다, ~을 소중히 여기지 않다
☐ to some degree 어느 정도
☐ get on with ~을 해 나가다
☐ be in control 평정을 유지하다
☐ have ~ in mind ~을 염두에 두다
☐ reach out 연락하다
☐ cast out ~을 소외하다
☐ arise from ~에서 발생하다
☐ refer back to ~에 다시 회부하다
☐ out of use 사용되지 않는
☐ to the point of ~이 될 정도로, ~할 정도로
☐ go without ~ 없이 견디다[지내다]
☐ superior to ~보다 우수한
☐ compensate for ~을 보충하다
☐ put ~ in jeopardy ~을 위험에 빠뜨리다
☐ be curious about ~에 대해 궁금해하다
☐ obtain a good grasp of ~을 매우 잘 이해하다
☐ pass away 사망하다, 돌아가시다

☐ see to it that ~을 보장하다[분명하게 하다]
☐ wipe out 쓸어버리다
☐ ascribe ~ to ... ~을 …의 탓으로 돌리다
☐ in one's own right 스스로의 힘으로
☐ pose a threat to ~에 위협이 되다
☐ go hand in glove 밀접한 관련이 있다
☐ in principle 원칙적으로
☐ be renowned for ~으로 잘 알려지다
☐ swarm around ~ 주위로 모여들다
☐ apply ~ to ... ~을 …에 적용하다
☐ above all 무엇보다도
☐ go about 계속 ~을 하다
☐ every once in a while 가끔
☐ in the absence of ~이 없는
☐ on patrol 순찰 (근무) 중인
☐ give it to ~ straight ~에게 솔직하게 말해 주다
☐ nail down ~을 고정시키다
☐ turn up 나타나다
☐ pump up 높이다, 강화하다
☐ dwell on ~을 자세히 설명하다
☐ call in ~을 호출하다
☐ on the ground that ~이라는 이유로
☐ adhere to ~을 고수하다
☐ trade off 교환하다, 거래하다
☐ when it comes to ~에 관한 한
☐ out of date 시대에 뒤떨어지는, 구식인
☐ by way of ~을 통해, ~을 거쳐

PART Ⅳ 수능특강 **영어듣기** / 수능완성 **영어듣기**

☐ participate in ~에 참가하다
☐ look forward to ~을 고대하다
☐ worn out 닳은, 마모된
☐ be used to ~에 익숙하다

- ☐ give ~ a shot ~을 한번 해 보다
- ☐ make a difference 변화를 가져오다
- ☐ in charge of ~을 담당하는
- ☐ in person 직접 만나서
- ☐ go over ~을 점검하다
- ☐ can't wait to 빨리 ~하고 싶어 하다, 몹시 바라다
- ☐ throw away ~을 버리다
- ☐ pull over (길 한쪽으로) 차를 대다
- ☐ fill up ~을 가득 채우다
- ☐ take care of ~을 돌보다
- ☐ hint at ~을 암시하다
- ☐ take the risk of ~하는 모험을 하다
- ☐ keep one's fingers crossed 행운을 빌다
- ☐ stand for ~을 의미하다
- ☐ hands-on 직접 해 보는, 실천하는
- ☐ stop by ~에 들르다
- ☐ miss out on ~을 놓치다
- ☐ regardless of ~과 상관없이
- ☐ rule out ~을 제외하다
- ☐ narrow ~ down to ... ~을 …으로 좁히다
- ☐ hand in ~을 제출하다
- ☐ be in one's prime 전성기에 있다
- ☐ go off (경보기 등이) 울리다
- ☐ look good on ~에게 어울리다
- ☐ head to ~으로 가다, ~으로 향하다
- ☐ cross one's mind ~에게 생각나다
- ☐ a bunch of 많은, 다수의
- ☐ look on the bright side of ~의 긍정적인 면을 보다
- ☐ stick to ~을 고수하다
- ☐ chase away ~을 쫓아내다
- ☐ in exchange 그 답례로
- ☐ keep one's chin up 의연한 자세를 유지하다, 용기를 잃지 않다
- ☐ get off one's back ~을 귀찮게 하지 않다
- ☐ major in ~을 전공하다
- ☐ take a detour 우회하다, 돌아서 가다
- ☐ be concerned about ~에 대해 관심이 있다, ~을 걱정하다
- ☐ fall back on ~에 의존하다[기대다]
- ☐ settle on ~을 결정하다, ~을 선택하다
- ☐ give away ~을 누설하다
- ☐ run out of ~이 떨어지다
- ☐ be about to 막 ~하려고 하다
- ☐ tune in to (라디오 · 텔레비전의 채널을) ~에 맞추다
- ☐ subscribe to ~을 구독하다
- ☐ rain or shine 날씨와 관계없이
- ☐ pull one's leg 놀리다, 농담을 던지다
- ☐ look to ~을 의도하다, ~을 기대하다
- ☐ show off ~을 자랑하다
- ☐ reflect on ~에 대해 곰곰이 생각하다
- ☐ take over ~을 대신하다, ~을 인수하다
- ☐ set up ~을 설치하다
- ☐ around the corner 코앞에, 곧
- ☐ out of order 고장 난
- ☐ place an order 주문하다
- ☐ look into ~을 조사하다, 주의 깊게 살피다
- ☐ incorporate into ~에 접목하다
- ☐ take turns 번갈아 가며 하다
- ☐ on earth 도대체
- ☐ go through ~을 검토하다
- ☐ specialize in ~을 전공하다
- ☐ by any chance 혹시라도
- ☐ live up to ~에 부응하다
- ☐ make fun of ~을 놀리다
- ☐ out of stock 품절인
- ☐ pay off 결실을 보다, 성과를 올리다

QUICK CHECK 01

p. 017

A

01 비용, 경비 **02** 교장; 주요한 **03** 재미있는, 매력적인 **04** 제약, 제한 **05** 일반적인, 전형적인 **06** (고장으로 인한) 작업 중단 시간 **07** 직물, 천, 조직 **08** 고요함 **09** 안도, 안심 **10** 양념, 조미료 **11** 오해 **12** 전체의, 전부의, 전반적인; 전반적으로 **13** 기준 **14** 고유한, 독특한 **15** 무시하다 **16** 민주주의의, 민주적인 **17** 결과, 성과 **18** 지속적인, 계속되는 **19** 타협, 절충; 굽히다, 양보하다, 타협하다 **20** 기업 **21** 반란, 반항 **22** 신분, 지위, 상태 **23** 많은, 다수의, 복합적인 **24** 즉각적인, 당장의, 당면한 **25** 포함하다, 통합하다 **26** 풍성하게 하다, 풍요롭게 하다 **27** 보여 주다, 드러내다, 밝히다 **28** 혼잡한, 혼란스러운 **29** 걸림돌, 장애(물) **30** 선형의, 직선의

B

01 pursuing **02** Anticipation **03** letdown **04** cooperate **05** origins **06** Opponents **07** Profit **08** circulate **09** prohibit **10** era

QUICK CHECK 02

p. 027

A

01 (기간의) 만료, 만기 **02** (주로 복수로) 남은 음식; (먹다) 남은 **03** 혼자 하는, 단 하나의 **04** 검증하다, 입증하다, 승인하다 **05** 숫자로 나타낸, 수의 **06** 국내의, 가사[가정]의 **07** 분포, 분배, 배급 **08** 중력의 **09** 반주[연주]하다, 동행하다, 동반하다 **10** 구역, 지역, 지구 **11** 팔꿈치 **12** 관중, 관객 **13** 유명한, 저명한, 중요한 **14** 보수 공사 **15** 할인; 고려하지 않다, 무시하다, 할인하다 **16** 은유, 비유 **17** 모방하다, 따라하다 **18** (특정 지역 · 환경의) 초목[식물] **19** 악화시키다, 저하시키다 **20** 평판, 명성 **21** 직립한, 곧두선; 건립하다, 세우다 **22** 개조하다, 바꾸다 **23** 제도적인 **24** 끊임없는, 지속적인, 꾸준한 **25** 공정한 **26** 복종하다, 따르다 **27** 순응 **28** 상황, 환경 **29** 일어나다, 발생하다 **30** 해답, 해결, 결의

B

01 hypotheses **02** calculated **03** attain **04** solid **05** valid **06** browse **07** intentional **08** stimuli **09** adjust **10** alternative

연계 VOCA 실전 Test 01

p. 028

A **정답 |** **01** competent **02** abuse **03** partial **04** downfall

| 해석 |

01 보통의 시각 장애인과 보통의 앞을 볼 수 있는 사람을 비교해 보라. 한 장소에서 다른 장소로 걸어갈 때 누가 더 유능할까? 여러분은 앞을 볼 수 있는 사람이 자신이 어디로 가고 있는지를 볼 수 있으므로 더 유능할 것으로 생각할 수도 있지만, 이는 불공정한 기준을 사용하고 있다.

02 젊은이는 단 몇 주 동안일 수도 있지만, 자신이 서른 살에 쉽게 할 수 있는 일을 열아홉 살에 하려고 시도함으로써 자신의 힘을 남용할 수도 있고, '시간'은 그가 요구하는 대출금을 줄 수도 있지만, 그가 내야 할 이자는 그 자신의 노년의 힘에서 나오는데, 진정 그것은 바로 그의 생명 자체의 일부이다.

03 "나는 실패하지 않았다. 나는 작동하지 않을 1만 개의 방식을 찾았을 뿐이다."라고 말하여 오류가 발명의 한 부분이라고 암시한 사람은 Thomas Edison이라고 한다. 유감스럽게도, 오류나 부분적인 진실이 상당히 오래 유통되면, 그것들은 반복의 잘못된 메아리 방으로 이어지고 진실이 전혀 존재하지 않는데도 '진실'을 암시할 수 있다.

04 흔히, 사람들이 토지를 농사를 위해 사용할 때, 자연 초목의 보호막은 파괴되고 침식 과정은 가속화된다. 실제로, 연구에 따르면 인위적으로 만들어진 침식이 많은 초기 문명의 몰락에 큰 역할을 한 것으로 나타났다.

B **정답 |** **01** ① (usual → unusual) **02** ③ (conserve → extract) **03** ① (dependent → independent) **04** ② (maturity → immaturity)

| 해석 |

01 창의성은 개념을 평범한(→ 독특한) 방식으로 결합하는 것에서 나오며, 또 아이디어의 근원을 추적하는 것은 매우 어렵기 때문에 여러분은 아이디어 중 일부가 성공하기를 바라면서 가능한 한 많은 아이디어를 만들어 낸다면 더 유리할 것이다. 그것이 바로 위대한 과학자와 예술가가 하는 일이다.

02 우리 지구는 유한한 생태계인데, 이것은 자연 과정이 제대로 기능하는 것을 멈추기까지, 우리가 우리 경제를 먹여 살리기 위해 자연계에서 단지 제한된 양만 채취할 수 있고, 지구는 단지 제한된 양의 폐기물만 흡수할 수 있다는 것을 의미한다. 점점 더 많은 자원을 보존하려는(→ 채취하려는) 끊임없는 노력은 사실 장기적으로 볼 때 생태학적으로 불가능하다.

03 집단 순응 사고를 방지하기 위해 Janis는 의존적인(→ 독립적인) 사고를 장려하는 조직 체계를 제안했다. 집단의 지도자는 구성원들이 복종해야 한다는 어떤 압박감도 느끼지 않도록 공정한 모습을 보여야 한다. 그뿐만 아니라, 그 지도자는 집단이 모든 선택 사항을 검토하고 집단 외부의 사람들과 상의도 하도록 해야 한다.

04 부모의 행동이 자녀의 자존감에 미치는 영향은 부인할 수 없지만,

아이들의 성숙함(→ 미성숙함)을 감안할 때, 자존감 문제에 대한 부모 자신의 해답을 표현하는 것은 그들이 말로 가르치는 것보다 훨씬 더 영향력이 있다.

QUICK CHECK 03

p. 038

A

01 소비하다, 섭취하다 **02** 통제[규제]하다, 조절하다 **03** 상호의, 서로의 **04** 억압하다, 우울하게 만들다 **05** 창의력, 재간, 기발한 재주 **06** 매체, 매질; 중간의 **07** 성향, 소인, 기질 **08** 복잡한 **09** 두드러지게 하다, 강조하다 **10** 우연(의 일치) **11** (기업 등의) 경영 간부, 이사 **12** 부분, 일부, 비율 **13** 일상적인, 평범한 **14** 가능성 **15** 주창하다, 개척하다; 개척자 **16** 대두하다, 드러나다, 출현하다 **17** 구성하다, 만들다, 건축하다 **18** 해석하다, 통역하다, 이해하다 **19** 비극적인 **20** 파악하다, 발견하다, 확인하다, 식별하다 **21** 유기체, 생물체 **22** 불가피한, 필연적인 **23** 짐작하다, 추측하다 **24** 분야, 학문, 규율; 단련[훈련]시키다 **25** 배정하다, 부여하다, 할당하다 **26** 향기, 향내 **27** 먹을 수 있는, 식용의 **28** 전달하다, 배출하다, 배달하다 **29** 가상의, 사실상의 **30** 담다, 실현하다, 구현하다

B

01 universal **02** exploit **03** distort **04** portrayals **05** upscale **06** vertical **07** instances **08** variation **09** handicap **10** approval

QUICK CHECK 04

p. 048

A

01 친사회적인 **02** 열망하는, 열성적인, 열심인 **03** 성향, 기질 **04** 실현하다 **05** (구성) 요소, 성분, 부품 **06** 확신시키다, 안심시키다, 장담하다 **07** 적절한, 알맞은 **08** (다른 문화에) 동화시키다, 동화되다 **09** 설치 **10** 올바른, 적절한 **11** 예방 조치, 주의 사항 **12** 건너뛰다, 우회하다 **13** 주저하는, 꺼리는, 마지못한 **14** 치열한, 사나운, 맹렬한 **15** 열정, 격렬한 감정 **16** 놀라운 **17** 양자[양녀]로 삼다, 채택하다 **18** 절망적인, 필사적인 **19** 내재적인, 내재된 **20** 놀라운, 비범한 **21** 어마어마한, 엄청난 **22** 식물학자 **23** 영적인, 정신적인, 종교의 **24** 합의 **25** 상대주의 **26** 유사한, 비슷한 **27** 지역, 영역, 영토 **28** 창출하다, 만들어 내다, 발생시키다 **29** 깨달음, 실현 **30** 지구, 행성, 세상

B

01 purposeful **02** Appearances **03** humble **04** essential **05** faithful **06** sympathy **07** annoying **08** heredity **09** exhausting **10** extension

연계 VOCA 실전 Test 02

p. 049

A **정답 |** **01** durable **02** neglect **03** enhance **04** obtain

| 해석 |

01 지구가 사람들이 영구적으로 살 수 있는 곳이 되려면 우리의 필요를 충족해야 하지만, 다른 사람들은 식량과 쉼터가 부족한데도, 불필요한 재화를 대량으로 욕심껏 모아두는 사람들은 영속성 있는 체제의 일부가 될 수 없다.

02 McLuhan은 우리가 기술의 콘텐츠에 너무 집중한 나머지 기술 자체가 사람들에게 미치는 영향에 대한 주목을 게을리한다고 주장한다. 이러한 소견은 오늘날 분명 사실인데, 우리는 기술이 제공하는 것에는 집중하지만, 이러한 발전된 기술을 사용하는 행위 자체가 우리에게 어떻게 영향을 미치는지는 고려하지 않는다.

03 기계의 자율성이 발전함에 따라, 컴퓨터 진화에 대한 인간의 영향력의 범위는 점차 줄어들 것이다. 컴퓨터는 세상에서 자기 자신의 위치에 대해 생각하게 되고 자신의 안전을 강화하는 조치를 취할 것이다.

04 Yo-Yo Ma는 큰 인기를 얻었고, 어느 날 자신의 연주회 중 하나가 매진되자 표를 구하지 못한 사람들을 위해 무료 연주회를 열었는데, 극장 로비에 앉아 바흐의 첼로 모음곡을 연주했다.

B **정답 |** **01** ② (lacks → yields) **02** ② (hesitant → generous) **03** ③ (ambiguous → obvious) **04** ② (disagreement → consensus)

| 해석 |

01 식물은 자신의 성장과 번식을 유지할 능력을 향상하기 위해 경쟁이 필요하고 성공 가능성이 어느 정도 있을 경우에만 경쟁한다. 일단 경쟁이 필요한 결과가 부족하면(→ 를 산출하면), 식물은 경쟁을 중단하고 에너지를 생존하는 데로 돌린다. 식물에게 경쟁은 승리의 짜릿함이 아니라 생존에 관한 것이다.

02 인간은 단지 함께 일하는 즐거움을 위해 함께 일하는 경우가 많다. 실험에 따르면 다른 사람과 함께 일하는 것이 아이들의 행동에 영향을 미치는 것으로 나타났다. 그 후에 그들은 마치 다른 사람들과 함께 일함으로써 기분이 더 좋아진 것처럼, 실험자가 그들에게 주는 간식을 나눠 주는 것에 더 주저한다(→ 관대하다).

03 많은 경우 우리는 우리의 지각을 신뢰'해야 한다'. 하지만 겉모습은 때때로 판단을 그르치게 할 수 있다. 지구는 평평해 보인다. 태양은 지구 주위를 도는 것처럼 보인다. 하지만 두 경우 모두 우리의 직관이 틀렸다. 때로는 모호하게(→ 명백하게) 보이는 것 때문에 우리 자신과 타인에 대해 잘못 평가할 수 있다.

04 서로 다른 사회의 사람들은 서로 다른 관습과 옳고 그름에 대한 서로 다른 생각을 가지고 있다는 것은 논란의 여지가 없는 사실이다. 어떤 행동이 옳고 그른지에 대한 견해는 상당 부분 겹치기는 하지만, 이것에 관한 전 세계적인 의견 불일치(→ 합의)는 없다.

QUICK CHECK 05

p. 059

A

01 근본적인, 기저에 깔린 02 초점, 강조 03 인종 차별, 인종 차별주의, 인종 차별 행위 04 수용하다, 공간을 제공하다, 부응하다 05 기부하다, 기증하다 06 보존, 보호, 보호지구 07 포식자, 약탈자 08 기어가다; 기어가기, 서행 09 피신(처), 보호 시설, 쉼터 10 쌓아 두다, 놓다; 계약금, 보증금, 착수금 11 방향, 지도, 감독 12 각성, 환기 13 구경꾼, 방관자 14 복잡성 15 충분한 16 농도, 집중 17 재료, 자료, 소재, 직물; 물질적인 18 피할[무시할] 수 없는 19 고통, 불편; 불편하게 하다 20 상상력이 풍부한 21 간과하다, 바라보다, 감독하다 22 드문, 흔하지 않은 23 우선 (사항), 우선권 24 뛰어넘다, 넘어서다, 초과하다 25 혼란, 혼동 26 신중한, 의도적인; 숙고하다, 신중히 생각하다 27 해당하다, 편지를 주고받다, 일치하다 28 모순된, 상반된 29 인상, 느낌, 기분 30 전환; 전환하다

B

01 footprint 02 decline 03 nest 04 diverse 05 minute 06 struggle 07 premium 08 sorrow 09 terrific 10 sequence

QUICK CHECK 06

p. 069

A

01 존재, 생존 02 태도 03 기대(치), 예상 04 인출하다, 빠지다, 철수하다, 철회하다, 기권하다 05 죄수, 수감자 06 영리한, 미묘한, 감지하기 힘든 07 와해하다, 방해하다 08 장애, 이상, 난동, 무질서 09 개선, 향상 10 생산성 11 상품화하다 12 배분, 할당(량) 13 군집, 지역 사회, 공동체 14 단순화하다, 간단하게 하다 15 집단[단체]의, 축적된 16 설득력 있는, 강제적인 17 다양한, 서로 다른 18 버리다, 포기하다 19 고객 20 예측하다, 예견하다 21 막다, 예방하다 22 특성, 특징 23 무관심한 24 중요한, 중대한, 결정적인 25 피상[표면]적인, 깊이 없는 26 운명 27 연결, 연관성 28 추론, 추리 29 일관된, 조리 있게 말하는 30 정확한

B

01 reunion 02 ridicule 03 striking 04 collaborative 05 competitive 06 damage 07 global 08 deprivation 09 strengthen 10 spread

연계 VOCA 실전 Test 03

p. 070

A 정답 | 01 benefit 02 implicit 03 security 04 establish

| 해석 |

01 많은 20~30대에게 걸어다닐 수 있는 지역 사회는 환경 발자국 감소 및 에너지 효율성과 동일시되며, 일상 활동 중에 칼로리를 소모할 수 있다는 추가적인 이점이 있다.

02 심오하고도 모호한 작가들은 비평가들에게 더 폭이 넓은 작품의 공동 저자의 역할을 해 달라고 암묵적인 초청을 제안하고 있다. 비평가들은 이러한 작품들을 더욱 면밀히 검토하고 자신들의 명성을 더욱 널리 폄으로써 응답한다.

03 특정 유형의 기업이 어린이에게 직접 광고하지 못하게 막기 위한 규정이 마련되어 있다. 이것은 좋은 조치이지만, 또한 잘못된 안전감을 제공하기도 한다.

04 여러분의 자녀는 사회생활을 하는 여러분 자신을 관찰함으로써 그리고 자신이 겪는 사회적 경험을 통해 사회적 편안함과 기술을 생애에 일찍부터 확립한다. 이러한 최초의 사회적 경험은 평생의 (인간) 관계의 질과 양을 이끌고 형성할 기본 값이 된다.

B 정답 | 01 ② (support → oppose) 02 ② (lower → raise) 03 ② (hinder → facilitate) 04 ③ (favorable → vulnerable)

| 해석 |

01 많은 사람에게 소비에 맞춰진 초점은 인구 통제와 같은 정치적으로 격론을 불러일으킬 수 있는 주제를 피하는데, 대부분의 사람이 윤리적 또는 도덕적 이유로 그리고 그것이 외국인 혐오, 인종 차별, 우생학과 같은 분열을 초래하는 주제와 연관되어 있기 때문에 그것을 지지한다(→ 반대한다).

02 멋진 자연 경관과 카리스마 넘치는 야생 동물이 등장하는 영화는 새로운 관람객들에게 환경 문제에 대한 인식을 낮출(→ 높일) 수도 있다. 많은 다큐멘터리가 이러한 목적을 염두에 두고 제작되지만, 그러한 이익은 또한 더 많은 관람객을 대상으로 하는 블록버스터 영화에까지 확대될 수 있다.

03 관중은 추동 각성의 원천으로 여겨진다. 이런 고조된 각성 상태는 잘 학습된 기술이나 간단한 기술의 수행을 훼방하는(→ 용이하게 하는) 것으로 추정된다. 그러나 기술이 잘 학습되지 않거나 복잡하다면, 각성의 증가가 그것(기술)의 수행을 방해할 것이다.

04 오랜 친구와 재회했을 때 우리는 그 친구가 어떻게 지냈는지 이야기를 듣다가 우리가 오래전에 버렸던 몇몇 오래된 신념을 그 친구가 여전히 붙잡고 있는 것을 발견한 경험이 모두 있을 것이다. 아마 그 친구

는 오랫동안 자신을 유리한(→ 취약한) 개방성의 상태에 놓아두지 않았을 것이다.

QUICK CHECK 07

p. 080

A

01 자신감 있는, 확신하는 **02** 정확(도) **03** 굶주림, 기아 **04** 현대[당대]의, 동시대[동시기]의 **05** 탐구, 연구, 조사, 질문 **06** 구속, 규제 **07** 인종의, 민족의, 종족의 **08** 불이익, 불리, 단점 **09** 신뢰할 수 있는, 믿을 수 있는 **10** 지름, 배율 **11** 단체, 조직 **12** 예약, 약속 **13** 차별, 판별, 분간 **14** 잠시의, 잠깐의, 찰나의 **15** 교차하다, 서로 만나다 **16** 직접적인, 간단한, 솔직한 **17** 감각, 느낌 **18** 영역, 지역, 부분 **19** 직업, 점유 **20** 방어하다 **21** 경비, 지출, 비용 **22** 커다란, 엄청난 **23** 절차, 진행 **24** 경향, 성향 **25** 거대한, 엄청난, 어마어마한 **26** 증진, 부양책, 증가; 높이다, 신장시키다, 북돋우다 **27** 지지자, 옹호자 **28** 과소평가하다 **29** 관점, 입장 **30** 원정, 탐험

B

01 conduct **02** insurance **03** dramatic **04** entry **05** distraction **06** dimension **07** embrace **08** nap **09** excessive **10** superior

QUICK CHECK 08

p. 091

A

01 고질적인, 만성적인 **02** 장점, 공적 **03** 책무, 의무 **04** 존엄성, 품위, 위엄 **05** 복원 **06** 서식지, 거주 환경 **07** 활용하다, 이용하다 **08** 기고문, 기여, 공헌 **09** 순종, 복종 **10** 정의하다, 한정하다 **11** 고도 **12** 경계, 국경 **13** 축하하다, 기념하다 **14** 성향, 의향, 기울기, 경사 **15** 증명하다, 보여 주다 **16** 분절음, 층, 부분 **17** 상품 **18** 밀도 **19** 권위, 권한 **20** 다양해지다, 다양화하다 **21** 펼치다 **22** 서술하다, 묘사하다 **23** 감염 **24** 영역 **25** 협력, 협조 **26** 인간성, 인류 **27** 주파수, 빈도 **28** 전달하다, 주다 **29** 직관 **30** 기억, 회상

B

01 documents **02** relevance **03** geology **04** harmonious **05** knot **06** wheat **07** retain **08** nourishment **09** mammals **10** relative

연계 VOCA 실전 Test 04

p. 092

A **정답 |** **01** enlarging **02** broaden **03** implant **04** prompted

| 해석 |

01 직원에게 동기를 부여하기 위한 전통적인 당근과 채찍 전술의 말로 하자면, 그 접근법은 채찍을 더 크게 만들기보다는 당근을 더 매력적으로 만들어야 한다.

02 사회적 약자 우대 정책의 적절한 수혜 대상에 대한 상당한 논쟁이 존재한다. 미국에서 사회적 약자 우대 정책을 지지하는 사람들은 많은 소수 집단에 적용될 수 있도록 적용 범위를 확대함으로써 그러한 프로그램을 지지하는 정치적 기반을 넓히기를 바랐다.

03 신은 정보를 기억하기 위한 기록의 장점을 강조한 데 반해, 이집트 왕은 반대 의견을 냈다. "만약 인간이 기록을 배우면 그들의 영혼에 건망증을 심을 것이며, 그들이 기록된 것에 의존할 것이기 때문에 기억력을 사용하지 않게 될 것입니다."

04 중국의 임금률이 서구의 산업화한 경제국의 임금률보다 상당히 더 낮긴 하지만, 그것은 최근 몇 년간 상당히 증가해 왔다. 이것은 일부 회사들이 자신들의 제조 사업체를 위해 임금이 훨씬 더 낮은 관할 구역을 찾도록 자극하였다.

B **정답 |** **01** ③ (advantages → disadvantages) **02** ① (immobility → mobility) **03** ② (solidify → evaporate) **04** ③ (maximize → minimize)

| 해석 |

01 약속과 제안은 여러 방식으로 더 매력적으로 만들 수 있는데, 매력적인 특성을 극대화하고 부정적인 특성을 최소화하거나, 제안이 상대방의 요구를 어떻게 충족하는지 보여 주거나, 제안 수락에 따른 이익(→ 불이익)을 줄이거나, 또는 제안이 빨리 수락되지 않으면 만료되도록 제안에 기한을 설정하는 것이다.

02 포스트모더니티의 한 특징은 세계적인 인구의 고정성(→ 이동성) 증가이다. 사회 전체의 이주와 이주 노동자의 유입으로 인해 글로벌 다문화 사회가 형성되면서 어떤 국가도 합리적으로 동질적인 문화적 정체성이나 일련의 문화적 규범을 정의하는 데 어려움을 겪고 있다.

03 프로그래머들이 '파일 공유' 도구를 발명했을 때, 예능 산업들이 배포에 걸어 놓은 자신들의 잠금 유지 장치가 순식간에 확고해지는(→ 사라지는) 것을 지켜보면서 예능 산업들 전반에 전율이 흘렀다. 사실, 그들은 '디지털 저작권 관리' 소프트웨어를 발명하도록 그들 자체의 프로그래머들을 고용하여 반격하였다.

04 우리가 우리 주변에서 일어나는 일의 많은 부분을 알아차리지 못한다는 것은 충분히 입증되어 있다. 인간의 의사 결정에 관한 연구는 우리가 이용할 수 있는 정보 일부를 일상적으로 무시하지만, 이것은 사실 꽤 일리가 있다는 것을 보여 준다. 의사 결정 논리의 일부는 수반되는 비용을 최대화하는(→ 최소화하는) 것이다.

QUICK CHECK 09

p. 102

A

01 범위, 다양성 **02** 인물, 성격 **03** 통찰력 **04** 유산 **05** 생물학 **06** 독성이 있는, (유)독성의 **07** 결사, 연관, 협회 **08** 내재하는, 본래의 **09** 비난하다, 고발하다 **10** 음모 **11** 영향을 미치다 **12** 경력, 직업 **13** 결과, 중요함 **14** 번식, 복제 **15** 새끼, 자녀, 자식 **16** 수입, 수익 **17** 불의, 불평등 **18** 관례적인, 전통적인 **19** 농업 **20** 특성, 부동산 **21** 헌신, 전념, 약속 **22** 사소한, 하찮은 **23** 헤쳐 나가다, 탐색하다 **24** 구성하다 **25** 가뭄 **26** 묘사하다, 그리다 **27** 길들이다 **28** 인식, 지각 **29** 철거, 제거, 없애기 **30** 방해하다

B

01 frustrating **02** clash **03** criticism **04** coordinate **05** terminate **06** concern **07** pursuit **08** characteristics **09** explosive **10** prosperity

QUICK CHECK 10

p. 112

A

01 경작, 함양, 재배 **02** 국한하다, 가두다 **03** 영역 **04** 벗어남, 떠남 **05** 복수, 보복, 원한 **06** 살다, 거주하다 **07** 영감 **08** 분화, 차이 **09** 혁신 **10** 적응하다 **11** 억제하다, 금지하다 **12** 관련이 있다, 관련되다 **13** 개입하다, 끼어들다 **14** 제한하다, 한정하다 **15** 유발하다, 유도하다 **16** 보호자, 수호자 **17** 검열 **18** 유산 **19** 중독 **20** 내성, 관용, 용인 **21** 확신 **22** 축적하다 **23** 주사, 주입 **24** 접함, 노출 **25** 집합체, 조립 **26** 예견하다, 예측하다 **27** 은퇴, 퇴직 **28** 형성하다, 조성하다 **29** 명시적인, 명확한 **30** 불리한, 해로운

B

01 support **02** drawings **03** transmit **04** remark **05** destination **06** rescue **07** invention **08** orphans **09** sentiments **10** generation

연계 VOCA 실전 Test 05

p. 113

A **정답 |** **01** repetitive **02** desirable **03** disappeared **04** impair

| 해석 |

01 흔히 상당히 반복적인 방식으로 (미소를 짓거나 동정심을 보이는 것과 같은) 동일한 감정을 드러내야 하는 많은 서비스 근로자와 달리, 리더들은 훨씬 더 광범위한 감정을 드러내고 어떤 감정이 상황에 가장 적합한지에 대해 상당한 판단력을 발휘해야 한다.

02 미디어의 공공 소유를 지지하는 사람들은 민간의 소유로는 미디어 산업이 사회에서 제한된 집단만의 견해를 대변할 위험성이 있으며, 그래서 대중을 바람직한 문화적 또는 교육적 주제나 가치에 접하게 하려면 미디어의 국가 소유가 필요하다고 주장한다.

03 클래식 세계에서는, 음악 학교의 접근법을 토대로, 창의성 부분은 거의 사라져 버린 것처럼 보여 왔다. 그렇다, 우리는 모두 어떤 형태의 창의적 사람이지만, 클래식 음악과 일반적인 음악 교육에서 창의성이란 보통 다른 사람이 하는 방식과 약간 다르게 음악 작품을 재창조하는 능력이 있다는 것과 일치한다.

04 노년기에는 많은 이가 건강, 활력, 배우자, 그리고 수입의 상실을 경험하며, 더 이상 자동차를 구매 또는 운전하거나, 계단을 오르거나, 넓은 정원을 유지하거나, 최소한의 잔디라도 깎거나, 상점에 오고 갈 수 없게 된다. 이러한 변화 중 몇몇은 고령자나 (고령자) 부부의 삶의 질을 심각하게 약화시킨다.

B **정답 |** **01** ① (strengthened → diminished) **02** ② (avoid → entail) **03** ② (deterrents → incentives) **04** ② (ambiguity → precision)

| 해석 |

01 남부 이탈리아의 더 강력한 가족 유대가 친족 집단 외부의 신뢰를 강화했고(→ 줄였고), 공동의 공공 목표의 추구에서의 협력을 약화하였으며, 그로 인해 그 지역의 경제적 번영 수준을 감소시켰다.

02 모험은 창조적 실천의 측면에서 흥미로운 역할을 한다. 기존의 틀을 벗어나거나 규칙을 위반하는 것은 모험을 피할(→ 수반할) 수도 있다. 그 결과는 생산적이고 활기를 북돋아 줄 수도 있지만, 그것은 또한 처참할 수도 있다.

03 작품은 사고, 자연재해, 그리고 보통의 무관심으로 손실될 수 있다. 소유권은 그러한 손실을 막는 데 도움이 된다. 우리가 작품을 소유하는 경우, 우리는 그것들을 보존하기 위해 노력할 더 큰 억제력(→ 동기)을 갖게 되고, 출판사와 정부 관계자들이 그것들을 없애는 것은 더 힘들어진다.

04 사람들이 가지고 있는 지식의 정확성에 대한 과대평가 때문에 지나친 자신감이 수행을 방해할 수 있다. 예를 들어, 매우 자신감 있는 사람들은 자기 대답의 모호성(→ 정확성)을 과대평가하여 자기 결정의 잠재적인, 해로운 영향을 미치는 결과를 과소평가한다고 밝혀져 있다.

QUICK CHECK 11

p. 123

01 무릎을 꿇다 **02** 터무니없는, 너무나 충격적인 **03** 도시의 **04** 재

개발, 갱신 **05** 생물, 생명체 **06** 건축가 **07** 유연성 **08** 위험 (요소) **09** 은폐하다, 숨기다 **10** 충동, 자극 **11** 관객, 청중 **12** 투자 **13** 선택적인, 선택 사항의 **14** 절대적인, 확실한 **15** 다급함, 긴급함 **16** (운명적으로) 정해 놓다 **17** 불행, 비참함, 고통 **18** 익명(성) **19** 대처하다, 대응하다 **20** 완료, 완공, 완성 **21** 도난, 절도 (행위) **22** 배제하다, 못하게 하다 **23** 적대감, 적대 행위 **24** 시작하다 **25** 휴대용의 **26** 조각 **27** 유지하다, 지속하다, 떠받치다 **28** 같이 넣음, 포함(시킴) **29** 어쩔 수 없이 ~하게 하다 **30** 방출하다, 출시하다, 석방하다

B

01 assess **02** transactions **03** advertise **04** disaster **05** stripes **06** solution **07** astronomy **08** scope **09** composition **10** ritual

QUICK CHECK 12

p. 133

A

01 헌신적으로 **02** 헌신, 전념 **03** 발음하다, 발표하다, 선언하다 **04** 비공식적인, 격식에 얽매이지 않는 **05** 감독, 관리 **06** 감각의 **07** 욕구, 식욕 **08** 무관심 **09** 기념물, 기념비 **10** 엉망인, 지저분한 **11** 군집, 이주 집단, 식민지 **12** 비율 **13** 부분 집합 **14** 불일치, 차이 **15** 참여, 약속 **16** 직업, 전문직 **17** 굴절 (작용) **18** 확산시키다, 퍼지다 **19** 섭취, 소비 **20** 양, 분량, 복용량 **21** 장벽, 장애(물) **22** 전환, 반전 **23** 진정한, 합법적인 **24** 친숙함 **25** 한계의, 주변부의, 중요하지 않은 **26** 구별, 차별화 **27** 조작 **28** 긍정, 확언 **29** 한탄하다, 애도하다, 슬퍼하다 **30** 억제하다, 억누르다

B

01 developmental **02** reckless **03** workforce **04** subset **05** fragrance **06** motivation **07** bonding **08** marginal **09** faculty **10** ubiquitous

연계 VOCA 실전 Test 06

p. 134

A **정답 |** **01** advertise **02** thrive **03** presence **04** eternity

| 해석 |

01 아프리카 베짜기 새 몇 종에서, 수컷은 혼자 둥지를 짓고 암컷에게 광고하기 위해 완성된 결과를 이용하며, 암컷은 접근할 의사가 있을 때 그것을 자세히 검토한 뒤 그 수컷을 자신의 짝으로 삼을 것인지 결정할 것이다.

02 성격을 평가하는 것은 어떤 사람이 스스로를 채찍질할 수 있는 부분이 어디인지 그리고 자신의 절대적인 한계가 어디인지를 아는 데 도움을 줄 수 있다. 예를 들어, 내향적인 사람은 조용히 혼자 있는 시간을 즐기는 경향이 있다. 그들은 흔히 그날의 하루를 이해하고 다가오는 일을 충분히 생각할 시간이 필요하다.

03 '어울려 노는' 젊은이 무리의 존재는 보통 부적절하고 불법적인 행동에 대한 성인들의 의심을 일으킨다.

04 우리가 얼마나 오래 여기에 있을 것인지에 관한 생각으로 고심하는 것은 거의 놀라운 일이 아니다. 처음에는 인생이 꽤 끝이 없어 보인다. 일곱 살이 되면 크리스마스까지 한없이 오랜 시간이 걸릴 것 같이 느껴진다. 열한 살이 되면 스물두 살이 되는 것이 어떨지 상상하는 것은 거의 불가능하다.

B **정답 |** **01** ① (resolves → creates) **02** ② (pessimistic → optimistic) **03** ③ (reasonable → reckless) **04** ② (support → contradict)

| 해석 |

01 백인 거주자들이 백인 전용 거주 지역이나 학구를 형성한다면 그것은 사회적 문제를 해결한다(→ 만든다). 인간의 군거성은 그 자체로 사회적 문제가 아니지만, 특정한 종류의 차별은 집단의 기능을 해치는 적대감의 원천이다.

02 암에 걸린 아이들의 부모를 대상으로 한 한 연구는 좋은 결과를 기대하지 않은 부모들은 매우 괴로워한다는 것을 발견했다. 이와 반대로, 가능한 결과에 대해 계속 비관하는(→ 낙관하는) 부모들은, 흔히 그 부모들이 거의 통제할 수 없는 대단히 심각한 상황에서도 스트레스로부터 더 보호받았다.

03 강인한 달리기 선수는 야망이나 자신감으로 분별력을 잃은 사람이 아니라 요구와 상황을 정확하게 평가할 수 있는 사람이다. 마법은 실제 요구와 기대 요구를 조화시키는 데 있다. 우리의 능력에 대한 평가가 요구 사항과 일치하지 않을 때, 우리는 초등학생 버전의 성과를 얻게 되는데, 즉 합리적인(→ 무모한) 자신감으로 프로젝트를 시작하지만, 결국에는 눈을 들어 그것이 수반하는 일을 깨닫는다.

04 관용이 자기 자신의 정서를 뒷받침하는(→ 와 상충하는) 믿음을 간섭하지 않거나 억압하려고 시도하지 않는다는 것을 의미한다는 생각은 관용이 다른 사람들과 그들의 견해를 비판하지 않는 것을 포함한다는 생각으로 바뀌었다.

QUICK CHECK 13

p. 144

A

01 매력적인, 맛있어 보이는, 유혹적인 **02** 불안한, 동요시키는 **03** 필수적인, 완전한 **04** 새기다, 쓰다 **05** 식감, 질감 **06** 적절한, 적당한, 충분한 **07** 강화하다 **08** 일회용의, 처분 가능한 **09** 조절, 조정 **10** 일관된, 한결같은 **11** 주의, 지방의 **12** 또렷함, 명료성 **13** 구체적인,

형이하학적인, 형체가 있는 **14** 참조, 참고, 언급 **15** 시행하다, 구현하다, 실시하다 **16** 소리의 **17** 증폭하다, 확대하다 **18** 예전에, 이전에 **19** 검사, 점검, 조사 **20** 진단 **21** 접근할 수 있는 **22** 아주 작은 **23** 상상하다, 마음속에 그리다 **24** 충돌, 대립 **25** 속도 **26** 지각의, 지각이 있는 **27** 주목받는, 뚜렷한, 두드러진 **28** 얻다, 습득하다 **29** 속이다, 기만하다 **30** 필사적임, 절망

B

01 purity 02 wrist 03 civic 04 autonomous 05 depletion 06 context 07 abundant 08 intensity 09 surrealism 10 disbelief

QUICK CHECK 14

p. 155

A

01 알리다, 공지하다 **02** 전용의, 전념하는 **03** 진행 중인, 지속적인 **04** 소중한, 귀중한 **05** 놀라게 하다 **06** 피곤한, 싫증 난 **07** 인정하다, 승인하다 **08** 이루다, 완수하다 **09** 보조금, 장려금 **10** 보상하다, 보충[벌충]하다 **11** 통합, 종합, 합성 **12** 문학의, 문학적인 **13** 의무를 지우다, 강요하다 **14** 완벽, 완전, 완성, 마무리 **15** 선호(도) **16** 단점, 결점 **17** 평판이 좋은 **18** 진정성, 진실성 **19** 환대, 접대 **20** 토대, 재단, 기초, 창립 **21** 견뎌 내다, 인내하다 **22** 결제, 지불(금), 납부(금) **23** 차이, 간극, 틈, 공백 **24** 이론의, 이론뿐인 **25** 영향력 있는, 영향을 미치는 **26** 둘러싸다, 포위하다 **27** 경로, 노선, 도로 **28** 혁신적인 **29** 적합한, 알맞은 **30** 지속 가능한

B

01 mission 02 wonder 03 boundless 04 pause 05 notion 06 offend 07 astonishing 08 quest 09 aviation 10 Transform

연계 VOCA 실전 Test 07

p. 156

A **정답 |** 01 reinforced 02 Implementing 03 indispensable 04 threaten

| 해석 |

01 나의 경험에 따르면, 평가는 확증적인 정보를 제공한다—다시 말해 그것은 여러분이 이미 자각하고 있는 유형을 확증해 준다. 나 자신의 인생에서, 이러한 평가는 내가 이미 선택한 진로를 강화해 주었고 나의 다음 단계에 대한 자신감을 갖도록 도와주었다.

02 탄소 배출에 더 높은 세금 부과를 시행하는 것은 기업이 자신의 환경적 영향을 줄이고 더 깨끗한 에너지 대안으로 나아가도록 동기를 부여할 수 있다.

03 규율은 팀 스포츠, 수학 수업, 또는 학생 합창단과 같은 집단 활동의 필수적인 부분이다. 확실히 규율 없이 군대를 운영할 수는 없을 것이고, 음식점이나 심장내과도 그럴 수 없을 것이다.

04 흔히 이념적 원칙은 거래를 막겠다고 위협하는 법, 규칙 및 제도에서 구체화 된다. 내셔널리즘은 모든 자원이 국가에 속하며 그 외에 누구도 그것을 소유할 수 없도록 요구한다. 이슬람 근본주의는 대출에 대한 이자 지불금을 금지한다.

B **정답 |** 01 ③ (delay → accelerate) 02 ③ (lose → win) 03 ③ (deny → acknowledge) 04 ③ (decrease → increase)

| 해석 |

01 아이들이 그들의 가족, 친구, 그리고 이웃의 말에 귀를 기울임으로써 구어에 대한 식별력을 발달시키는—그리하여 수십 년 뒤에 그 기원을 정확히 보여 줄 수 있는 어휘와 억양으로 말을 하는—것처럼 그렇게 여러분은 글 읽기를 통해 문어에 대한 식별력을 발달시킨다. 독자로서 좋아했던 것이 여러분의 글에 자연스럽게 나타날 것이지만, 여러분은 그 문제에 대한 약간의 의식적인 주의 집중으로 그 과정을 크게 지연시킬(→ 가속할) 수 있다.

02 우리는 집에서 스마트폰과 CD 재생기의 '재생' 버튼을 누를 때마다 소리의 공간을 만든다. 우리는 풍부한 음악 선택권을 가지고 있으므로, 앨범과 트랙은 우리의 관심을 끌기 위해 서로 경쟁 상태에 놓인다. 비록 우리가 큰 소리를 선호하지 않는다고 생각할지라도, 가장 소리가 큰 것이 보통 진다(→ 이긴다).

03 한 사람의 행동의 결과는 그가 윤리적으로 행동했는지 여부와 아무런 관계가 없다. 의무에 기반을 둔 그들의 접근법은 거의 전적으로 의도에 초점을 맞추고 있으며 보편적인 도덕적 책무의 존재를 부정하고(→ 인정하고) 한 사람의 도덕성을 평가하는 유일한 방법이라고 그들은 주장했다.

04 가끔은 지구를 위해 할 적절한 일을 아는 것이 어렵다. 좋게 들리는 것이 반드시 그렇지는 않을 수도 있다. 예를 들어 지붕에 설치하는 태양 전지판은 환경을 돕는 가장 비싸고 가장 효과적이지 않은 방법의 하나다. 지역 농산물을 구매하는 것이 실제로는 수질 오염과 쓰레기를 감소시킬(→ 증가시킬) 수도 있다.

QUICK CHECK 15

p. 166

A

01 헌법, 구조, 체질 **02** 선거, 당선 **03** 줄어들다, 수축하다 **04** 재정의, 재정적인, 금융의, 자금의 **05** 담론, 담화, 강연 **06** 일, 과제, 과업 **07** 침략하다, 침공하다, 침입하다 **08** 존재하다, 실재하다 **09** 합의

10 모호함, 애매함, 불명료 **11** 선행하다, 우선하다 **12** 수정, 교정, 정정 **13** 힘이 들지 않는, 노력하지 않는 **14** 직면하게 만들다, 직면하다 **15** 표현, 묘사, 표상, 대표 **16** 안정(성) **17** 이민, 이주, 입국 **18** 변동, 등락 **19** 활용하다, 이용하다 **20** 표준, 기준 **21** 누구도 부정[부인]할 수 없는 **22** 비정상적인 **23** 분명한, 명백한, 겉보기의 **24** 검증하다, 확인하다 **25** 측정하다; 척도, 측정 기준 **26** 칸막이, 구획 **27** 큰 재해, 재앙 **28** 불멸하는, 죽지 않는 **29** 정신적인, 정신의 **30** 기근, 굶주림

B

01 prone **02** optimal **03** intense **04** distinct **05** utterance **06** vehicle **07** giant **08** surrender **09** primitive **10** meditation

QUICK CHECK 16

p. 176

A

01 조사하다, 연구하다 **02** 특이한, 독특한 **03** 나타내다, 표현하다; 분명한 **04** 예외 **05** 논쟁하다, 반박하다; 분쟁, 논쟁 **06** 찬미, 감탄 **07** 모범적인 **08** 영원한, 끊임없는 **09** 주장하다, 다투다 **10** 유명인사 **11** 인정하다, 고백하다 **12** 낡은, 녹슨 **13** 굉장한, 분명한, 완전한 **14** 장난, 장난기 **15** 발생하다, 일어나다 **16** 시작하다, 시작되다 **17** 실험실 **18** 비영리적인; 비영리 단체 **19** 뒤를 잇는, 들어오는 **20** 조카 **21** 포괄적인, 포용적인 **22** 수행하다, 시행하다 **23** 주장하다, 단언하다 **24** 수동적인 **25** 활성화하다 **26** 불신 **27** 포괄적인, 일반적인 **28** 환원될 수 있는, 축소될 수 있는 **29** 숙달, 지배 **30** 반향을 일으키는, 깊이 울리는

B

01 tighten **02** dwell **03** deeds **04** decisive **05** facility **06** barely **07** pale **08** drawbacks **09** compounds **10** deadly

연계 VOCA 실전 Test 08

p. 177

A 정답 | **01** alert **02** valuable **03** obscure **04** intuitive

| 해석 |

01 고양이는 예민하게 잘 지켜보고 자기 주변 환경의 가장 작은 변화도 경계하기 때문에, 훌륭한 보호자가 될 수 있다. 하지만 지금까지, 그들은 그러한 모든 소명을 단호히 거부해 왔다.

02 놀랄 것도 없이 가공된 재료가 원재료보다 더 가치가 있다. 제재목은 목재보다 더 큰 가치가 있고, 밀가루는 밀보다 더 큰 가치가 있다. 현대적 비유를 들면 휘발유는 원유보다 더 큰 가치가 있고 화학 제품은 천연가스보다 더 큰 가치가 있다.

03 인종 이데올로기를 완화하는 가장 효과적인 방법은 다양한 인종적 배경을 가진 사람들을 한데 모아 서로를 개인으로서 대할 수 있게 하고 이데올로기가 사람들의 중요한 측면과 그들 삶의 현실을 보기 어렵게 한다는 것을 발견할 수 있게 하는 상황에 두는 것이다.

04 우리는 대체로 세상을 바로 있는 그대로 본다는 '소박실재론'에 빠지는 경향이 있기 때문에 우리의 상식을 신뢰한다. 우리는 '보는 것이 믿는 것'이라고 생각하고 세상과 우리 자신에 대한 직관적인 인식을 신뢰한다. 일상생활에서 소박실재론은 자주 우리에게 도움이 된다.

B 정답 | **01** ② (fluctuation → stability) **02** ③ (minimal → overwhelming) **03** ③ (increased → lessened) **04** ① (prepared → lacked)

| 해석 |

01 파트너가 나쁘게 행동할 때, 복수보다는 타협하는 것이 관계의 변동(→ 안정)에 더 도움이 된다. 게다가, 파트너끼리 좋아하는 것들이 일치하지 않을 때 파트너의 이익을 위해 자신의 이익을 희생하는 것이 이롭다.

02 우리는 이제 우리 자신의 손에 우리 자신의 방식대로 정보와 콘텐츠를 원한다. 우리는 잘 구조화되고 정리된 정보를 이용할 수 있는 것이 우리의 기본적 권리라는 근본적인 믿음을 가지고 있다. 그 결과, 조직과 개인이 최소한의(→ 압도적인) 양의 콘텐츠를 다루기 위해 애씀에 따라 정보 디자인이 폭발적으로 증가하고 있다.

03 스포츠 사냥을 하는 사람들은 대중의 지지를 받으며 사슴을 죽이는 것이 허용되는데, 어쨌든 사슴과의 충돌 사고에 연루되기를 원하는 사람은 아무도 없다. 사슴과 관련해서는 안타깝게도, 사냥이 사슴의 개체 수를 반드시 통제하는 것은 아니다. 그것들(사슴의 개체 수)은 사냥철이 끝나면 자원에 대한 경쟁이 늘어나기(→ 줄어들기) 때문에 곧 원래대로 되돌아갈 수 있다.

04 모든 여정에서 기차는 선로의 방향을 따른다. 만약 기관사가 기차를 다른 방향으로 가게 하고 싶어 하지만 선로가 준비된다면(→ 없다면), 그것은 가능하지 않을 것이다. 새로운 코스로 기차의 방향을 바꾸는 데는, 새로운 선로가 필요할 것이다. 그리고 기차는 일단 선로상에 목적지가 정해지면 탄력을 받아 세차게 나아간다.

QUICK CHECK 17

p. 187

A

01 유기(물)의, 유기농의 **02** 거부, 거절 **03** 관련(성)이 없는, 무관한 **04** 복사(선), 방사(선) **05** 드러난, 벌거벗은 **06** 혼합(물) **07** 장기, 오르간 **08** 엮다, 밀접하게 관련되다 **09** 결론, 결말 **10** 구두점, 구두법 **11** 동시의 **12** 주의를 빼앗긴, 산만해진 **13** 제공하다, (가구를) 비치

하다 **14** 일반화 **15** 대피, 피난 **16** 비상(사태), 응급 **17** 확실한, 명확한 **18** 투명한 **19** 혁명, 회전, 공전 **20** 미덕, 장점 **21** 치료사 **22** 확대되다, 악화되다 **23** 지배하다 **24** 낙관론, 낙관주의 **25** 잘 알려진, 유명한 **26** 무심코 드러내다, 배신하다 **27** 공명이 잘되다, 마음을 울리다 **28** 예측하는 지표[변수] **29** 이끌다, 조종하다 **30** 수적으로 우세하다, 수가 더 많다

B

01 livestock **02** reaction **03** costumes **04** intimate **05** presentation **06** mourning **07** advent **08** turbulent **09** swarm **10** patrol

QUICK CHECK 18

p. 197

A

01 책임감, 책임 **02** 정도, 규모, 크기 **03** 위기 **04** 잘못된, 오도하는, 오해의 소지가 있는 **05** 만연한, 널리 퍼져 있는 **06** 명백한 **07** 신경학적으로 **08** 진열대, 선반 **09** 의류, 옷, 의복 **10** 대도시의 **11** ~하게 만들다, 강요하다 **12** 재구성하다, 새롭게 하다 **13** 관료의, 관료주의의 **14** 유지하다, 떠받치다 **15** 준수, 순종 **16** 실용적인, 실용주의적인 **17** 보행자 **18** 정교함, 세련됨 **19** 포함하다, 둘러싸다 **20** 전제 **21** 걸리게 하다, 얽어매다 **22** 들이마시다, 들이쉬다 **23** 비위생적인 **24** 주변적인, 지엽적인 **25** 양립할 수 있는, 화합할 수 있는 **26** 보류하다, 허락하지 않다, 억제하다 **27** 황무지, 황야 **28** 스미게 하다, 불어넣다 **29** 강력한, 적나라한, 야만적인 **30** 중개, 조정, 매개

B

01 sector **02** fade **03** alarming **04** transparency **05** massive **06** aquatic **07** inherited **08** adhere **09** carnivores **10** entrepreneur

연계 VOCA 실전 Test 09

p. 198

A 정답 | **01** calm **02** disturbing **03** fade **04** accustomed

| 해석 |

01 외곽의 근교에서는 부드러운 벌레 소리와 나무에서 나는 새소리가 우리를 달랜다. 하지만 이 경험은 우리와 우리의 상품을 소리의 오아시스로 데려가는 차량으로 가득 찬 고속도로 때문에만 가능하다. 감각적 평온과 다른 종과의 연결을 추구하면서, 우리는 역설적으로 세상에서 인간의 소음의 합을 증가시킬 수 있다.

02 오늘날의 학교 체제에 불안한 변화가 진행 중이다. 재정 지원은 흔히 표준화 시험에서 얻는 점수와 결부되는데, 이 시험은 주로 기계적 암기를 평가한다. 이와 같은 시험에 '맞춰' 가르치게 되면 필연적으로 자원과 교육 과정을 점수가 더 낮은 학생에게 집중한다.

03 리그나 대회를 지배하는 것은 팬들의 관심이 서서히 사라질 수 있기 때문에 자멸적일 수 있다. 누가 경기에서 이길지 예측하기 어려울 때 스포츠 리그는 더 많은 관중과 시청자를 끌어들인다.

04 기억 상실이 우리가 일상적인 업무와 생활 속에서 익숙한 우리의 역할을 수행할 수 없도록 만들 때, 그것은 의료 전문가들의 추가적인 평가를 필요로 하는 건강상의 문제가 된다.

B 정답 | **01** ③ (aid → assault) **02** ② (pleasure → chore) **03** ② (small → big) **04** ③ (nonperiodic → periodic)

| 해석 |

01 Kant는 어떤 거짓말을 비도덕적으로 만드는 것은, 그것이 곤란한 상황을 방지하든지 심각한 해를 초래하든지 간에, 그 거짓말의 결과가 아니라고 말했다. 고의로 한 거짓말이 그른 것은 그것이 '하는' 것 때문이 아니라 그 '자체' 때문이다. 즉, 본질적으로 거짓말은 우리 인간의 존엄성에 대한 도움(→ 공격)이다.

02 여러분이 자신의 지배적인 성격 특성, 선호, 그리고 직업적 흥미를 활용하는 진로를 찾을 때, 일은 즐거운 일(→ 하기 싫은 일)이 아니라, 오히려 자연스럽고 힘이 들지 않게 느껴진다.

03 철학자 Timothy Morton은 지구 온난화를 '초객체'라고 부르는데, 이는 우리를 둘러싸고, 우리를 뒤덮고, 얽어매고 있지만, 문자 그대로 너무 작아서(→ 커서) 전체로 볼 수 없는 것이다. 대개, 우리가 초객체를 인지하는 것은 다른 것들에 대한 영향력, 예컨대 녹고 있는 빙상, 죽어가는 바다, 대서양을 횡단하는 비행기에 대한 버피팅 등을 통해서이다.

04 1781년에 아카데미를 떠난 후, John Goodricke는 자신만의 천문 관측을 하기 시작했다. 1782년 11월에 그는 Algol로 알려진 별을 정기적으로 관찰하고 있었고 곧 그것의 밝기가 며칠을 주기로 규칙적으로 변화한다는 것을 깨달았다. 추가 관측을 통해 그는 이러한 비주기적인(→ 주기적인) 변화를 확인하였고 그 주기를 2일 21시간보다 약간 더 짧은 것으로 정확하게 추정했다.

QUICK CHECK 19

p. 209

A

01 기념품 **02** 다가오는 **03** 대강, 대략 **04** 감사, 고마움 **05** 자선 단체, 자선 행위 **06** 수학자 **07** 출판하다, 출간하다 **08** 교정을 보다 **09** 자서전 **10** 고치다, 고정시키다 **11** 비료 **12** 복합의, 합성의 **13** 확인하다 **14** 배송, 선적, 해운업 **15** (가격이) 적정한, 합리적인, 타당한 **16** 중세의 **17** 광범위한 **18** 전달하다, 실어 나르다 **19** 경사로, 경사지, 기울기 **20** 만료되다, 끝나다, 숨을 내쉬다 **21** 챙겨 주다, 붙잡다

22 시간이 있는, 구할 수 있는, 이용 가능한 **23** 볼거리, 명소, 매력 **24** 제출 **25** 습도, 습기 **26** 안내 책자, 소책자 **27** 외교관 **28** 우선순위를 두다, 우선시하다 **29** 방출, (빛 · 열 · 가스 등의) 배출, 배기가스 **30** 믿을 만한, 신뢰할 수 있는

B

01 inconvenience **02** enroll **03** barefoot **04** conference **05** manuscript **06** rug **07** maintenance **08** handle **09** tuition **10** receipt

QUICK CHECK 20

p. 219

A

01 상징하다, 대표하다, 나타내다 **02** 선명한, 생생한 **03** 수많은 **04** 함께 살다, 공존하다 **05** 망설이는 **06** 공감, 감정이입 **07** 허가, 허락 **08** 보충제; 보충하다 **09** 부상당한, 상처 입은 **10** 붐비는, 가득 찬 **11** 전문성, 전문 지식 **12** 가입하다, 구독하다 **13** 별미, 진미, 섬세함, 연약함 **14** 약국, 약학, 조제술 **15** 진동하다, 진동시키다 **16** 통계 (자료), 통계학 **17** 무료의, 서비스로 제공되는, 칭찬하는 **18** 칭찬, 찬사; 칭찬하다 **19** 개량하다, 다듬다, 정제하다 **20** 만족 **21** ~보다 더 커지다, 너무 자라서 맞지 않게 되다 **22** 자랑하다, 뽐내다 **23** 처음의, 초기의, 최초의 **24** 항산화제, 산화 방지제 **25** 참가자[투표자] 수, 집합, 동원 **26** 교통, 수송, 운송료 **27** 오염, 더러움 **28** 강렬한, 활기찬 **29** 각성제, 자극제 **30** 자극하다, 짜증 나게 하다

B

01 Residents **02** detachable **03** awesome **04** finalized **05** vulnerable **06** cozy **07** bulky **08** oversight **09** lightweight **10** outstanding

연계 VOCA 실전 Test 10

p. 220

A **정답 |** **01** fixed **02** confirms **03** reasonable **04** extensive

| 해석 |

01 사람들은 흔히 친절함과 같은 성격 특성이 고정되어 있다고 생각한다. 하지만 집단을 대상으로 한 우리 연구는 매우 다른 것을 보여 주는데, 이타적인 성향이나 남을 이용해 먹는 성향은 사회 세계가 어떻게 구성되느냐에 따라 크게 좌우될 수 있다는 것이다.

02 한 아이의 신체 도식은 상위 인지 아래에서 자동으로 구성되며, 그것은 강아지 몸이 아닌, 인간 신체의 육체적 구조를 기술한다. 그 아이는 자기 앞에 있는 자신의 인간 손을 보고, 그 시각 정보는 그 아이의 인간 정체성을 확인해 준다.

03 매도인은 수익을 극대화하기를 원하며, 여러분은 다만 정당한 가격을 지불하기를 원한다. 매도인은 계약서에 따라 자신의 위험을 최소화하기를 원하고, 여러분은 매도인이 합당한 양의 위험을 부담하기를 원한다. 매도인은 융통성이 있기를 원하고 여러분은 서면으로 된 약속을 원한다.

04 인간의 관점에서 볼 때, 바다는 지표면의 70퍼센트를 차지하는데, 여전히 지구상에서 가장 광활하고 독특한 사막과 같은 황무지이다.

B **정답 |** **01** ③ (neglected → prioritized) **02** ① (nonessential → critical) **03** ③ (confusing → constructing) **04** ① (handy → bulky)

| 해석 |

01 시장 경쟁의 역학 관계는 소셜 미디어 플랫폼과 검색 엔진이 사용자가 가장 흥미롭다고 생각하는 정보를 제시하도록 자극한다. 그 결과, 사용자가 보고 싶어 하는 것으로 여겨지는 정보가 외면당하여(→ 우선순위를 차지하게 되어) 현실의 전형적인 모습을 왜곡한다.

02 먹이를 찾는 것은 모든 사회적 곤충 군집에서 불필요한(→ 중요한) 작업이며, 그것은 보통 비교적 높은 비율의 일꾼을 포함한다. 가위개미 *Atta colombica*의 경우, 개미집 밖에서 일하는 대다수 일꾼은 먹이 찾기나 폐기물 관리에 관여하는데, 이 두 가지 모두 작업 분할을 수반한다.

03 학생들은 청소년기에 접어들면서 추상적인 사고와 타인의 관점을 이해하는 능력을 발달시킨다. 학생들이 사춘기에 접어들면서 훨씬 더 큰 신체적 변화가 일어나게 된다. 따라서 청소년들은 정신과 신체가 발달하면서 성인기를 위한 확고한 기반을 제공할 정체성을 혼란스럽게 하는 (→ 구축해야 하는) 중요한 문제에 틀림없이 직면하게 된다.

04 처음에, 타자기는 다루기 쉬웠고(→ 부피가 컸고) 키보드는 표준화되어 있지 않았다. 그래서 다음 단계는 키보드의 표준화였다. 무겁고 옮기기 어려운 타자기가 휴대용 타자기로 대체되었다.

INDEX